Aus Aegypten Und Palästina:
Die Erlebnisse Einer Pilgerreise

Hartinger (Lorenz)

Aus
Aegypten und Palästina.

Die Erlebnisse einer Pilgerreise

erzählt von

Lorenz Hartinger,

Maurermeister in Prien am Chiemsee.

Preis 2 Mark.

1883.

Im Selbstverlage des Verfassers.

Zur Erinnerung an Palästina. 1882.

L. Hartinger.

Aus

Aegypten und Palästina.

Die Erlebnisse einer Pilgerreise

erzählt von

Lorenz Hartinger,

Maurermeister in Prien am Chiemsee.

1883.

Im Selbstverlage des Verfassers.

Aus

Aegypten und Palästina.

Vorwort.

Möchten die beifolgenden anspruchslosen Zeilen von den freundlichen Lesern im gleichen Sinne aufgenommen werden, in welchem der Verfasser sie darbietet. Meine Erzählungen aus Aegypten und Palästina können nur ergänzende Striche zu den farbenprächtigen Bildern sein, wie solche schon in so vielen werthvollen Reisebeschreibungen niedergelegt sind.

Ich habe mich bemüht, Natur und Volksleben unbefangen, und so wie es die Eindrücke in mir zurückgelassen hatten, niederzuschreiben und zwar ohne irgend welche Zuthat.

Mein Bestreben ging dahin, die Anschauungen meiner Leser über Land und Leute jenseits des Mittelmeeres in richtige Bahnen zu leiten.

Wie ich wiederholt schon aus vielen Gesprächen entnommen habe, schwebt den Meisten über die obengenannten Länder, insbesonders aber über das heilige Land, ein ganz anderes Bild vor der Seele, als es dort in Wirklichkeit ist.

Ist es mir gelungen, so zu schreiben, daß der freundliche Leser einen klareren Blick über die dortigen Verhältnisse gewinnt und auch für die hochwichtigen Stätten und Orte, an welchen der Erlöser für unser Heil gewirkt, ein lebhafteres Interesse faßt, so ist meine Arbeit nicht umsonst!

Prien, am 10. August 1883.

Der Verfasser.

Zum Vorwort.

Als ich von der Absicht Hartingers hörte, seine Pilgerreise in Druck zu geben, dachte ich mir: In den mehr als
hundert Reisebeschreibungen über Palästina und Aegypten ist
doch wohl schon Alles aufgezeichnet, was über die heil. Orte
von Interesse ist, und hielt eine neue Beschreibung einer solchen
Reise fast für überflüssig.

Je länger ich mich aber mit der Revision der Druckbogen
beschäftigte, desto lebhafter und wärmer wurde mein Interesse
für die Arbeit Hartingers und um so größer meine Freude
an dem Werke.

Hartinger tritt mit seinen reizenden Schilderungen nicht
in die ausgetretenen Geleise der meisten Reisebeschreibungen, —
er erzählt nur das, was er selbst gesehen, gehört, beobachtet und
empfunden hat, und er hat scharf beobachtet und warm und innig
empfunden. Es sind seine Schilderungen der Natur und des
Volkslebens im Morgenlande der getreue Ausdruck des wirklich
Erlebten und Empfundenen und ist dieser Ausdruck um so er-
greifender und wirkungsvoller, je schlichter und einfacher die
Ausdrucksweise ist. Dabei sind seine Schilderungen überaus
klar, verständlich und anschaulich.

Hartinger zeichnet seine anmuthigen, mitunter sogar farbenprächtigen Bilder mit sicherer Hand und festem Griffel; es
muß zuweilen geradezu überraschen, wie der einfache Bürgers-

mann so klaren Blick, so scharfe Unterscheidungsgabe, ein so sicheres Urtheil in so vielen Dingen sich anzueignen vermochte.

Ein ungekünstelter gesunder Humor ist dem anziehenden Buche ein weiterer Schmuck, die ächte Frömmigkeit, die aus demselben uns wohlthuend entgegentritt, ist ihm nicht die letzte Zierde.

Es war des Verfassers besonderes Streben, Land und Leute jenseits des Mittelmeeres so zu schildern, wie sie wirklich sind, und die falschen Vorstellungen hierüber, wie sie fast allgemein verbreitet sind, in's rechte Licht zu stellen. Das ist ihm in hohem Maße gelungen.

Möge das prächtige Buch recht viele Leser und Freunde finden, es wird denselben viele genußreiche Stunden verschaffen und Geist und Herz in seltener Weise erfreuen.

Bernau, am Feste der hl. Cäcilia 1883.

Fr. Eisenrichter,
Pfarrer und Dechant.

I. Abreise.

Verona, Padua, Venedig.

Es war der 11. April des Jahres 1882, Osterdienstag, als ich früh Morgens bereit war, die Reise nach Aegypten und Palästina anzutreten. Der Koffer war mit den nothwendigen Reiseeffekten bepackt, Geld und Papiere in den zugeknöpften Taschen wohl verwahrt und so bestieg ich nach herzlichem Abschiede von meiner Familie und Bekannten um $1/_2$ 8 Uhr Vormittags den Bahnzug, um vorerst nach Rosenheim zu gelangen. Dort angekommen, besuchte ich meinen zukünftigen Reisegefährten Herrn Kaufmann J. Schlichtinger, und um $1/_2$ 11 Uhr fanden wir uns am Bahnhofe ein, als der Eilzug von München her in die Halle einlief. Mit diesem Zuge, welcher 24 Mitglieder unserer Karavanne mitbrachte, fuhren wir weiter, und zwar war für diesen Tag als Endstation Verona bestimmt. Das Wetter war höchst ungemüthlich, mit Frost und Schnee die Landschaft bedeckt und es schien noch immer ärger werden zu wollen. In Kufstein Zollrevision ohne Plackerei und schon um 1 Uhr Nachmittags hielt der Zug bei der tyroler Hauptstadt, Innsbruck, an. Die Fahrt über den Brenner war langweilig; des Schneegestöbers wegen konnte man kaum die nächsten Ortschaften sehen, der Brennersee war noch zugefroren. Um 3 Uhr gelangten wir bei der Station Franzensfeste an, hier kurzer Aufenthalt und Restaurirung. Mehrere Passagiere verließen dort den Zug, um mit der hier abzweigenden Pusterthalbahn in der Richtung Brunnecken weiter zu reisen. Bald war Brixen und Bozen erreicht, das Wetter wurde besser, die Temperatur wärmer, und noch ehe Trient in Sicht kam, war vollständig heiterer Himmel.

Bei Roveredo trat die Nacht ein, und bald darauf hörte ich: „Station Ala, Wagenwechsel, Zollrevision" den tyroler Oberkonduteur rufen. Im Revisionslokal von Seite der italienischen Zollwächter viel Schererei, insbesondere ein Fahnden nach Zigarren. Ein übereifriger

1*

Beamter des Königs Umberto kam sogar auf den für Italien so wich=
tigen Gedanken, daß mein Tintenfaß, welches er in meinem Koffer aufge=
stöbert hatte, verzollt werden müßte. Da wir uns gegenseitig nicht wohl
näher verständlich machen konnten, so reklamirte ich gegen sein tolles An=
sinnen nicht weiter, sondern machte mit den Armen eine Bewegung, aus
welcher er entnehmen konnte, daß ich im Begriffe stehe, es bei dem offenen
Fenster hinaus zu werfen. Als er sah, was ich beginnen wollte, hielt
er mich hievon zurück, ließ Gnade für Recht ergehen, und ich durfte mit
der schwarzen Substanz die grün=roth=weißen Grenzpfähle überschreiten.

Es war längst Nacht, als unser italienischer Expreßtrain mit seinen
Insassen die Veroneser=Klause passirte und in die lombardische Ebene
eintrat. Die zehnte Stunde zeigte die Uhr, als die Wagenthüren aufge=
rissen wurden und der Ruf „Verona" einige dutzend Mal erscholl. Die
Omnibusse standen bereit um uns zu dem weit entlegenen Hotel „Riva
S. Lorenzo" zu bringen. Es war schon Mitternacht vorüber, als wir am
ersten Reisetag unsere Betten aufsuchten.

Im Reiseprogramm war es bestimmt, anderen Tags bis Mittag
in Verona zu bleiben und die Sehenswürdigkeiten dieser Stadt in Augen=
schein zu nehmen; da mir aber diese Stadt schon aus einer früheren Reise
bekannt war, so zog ich es vor, mit weiteren fünf Karavannen=Mit=
gliedern um vier Uhr Morgens schon aufzubrechen und nach Padua vor=
auszueilen, da ich diese Stadt seinerzeit nur im vorbeifahren gesehen hatte,
nach Verona sollten wir ja auch auf dem Rückwege wieder kommen.
Rechtzeitig fanden wir uns auf dem Bahnhofe ein, mit entsprechender
Geschwindigkeit fuhren wir hinaus und nach kurzer Zeit schon kamen wir
in dem schön gelegenen, 40,000 Einwohner zählenden Vicenza an, und
war es ¹/₂7 Uhr als der Zug in der Bahnhofhalle zu Padua hielt. Wir
deponirten unser Reisegepäck und fuhren mit zwei Fiakern, welche mit
mageren Thieren bespannt waren, der Antoniuskirche zu. Dieses umfang=
reiche, aus Hausteinen schön erbaute Gotteshaus wurde eingehend be=
sichtigt, dann eine Wanderung durch die 66,000 Einwohner zählende Stadt
angetreten. Der Dom, die Kirche Justinian, der öffentliche Garten Prato
della Valle mit seinen 74 Statuen, das Stadthaus 2c. 2c. in Augenschein
genommen und um 1 Uhr fanden wir uns wieder zur Weiterfahrt nach
Venedig auf dem Bahnhofe ein. Bald sauste der Zug von Verona heran,
die zurückgebliebenen Karavannen=Mitglieder mit sich bringend, und über

Ponte de Brento ging es auf der venetianischen Niederung eiligst weiter
der Adria zu. Mestre, die letzte Station vor Venedig wurde verlassen
und hinein ging es auf die längste aller Brücken, auf die 3400 Meter
lange Lagunenbrücke. Ein mächtiges Bauwerk, von den Oesterreichern im
Jahre 1854 erbaut, überspannt sie mit 220 Bogen aus Hausteinen die
Lagunen fast von Mestre bis Venedig. Es muß eine gewaltige Arbeit
gewesen sein, diese 221 Pfeiler in's Meer zu fundiren! Als ich über diese
großartige Leistung der Technik nachdachte, erscholl ein schriller Pfiff und
der Zug hielt im Bahnhof zu Venedig. Will mich nicht des Weitern
verbreiten über die italienischen Städte und zwar aus zwei Gründen:
für's Erste fehlt mir hiezu das nöthige Verständniß, oder wie man zu
sagen pflegt, das Zeug dazu, und für's Zweite ist hierüber schon so viel
und so vorzügliches geschrieben, daß das Meinige, wollte ich's auch wagen,
nur elende Stümpereien wären. Ich beschreibe die Sachen in der Hauptsache nur vom baulichen Standpunkte aus, und auch hiebei werde ich mich
hüten, zu weit auszugreifen, da Vieles für die Leser nicht das mindeste
Interesse haben würde. Venedig mit seinen 130,000 Einwohnern, 16,000
Häusern, vielen Thürmen und Kuppeln macht von Mestre aus gesehen,
einen imposanten Eindruck. Weniger gut ist er, wenn man in der Stadt
selbst sich befindet; es gibt da eine Menge hintere Gassen und Winkel,
schmale stickende Kanäle, wo man gut thut, dieselben nicht aufzusuchen.
Allerdings gibt es dort auch mehrere öffentliche Plätze, die ihresgleichen
suchen, wovon insbesondere der Markusplatz den ersten Rang einnimmt
und von dem Petersplatz in Rom in nichts übertroffen wird. Ebenso
steht der Kanal Grande, eingesäumt mit wundervollen Palästen aus Vene-
digs besserer Zeit, unübertroffen da. Auf drei großen und 100 kleinen
Inseln erhebt sich die Stadt, von 140 größeren und kleineren Kanälen
durchschnitten, welche hier die Straßen und Verkehrsadern bilden. Der
bedeutendste hievon ist der oben angezogene Kanal Grande, welcher 100
bis 200 Fuß breit die Stadt in Form eines ∞ durchzieht. Er ist mit
einer Brücke, die sogenannte Rialto, in einen Bogen überwölbt, auf welcher
sich eine Menge Kramläden befinden. Weitere 450 Brücken kleinerer Art
stellen die Verbindung her. Fuhrwerk, Pferde, Wägen ꝛc. gibt es dort
nicht; den Verkehr vermitteln einzig und allein die Gondoliere. Von
dem Glanze der tausendjährigen Republik geben die massenhaften Paläste
Zeugniß, worunter 140 ersten Ranges sich befinden, die aber meist an
Fremde vermiethet sind. Sogleich wurden die Gondeln bestiegen im Kanal

Grande, welcher am Bahnhof vorüberzieht, und durch die Stadt hinauf-
gefahren bis zur Rialtobrücke. Dort aussteigend, wanderten wir zu Fuß
dem Markusplatz zu, dann den Quai entlang, bis zum Gasthaus „zum
Sandwirth", einem deutschen Landsmann, wo Mittag gemacht wurde; hierauf Ausflüge nach allen Richtungen zu Wasser und zu Land (wie man
sagt), auch hinüber nach S. Maria della Salute. Von den mehr als 100
Kirchen der Stadt ist die interessanteste die Markuskirche, ein gewaltiger
Bau mit Kuppeldächern im byzantinischen Styl erbaut, mit einer Hauptfaçade und 5 Portalen, welche aufs Prachtvollste ausgeführt sind. In
den Feldern Mosaik auf Goldgrund, vor dem Eingang stehen die 4 antiken
Rosse, welche die Venetianer im Jahre 1205 auf Chios erbeutet hatten;
1085 wurde diese Kirche erbaut. In einem großen länglichen Viereck schließen
die sogenannten Prokurazien den Markusplatz ein, wahre Säulenbauten
aus Marmor; der Dogenpalast, jetzt Museum und Bibliothek, ein Meisterstück der maurisch-gothischen Baukunst. Hinter dem Dogenpalast befindet
sich das alte Staatsgefängniß; beide sind durch die Seufzerbrücke verbunden.
Dieser Name ist vollberechtigt, denn selten kam ein Gefangener, wenn er
je einmal diese Brücke passirte, lebend herüber; man ließ sie in den so
verrufenen Bleikammern auf das grausamste verschmachten. Auf der Piazetta oder dem kleinen Markusplatz stehen die zwei 48 Fuß hohen Granit-
säulen aus Syrien; sie wurden 1380 aufgestellt. Eine trägt den Löwen
von S. Marko, die Andere die Figur des hl. Theodor, Patron von Venedig.
Zwischen diesen beiden Säulen wurden ehedem die Verbrecher hingerichtet. Höchst merkwürdig ist der Glockenthurm (Campanile) oder auch
der Thurm von S. Marko genannt. Derselbe steht ganz frei, ist 325
Fuß hoch und schließt mit einer mächtigen steinernen Pyramide ab. Er
ist sehr leicht zu besteigen, anstatt der Treppen sind immer von Ecke zu
Ecke schiefe Ebenen hergestellt, welche unterwölbt und mit Ziegeln abgepflastert sind. Napoleon I. soll hinauf geritten sein, was im Grund genommen kein Wagestück war. Während unserer Rundfahrt wurde bekannt,
daß der Patriarch von Venedig Msr. Agostini Abends 6 Uhr von Rom
zurückkehren werde, wo ihm der heil. Vater den Kardinalshut verliehen
hatte. Der Einzug versprach prächtig zu werden, eine Menge Gondeln
stellten sich zum Empfang und zur Begleitung bereit, aufs schönste heraus
geputzt. Auf dem Markusplatz und der Piazetta wogte eine Unmasse
Menschen auf und nieder, es war großes Gedränge, ich und noch Einige
mit mir zogen es vor, die Sache uns von oben zu besehen und thaten,

was jeder thun soll, wenn er nach Venedig kommt, wir bestiegen den Markusthurm. Das Panorama von dort aus ist unbeschreiblich; weite Fernsicht über die Adria hin, draußen Segel und Dampfschiffe, am Lido verschiedene Fahrzeuge, unter andern als Hafenwächter ein italienischer Panzerkoloß, die Alpen mit ihren weißen Häuptern glänzen von Norden herüber, westlich sieht man weit hinein in die italienischen Lande, zu unsern Füßen wimmelte es wie in einem Ameisenhaufen, Glockengeläute in allen Kirchen der Stadt, die großen aber auf S. Marko brummten uns so mächtig in die Ohren, daß wir uns kaum verständlich machen konnten. Nachdem wir uns genügend umgesehen hatten, und der Einzug des Patriarchen vorüber war, stiegen wir von dieser Hochwarte hernieder, um uns noch bis 10 Uhr Nachts in der Stadt herumzutreiben und zu sehen, was zu sehen ist.

Unser schlauer Wirth ließ uns während des Essens von italienischen Straßensängern ein Ständchen aufführen. Er rechnete, daß ihm diese Zuvorkommenheit ein Lob, den Sängern aber ein gutes Trinkgeld eintragen werde, und da uns die Leute ihre Lieder in schönen Weisen vortrugen, so war seine Berechnung eine richtige, wir bedankten uns bei dem Pfiffikus und warfen den Sängern entsprechendes Trinkgeld zu.

II.

Nach Bologna, Ankona, Loretto.

Um halb 11 Uhr wurde aufgebrochen, die Gondeln, welche uns zum Bahnhof bringen sollten, stunden bereit und bald ging es bei sternheller Nacht auf den Kanälen dahin. Es war eine schöne Fahrt; die Luft mild und rein, und schier zu kurz hat es mir gedauert, als wir vor dem Bahnhofe ausstiegen.

In den engen Bahnhoflokalitäten zu Venedig heißt es sich durchschlagen, wenn man zum Ziel gelangen will; wir brachten es mühevoll fertig, und um 11 Uhr sauste der Eilzug mit uns über die Lagunenbrücke hinaus. „Mestre" hörte ich den Schaffner noch rufen, dann fiel ich vor Müdigkeit, da ich ja auch die Nacht vorher kaum 2 Stunden Ruhe hatte, in einen ziemlich festen Schlaf. Padua, Rovigo verträumte ich; erst das feste Anziehen der Bremse und der wiederholte Ruf „Statione Ferrara" rüttelte mich aus dem Taumel. Es dauerte noch eine Stunde,

der Tag war eben im Anbrechen, als wir zu Bologna zum Aussteigen und Wagenwechseln aufgefordert wurden; der von uns bisher benützte Zug ging über die Apeninnen in der Richtung nach Florenz weiter, während hier ein anderer von Mailand und Modena her nach Ankona ging. Diesen bestiegen wir. Es hieß auf der Hut sein, und die Taschen wohl zuknöpfen, denn hier wurde schon so manchem schläfrigen Reisenden die Börse aus der Tasche gefischt oder die Uhr abgezwickt. Bologna ist seiner raffinirten Beutelschneider wegen wohl bekannt. Wir Alle entschlüpften den fingerfertigen Gaunern, und fuhren, ohne geplündert worden zu sein, auf der Ebene der Adria zu. Imola, Faenza, Torli waren im Fluge passirt und die Sonne leuchtete golden hernieder auf die Adria, als wir uns Rimini näherten. Pesara, Fano und Sinigaglia, lauter Städte dicht am adriatischen Meere, letztere Stadt bekannt als Geburtsort Papst Pius IX. sah ich ebenfalls nur im Vorbeifahren; um 8 Uhr Vormittags lief unser Zug im Bahnhof zu Ankona ein.

Hier wurde ausgestiegen und mit der Pferdebahn hineingefahren in die Stadt. Als erstes Bedürfniß galt ein gutes Frühstück, es gelang uns aber nicht ein solches zu bekommen; mit einem schlechten Kaffee und ein paar Orangen mußten wir uns begnügen. Ankona beherbergt 50,000 Einwohner, hat eine schöne Lage am adriatischen Meere mit ziemlich geräumigen Hafen, die dominirende Festung schaut trotzig hernieder von ihrer Anhöhe, der Seehandel ist nicht unbedeutend. Von einer vorspringenden Höhe aus hat man einen schönen Ausblick über die Stadt und das Meer. Die gegenüberliegende Küste von Dalmatien ist mit einem guten Glas sichtbar. Nachdem wir das, was in dieser kurzen Zeit möglich war, von der Stadt uns besehen hatten, fuhren wir nach 3 stündigem Aufenthalt nach Loretto weiter. Ankunft dort Mittags 12 Uhr. Das Städtchen Loretto liegt auf einer anmuthigen Höhe, inmitten die mächtige Domkirche, welche weit hinausschaut in die italienischen Lande. Es hat circa 5000 Einwohner und ist Sitz eines Bischofes. Zum Aerger der vielen anwesenden Fiaker stiegen wir, da die Entfernung von der Bahn aus nur etwa 1 Kilometer beträgt, die Anhöhe zu Fuß hinan, hätten es aber fast bereut, denn eine solche Unmasse von Bettlern und Krüppeln aller Art stellten sich uns in den Weg und drängten sich wahrhaft belästigend heran, so daß man, um durchzukommen, vollen Ernst sehen lassen mußte; man müßte ein Krösus sein, wollte man alle diese Plagegeister nur einigermaßen befriedigen.

Im vorderen Theil der schönen fünfschiffigen Domkirche, steht das hl. Haus casa santa, welches die hl. Familie zu Nazareth bewohnte. Wundersamer Weise haben dasselbe Engel im Jahre 1291 von Galiläa herübergetragen, als das hl. Land von den Sarazenen überfluthet wurde, und in dem gläubigen Italien als Stätte der Gnade niedergelassen. Die auf dem Hochaltar aufgestellte Madonna von Holz ist von dem Evangelisten Lukas geschnitzt und ist mit den kostbarsten Weihegeschenken geschmückt, denn viele tausend Wallfahrer kommen alljährlich aus aller Herren Ländern hieher in das hl. Haus zu Loretto und legen da ihre Anliegen sowohl wie die mitgebrachten Geschenke nieder. Die Größe dieses ehedem zu Nazareth gestandenen Wohnhauses ist 10 Meter in der Länge und sechs Meter in der Breite, es besteht aus einer Kammer und einem schmalen Raum, welcher als Küche angenommen wird; das Ganze ist außen mit Marmor verkleidet, in welchem Reliefbilder verschiedene Begebenheiten aus dem Leben Jesu und Mariä darstellen. Im Innern dieses Häuschen sieht man die Steine, aus welchen es erbaut ist; ich besah mir dieselben genau, es sind weißlichte Kalksteine in der Form wie Ziegel, aber von verschiedener Größe; in Nazareth, wo ich mich um die Sache weiter interessirte, fand ich wirklich das gleiche Baumaterial wieder, es ist ein eigenthümlicher Mörtl, der dabei verwendet ist, er hält die Fugen doch zusammen, wenn es gleich hie und da aussieht, als liegen sie lose auf- einander. Lange mag es wohl her sein, seit die Maurer in Galiläa diese Steine aufeinander geschichtet haben. Die Wände sind glatt und glänzend von dem immerwährenden Küssen der andächtigen Wallfahrer und um das Häuschen herum sind in die erzharten Marmorstufen durch das Rutschen auf den Knien die tiefsten Furchen gezogen. Es ist ein erhebender Gedanke in diesem durch 52 kostbare Lampen zur Tageshelle erleuchteten hl. Raum seine Andacht verrichten zu können, selbst einen der nicht be- sonders von religiösen Grundsätzen durchdrungen wäre, muß es in diesem so feierlichen Gotteshause zur Andacht stimmen. In der Schatzkammer zeigte man uns die Geschenke der höchsten Personen, und wenn gleich der Korse Napoleon I. bei seinem italienischen Feldzuge die Schatzkammer plünderte und einen großen Theil mit fortschleppte, so repräsentiren diese Weihegeschenke immer noch einen unschätzbaren Werth.

Am Abende machten wir einen Spaziergang durch das Städtchen. Dasselbe ist reinlich gehalten mit netten Häusern, die Einwohner haben

theilweise kleine Weinberge, leben aber in der Hauptsache von den Wall=
fahrern, welche ihren Ort besuchen und viel Geld dort sitzen lassen. Auf
dem Wege trafen wir zufällig mit dem Bischof von Loretto zusammen.
Derselbe unterhielt sich mit uns auf die liebenswürdigste Weise und
erkundigte sich angelegentlich um unsere Reise nach Palästina. Am westlichen
Ende des Städtchens bestiegen wir eine Anhöhe, von welcher aus sich
eine hübsche Rundsicht darbot. Der uns führende Pater Hyazinth, von
Geburt ein Baier, zeigte uns unter Anderm auch das ganz nahe liegende
Kastel Fidardo, bekannt durch die Schlacht zwischen der italienischen Armee
unter Cialdini und den päpstlichen Truppen unter Lamoriçière, wobei die
letztern am 18. September 1860 ehrenvoll der Uebermacht unterliegen
mußten. Die Hügellandschaft in der Umgebung Lorettos ist sehr fruchtbar,
insbesonders versprachen die Getreidefelder eine reichliche Ernte. Auf
dem Rückwege trafen wir in einer Gasse einen Dauer= oder Schnelläufer;
dieser Mensch rannte zum Ergötzen der Zuschauer und insbesonders der
Kinder wie ein Wahnsinniger Berg auf und Berg ab, hetzte sich wenigstens
$^3/_4$ Stunden lang ab, um dann für seine thierquälerischen Leistungen von
den Zuschauenden ein paar Sous zu bekommen. Um wie viel wäre
Arbeit besser! Mit dem Gasthofe, wo ich logirte, war ich zufrieden, der
Tisch gut, der Wein entsprechend, die Bedienung aufmerksam und die
Rechnung für italienische Verhältnisse mäßig; noch mehr aber war ich
mit den gastfreundlichen Mönchen des Klosters einverstanden, wo wir uns
bis spät in die Nacht hinein aufhielten; selbstgebauter Wein bester Qualität
wurde in großen steinernen Krügen aufgetragen, wir verstanden keinen
Spaß, sondern sprachen dieser Spezialität ausgiebig zu.

III.

Aeber Foggia, Benevento nach Aeapel.

Um $^1/_2$9 Uhr Vormittags des anderen Tages fanden wir uns
wieder im Bahnhof zu Loretto ein; um 9 Uhr soll der Eilzug ankommen,
welcher uns in 13 Stunden nach Neapel bringen wird. 38 Frcs. oder
Lire wurden für das Billet per Nase bezahlt, und eiligst suchte jeder, als
der Zug angekommen, einen bequemen Platz für die so lange Fahrt zu
bekommen. Es gelang mir auch, zu viert nahmen wir ein Coupé in
Beschlag und konnten es uns demnach möglichst bequem machen. Da es
lauter Mitglieder der Karawanne waren, wir auch gesellschaftlich gut zu=

sammenpaßten und uns über Vielerlei zu unterhalten wußten, so war
selbst diese so lange Fahrt ganz kurzweilig. In einem Bogen wendet sich
die Bahn wieder der Adria zu, um dann immer längs des Meeresstrandes
mehr als 60 Stunden lang hinzulaufen, durch ganz Apulien fast am Fuße
der mittelitalienischen Apenninen bis hinunter zu dem Küstenstädtchen
Termoli.

Die Gegend dort hinunter ist recht fruchtbar, sogar ein Stück weit
die Apenninen hinan, sieht man von Oliven, Feigenbäumen und Orangen
ganze Waldungen. Der Weinstock windet sich den Maulbeerbaum hinan,
und eine große Ueppigkeit im Wachsthum auf den Feldern ist bemerkbar,
nur auf einer gewissen Bergeshöhe, wo bei uns noch alles saftig grün
ist, ist hier alles vollständig erstorben. Die Apenninen haben oft, besonders
in den höheren Regionen, die grotesksten Formen, allein es mangelt
ihnen aller Holzwachsthum. Die Waldungen sind bis auf den letzten
Stamm abgeholzt und so machen sie zu der schönen Landschaft einen
traurigen Gegensatz. Wie sehr vermißt man da unsere schönen Fichten
und Buchen, die dort Fremdlinge sind. Kühle Luft wehte vom Meere her
in die Wagen hinein, die Stationen schlugen sich so zu sagen nur so und
um 3 Uhr Nachmittags war Termoli erreicht. Die Bahn macht eine
Schwenkung nach rechts landeinwärts und um 4 Uhr fuhren wir in
Foggia ein, wo Wagenwechsel stattzufinden hatte, da der bisher benutzte
Zug nach Brindisi gehen muß. Foggia ist eine schöne Stadt mit
33,000 Einwohnern, Hauptstadt der Provinz Capitanato; sie liegt in einer
fruchtbaren Ebene, gegen Westen erheben sich die berüchtigten Abruzzen.
Stehenden Fußes tranken wir eine Flasche Wein und bestiegen den Zug,
welcher im Begriffe stand, nach Neapel abzugehen und dampften bald
darauf in die wilden Schluchten der Abruzzen hinein. Es war Unteritalien quer zu durchfahren von der Adria bis zum Mittelmeer, hiezu
sind mit dem Eilzug 7 Stunden erforderlich. Die einzige bedeutende
Stadt, welche an dieser Linie liegt, ist Benevento, die Hauptstadt der
Provinz Kampanien, sie hat 19,000 Einwohner, ist eine sehr alte Stadt
mit einer Menge berühmter Alterthümer. Es wurde Nacht, als Benevento
hinter uns lag, die Fahrt dauerte noch lange durch das wilde Land der
Gurgelabschneider, die Heimath der Banditen, die nicht davon zurück-
schrecken, einen Bahnzug aus dem Geleise zu bringen, um nach Herzenslust
plündern zu können. Endlich gegen 10 Uhr tauchten eine Menge Lichter

auf, hoch oben auf einem Berge stieg eine mächtige Feuergarbe in die schwarze Nacht empor, es war der Vesuv; rasselnd fuhren wir in eine große Halle ein und der wiederholte Ruf „Napoli" von Seite der Bahnbediensteten überzeugte mich, daß wir nach 13stündiger Fahrt in Neapel angekommen seien. Die Fuhrwerke stunden bereit, um uns sowohl wie unser Gepäck zu der deutschen Gasthofbesitzerin Weber Globe in der Straße Giacomo zu bringen. Es war bestens gesorgt, die ernstlich gemeinten Forderungen des Magens zu befriedigen; die Küche gut, der Wein entsprechend, es that aber auch noth, den während der ganzen 13stündigen Fahrt hatten wir Nichts als zu Foggia eine Flasche Wein und ein wenig Brod. Es lag im Reiseplan, daß wir auf der Hinreise uns nicht lange in Neapel aufhalten sollten, denn des anderen Tages schon Mittags soll der Dampfer kommen, welcher uns nach Aegypten bringen wird; wir fanden uns daher schon frühzeitig beim Morgenkaffee zusammen, um den halben Tag so gut wie möglich auszunützen. Fuhrwerke wurden bestellt und unter Führung eines Stadtkundigen die öffentlichen Plätze, schöneren Straßen und interessanteren Bauten in Augenschein genommen. Das fast ½ Million Einwohner zählende Neapel ist aber nicht sobald besehen, im Nu war die Zeit herangerückt, wo unser Hotel aufzusuchen und der Mittagstisch einzunehmen war. Es wäre wohl schlimm, wenn man von Neapel wieder sobald abreisen müßte, ohne mehr gesehen zu haben, wie diesmal; allein ich verschmerzte es leicht, sollen wir ja auf dem Rückwege, wenn es Gottes Wille ist, wieder hieher kommen und uns dann gemäß dem Reiseprogramm einige Tage hier aufhalten. Verspare mir daher meine kurzen Notizen über Neapel und Umgebung bis dorthin. Während des Mittagstisches lief die Nachricht ein, daß unser Dampfer einige Stunden Verspätung haben werde. Er hatte mit hohem Seegang zu kämpfen und einen kleinen Defekt an der Schraube erlitten, in Folge dessen hatte er in Corsika anlaufen müssen, um auszubessern, was natürlich eine kleine Verspätung mit sich bringen wird. Es war uns nicht leid noch einige Stunden in Neapel verbringen zu müssen, allein es kam nicht dazu, denn kurz darauf kam vom Hafen die Meldung herein, daß der französische Dampfer bereits in Sicht sei, er hatte also bei gutem Wetter die ganze Versäumniß wieder eingebracht. Nun brachte jeder seine Sachen in Ordnung, d. h. man durchsuchte seinen Koffer, musterte Alles was für Palästina entbehrlich oder gar überflüssig war, aus und ließ es unter Obhut unserer gediegenen Wirthin in Neapel zurück.

IV.

Seefahrt nach Aegypten.

Die Ueberfahrtsbilleten wurden gelöst und um ¹/₂2 Uhr begann das Einschiffen. Unser Schiff lag etwa ¹/₂ Kilometer vom Hafendamm entfernt, mitten unter anderen Dampfern und Segelschiffen, deren jedes eine andere Bestimmung hatte. In aller Frühe hatte es ein klein wenig geregnet, aber schon im Vormittag hatte es sich wieder aufgeheitert und jetzt war prachtvolles Wetter, wie es Neapel würdig ist; die Einschiffung ging gut ohne viel Wesens, wie ich später oft sehen und mitmachen mußte, vor sich. Bei unserer Ankunft auf dem Schiffe überzeugten wir uns, daß außer uns wenig Passagiere nach Aegypten gehen, unsere Mitgliederzahl war inzwischen auf 29 gestiegen (eine dumme Zahl). 24 kamen von München her, Schlichtinger und ich kamen in Rosenheim dazu, einer traf uns in Venedig und einer in Foggia; der letzte kam in Neapel zu uns. Das Verdeck des Dampfers war mit Händlern dicht besetzt, das Ganze glich einem Trödelmarkt, allen möglichen Schund bemühten sich die Verkäufer an den Mann zu bringen, als da waren: alle Reiseartikel, Stöcke, Tücher, Ringe, Schirme, Glas, Korallen, Vesuv-Lava, Antiken aus Pompeji, Andenken an Neapel u. s. w.

Das Fahrzeug umschwärmten ein halbes Dutzend Nachen, welche mit Sängern gefüllt waren, sie sangen uns Abschiedslieder mit Musikbegleitung, mit verzerrten Gesichtern arbeiteten die Kerls auf halbzerbrochenen Geigen und Mandolinen herum, neapolitanische Lieder mußten herhalten und wiederholt kam ihr Nationallied „Schon glänzt das Mondeslicht" zur Aufführung. Wir zeigten uns für diese Aufmerksamkeit gerade nicht undankbar und warfen so manchen Soldi über Bord den Sängern zu, wofür natürlich dieselben wieder von vorne anfangen. Dieser melodische Gesang setzte uns in die heiterste Stimmung und wir ließen auch die Taucher nicht zu kurz kommen, die ihre Kunst auf der Backbordseite mit aller Gewandtheit uns vorführten. Endlich wurde den Verkäufern bedeutet, das Schiff zu verlassen, der Trödelmarkt wurde aufgeräumt, jeder packte seinen Kram und wanderte der Fallreppstreppe zu, auch die Sänger und Schwimmer zogen sich etwas zurück, besonders vom Hintertheil des Schiffes, um mit der Schraube, welche alsbald anfangen wird, sich zu drehen, in keinen Konflikt zu kommen. Schlag 3 Uhr wurde mit der

Glocke das Zeichen gegeben, daß der Dampfer zur Abfahrt bereit sei. Die Ankerwinde hob den Koloß aus dem Grund, die Boote wurden aufgezogen und wie ein Schwan glitt unser Fahrzeug auf den spiegelglatten Gewässern des Hafens zwischen andern Schiffen sich durchwindend dahin. Alles war auf Deck und Niemand konnte sich an diesem herrlichen Anblick satt sehen. Mehr wie 3 Stunden lang liegt im Halbkreis Neapel, Portici, Torre del Greco, Torre del Annunziata, welche alle zusammen eine einzige Stadt zu bilden scheinen und keine Grenze bemerkbar ist; am Meere herum Villa an Villa, Palast an Palast dem Gestade entlang, Thürme und Kuppeln aus dem Häusermeer hervorragend und im Hintergrunde steigt das Fort Elmo und S. Martino empor. Ueber Torre del Greco hin erhebt sich fast 1000 Meter hoch der Vesuv in die blaue Luft; wie ich ihn am Abend vorher leuchten sah, so warf er heute stoßweise, wie eine mächtige Dampfmaschine, aus seiner höchsten Spitze eine gewaltige Rauchsäule aus, welche als Wolke in horizontaler Lage sich gegen Kalabrien hinunter zog. Die Insel Ischia, Procida, Capri und das Kap von Sorrent liegen im Kreise herum und bilden den Golf von Neapel, südlich am Fuße des Vesuves glaubt man Pompeji zu sehen. Nach kurzer Fahrt lag uns Capri zur Rechten in nächster Nähe, links schob sich hinter dem Vorgebirge die Stadt Sorrent hervor. Capri lag noch nicht weit hinter uns, als schon einige von uns, besonders die Damen, an den Anfängen der Seekrankheit zu leiden hatten und noch ehe der Abend anbrach, suchten mehrere ihre Kabinen auf. Die Küste von Unteritalien verschwand nach und nach aus dem Gesichte und die Nacht stieg über Kalabriens Berge empor. Es gefiel dem Thyrrhenischen Meere, ruhig zu sein und da die Luft eine so angenehme war, entschloß ich mich, lange auf Deck zu bleiben.

Das Leuchten des Meeres, man heißt es phosphoresziren, ist für jemanden, der so etwas noch nie gesehen hat, etwas wundervolles. Millionen von Sternen tanzen auf den Schaumwellen, welche der Bug des Dampfers aufwirft, herum, verschwinden im Nu, um anderen Platz zu machen, eine Farbenpracht, ein Naturspiel, welches unbeschreiblich ist. Lange stand ich auf dem Vorderdeck, um das schöne Spiel zu beobachten, konnte mich nicht entschließen, die Kabine aufzusuchen. Ehe ich für heute mein Lager aufsuche, könnte es passend sein, in kurzen Umrissen eine Beschreibung unseres Dampfers, sowie über Fahrpreise, Kost und Wohnung einzuschalten.

Es war ein Schraubendampfer, Dreimaster, und führte den Namen Le Tage (der Tajo), ein Fluß in Portugal; im Jahre 1881 wurde das Fahrzeug gründlich restaurirt, nobel ausgestattet und am 1. Juli in Dienst gestellt. Dieses war seine 20. Reise, welche er seit seiner Restaurirung von Marseille aus nach allen Richtungen, gemacht hatte. Die Gesellschaft, welcher er gehörte, oder der Schiffseigenthümer, war die französische Messagerie, seine Fahrten waren stets glücklich und wir hofften, daß es auch diese sein werde. Er hatte eine Länge von 100 Meter und eine Breite von 10$\frac{1}{2}$ Meter, seine Dampfmaschine hatte 280 Pferdekräfte, reglementsmäßig darf er 1080 Personen aufnehmen und 1177 Tonnen, à 20 Ztr., verladen, seine normale Geschwindigkeit war 1 zu 5. Die Bemannung bestund aus 1 Kapitän, 1 ersten und 1 zweiten Offizier, 1 Doktor, 1 Ober- und 2 Untermaschinisten, 1 Midshipmann, 1 Ober- und 1 Unter-Steuermann, 1 Stewart, 3 Köche, 6 Kellner oder Bediente, 1 Schiffszimmermann und 18 Matrosen. Die Fahrpreise von Neapel nach Alexandrien waren für uns mit 15% Rabatt folgende: Die 1. Klasse bezahlt 250 Frcs. hiefür ist volle Verpflegung und Bedienung eingerechnet. Die 2. Klasse bezahlt 168 Frcs., ebenfalls Alles frei, der Tisch ungemein reichhaltig und fein, der Wein in Fülle und gut. Die 3. Klasse bezahlt 76 Frcs. und die 4. Klasse 51 Frcs; weder die 3. noch die 4. Klasse hat die Beköstigung; man kauft sich dieselbe jedesmal, wenn die besseren Klassen abgespeist haben und was dieselben so zu sagen übrig ließen, vom Schiffskoch, in der Regel bezahlt man täglich 5 Frcs. hiefür, wozu noch eine Flasche Wein geringerer Qualität gegeben wird. Das Essen ist mehr als genug, da ja ohnedieß die Meisten seekrank sind, so kommt immer ein großer Theil der Speisen von der Tafel zurück. Die 1. Klasse hat ihre Kabinen auf dem Hinterdeck, ungemein fein ausgestattet, je 1 oder höchstens 2 Personen in einer Kabine, die 2. inmitten des Schiffes ebenfalls möglichst reinlich, je für 4 Passagiere eingerichtet, die 3. Klasse wird unter dem Vorderdeck untergebracht, dutzendweise in einem Raum, die Lagerstätten schmutzig und unreinlich, Ungeziefer in Fülle vorhanden; die 4. Klasse sind die sogenannten Deckpassagiere, die kein Dach haben und die Lagerstätten selbst bereiten müssen; wer nicht Decken oder ähnliches bei sich hat, kann auf den blossen Boden sich legen und sehen, wie es ihm geht. Die Essenszeit ist folgende: Früh Kaffee nach Belieben, um 10 Uhr Vormittags Mittagstisch, um 5 Uhr Abendessen und um 8 Uhr Abends Thee, für die 1. Klasse läutet man noch zweimal öfter.

Spät suchte ich mein Lager auf. Die erste Nacht war keine besonders gute; obwohl das Meer ganz ruhig war, ließ ein guter Schlaf lange auf sich warten, war doch Alles zu ungewohnt, von der Maschine hörte ich jede Umdrehung und so war es sicherlich Mitternacht, bis sich ein wenig Ruhe einstellte. Zeitig war ich des andern Morgen auf Deck und als der Tag anbrach, passirten wir die Lipparischen Inseln, 7 an der Zahl, wobei auf der uns nächstgelegenen der Vulkan Stromboli in voller Thätigkeit war. Bald darauf kam auch das Kap Fare mit seinem Leuchtthurm als nordöstliche Spitze Siciliens in Sicht, links tauchte das Festland von Kalabrien auf, das Städtchen Scylla auf einem wild-romantischen Felsenvorsprung hingebaut. Der Strudel Scylla und die Felsenriffe Charybdis, welche im Alterthum so gefürchtet waren, wurden passirt und meldeten sich durch Aufzischen mächtiger Schaumwellen an; kurz darauf fuhren wir in die so herrliche Meerenge von Messina ein. Kaum einen Kilometer ist diese so viel befahrene Straße an ihrem Eingange breit und die Städte und Ortschaften, sowie die Eisenbahn zogen in nächster Nähe an unsern Blicken vorüber; die höhern Gebirgsregionen waren etwas verschleiert, um so schärfer traten die unteren Partien hervor; vom Aetna, welchen wir auf der Rückreise so klar und deutlich sahen, konnten wir nichts bemerken. Rauch und Nebel hüllten ihn ein. An Messina, welches 112,000 Einwohner hat, fuhren wir auf 100 Meter vorüber, man hätte mit den Leuten am Hafen sprechen können; ein wundervoller Anblick! Reggio, 36,000 Einwohner, die Hauptstadt der Provinz Kalabrien lag uns etwas weiter entfernt, doch konnte man Alles ziemlich gut sehen. Um die Mittagszeit hatten wir die Meerenge hinter uns und befanden uns jetzt auf dem Mittelmeere, der alten Völkerstraße. Unser Dampfer machte eine halbe Schwenkung nach links und steuerte in südöstlicher Richtung der afrikanischen Küste, Alexandrien zu. Nach ein paar Stunden war nichts mehr zu sehen als Himmel und Wasser und unser Schiff gleich als gäbe es weiter nichts mehr auf der Welt. Es sprang eine frische Brise auf, sagt der Seemann, wir Landratten glaubten, es sei ein Wind. Zum Aerger aber blies er uns gerade in die Zähne und wenn die Schiffsleute auch nicht zugaben, daß es ein Wind sei, soviel bewirkte er doch, daß wir erst um 20 Stunden später, als zur festgesetzten Zeit nach Alexandrien kommen. Es änderte sich die folgenden zwei Tage nicht viel; im jonischen Meere wurde es noch ein wenig unruhiger, hie und da kam ein Dampfer oder Segler in Sicht und unterbrach die Langweile auf kurze Zeit. $^8/_4$ der Passagiere waren seekrank und verließen selten ihr Lager. Bei Tisch saß nur noch ein winziger Theil. Wie Schatten wandeln die Bedauernswerthen umher, haben Eckel an jeder Speise, klagen über furchtbaren Schwindel und werden von beständigem Brechreiz gequält, selbst wenn der Magen längst leer ist; es sei ein schrecklicher Zustand, sagen sie, jeder meint, er sei am Letzten; das einzig Gute an dieser so schlimmen Krankheit ist nur, daß es nicht bekannt ist, daß je jemand an der Seekrankheit gestorben sei. Schlimm ist es, daß diese unerträgliche Krankheit meistens so lange anhält, bei Einigen dauerte es, bis sie wieder festen Boden unter den Füßen hatten, nur wenige blieben verschont, zu diesen Glücklichen gehörte auch ich. Höchst unerquicklich ist es, in einer Kabine zu sein, wo Seekranke sich befinden. Die Bettladen sind an den Wänden angebracht, je zwei über einander, für den der oben liegt ist es gut, wenn er sich einige Uebung im Turnen angewöhnt hat, es wird ihm durch einen mächtigen Satz leichter gelingen, sein Lager zu erreichen; aber eine verflixte Geschichte ist es für den unten Liegenden, wenn der Obermann an der Seekrankheit laborirt; alle Herzensergießungen kommen ihm aus erster Hand zu und es regnet oft recht ausgiebig herunter; will dieses hier nur bemerken, da ich als unten Liegender es im vollsten Maße erfuhr. Die Kabinen sind so enge, daß immer nur Einer aufstehen, sich waschen und ankleiden kann; mittlerweile müssen die Andern liegen bleiben; der, der fertig ist, hat die Kabine zu verlassen.

Angenehm ist es erst bei hochgehender See, das Fenster darf nicht geöffnet werden, damit die Wellen nicht hereinschlagen. Das Gepäck kollert auf dem Boden herum, die Waschgeschirre klingen und fallen bei wenig Aufmerksamkeit herunter, man stolpert von einer Wand zur andern, es ist nur gut, daß sie nicht weit von einander stehen. Der Boden ist schlüpfrig von dem Erbrechen der Seekranken und welche Luft dort herrscht, will ich nicht versuchen, zu beschreiben, es fehlen mir hiezu auch die nöthigen Worte.

An die Vergänglichkeit des Menschen erinnert einem wiederholt der Schwimmgürtel. Derselbe hängt am Kopfende jeder Bettlade an der Wand, bei jeder Bewegung des Schiffes klappert es ununterbrochen fort und mahnt einen recht liebenswürdig an einen Schiffbruch, eventuell an das Ertrinken. Am vierten Tage, als die Insel Kreta in Sicht kam, legte sich der Wind ein wenig und sprang gegen Norden um, der Kapitän ließ Segel beiſetzen und wir führen mit großer Geſchwindigkeit dahin, schön leuchtete dieſe Inſel in der Abendſonne; was ich aber ſehen konnte, wird es mit der Fruchtbarkeit dieſes Eilandes nicht weit her ſein, die kahlen Berge fallen, wenigſtens an der Weſtſeite, ſteil ins Meer ab. Im Alterthum ſagen uns die Geſchichtſchreiber, ſah es dort anders aus, die Fruchtbarkeit ſoll eine unvergleichliche geweſen ſein. Auf dem höchſten Berge bemerkte ich mit meinem Glas einen weißen Bau, gleich einer türkiſchen Moſchee, wie ſolche häufig in Paläſtina vorkommen, als Neby Samel, Neby Muſa ꝛc. und da dieſe Inſel türkiſcher Beſitz iſt, ſo ſteht wahrſcheinlich auf dieſer Hochwarte eine Moſchee. Dieſer Berg wird der 7700 Fuß hohe Gipfel Ida auf Kreta ſein. Die uns näher liegende kleine Inſel Gautos zeigt ebenfalls wenig Vegetation.

Am 5. Tag Abends 10 Uhr machte uns der Stewart auf ein großes Licht aufmerkſam, welches bald weiß bald roth in großer Ent= fernung zu uns herüber blitzte, es war der Pharus von Alexandria. Um 4 Uhr früh ankerte unſer Dampfer etwa 2 Kilometer vom Eingang in den Hafen entfernt, um den Lotſen abzuwarten, welcher uns gefahrlos hineinführen ſoll. Mittlerweile hatten wir Zeit genug, die afrikaniſche Küſte und die Stadt Alexandrien vom Schiffe aus mit dem Glas zu beſichtigen.

V.

Alexandrien.

„Fürwahr, er hat einen ſchönen Platz gewählt!“ ſagte Napoleon I., „dieſer große Macedonier, als er ſich im Jahre 332 v. Chr. entſchloß, hier eine ſeinem Namen würdige See= und Handelsſtadt zu bauen!“ Ein Wald von Maſten lag in dem Hafen, Schiffe aller Nationen waren vor= handen und es wimmelte buchſtäblich dort. Das Fort Ras=etin, ebenſo der vicekönigliche Palaſt Ras=etin mit goldener Kuppel und darüber den Halbmond, ſchaute her über die Feſtungswerke, mit Kanonen geſpickt; eine Anzahl Windmühlen ſtanden dem Ufer entlang, über alles erhob ſich im Hintergrund die mächtige Pompejusſäule über das Häuſermeer empor. Dampfbarkaſſen und Barken, welche den Hafendienſt beſorgten, wanden ſich durch.

Bald kam ein ägyptiſcher Beamter von der Douane her auf unſer Schiff zu, um zu kontroliren, wer an Bord ſich befindet und ob Alles

gesund sei; kurz war die Revision und mir schien es wenigstens für
diesmal eine leere Form zu sein. Der martialisch aussehende Egypter
entfernte sich schon nach einigen Minuten wieder und nun konnte das Aus=
schiffen losgehen. Eine Menge Barken mit braunen und schwarzen halb=
nackten Bootsknechten bemannt, ruderten auf unseren Dampfer zu, rauften
sich um die Schiffstreppe herum und stießen Einer den Andern zurück;
wo ein Tau oder eine Strickleiter über Bord hing, kletterten sie wie Katzen
an den Wänden empor, machten sich über das Gepäck her, priesen ihr
Fahrzeug oder Hotel an und schienen überhaupt für den Augenblick die
Herren der Situation zu sein. Die von den Gasthöfen gesendeten Be=
dienten, meistens glänzend schwarze Nubier, trugen weiße Jacken, worauf
sowohl auf dem Rücken wie auf der Brust mit großen rothen aufgenähten
Buchstaben zu lesen war: „Hotel Abat", „Hotel Turquie" u. s. w. Dieses
merkwürdige Treiben, Schreien und Stoßen beobachtete ich, da es das
erste Mal war, mit höchst neugierigen Blicken; allein nachdem es mir
wiederholt zu Gesichte kam, wie zu Port Said und insbesonders in noch
vollerem Maße zu Joppe, so geht man gleichgiltig über diesen Scandal
hinweg. —

Für uns Karavanen=Mitglieder war es besser bestellt; wir hatten
Bekannte dort, einen österreichischen Postbeamten, Karl Schwindel, und
einen bayerischen Buchbinder, Hofmann, die beiden Herren kamen mit Barken
heraus und winkten uns schon von weitem mit weißen Tüchern zu; die
Begrüßung war eine herzliche. Die Ausschiffung ist hier, wenn man
einmal den heillosen Spektakel hinter sich hat, gefahrlos und bald stiegen
wir bei dem eisernen Gitterthor der Douane auf afrikanischem Boden aus
Land. Die Reisepässe mußten hier abgegeben werden, dafür erhielt jeder
eine runde Scheibe von Pappendeckel in der Größe eines Thalers mit
ägyptischer Umschrift und den Abbildungen der Pyramiden und der Sphinx;
erst hernach durften wir das Zollhaus verlassen.

In unserm Reiseplan war es bestimmt, sogleich nach Kairo abzu=
reisen und Alexandrien erst dann zu besichtigen, wenn wir von Palästina
zurück kommen. Da wir uns da laut Dampfschiff=Fahrplan vom 19. bis
23. Mai in Alexandrien aufhalten müssen und also Zeit genug haben,
fleißig Umschau zu halten, so geschah es auch; wir suchten den Bahnhof
auf und fuhren sofort nach Kairo. Der Deutlichkeit halber aber und
damit die Erzählung über Aegypten zusammenhängend ist, will ich die

2*

Beschreibung Alexandriens gleich hier in möglichster Kürze anfügen und auf dem Rückwege nur mehr sagen, was zur Vervollständigung unumgänglich nothwendig ist.

Alexandrien beherbergt 230,000 Einwohner, also eine Stadt in der Größe wie München, worunter 12,000 Christen, größtentheils Europäer. Zwei große katholische Kirchen befinden sich dort, wovon die Katharinenkirche besonders schön ist, nach und nach schlägt auch auf diesem Boden die christliche Religion wieder Wurzel, denn wie ich sehen konnte, betheiligte sich eine ungemein große Zahl katholischer Kinder bei der ersten heiligen Kommunion, welche in der oben genannten Kirche unter Herbeiströmung einer Unmasse Menschen höchst feierlich begangen wurde. In religiöser Beziehung ist Alexandrien vom höchsten Interesse; es lebte dort der hl. Markus, welchen der hl. Petrus von Rom aus hinsendete; der hl. Athanasius, sowie die hl. Katharina wirkten dort. Letztere wurde in Alexandrien gerädert und enthauptet. Auf Befehl Alexanders des Großen steckte der Baumeister Dinocheres die neu zu gründende Stadt ab, sie hatte 80 Stadien (4 Stunden) Umfang, mit schönen Straßen geziert und mit herrlichen Denkmälern geschmückt, nahm sie so rasch zu, daß sie bald nach ihrer Gründung schon unter der Regierung der Ptolomäer 600,000 Einwohner zählte. Sein Umfang hatte zugenommen, gleich dem Roms. Auf der Insel Pharus, welche mit der Stadt fast zusammenhing, wurde von dem Baumeister Sokratus ein Leuchtthurm erbaut, welcher 234 Ellen hoch gewesen sein soll; sein mächtiges Licht hätten die Schifffahrer 100 Seemeilen weit gesehen, dieser Thurm zählte bekanntlich zu den sieben Weltwundern. Dieses Riesenwerk ging bei dem Erdbeben im Jahr 794 größtentheils zu Grunde. Auf dem Platz, wo dieser Pharus stund, erhebt sich jetzt der Leuchtthurm von Alexandria; er ist zwar seinem Vorgänger nicht gleich, aber doch einer der schöneren, wie sie heutigen Tages errichtet werden. Zur Zeit der oben angeführten Ptolomäer stand die Stadt in ihrer höchsten Blüthe. Die Bibliothek zählte 700,000 Bände und noch weitere 200,000 Papyrusrollen; bei der Belagerung der Stadt durch Cäsar, welcher die feindliche Flotte in diesem Hafen verbrannte, verbreitete sich das Feuer auch auf die Bibliothek und ein großer Theil der so werthvollen Werke ging zu Grunde, den letzten Stoß aber gab ihr der Khalife Omar im Jahre 641 n. Chr.; als diese wilden Araberhorden Alexandrien stürmten, kamen sie auch über die Bibliothek. Der Heerführer Amru fragte den Khalifen, was mit den Büchern zu thun sei; derselbe antwortete: sind diese Bücher mit dem Koran gleichlautend, dann sind sie überflüßig, laufen sie aber demselben zuwider, so sind sie schädlich, also seien sie auf jeden Fall zu vernichten. Zur Beheizung der Bäder soll man ein Jahr lang mit diesen Büchern gereicht haben. Zu Alexandria hielt die berühmte Kleopatra Hof; Antonius der Römer, sowohl wie Herodes der Große gingen in ihr Netz, auch auf den gewaltigen Cäsar hatte sie es abgesehen, allein die Willensstärke des römischen Diktators widerstand, dafür aber wäre er fast bei Belagerung der Stadt in dem bortigen Hafen ertrunken.

Als Kleopatra sah, daß Antonius vor den Mauern der Stadt unterlegen war, veranlaßte sie denselben zum Selbstmorde und sie ließ sich von einer giftigen Schlange beißen, welche sie in einem Korb voll Blumen versteckt hielt und war bald darauf tobt.

Unter dem Islam kam auch diese Stadt, wie viele andere, bald herunter, von seinen 800,000 Einwohnern blieb kaum der hundertste Theil übrig; die ehedem aus den Trümmern von Memphis so glänzend erbaute Stadt war selbst nicht viel mehr als ein Trümmerfeld, von etwa 8000 übel berufenen Arabern bewohnt. Da kam Mehemed Ali, welcher sich vom macedonischen Soldaten bis zum Vicekönig von Aegypten aufgeschwungen hatte und brachte die Stadt wieder empor; er ließ einen Kanal graben, vom westlichen Nilarm, fast von Damanhur her; derselbe war 26 Stunden lang und versorgte Alexandria mit Trinkwasser. Er ist unter den Namen Mahmudiekanal bekannt und erfüllt heute noch den gleichen wohlthätigen Zweck. Aller Handel wurde über Alexandrien geleitet und besonders seit die Bahn von da aus nach Suez erbaut wurde — 1855 — blüht die Stadt rasch empor, auch der Suezkanal fügte der Stadt keinen Schaden zu, da seit der Zeit ungleich mehr Schiffe in das Mittelmeer kommen, wovon die meisten in Alexandrien anlaufen. Die jetzige Stadt hat zur Hälfte einen europäischen Anstrich. Am alten und am Marinehafen, dann am westlichen Theile der Stadt sind noch Ueberreste aus Alexandriens schlechtester Zeit, sie sind unter dem Namen das Araberviertel bekannt, dort sieht es hundertmal schlimmer aus, als im Gheto zu Rom. Ein Straßengewirr, daß kaum durchzukommen ist, die Häuser, eigentlich Hütten, sind selten mehr als 1 Stock hoch, die Wände von Schilfrohr und von gleichem Material auch das Dach. Alle Professionisten arbeiten auf offener Straße, wie zu Sychem und Jerusalem und versperren den Weg. Schuster, Schneider, Bäcker schaffen da, und auch der Schmid hämmert im Freien auf dem Ambos herum.

Alles was verkauft wird ist elender Schund, der Verkäufer und seine Waare machen den denkbar schlechtesten Eindruck. Die Söhne und Töchter Chams liegen auf offener Straße herum und verlegen auf die unanständigste Weise den Weg. Ich muß es gestehen, daß es mir an der nöthigen Courage gefehlt hätte, dieses Territorium des Elendes zu betreten, wenn mich nicht mein Freund Stumpfegger, ein geborener Reichenhaller, bereits seit 20 Jahren in Aegypten und der arabischen Sprache mächtig, durchgeführt hätte; ich war aber froh, als dieses Jammerbild hinter uns lag; wir suchten wieder unser Fuhrwerk auf, welches wir am Marinehafen stehen gelassen hatten. Ich wollte Necropolis, die alte Todtenstadt, bei welcher wir uns jetzt ziemlich nahe befanden, besuchen, allein ich unterließ es, da Eingeborne uns sagten, daß die Grüfte größtentheils unter Wasser sich befinden.

Im Osten und längs dem neuen Hafen liegt der schönere Stadttheil, welcher unter dem Namen das Frankenviertel bekannt ist. Dieser Stadttheil liegt über den ehemaligen Prachtbauten und der Residenz der Kleopatra. Eine Menge gerade und rechtwinklicht sich schneidende Straßen sind hier vorhanden und es könnte einem die Langweile packen, wenn man so einen endlosen Straßenzug mit lauter europäischen Häusern, wo viele einander ähnlich sind, hinaufwandert, ohne daß man glaubt, sein Ende erreichen zu können. Allerdings gibt es auch mehrere Plätze und Straßen, wo der arabische Baustil Platz gegriffen hat, hiezu gehört vor allem der Mehemed Ali= oder auch Konsulatplatz genannt. Derselbe, von bedeutender Größe, ist mit Alleen bepflanzt, hat 2 Kioske und 2 mächtige Spring= brunnen. Die Reiterstatue Mehemed Alis von Bronce in gewaltiger Größe ist dort aufgestellt, gerade dem Tribunal gegenüber; es herrscht hier ein lebhafter Verkehr, unten schöne Verkaufsläden mit allen denkbaren Waaren, oben mit orientalischem Luxus ausgestattete Wohnungen. Die Begeisterung stimmt sich aber gewaltig herunter, wenn man weiß, daß wenigstens dreiviertel dieser Prachtbauten mit dem Schweiß und den Piastern der hungernden Fehlachen aufgebaut wurden. Schade, daß dieser schönste Platz Alexandriens theils am 12. Juni von Arabi Pascha nieder= gebrannt und theils von den Engländern am 12. Juli zusammen ge=

schossen wurde, jetzt soll es ein Ruinenfeld sein. Das Straßenpflaster in der Frankenstadt ist sehr solid, dasselbe ist aus Granitplatten von wenigstens 0,25 Mtr. stark hergestellt, sie werden per Schiff von Kalabrien hieher transportirt.

In zwei Bogenlinien bespült das Meer die Stadt und da wo dieselben zusammentreffen, schiebt sich die Landzunge weiter ins Meer vor; es war dieses die Insel Pharus mit dem Leuchtthurm, jetzt steht auch die alte Citadelle, das Fort und der vicekönigliche Palast Ras=etin, sowie der Haremspalast und die Douane dort. Von hier aus beginnt der Molo oder Hafendamm, welcher in einer Länge von mehr als 4 Kilometer in einem großen Bogen ins Meer hinausläuft und den westlichen Hafen einschließt. Die Stadt steht auf Dünen oder Sandbänken, welche auch landeinwärts kaum mit dem Festlande zusammenhängen, sondern fast ganz mit dem See Maryut und Abukir abgeschlossen sind. Die Bahn nach Kairo fährt auf einem stundenlangen Damm zwischen den beiden Seen hin und nur ein schmaler Streifen Wüste verbindet Alexandrien mit Ramleh und Abukir und auf dieser Landzunge läuft auch die Bahn zu den genannten Orten und weiter nach Rosette hin. Wenn man die Stadt in südwestlicher Richtung verläßt, so trifft man vor dem Thore zur Linken prachtvolle Gärten, zur Rechten den großen mohamedanischen Kirchhof und gleich nebenan erhebt sich die kolossale Pompejussäule. Dieser Koloß steht schon 1600 Jahre auf diesem Platze und ist zur Zeit als der römische Kaiser Diokletian Alexandrien eroberte, aufgestellt worden; sie schaute noch die Herrlichkeit dieser Stadt und sah eine Menge Völker kommen und gehen; da sie zu ihrer Höhe auch noch auf einem Hügel steht, so sieht man sie weit hinaus in das Meer. Es ist ein Monolith aus den Steinbrüchen Oberägyptens von bedeutender Härte, da ihm die 1600 Jahre noch nicht besonders zugesetzt haben, man kann sie fast unversehrt nennen; sie steht auf einem Sockel von Hausteinen, welcher ein wenig gelitten hat. Derselbe ist 10 Meter hoch, die Säule selbst ist aus einem Stück und 20 1/2 Meter hoch; der untere Durchmesser ist 2,45 und der obere 2,10 Meter. Der kubische Inhalt entziffert sich auf 83 Kubikmeter und sollte von diesem harten Gestein der Kubikmeter nur 50 Zenter wiegen, so ergibt sich ein Gewicht von 4100 Zenter. Es ist dieses eine Last, mit welcher selbst Ingenieure heutigen Tages sammt den gewaltigen Hilfsmitteln, Dampf und Mechanik, wenn sie diesen Koloß hunderte von Stunden weit transportiren und auf einen mehreren Meter hohen Sockel aufstellen müßten, in Verlegenheit kommen könnten. Die alten Aegypter brachten es zu Stande, den jetzigen traue ich es nicht mehr zu. Das die Säule krönende korinthische Kapitol ist von schöner Form und harmonirt vollkommen. Bis zum Einbruch der Moslemen soll auf dem Kapitol die Statue des römischen Kaisers Diokletian gestanden haben; die Araber jedoch stürzten dieselbe herunter. Der Sockel, sowie der Unterbau, die durchaus von Sandstein sind, haben, wie ich schon bemerkte, etwas gelitten, in Folge dessen neigt sich die Säule ein wenig auf eine Seite hin, durch Anschlagen eines Senkels habe ich mich selbst hievon überzeugt.

Der Hügel, worauf diese Säule steht, ist mit Katakomben unterminirt; wie in einem Schlott stieg ich in dieselben mit einem Licht tragenden Führer hinunter und besichtigte dieselben nach allen Richtungen. Der große Despot Napoleon I. ließ ein Gerüst bauen, bestieg die Pompejussäule und nahm droben ein Frühstück ein; ebenso ließ er das nahe bei dieser Säule befindliche Fort, welches eigentlich nur ein Erdwerk ist, aber den Namen Fort Napolen führt, während seines Aufenthaltes in Alexandrien von seinen Soldaten und Pionieren in einer einzigen Nacht aufwerfen.

Am nördlichen und westlichen Hügelabhang von der Pompejussäule sind elende, arabische Wohnstätten hingebaut, bei einer Feldschmiede dort fand ich einen Oberkörper von einer großen steinernen Figur von unendlich hartem blaulichem Granit, sie mußte als Ambosstock dienen; nicht weit davon lagen im Staube Theile vom Unterkörper dieser Figur, welche in sitzender Stellung ausgeführt war, wie solche zu Medinet Abu in Oberägypten vorkommen. Wie viele 1000 Jahre werden die Trümmer wohl alt sein?

Nicht immer soll die Pompejussäule allein auf diesem Platz gestanden haben, hier erhoben sich Paläste und Colonaden und im zwölften Jahrhundert noch waren eine Menge kleinerer Säulen übrig; der Khalife Saladin ließ sie niederwerfen und in den Hafen versenken, um den Kreuzfahrern das Landen unmöglich zu machen. Oestlich von der Pompejussäule ist der große mohamedanische Kirchhof, eine ungeheure Menge weißer Grabsteine und aufgemauerter Sarkophagen, wie es bei Mohamedanern Sitte ist, liegen und stehen herum; dort und da saßen vermummte ägyptische Klageweiber und heulten auf die abscheulichste Weise gegen Zahlung auf den Gräbern der Verstorbenen ihre Klagelieder her-

Alexandrien bei Nacht.

unter. Die ältesten Denkmäler Alexandriens konnte ich nicht mehr sehen, es wären dieses die Nadeln der Kleopatra, 2 Obelisken von 22 Meter Höhe und am Boden mehr als 2 Meter im Geviert, aus einem einzigen Stein. Mehr als 3000 Jahre schon standen sie zu Heliopolis, als sie Kleopatra nach Alexandrien transportiren und vor dem Palast der Ptolomäer aufstellen ließ. Einer war schon früher niedergestürzt und Mehemed Ali schenkte diesen den Engländern und weil man denn einmal daran war, die alten Baudenkmäler aus Aegypten fortzuschleppen, so wurde der andere den Amerikanern überlassen; ihre Bestimmung ist jetzt die öffentlichen Plätze zu New-York und London zu zieren. Nicht zu übersehen sind die Königsgärten, sowohl wie die Gärten zweier reicher Privaten. Bezaubernd ist der Schmuck derselben, alle denkbaren orientalischen Gewächse kommen vor, staunenswerth ist es, was die tropische Sonne hervorzubringen vermag. Ein besonderes Interesse wendeten wir dem Garten eines acclimatisirten Aegypters zu.

Von Haus aus ein Grieche und dem Metier nach ein Schneidergeselle kam dieser Mensch nach Alexandria und arbeitete auf seinem Handwerk. Der Zufall wollte, daß er eine ungemein schöne Aegypterin zum Weibe bekam. Der frühere Khedive Ismael Pascha, bekanntlich ein besonderer Verehrer des Weibervolkes, sah eines Tages die schöne Schneiderin und die beiden würdigen Kumpane schloßen einen Handel miteinander, der dahin ging, daß der Schneider seine Frau dem Khedive überlasse, dafür aber die Uniformen der ägyptischen Soldaten zu machen bekam. Man erzählte uns, daß der Meister von der Scheere mehrere Jahre hindurch für die Soldaten des Khedive um riesig theueres Geld ungemein schlechte Hosen machte, was natürlich den Vicekönig nichts kümmerte, dem Schneider aber zu einem kolossalen Vermögen verhalf. Er kaufte sich ein großes Territorium, wenigstens 50 Tagwerk, in der Nähe des Mahmudiekanales und schuff es zu einem wahren Paradiese um. Eine Menge Statuen, alle von künstlerischem Werthe stehen unter den tropischen Gewächsen herum, er deckte unterirdische Gewölbe auf, worin Mumien und 4000 Jahre alte Urnen, Aschenkrüge und Töpfergeschirre in Menge aufgefunden wurden, aus letzteren ließ er eine Pyramide von etwa 30 Fuß Höhe in seinem Garten errichten. Eine Dampfmaschine hebt zur Bewässerung des Gartens das Nilwasser aus dem Mahmudiekanal empor. Bei den 3 Personen, welche den oben angeführten Handel schloßen, hat sich manches geändert,

Der Schneidermeister ruht aus von seinen Beschwerden, hält sich ein halbes Dutzend Favoritinen in seinem Palast zu Alexandria, läßt aber in liebenswürdiger Weise den Fremden alle seine Herrlichkeiten sehen, was außer dem Harem sich befindet. Seine ehemalige Frau lebt, wie man sagt, auf großem Fuß, theils zu London, theils zu Paris, der vertriebene Ismael Pascha flüchtete sich mit seinem Harem nach Italien und verschländert die Tage theils zu Neapel und theils in Rom. Die armen Fellah aber, welche häufig nichts zu leben haben, das Geld aber in Form unerschwinglicher Steuern zu diesem netten Handel liefern mußten, leben bis zum Heutigen in den gleichen jämmerlichen Verhältnissen fort.

Wenn man einmal in Alexandrien ist, darf man nicht versäumen, Ramleh zu besuchen. (Das Ramleh bei Alexandria ist nicht mit dem Ramleh in Judäa zu verwechseln.) Es ist dieses der zeitweise Aufenthaltsort der reichen Paschas und der höhern Beamten Alexandriens. Eine Bahn führt dorthin und alle Stunden von 6 Uhr Morgens bis 10 Uhr Abends wird ein Zug abgelassen. Der Bahnhof steht da, wo ehedem die Nadeln der Kleopatra stunden. Die Fahrt ist eine kurze, da die Entfernung nur etwa 2 Stunden beträgt, 5 Station liegen inzwischen und kaum ist der Zug im Laufen, so wird auch schon wieder gehalten. Die meiste Zeit wird mit Aus- und Einsteigen vertrödelt. Auf halbem Weg befindet sich der vicekönigliche Palast Sibi Gabir und nebenan eine große Kaserne, hieher zog sich der Khedive Tewefik Pascha mit seinem Harem zurück, als er des Bombardementes wegen den Palast Ras-etin am Hafen verlassen mußte, hieher kamen auch die gedungenen Meuchelmörder des Arabi Pascha, welche mit dem Khedive fertig machen sollten. Mit Gold ließen sich die Lumpen, welche schon bis zum Kabinet vorgedrungen waren, beschwichtigen und stunden von ihrem Vorhaben ab. Um die Mittagszeit fuhren wir hinaus. Zuerst passirt man ein kleines Stück Wüste, dann kommen eine Menge Villen und nach kurzer Zeit stiegen wir in Ramleh aus. Dieser Platz, worauf sich jetzt eine Anzahl der schönsten arabischen Wohnhäuser erheben, war vor gar nicht langer Zeit noch nichts weiter als eine Wüste; durch Aufstellen von Maschinen wurde das Nilwasser auf diesen Platz geleitet und bei einiger Nachhilfe eine staunenswerthe Vegetation hervorgezaubert. Es ist merkwürdig: wo das so fruchtbringende Wasser hinkommt, sproßt es baldigst grün hervor, wenn gleich von Humus nicht die Rede ist und nur Wüstensand die Grundlage bildet.

Bäume und Gesträucher stehen in Wasser und Sand und sobald man die Anlagen verläßt, mit dem nächsten Schritt steht man wieder knietief im lockern Wüstensand. In einem prachtvollen Palmengarten eines arabischen Hotels ließen wir uns nieder; der Mann hatte deutsches Bier um mäßigen Preis, bei dieser so tropischen Hitze ließen wir uns selbes vortrefflich schmecken, es war nur schade, daß selbst unter diesen dicht stehenden Palmen die Sonne sich immer wieder Zugang zu unsern Glatzen suchte. Dieser Fliegenwedel, welcher die Krone der Palme bildet, gewährt schlechten Schutz, so schön sie sonst zum Ansehen sind, Schattenspenderinen sind sie nicht. Nachdem wir uns in Ramleh alles genügend besehen hatten, kehrten wir Abends 7 Uhr wieder nach Alexandria zurück.

Während meines Aufenthaltes in Alexandrien traf ich mit mehreren Deutschen zusammen, ich suchte Herrn Grafen Marognia auf, welcher in früheren Jahren als Beamter in Prien war, zur Zeit aber als Mitglied des internationalen Gerichtshofes in Alexandria amtirt. In einem Gasthaus, in welchem einer aus unserer Karavane sich einlogirt hatte, da die Wirthin eine Landsmännin zu ihm war, beide aus Gmund im Salzkammergut beheimathet, fand ich mich zum öftern ein. Bei dem sog. „Bier-Schorsch", einem bayerischen Wirth, fanden sich oft mehrere Mitglieder der Karavane zusammen, und überdieß machte ich bei Hr. Stumpfegger, welcher Hausmeister im Tribunal ist, öfters Besuch. Außer bei Tisch oder zur Nachtszeit war ich im Hotel Abat, wo ich einlogirt war, nicht zu finden, denn mir war zu thun, die Tage, die ich in dieser bedeutenden Hafenstadt zu bleiben hatte, so gut wie möglich auszunützen, was unter steter Führung der Bekannten ausgiebig geschah.

Ich hatte den Wunsch, ein ägyptisches Fellahdorf zu besichtigen; jenseits des Mahmudiekanales hatte ich solche während der Spazierfahrten gesehen. Ich ließ mich übersetzen, was ein Nubier besorgte und trat die Wanderung an. Zuerst stieß ich auf ein Dorf, welches verlassen war, was eigentlich nichts seltenes ist; eingefallene Wände, von Nilschlamm errichtet und einige Löcher in dem Boden, bewiesen, daß hier einige Zeit menschliche Wesen gehaust haben; nicht weit von dieser Stelle traf ich ein bewohntes Dorf, es bestund aus etwa 40 Hütten, welche gleich wie das erste aus Schlamm erbaut waren, hie und da zog sich eine Schicht aus Koth gefertigter und in der Sonne getrockneter Ziegel durch, der Kameelmist vertrat die Stelle des Mörtels; von Fenstern keine Rede, anstatt der Thüre nur ein Loch in die Wand, durch welches man hineinkriechen kann. Das Dach besteht aus Reisig mit Palmblättern überlegt und mit Schlamm überschmiert. Im Innern ist nichts vorhanden, was man Einrichtung nennen könnte, von Tisch, Bank, Stuhl ꝛc. keine Rede, in einer Ecke ein Kothhaufen, worüber ein Kessel hängt, in welchem Alles gekocht wird, Reis, Hirse, Mehlbrei ꝛc., nur wird dieser Luxus nicht immer getrieben, d. h. es wird nicht alle Tage gekocht, denn der ägyptische Fellah begnügt sich häufig mit kalter Kost, als da sind Orangen, Salat, Datteln, Zucker= rohre u. s. w. Zum täglichen Feuermachen ist auch nicht genügend Holz vorhanden, da man hiezu ohnedieß nichts weiter hat als getrockneten Kameelmist, welcher vorsorglich aufgehoben, zu Leiben geknetet und in der Sonne getrocknet wird und hierauf als Brennmaterial dient. Welcher Schmutz und welches Ungeziefer sich in so einer Fellahhütte anhäuft, ist kaum beschreiblich; die ganze Familie, die noch bisweilen auch sehr zahl= reich ist, kauert auf dem Boden herum. Größtentheils besteht das Haus aus einem einzigen Raum, in welchem Alles zusammengepfercht ist, der Esel muß draußen bleiben und ebenso auch die Hausfrau, wenn übergroßer Raummangel eintritt. Das Kameel dürfte wohl eintreten, da es in den Augen des Fellah ein vorzüglicheres Geschöpf ist als das Weib, allein für dieses hochgewachsene Thier ist weder der Eingang noch der innere Raum hoch genug.

Der Esel sowohl wie das Kameel sind für den ägyptischen Bauer höchst nutzbare Thiere, sie müssen ihn und seine Erzeugnisse zu Markte tragen und das Letztere zieht auch noch den vorsündfluthlichen Pflug. Ist das Kameel krank, so ist es auch der Araber, und wenn er seiner Frau eine Schmeichelei sagen will, so nennt er sie „sein liebes Kameel", so etwas wenn wir Europäer zu unseren Hausfrauen sagen würden, wie es etwa ginge? Diese Wohnstätten sind in der Regel auch so nahe zusammen= gebaut, daß man zwischen ihnen kaum durchschlüpfen kann und welch' kolossaler riesiger Schmutz um ein solches Nest herum aufgehäuft ist, ist riesig; bis in die Kniee watet man im Koth herum. Bei Regenwetter wäre es unpassierbar, allerdings würde bei einem Gewitterregen, so wie solche bei uns vorkommen, das ganze Dorf zu Brei zerrinnen. So ein Wohnhaus ist keine 10 Mark werth und fällt eine Wand ein, was öfters vorkommt, so richtet er sie nicht wieder auf, sondern verläßt die Hütte und baut sich in ein paar Tagen anderswo wieder eine auf, daher sind in Aegypten eine solche Menge verlassener Fellahdörfer zu finden, welche dann nichts weiter als große Kothhaufen sind.

VI.

Fahrt nach Kairo (Masr el Kahiera.)

Am Südende Alexandriens steht der Bahnhof, von wo aus die Linie nach Kairo führt. Um 8 Uhr Vormittags bestiegen wir den Zug, der uns in 6stündiger Fahrt zu der 80 Stunden entfernten ägyptischen Hauptstadt bringen sollte. Mit rasender Geschwindigkeit sauste dieser Zug auf dem Bahndamm zwischen den Seeen Maryut und Abukir dahin. Die erste Station, zu welcher wir am Ende der Seeen gelangten, hieß Kefr Douar, ein elendes Nest, dessen Name aber später oft genannt wurde, da Arabi Bey nach seinem Rückzug aus Alexandrien hier sein verschanztes Lager errichtete. Bald war Damanhur erreicht; vor der Stadt in der Nähe der Bahn wurde ein Markt abgehalten, und eine Menge Leute strömte herbei, um mit dem Zuge zu fahren. Die Wagen wurden gut besetzt. Damanhur hat 10,000 Einwohner, die Häuser aber sind von schlechter Bauart, hier zweigt die Bahn ab, welche nach Rosette führt. Weiter landeinwärts fährt man an einer Stadt vorüber, welche den Namen Kefr ez Zayat führt, vor derselben zweigt wieder eine Bahn ab, welche am linken Nilarm und am Wüstensaum hinlauft und nach Bulack und Oberägypten führt, außerhalb dieser Stadt überspannt eine mächtige Bahnbrücke den linkseitigen westlichen Nilarm, welcher bei Rosette in das Mittelmeer einmündet; etwa auf halbem Wege trifft man eine größere Stadt mitten im Delta in gesegnetsten Fluren liegend, sie heißt Tantah und beherbergt mehr als 20,000 Einwohner. Die Häuser sind besser gebaut als in Damanhur, man sieht mehrere mit weißem Kalkstein gemauert, Kuppeln und Minarts von Moscheen sahen herüber. Ein Knotenpunkt der Eisenbahn führt hier dieselbe außer Alexandria und Kairo auch nach Mansura Damiette und Shibin el Kum, auch ist es ein bedeutender Wallfahrtsort, fast der wichtigste ganz Aegyptens; hier liegt ein Scheik begraben, welcher zur Lebenszeit den Namen Achmed Bedawi führte und nun bei seinen Landsleuten im Geruche der Heiligkeit steht, sein Ansehen nimmt immer mehr zu und eine Menge Mohamedaner pilgern an gewissen Festen hieher. Als wir in den Bahnhof einfuhren, war ein solches Fest eben zu Ende, und eine solche Menge Menschen drängten sich zu den Wägen heran, daß ich keinen Begriff hatte, wie eine solche Unmasse verladen werden sollte. Der Aegypter hilft sich leicht, dort wo für 40 Platz war wurden wenigstens 80 hineingeschoben und jeder kann selbst sehen wie es ihm gehen mag; man stand neben und saß aufeinander, und überdieß verkrochen sich noch viele unter die Bänke, die Trittbretter stunden gedrängt voll und mehrere, welche in den überfüllten Wägen noch mit Gewalt sich Platz machen wollten, wurden von Anderen mit Gewalt zurückgestoßen; ein Höllenlärm brach los. Nach längerem Aufenthalt und nachdem, wie es schien doch Alles untergebracht war, ging es weiter. Daß war eine Fahrt, an die ich noch lange denken werde! Die schmutzigen Araber, sowie die halbnackten Weiber mit den von Ungeziefer starrenden nackten Kindern verbreiteten ein Aroma, das unerträglich schien. Der Sirokko blies aus der Wüste herüber und sein glühender Hauch brachte Sandwolken mit, welche durch die Wägen flogen. Die schwarzen Weiber gaben sich nicht die geringste Mühe mit den paar Fetzen, die sie auf dem Leibe hatten, ihre Blössen zu verdecken, im Gegentheile, da es eine Hitze hatte, die selbst für Araber genügend ist, so schlug ihre Vorkehrung, etwas mehr Kühle zu erhalten, häufig ins Gegentheil um.

Da in Aegypten das Controliren und Besichtigen der Billetten während der Fahrt vorgenommen wird, so stieg der dienstthuende Conducteur zu diesem Behufe, mit weißer Hose, das Fez auf dem Kopfe und barfuß, auf unseren Leibern herum. Es war gut, daß diese scheußliche Gesellschaft nicht immer bei uns bleiben sollte, von Station zu Station lichteten sich die Reihen, Weiber und Kinder krochen unter den Bänken hervor und als wir die Stadt Benha el Asl erreichten, welcher Ort wieder ein Bahnknotenpunkt ist, wo die Linien Ismaila, Zagazick und Suez abzweigen, stiegen fast sämmtliche aus und der Zug hatte das Aussehen, wie er war, als er Alexandria verließ, nur mit dem Unterschiede, daß die Wägen voller Abfälle von Orangen, Zuckerrohren, Datteln 2c. waren und daß sie merklich nach den früheren Insassen rochen.

Bei dieser Stadt überschreitet die Bahn ebenfalls auf einer mächtigen Brücke den östlichen oder rechtseitigen Nilarm, welcher bei Damiette ins Mittelmeer sich ergießt. Noch hatten wir Kalzüb nicht erreicht, eine Stadt 4 Stunden nördlich von Kairo, als auf beiden Seiten die Wüste braunroth hereinleuchtete, über einen Palmenwald und eine Wolke von Sand schauten die

Pyramiden von Gizeh aus der lybischen Wüste herüber. Zu linker Hand erhob sich der Mokatam mit der Citadelle und der Alabaster-Moschee, eine Menge Landhäuser mit prächtigen Gärten breiteten sich nach links und rechts aus, ein lang anhaltendes Signal mit der Dampfpfeife ertönte, ein Zeichen, daß wir einer größeren Stadt nahe seien, und bald darauf hielt der Zug im Bahnhof zu Masr el Kahiera (Kairo).

VII.

Kairo.

Eine Unzahl von rabenschwarzen Nubiern waren als Führer, Packträger, Eseltreiber ꝛc. vor dem Bahnhof aufgestellt, um irgend eine Beschäftigung zu bekommen, wir bedurften aber dieser Leute nicht, da unser Wirth, dem unsere Ankunft von Alexandrien aus mitgetheilt war, Fuhrwerk und Diener bereit stellen ließ, allein es muß zuerst durchgearbeitet sein, denn eine Menge Menschen fand sich auf dem Bahnhof ein und die dienstbaren Geister waren ungemein zudringlich und vertraten einem immer den Weg; der Eine wurde hier, der Andere dorthin gedrängt und gegenseitiges Verlieren schien unvermeidlich; unvermuthet aber kam Hilfe, die mir zum erstenmale klar machte, daß Hiebe in Aegypten unbedingt nothwendig seien. Ein Bediensteter der Bahn rückte mit einer Peitsche heran und ließ dieselbe auf den Köpfen der Afrikaner herumtanzen; unter Grinsen und Grimassenschneiden machten die Kerls Platz und jeder konnte die Fuhrwerke aufsuchen; der ächt deutsche Ruf „bayerische Karavane“, welcher wiederholt erscholl, brachte uns vollends zusammen. Eiligst saß ich auf dem Bock bei einem dunklen Rosselenker; es ging über den Nilkanal, welcher den Bahnhof von der Stadt scheidet und welcher bei dem großen Bahnhofbrand im September 1882 so wesentliche Dienste leistete, hinüber und nach kurzer Fahrt, an herrlichen Anlagen und Palästen vorüber, stiegen wir vor unserm Hotel im Frankenviertel ab.

Unser Wirth, ein echter Kairenser mit Namen Roman, war Besitzer dieses Hotels, vor dem wir abstiegen. Dasselbe führte den Namen „Hotel Royal“ und lag im schönsten Stadttheil. Die Wirthin, eine geborene Italienerin, sprach einige Worte deutsch.

Wie überall war die Konkurrenz auch hier groß. Der Besitzer des „Hotels du Nil“ hatte uns einen Agenten bis Alexandrien entgegen geschickt und dieser Mensch gab sich wirklich alle Mühe, die Karavane zu erangeln; selbst als wir vor dem Hotel abstiegen, bot er noch alle seine Verführungskünste auf, allein wir ließen uns nicht beirren, umsoweniger, da mit Herrn Roman bereits schon länger der Vertrag geschlossen war, die Karavane während ihres Aufenthaltes in Kairo zu beherbergen und solid zu verpflegen und zwar per Kopf und Tag 10 Frcs., welcher Preis den anderen Reisenden gegenüber ein mäßiger war.

Die Hotelrechnungen Kairos übertreffen sonst in ihrer Höhe die von Paris und London. Für Fuhrwerke, die nicht zur Hotelrechnung gehörten, bezahlten wir für die Fahrten in der Stadt, nach Heliopolis und zu den Pyramiden über 600 Frcs.

Kairo wurde im Jahre 973 nach Christus oder im 351. Jahr der Hedschra (das ist die Flucht Mohameds aus Mekka nach Medina) von dem Khalifen Möz, einer aus dem Stamme der Fatimiden gegründet und als Hauptstadt erkoren. Es wuchs riesig schnell heran, da es auch als mohamedanischer Wallfahrtsort berühmt war, denn schon vor Gründung der Stadt wurde hier eine große Moschee erbaut, welche der Kaba in Mekka gleich war und den Namen Moschee Tulun führte. Kairo ist weitaus die größte Stadt in ganz Afrika und wird im weiten osmanischen Reiche nur von Konstantinopel übertroffen, selbst Damaskus bleibt zurück. Sie beherbergt 500,000 Einwohner und vielleicht noch mehr, wenn gleich häufig viel weniger angegeben sind; ihr Umfang mit den Vorstädten Fostat und Bulack beträgt 24 Kilometer, was gleich 7 Stunden ist. Am oberen Ende des gleichseitigen Dreieckes (Nildelta) liegend, ist sie westlich vom Nil und nördlich von einer ungemein fruchtbaren Gegend begrenzt, gegen Süden ist der Berg Mokkatam und gegen Osten tritt die braunrothe arabische Wüste bis vor die Stadtthore heran. In Alt-Kairo ist ein solches Häusergewirr, daß es für einen Fremden unmöglich ist, sich zurecht zu finden. Die engen Gassen bilden ein wahres Labyrinth und sind so düster, daß man sich bei hellem Tag schwer zu orientiren vermag. Zwei können kaum nebeneinander gehen und überdieß ist die Bauart eine derartige, daß jedes Stockwerk weiter übergebaut ist, so daß sich in vielen Gassen die Wände im vierten Stockwerk berühren; zum Ueberfluß liegen Berge von Mist und Abfällen auf der Straße, über welche hinüber zu stolpern ist. In diesen elenden Gassen und Schlupfwinkeln ist es schlecht bestellt nach europäischen Begriffen in punkto Sittlichkeit und es ist durchaus

Kairo.

zu widerrathen, ohne verlässigen Führer sich dorthin zu wagen. Eine Menge eingefallene Häuser kamen mir bei der Durchwanderung vor, diese bleiben aber alle im Schutte liegen und werden nicht wieder aufgebaut; dafür wird im Bedürfnißfalle anderswo eine ähnliche Wohnung errichtet, analog den Fellahs. Die Bauart ist eine unsolide, die Balkenlage schwach und häufig von gekrümmtem Holz, die Umfassungswände aus Fach= werk mit schlechten Ziegeln ausgemauert, oder gar von Nilschilf, das Dach ebenfalls von Schilf oder einer zerrissenen Plache, wenn überhaupt ein solches vorhanden ist; häufig fehlt dieser wichtige Bautheil ganz. Gut, daß es in Kairo nie regnet, bei einem regnerischen Sommer, wie solche in unserer Gegend öfters vorkommen, läge bald ganz Alt=Kairo in Trümmern. So schlimm es in Alt=Kairo aussieht, so schön ist es im Gegenhalt dazu in den neueren Stadttheilen, wie in Muskjeh, Esbeckjeh, Rumeiljeplatz 2c. Lauter palastähnliche Bauten. Der arabische Stil, in welchem die meisten ausgeführt sind, gibt diesen Plätzen ein wundervolles Ansehen. Prachtvoll ist der Palmengarten auf dem Esbekjeh (auf letzterem hatte Napoleon I. sein Hauptquartier und dort wurde der General Kleber von einem fana= tischen Syrier erdolcht), in diesem Garten befinden sich alle denkbaren tropischen Gewächse, worunter eine Spezies nicht unerwähnt bleiben darf. In der Form einer niedrigen Eiche erhebt sich ein dicker Stamm mit breiten fast horizontalen Aesten. Von diesen Aesten wachsen wieder arms= dicke Auswüchse in vertikaler Richtung dem Boden zu, dort schlagen sie dann Wurzel und der Ast wird zum Stamm, von weitem gesehen glaubt man, der Baum sei mit vielen Polzen gestützt. Einige Musikbanden spielen in den Kiosken, künstliche Flüsse und kleine Seen sind hergestellt, mächtige Springbrunnen rauschen in die Höhe und in künstlich gefertigten Tropf= steinhöhlen, welchen man über eine Brücke hin zuschreitet, findet man be= ständig gedeckte Tafel und gute Restauration. Auf breiten Wegen wandelt die schöne und reiche Welt Kairos Abends auf und nieder und ein schöneres Farbenspiel findet man weder in London noch zu Paris. Dieser ganze umfangreiche Garten ist mit einem hohen eisernen Gitter umgeben, der Eintritt kostet einen Piaster (gleich 20 Pfennig) und jeder der nach Kairo kommt, soll nicht versäumen, Abends den Esbekjeh zu besuchen.

Die Bauart der neueren Stadttheile ist eine solide, größtentheils Hausteine aus den Steinbrüchen am Mokattam gebrochen, große Park= anlagen sind vorhanden, insbesonders beim Palaste des ehemaligen Khedive

3

Ismail Pascha, bei der Mamelucken-Kaserne und am Nil. Die Straßen der Stadt sind nicht gepflastert, der Staub liegt oft fußtief und wenn dann der Syrokko aufspringt, welcher auch oft massenhaft Wüstensand hereinbringt, so wirbelt über Kairo eine Staubwolke hin, welche fast den Tag in Nacht verwandelt.

An Moscheen ist Kairo unendlich reich, 400 sollen vorhanden sein; es ist daher für die Kairenser, wenn auch der Mohamedaner von Haus aus dem Gebete wohl mehr obliegt als der Christ, genügend gesorgt, ihre religiösen Bedürfnisse zu befriedigen. Alle diese Moscheen, welche mitunter in sehr verwahrlostem Zustande sich befinden, stehen insgesammt hinter der Omarmoschee zu Jerusalem weit zurück. Allerdings habe ich die hochgepriesenste von allen nur von weitem gesehen, es ist dieses die Moschee Mehemed Ali oder die sogenannte Alabaster-Moschee auf dem Mokattam. Auf diesem Bergausläufer befindet sich neben genannter Moschee auch die Citadelle von Kairo. Gleich nach unserer Ankunft ließen wir durch den deutschen Konsul nachsuchen, den Mokattam besuchen zu dürfen, es wurde uns aber die Erlaubniß hiezu nicht ertheilt; General Arabi Bey, hieß es, sei Festungskommandant dort droben und da derselbe den Europäern nicht zugethan sei, sondern dieselben vielmehr hasse, so dürfe keiner den Mokattam betreten. Dortmals hörte ich den später so oft genannten Namen Arabi zum erstenmal, dachte wohl nicht daran, das diese Kreatur nach so kurzer Zeit in Folge seines Europäerhasses einen so fürchterlichen Aufstand heraufbeschwören würde, welcher dann für ihn einen so jämmerlichen Ausgang nahm. Dortmals ärgerte mich der Kerl nur deßwegen, weil er uns um einen so schönen Ausblick brachte.

Kairo ist der Sammelplatz von Sem, Cham und Japhet sagt Dr. Sepp, und welch' einen märchenhaften Anblick gewährt diese Stadt! Die Minarets, bei 500 an der Zahl, erheben sich über Masr el Kahiera in die blaue Luft. Unbeschreiblich ist daher ein Rundblick von einem hohen Standpunkt aus, welchen wir auch von der Dachterrasse der französischen Schule, welche über die anderen Häuser emporragt, genießen konnten. Die Vorsteher dieser Schule waren so freundlich, nachdem sie uns vorerst alle Schuleinrichtungen und Lehrmittel gezeigt, sämmtliche Kinder vorgeführt und ein kleines Examen angestellt hatten, worauf alle Fragen von den Kleinen ohne die geringste Befangenheit kurz und bündig beantwortet wurden, ein Beweis, daß sie gut geschult seien, uns auf die Plattform des Hauses zu führen. In Kairo ist es gleich wie in Jerusalem und vielen anderen orientalischen Städten Brauch, am Abend auf der Terrasse des Daches ungesehen spazieren zu gehen und wenn möglich reine Luft zu genießen. Von da aus rollte sich vor unseren Blicken ein Panorama auf, welches geradezu unbeschreiblich ist, ein Häusergewirr ohne Ende, inzwischen große Parke und schöne Gärten, zu Füßen wimmelte es wie in einem Ameisenhaufen, Minarets und Kuppeln ohne Zahl, gegen Süden die Berge, insbesonders der Mokattam in nächster Nähe, westlich begrenzt die Stadt der mächtige Nil, darüber hinaus ist die lybische Wüste, sie grenzt den Horizont ab, die Pyramiden grüßen herüber, gegen Osten die arabische Wüste, man glaubt bis Suez zu sehen, nördlich das überreiche Delta, woran sich östlich über Heliopolis hin, welches leicht zu finden ist, da der Obelisk wie ein kolossaler Grenzstein herüberschaut, das Land Gosen anschließt, welches Jakob mit seinen Söhnen bewohnte

Nachdem wir die Rundsicht genügend genossen hatten, wurde niedergestiegen, im Hofe hatte sich mittlerweile die ganze Schuljugend aufgestellt und diejenigen, welche musikalisch gebildet waren, und es waren deren nicht wenige, wenigstens 60, führten uns ein Concert vor; die ägyptische Nationalhymne und noch mehrere andere Piecen wurden melodisch vorgetragen, und es war höchst interessant, diese Kleinen im Alter von 10 bis 15 Jahren in allen Farben, vom Weißen bis zum glänzend Schwarzen auf ihren Instrumenten kunstgerecht herumarbeiten zu sehen; sie ernteten für ihre Leistungen unseren vollsten Beifall, was Ihnen große Freude zu machen schien.

Auf dem Wege zu unserem Gasthof passirten wir eine Straße, wo fast vor jedem Hause ein ungeheuer großes Gerippe eines Krokodiles aufgehängt war; es soll dieses Thier gut Glück bedeuten und kommt dieses in Aegypten gerne vor; nur in dieser Form konnte ich das niedliche Thier sehen, lebend kam mir keines zu Gesichte, ebensowenig ein Nilpferd, wenn ich gleich glaubte, ich werde doch einmal diese fürchterlichen Geschöpfe aus dem mächtigen Strom, der doch ihre Heimath ist, auftauchen sehen!

Das Leben und Treiben in der ägyptischen Hauptstadt ist höchst amüsant, zumal wenn es gegen Abend geht und die Sonne nicht mehr so vernichtend herniederbrennt. Die Straßen sind von einem Menschengewühl angefüllt, daß schwer durchzukommen ist. Menschen aller Nationen wogen auf und nieder, der Europäer sowohl wie der Perser, der Kurde, der Indier, der Marokkaner, der Nubier, der Abessinier, der benachbarte Berber und Syrier, jeder in seiner heimathlichen Tracht, die Einwohner von Kairo, sowohl Männer wie Frauen aus den besseren Ständen auf Eseln reitend, arbeiten sich durch, hinterher läuft der keuchende Eseltreiber, der fort und fort den Langohr mit Schlägen und Stößen zum Laufen aneifert und beständig sein Oha O=A ruft, auch Kamelkarawanen kommen häufig des Weges und hemmen zeitweise den ganzen Verkehr. Hoch bepackt mit allen denkbaren Waaren Asiens und Afrikas kommen sie bei den Thoren herein, aus Darfur, aus Timbuktu, Syrien, Persien, Arabien und dem oberen Nil bringen sie dieselben auf den Bazar zu Markte. Am schlimmsten aber wird es, wenn der Pascha mit seinen Equipagen des Weges kommt. Zweimal während meines Aufenthaltes in Kairo sah ich den jetzigen Vicekönig Jewfits Pascha, den schwachen, blassen Mann, mit seinem Harem in Esbekjeh spazieren fahren. Unter vielem Lärm und immerwährenden Oha= und Guarda=Rufen stürmen vier Vorläufer (Sais genannt) mit fliegender Peitsche heran, sie tragen weiße Hosen, rothe Jacke und weißrothen Turban, sind aber um besser ausgreifen zu können, baar= fuß. Die Kerls können laufen wie die Windhunde, wenngleich das Fuhr= werk des Khedive in raschem Tempo herankommt, so sind sie doch immer um etwa 30 Schritte voraus, machen Platz und lassen auf den, der etwa nicht genügend ausweichen will, die Peitsche niedersausen, während der Khedive fortwährend ungemein freundlich nach links und rechts grüßt. Neben dessen Fuhrwerk und insbesonders neben denen der Haremsdamen reiten zu jeder Seite Eunuchen.

Ein beliebter Artikel ist das künstliche Eis und Schnee, welches in Buden von arabischen Frauenzimmern, ähnlich unsern kohlensauren Jung= frauen, nur etwas weniger reinlich, verkauft wird, ein interessanter Luxus= gegenstand für den Araber, welcher Zeitlebens noch nie ein natürliches Eis gesehen hat. Alle 50 Schritte stößt man auf einen Geldwechsler. Dieselben kauerten auf einem Stuhl und hatten neben sich einen kleinen Kasten, welcher mit einem Gitter gedeckt ist; in diesem liegen Münzen verschiedener Nationen und von verschiedenem Werth, wovon das französische Gold am meisten vertreten ist. Um die Aufmerksamkeit der Vorüberkommenden auf sich zu lenken, läßt er mit vieler Geschicklichkeit eine Anzahl Geldstücke klirrend von einer Hand in die andere gleiten. Den Typus nach sind die meisten dieser Wechsler Semiten.

Das Farbenspiel in den Kleidern ist oft großartig; der Kaftan ist oft mehr buntscheckig, als es der Rock des Josef war. Die Teppiche, mit welchen die Reitsättel der Kameele und Esel belegt sind, lassen die orientalische Farbenpracht sehen, ebenso die Turbane und Tarbusche, sowie die Oberkleider der besseren Stände. Interessant geht es in den Kaffeeschenken zu; von der Straße aus kann man sich das ganze Thun und Treiben besehen, da so eine Kaffeeschenke nichts weiter ist, als ein größerer Raum zwischen den Gebäuden, welchen die ganze vordere Wand fehlt. Kohlschwarze Diener reichen die kleinen Tassen herum; es ist duftender Mokka sammt dem Satz; wem es beliebt, der kann Zucker hinzuthun, sodann wird er sachte geschlürft, entweder stehend, oder, wenn's beliebt, mit gekreuzten Beinen auf dem Boden sitzend. In einer Ecke hängt der Kessel, worin der Kaffee gekocht wird. Ab und zu kommen Sänger und singen von mohamedanischen Helden, ich glaube, daß dortmals Arabi Pascha schon besungen wurde. Fast überall findet sich ein Märchenerzähler oder ein Wahrsager; solchen Leuten hört der Araber mit großem Vergnügen zu. Den Haupteffekt aber erzielen die Tänzerinnen, es sind das Favoritinen, nach unseren Begriffen lockere Dirnen, welche mit kaum halber Bekleidung die denkbar unanständigsten Tänze aufführen, unter andern den sogenannten Bienentanz, wo sie sich den Anschein geben, als suchen sie in ihren Kleidern eine Biene. Nach dem Takt eines Tamburin, welches ein Araber schlägt, entledigen sie sich sämmtlicher Kleider und werfen auch den letzten Fetzen noch weg; der Schlußeffekt ist ein gewaltiges Hallo!

Bettler, Lahme, Einäugige und Blinde findet man nirgends so viel auf der Welt, wie in den Straßen Kairos. Sie haben Anspruch auf Mitleid, da sie als Gäste Gottes und des Propheten betrachtet werden; noch besser werden die gehalten, welche eine Wallfahrt nach Mekka gemacht und dabei das Augenlicht verloren haben. Ist einer aber hiebei auch noch um den Verstand gekommen, so wird er als halber Heiliger betrachtet und jeder Mohamedaner ist bestrebt, ihm angenehm zu werden. In Folge dessen soll es auch eine Menge Planisten dort geben, welche auf die öffentliche Wohlthätigkeit spekuliren; sie pilgern nach Mekka, wenn sie zurückkommen sind sie ausgeprägte Narren und richten die Sehkraft selbst, wenigstens auf einem Auge, zu Grunde.

Das ägyptische Klima ist allerdings dazu angethan, die Sehkraft zu verlieren und hat an der unbeschreiblichen Unreinlichkeit einen mächtigen Bundesgenossen. Ich sah öfter Fellahweiber, die mit ihren Kindern auf dem staubigen Boden lagen, bei der so großen Hitze waren die Augen angeschwollen und überall voll der eckelhaftesten Geschwüre; Ungeziefer, Fliegen ꝛc., bedeckten das ganze Gesicht, der Körper starrte von Koth, — die Gewohnheit ist ein eisernes Hemd. Die Kleinen scheinen es gar nicht zu merken, daß sie mit Ungeziefer übersät sind. Die Folge ist, daß schon viele als Kinder erblinden. Höchst komisch ist es, zu sehen, wie die ägyptischen Offiziere sowohl auf der Straße, wie in den Kaffeeschenken mit ihren aus 99 Kügelchen bestehenden mohamedanischen Rosenkranz spielen, das heißt, die Kügelchen durch die Finger gleiten lassen, ob sie dabei religiöse Gedanken haben, weiß ich nicht. Der Morgenländer trägt seine Religion lieber zur Schau als der Abendländer, und ich glaube, daß diese ganze Frömmelei nichts weiter als angestammte Gewohnheit ist. Aehnliche Dinge kommen bei uns nicht vor.

Von einer Seitengasse her hört man einen Heidenlärm, Kameele versperren den Weg, ein Sohn der Wüste, der zu seinem Erwerb Schlangenbändiger und Pantherführer ist, kommt mit seinem Gethier in die Enge, Alles stob, um diesen Bestien nicht zu nahe zu kommen, unter großem Geschrei auseinander.

Was die ägyptischen Zauberer, Schlangenfresser und Gaukler leisten, ist unglaublich. Die Täuschung ist selbst dem Europäer eine so vollständige, daß man das Ganze für unergründliche Wahrheit halten möchte; unsere Feuerfresser, Schwertverschlucker ꝛc. sind gegen diese Aegypter wahre Stümper.

Um von dem religiösen Fanatismus der Mohamedaner einen Begriff zu bekommen, wurde an einem Freitag Mittag beschlossen, die heulenden und tanzenden Derwische zu besuchen. Man machte uns aufmerksam, daß diese Menschen so gegen 2 Uhr in die höchste Ekstase, fast in eine Art Verzückung fallen, wo sie glauben, mit dem Propheten Mohamed zu sprechen; wir wollten uns diese Zeit nicht entwischen lassen, und fuhren gleich nach Tisch dorthin. Die Moschee, wo dieser Spektakel aufgeführt wurde, liegt im südlichen Theile Kairos und demnach von unserem Gasthof weit entfernt, rechtzeitig aber gelangten wir dorthin. Bei unserm Eintritt in die Moschee wurden wir mit aller Höflichkeit aufmerksam gemacht, die auf der Mitte des Bodens ausgebreiteten Binsenmatten und Ziegenfelle nicht zu betreten, da dieselben durch uns Ungläubige unrein würden. Wir

folgten selbstverständlich diesem Gebote und stellten uns hinter den Der=
wischen, wo der Boden mit Estrich belegt war, auf. Die Moschee, wo
dieser Heidenkultus getrieben wird, ist ein unansehnliches Gebäude von
Steinlehm, nicht groß und ganz mit schlechten Häusern umbaut; die Form
ist eine Rotunda mit weiß getünchten Wänden und mit einer Kuppel
überwölbt, im Umkreise der Kuppel sind einige Fenster angebracht, welche
das nothwendige Licht einlassen. Oben am Gewölbescheitel ist eine runde
Oeffnung von etwa $1^1/_2$ Meter Durchmesser, in welcher nach Mittheilung
Eingeweihter der Prophet Mohamed den gottbegnadigteren Derwischen,
wenn ihre Raserei aufs höchste gestiegen ist, erscheint. Der Spektakel
nahm soeben seinen Anfang, als wir eintraten; 30 Derwische verschiedenen
Alters, hatten sich im Kreise herum aufgestellt, an einer Seite postirte
sich der Vorsänger, hinter welchem Musikanten mit für uns Europäer
unkennbaren Instrumenten aufgestellt waren. Der Vorsänger schrie etwas
herunter, die Musik fiel ein und alle Derwische fingen ebenfalls zu schreien
an. Dieses Manöver wiederholte sich mehrmals, aber jedesmal wurde der
Lärm ein ärgerer, die Musik eine betäubendere bis nach etwa einer Stunde
dieser widrige Kultus in einer Weise ausartete, daß wir uns fast für
unsere persönliche Sicherheit zu fürchten anfingen. Der Vorsänger bellte
einem Hunde gleich zur Oeffnung empor, die dreißig Derwische heulten
ebenfalls wie wilde Thiere, den Körper schwangen sie hin und her, während
die Füße den Standort behielten. Die Musik wurde stets lärmender und
der Takt schneller, unter fürchterlichem Grimassenschneiden und unbeschreib=
licher Anstrengung bei der Hitze von 35° Reaumur waren sie bald mit
der Stirne auf den Boden und bald warfen sie den Körper wieder zurück,
daß ihre langen Haare im Kreis herumflogen; im Schweiße gebadet und
Wahnsinnigen gleich, machten sie die Drehungen immer ärger und wurde
das Heulen immer scheußlicher; da auch die Musik immer ein rascheres
Tempo anschlug, so konnten sie nicht genug Athem schöpfen, die Augen
rollten herum und der Schaum stand fingerdick vor dem verzerrten Mund.
Nachdem diese unsinnige Raserei den höchsten Gipfel erreicht hatte, wo
wir glaubten, nun werden die meisten bald todt niederstürzen, war dieser
tolle Kultus mit einem Schlag zu Ende. Die langen buntscheckigen Ober=
kleider wurden abgelegt und in einem Winkel der Moschee auf einem
Haufen zusammen geworfen. Die Derwische verließen den Tempel und
wir folgten ihrem Beispiel, fast traurig gestimmt über diese unwissenden
Heiden und ihren so schrecklichen Kultus.

Nicht ohne Interesse ist es, die Bazare besonders die großen Gabalieh und Avred zu besuchen, ganze Berge aller denkbaren Waaren sind da aufgespeichert und nebenan sitzt der Kaufmann mit gekreuzten Beinen, der jedem seine Waare als Geschenk anbietet, natürlich handelt es sich darum damit das Geschäft in Fluß kommen soll, wird Ernst und erkundigt sich jemand näher, so wird ein unverschämter Preis gefordert. Die Südfrüchte sind so mit Ungeziefer und Fliegen übersät, daß man oft nicht weiß, welcher Artikel es ist, wenn gleich der im Hintergrund sitzende Verkäufer beständig bemüht ist, mit einem Wedel das Geschmeiß von dannen zu treiben. Nicht selten findet man in einem Bazar kohlschwarze Knaben und Mädchen aus dem Innern Afrikas, welche stillschweigend zum Verkauf ausgeboten werden. In einem gewissen Grade dauert der Sklavenmarkt zu Kairo immer noch fort, natürlich nicht in diesem Maße wie vor 3600 Jahren, als den ägyptischen Joseph die ismaelitischen Kaufleute an den Kriegsminister Putiphar verkauften. Bot man ja doch Dr. Sepp zu Alexandrien zwei Mohrenknaben um 100 Thaler an.

Einen ganz eigenthümlichen Eindruck auf den Europäer macht ein ägyptischer Leichenzug. Voraus in der Regel eine Anzahl Blinde die dort leicht zu haben sind, dann eine Rotte Klageweiber, die beständig ihre traurigen Gesänge, wobei das Ilaha Illallah sie immer wiederholt herunter leiern; anstatt eines Trauerpferdes, wie es nur bei Großen Brauch ist, folgt dort fast jedesmal ein Kameel, welches Lebensmittel für die Armen mitschleppt, welche bei dem Grabe sofort verzehrt werden. Nach der Beerdigung werden von den reicheren Leuten die Klageweiber gedungen, oft noch Monate hindurch um bei Wiederkehrung des jährlichen Todestages am Grabe des Verstorbenen die monotonen Jammerlieder herunter zu heulen, wie ich solches wiederholt sowohl in Aegypten wie in Palästina gesehen habe.

VIII.

Zu dem Marienbaum und nach Heliopolis.

Etwa 2 Stunden nordöstlich von Kairo in einer ziemlich fruchtbaren Gegend sind die Ruinen der alten Sonnenstadt, die Ruinen von Heliopolis zu finden. Außerhalb dem Stadtthor „Bal el Fotuh" sind prachtvolle Gärten und es erheben sich seit neuerer Zeit dort die herrlichsten

Die Pyramiden während der Ueberschwemmung des Nils.

Villen, wo vor kurzer Zeit noch nur elende Fellahhütten standen. Nach etwa einer Stunde kommt man bei dem großen aber nicht schönen Palaste und den weitläufigen Gärten Abbas-Pascha, „die Abbafieh" genannt, vorüber. Waizen und Baumwollenfelder wechseln ab und bald darauf kommt man zu einer Stelle, wo die Wüste ein Stück weit bis zur Straße heran tritt; man überschreitet einen Damm, es ist dieses der Bahndamm, auf welchem die Eisenbahn vor Eröffnung des Suezkanales direkt von Kairo durch die Wüste nach Suez führte, daher auch den Namen Wüstenbahn führte, jetzt ist sie verlaffen. Braunroth ist Alles verbrannt und soweit auch das Auge hinausreicht in die Wüste Et Tieh keine andere Färbung erkennbar.

Nach kurzem stellte sich wieder etwas Vegetation ein und nach etwa einer einstündigen Fahrt stiegen wir vor einer ganz netten Gartenanlage aus. Ein Araber ließ uns ein und nach einigen Schritten standen wir vor der 2000 Jahre alten Sykomore (wilder Feigenbaum) der auch unter den Namen Marienbaum bekannt ist. Die Legende erzählt uns, daß die hl. Familie, nachdem sie vor dem Wütherich Herodes aus Bethlehem geflohen war, durch die Wüste hieher gekommen sei und unter diesem Baume ausgeruht habe. Er ist von bedeutendem Umfang, ca. 5 Meter, aber ganz hohl; die äußere Schicht ist noch etwa 0,15 Meter dick und nach allen Seiten zerklüftet und theilweise weit offen, so daß man leicht hineinschlüpfen könnte. Der Stamm ist nicht viel über 2 Meter hoch, hat aber die meisten Aeste verloren, nur zwei von mächtiger Stärke ragen noch in fast horizontaler Lage weit hinaus. Der Stamm ist theilweise von der Rinde entblößt, da die meisten Reisenden zum Andenken etwas davon in die Heimath mitbringen wollen, für uns warf ein kleiner Araber in Erwartung eines fetten Backschisch Zweige herunter, eine Frucht aber pflückte ich mir selbst. Er ist schon ziemlich altersschwach, dieser Veteran der ägyptischen Bäume und das immerwährende Schinden wird einen noch langen Bestand in Frage stellen.

Unweit dieses Baumes fließt eine reiche Quelle, der Marienbrunnen genannt, welche zu der Zeit entstanden sein soll, als die hl. Familie unter diesem Baume ruhte, aber vom furchtbaren Durste gequält wurde. Jetzt dreht sich knarrend ein Schöpfrad herum, welches durch ein im Kreise herumwandelndes Kameel in Bewegung gesetzt wird und das so aus der Quelle gehobene Waffer befeuchtet den Garten von Heliopolis. Diese

Anlage mit dem vielbesuchten Marienbaum (diesen Baum halten auch die Mohamedaner hoch in Ehren) ist jetzt Eigenthum der Exkaiserin Eugenie von Frankreich. Bekanntlich war dieselbe im Herbst 1869 bei Eröffnung des Suezkanals auch in Kairo und besuchte den Marienbaum zu Heliopolis.

Ismael Pascha, bekanntlich gegen Damen ein sehr aufmerksamer Kavalier, schenkte der Kaiserin ein kleines Areal, worauf dieser Baum steht; sie ließ es einfriedigen, eine hübsche Gartenanlage herstellen und stellte einen Araber als Wächter auf. Ganz in der Nähe dieses Gartens befindet sich ein elendes Dorf, welches den Namen „Matarieh" führt und auf den Trümmern der alten Sonnenstadt Heliopolis erbaut ist. Drunten in der Ebene, etwa 200 Meter vom obengenannten Garten entfernt, erhebt sich mitten in einem Waizenfelde der Obelisk von Heliopolis, als 4000jähriger Zeuge der einstigen Herrlichkeit. Dieser Obelisk, aus einem einzigen Stücke röthlichen Granits aus den Steinbrüchen Oberägyptens, hat nach selbst genommenem Maße so auf Brusthöhe 1,85 Meter im Gevierte, seine Höhe wird auf 23 $\frac{1}{2}$ Meter angegeben, dessen Gewicht rechnet sich auf 3000 Zentner. Daß der Stein von großer Härte ist, beweisen die auf seiner Oberfläche eingemeißelten Hieroglyphen, welche auf zwei Seiten noch lesbar sind. Von wissenschaftlich gebildeten Männern wurde aus den Hieroglyphen entziffert, daß der König Sesurtesen im Jahre 2200 vor Christus diesen Obelisk errichten ließ, es war dieses zu der Zeit, als Abraham auf Geheiß des Herrn aus Hauran in Mesopotanien nach Hebron im Lande Kannaan zog. Nun steht er allein da, mitten im Felde und hat weder einen Collegen, noch andere Bauten um sich herum, er ist vielleicht berufen, noch viele tausend Jahre als einsamer Wächter hinauszuschauen in die arabische Wüste. Heliopolis war nie eine große Stadt, was aus dessen Ruinen zu sehen ist, dafür aber stand dort der riesige Sonnentempel mit seinen umfangreichen Hallen, zu welchem ganze Alleen von Obelisken und Sphinxen führten.

Hier in der Sonnenstadt residirten die Pharaonen und hier wurde der ägyptische Josef als Sklave an Putiphar verkauft. Die Heimstätte der lüsternen Hausfrau des genannten Putiphar ist ebenfalls zu Heliopolis zu suchen. Auch Moses wurde da am Hofe der Pharaonen erzogen und blieb bekanntlich so lange dort, bis er sich zu Jethro am Sinai flüchten mußte.

IX.

Zu den Pyramiden von Gizeh und der Sphinx.

Noch hatte der Muezzin auf den Minarets nicht zum Morgengebet gerufen, als wir über den Esbekjeh hinfuhren, um vor Eintritt großer Hitze zu den Pyramiden zu gelangen. Südwestlich von Kairo, etwa drei Stunden entfernt, liegen dieselben außerhalb jeder Vegetation draußen in der lybischen Wüste. Eine Menge Karawanen, ganze Züge von Kameelen kamen über die Nilbrücke herüber, als wir dieselbe passirten. Das Wetter war schön, wie fast immer in Aegypten, die Morgenluft ungemein angenehm und Alles war in der heitersten Stimmung, als wir in der schattigen Allee, links den mächtigen Nilstrom und rechts die Gärten von Gezireh, dahin fuhren. Nach einer etwa halben Stunde liegt die Straße nach rechts und überschreitet die Eisenbahn, welche von Bulack heraufkommt und weiter nach Memphis und Karnak führt; links liegt der Ort Gizeh, welcher von einem Palmenwald überragt wird, und jenseits des Nils die Vorstadt Fostat. Die Insel, welche man sehen kann, ist Rhoda mit dem berühmten Nilmesser. In ganz gerader Linie führt hier eine mittelmäßige Straße zwischen nicht allzuschattigen Alleen mehr wie zwei Stunden lang hinaus in die Wüste. Am Ende der Vegetation erheben sich die mächtigen Pyramyden. Ich hatte mich wieder auf hohen Bock gesetzt und da das Fahren nicht besonders schnell ging, konnte ich die Gegend genügend überschauen. Mehrere Fellahdörfer lagen links und rechts an der Straße und ganze Heerden von Ziegen, Schafen und Büffeln tummelten sich im hohen Grase herum. Nach einer Fahrt von etwa zwei Stunden standen wir am Anfang der Wüste. Hier noch tischhohes Gras und üppiges Getreide, dort kein Halm mehr, nur rothbraune Wüste. Man kann mit einem Fuße auf gesegneten Boden stehen, wo der üppige Wachsthum den ganzen Körper verbirgt, während der andere Fuß im Wüstensande steht, wo nie ein Halm empor gewachsen ist. Wir verließen die Fuhrwerke und stiegen die Anhöhe hinan. Im Sande watend, welcher oft fußhoch auf der Straße lag, standen wir bald vor der berühmten Cheops=Pyramide. Ganz in der Nähe ist ein Häuschen errichtet, welches ein Scheik bewohnt, der die Aufgabe hat, unter den beutegierigen Beduinen Ordnung zu halten und um theures Geld schlechten Kaffee zu verkaufen. Aus nächstgelegenen Dörfern und von der Wüste herein kamen Schaaren von Beduinen, als sie sahen, daß eine Karawane den Pyramiden zusteuerte; wir wurden so zu sagen umringt und in der zudringlichsten Weise zwangen sie sich uns als Führer auf. Man thut gut, mit einem oder zweien dieser Kerle zu handeln, was durch Zeichen geschehen muß, da man sich sprachlich nicht verständigen kann, bezahlt aber beileibe nicht voraus, sonst lassen sie einen sitzen. Man hat dann den Vortheil, daß weitere Zudringliche von den bereits Requirirten mit aller Energie zurückgewiesen werden und zwar wie ich merkte, deswegen, da jedesmal die später sich Anbietenden ihre Dienste weit billiger zur Verfügung stellen wollen, als man mit den Gewählten überein gekommen ist.

Nun stand ich vor diesem ungeheuren Bauwerk und wenn man diese riesigen Dimensionen betrachtet, steht der nüchterne Verstand still. Die Pyramiden, deren noch 67 in Unterägypten herumstehen, sind Gräber oder Grabmonumente der ägyptischen Könige oder Pharaonen, deren jeder sich schon bei Lebzeiten ein Mausoleum in Form einer Pyramide erbauen ließ. Mit einer kleinen wurde angefangen, welche den Kern bildete, und dann der Mantel immer vergrößert, so lange bis der Tod des Pharaonen eintrat. Je länger ein solcher Despot lebte, desto größer wurde der Bau.

Man war länger im Zweifel, zu welchen Zwecken diese unsinnigen Steinhaufen wohl errichtet worden seien. Gelehrte Männer aber haben den Zweifel, da sie einerseits aus den Hieroglyphen entzifferten, was diese kolossalen Steinbauten für eine Aufgabe hatten und anderseits in dieselben eindrangen und dort Sarkophage und Mumien entdeckten, und ans Tageslicht förderten. Die Cheops, vor der wir stunden, ist die älteste und größte von allen. 3400 Jahre vor Christus wurde sie erbaut und 100.000 Arbeiter, welche alle Vierteljahr von der gleichen Zahl abgelöst wurden, arbeiteten 20 Jahre daran. Zur Herstellung des Fundamentes allein waren vorher schon 10 Jahre nöthig. Sie sind aus Hausteinen aufgeführt und es liegen 200 Schichten treppenförmig übereinander. Die durchschnittliche Quaderhöhe ist $2\frac{1}{2}$ Fuß, daher auch ihre Besteigung eine äußerst anstrengende Arbeit ist. Die Steinart ist Muschelkalk, gleich den Steinbrüchen am Mokattam zu Kairo, welchen sie entnommen sein sollen. 80.000 Arbeiter waren 10 Jahre lang beschäftigt, um den Damm und die Straße herzustellen über die Nilebene hin, auf welcher die kolossalen Werkstücke zur Erbauung der Pyramiden beigeschleppt werden konnten. In früheren Zeiten waren sie mit Granitplatten vollständig gedeckt, auf welchen unzählige Hieroglyphen eingegraben waren. Von der Ferne glänzten sie wie die

Sonne. Von dieser Decke ist bei der Cheops nichts mehr vorhanden, während bei ihrer Nachbarin, der Chefren, auf einem Drittheil von oben herab die Granitplatten mit Zementverkittung noch sichtbar sind. Bei der dritten der Menkerah ist der größere Theil der Verkleidung noch vorhanden, daher ein Besteigen der letzteren zwei, wenn nicht unmöglich, doch sehr gefährlich ist. Die Baulinie der sämmtlichen Pyramiden ist nach den vier Himmelsgegenden gerichtet; ihre Grundfläche ist ein Quadrat, wovon bei der Cheops jede Seite 750 Fuß lang ist; in mäßigen Schritten braucht man eine Viertelstunde, wenn man um sie herum gehen will. Die Grundfläche, worauf sie steht, ist demnach 562.500 Quadratfuß groß, was etwas mehr als 14 bayerische Tagwerke ist. Sechs der größten Domkirchen, wie wir solche in Europa besitzen, Peterskirche in Rom, dann zu Köln, Paulskirche zu London 2c. 2c. würden Raum auf der von ihr überbauten Fläche finden. Die Höhe betrug ursprünglich 500 Fuß, gleich der Höhe der Domthürme zu Köln, jetzt aber ist sie noch 450 Fuß hoch, da es den Beduinen Spaß machte, ihre Spitze um einige Schichten abzutragen und die Werkstücke herunter kollern zu lassen, was insbesonders vor dem Eingange in die Pyramide an der Nordseite zu sehen ist, wo ganze Berge von Schutt und behauenen Steinen übereinanderliegen. Die Plattform der Pyramide beträgt etwa 30 Fußgeviert.

In mehreren Reisebeschreibungen kann man lesen, daß man mit dem Baumateriale der Cheops-Pyramide um Deutschland herum eine Mauer aufführen könnte, welche 9 Fuß hoch und 2 Fuß dick werden würde. Das ist aber doch ein wenig zu hoch gegriffen, aber das Bayerland könnte man mit einer Mauer umziehen, welche bei einer Stärke von 2 Fuß nicht weniger als 10 Fuß hoch werden würde, was durch ein einfaches Rechenexempel bewiesen werden kann. Nach den bereits angegebenen Dimensionen enthält die Cheops bei dem Fundament, welches 100 Fuß tief sein soll, 49 Millionen und bei den Ueberbau 90 Millionen Kubikfuß Baumateral. Bayern könnte rund 180 deutsche Meilen Umfang haben; die Meile zu 25000 Fuß ist gleich 4,5000001, die Höhe 10 und die Breite 2 Fuß gibt genau die 90 Millionen. Hiezu ist allerdings das Fundament der Pyramide noch nicht gerechnet. Bringt man auch dieses in Ansatz, so würde sich die Mauer um Bayern auf 15½ Fuß erhöhen. Gewiß ein staunenswerther Materialhaufen. Von der Ummauerung Deutschlands in den erst angegebenen Dimensionen kann aber immer noch keine Rede sein.

So mächtig steht sie da diese steinerne Gigantin und schaut schon mehr als 5000 Jahre hinaus in die Wüste. Es werden von den Beduinen 5 Franks gefordert, wenn sich jemand auf die Pyramide schleppen lassen will. Zwei ziehen an den Armen und wenn nöthig, schiebt ein Dritter an einem gewissen Körpertheil nach. Es ist aber zu einem Ausblick nicht positiv nöthig, die Plattform zu erklimmen, den schon auf mäßiger Höhe kann man von der Aussicht genügend genießen, da man auf den breiten Stufen ohne Gefahr um die Pyramide herum gehen kann. Gegen Osten kann man den Nil mehrere Stunden weit verfolgen; ein grüner Streifen bezeichnet seinen Lauf. Links liegt Kairo und winken dessen 500 Minarets und Kuppeln herüber. Der braunrothe Mokattam schiebt seine Ausläufer weit hinaus in die Wüste Suez zu; von Süden schauen die Pyramiden von Memphis herunter, dessen Formen sich in der so klaren Luft scharf vom Horizont abheben. Nördlich überblickt man das gesegnete Nildelta und nordöstlich grüßt ein alter Nachbar, der 4000 Jahre alte Obelisk von Heliopolis herüber. Gegen Westen ist der Blick unbeschränkt, weit über die Grenzen der lybischen Wüste hinaus in die unendliche Sahara hinein hemmt nichts die Umschau. Großartig und schauerlich zugleich ist das Sandmeer mit seiner braungelben Färbung. Es überläuft einen die Gänsehaut, wenn man sich vergegenwärtigt, wie es wohl sein würde in dieser furchtbaren Einöde zu reisen, wo nur die von Sandstürmen überfallenen Menschen und Thiere und dessen weißgebleichten Gerippe von einer Oase zur andern als Wegweiser dienen. Kein Laut tönt von dort herüber und es herrscht zu dieser furchtbaren Hitze wahre Grabesstille; man glaubt fast, man sei ganz allein auf der Welt.

Westlich von der Cheops, 150 Schritte entfernt, erhebt sich die zweitgrößte Pyramide, die Chefren, dessen Grundfläche ebenfalls ein Quadrat und jede Seite 690 Fuß lang ist; 440 Fuß ist seine Höhe. Aus diesen Dimensionen ist zu ersehen, daß es ein gewaltiger Bau ist.

Südwestlich von dieser steht in einer Entfernung von 250 Schritten die dritte und besterhaltene, ebenso auch an Jahren die jüngere Pyramide, welche den Namen Menkerah führt. Diese ist auch weit kleiner als seine beiden Nachbarinen, da jede Seite seines quadratischen Grundrisses 350 Fuß lang 200 Fuß die ganze Höhe beträgt.

An der Ostseite der Cheops und der Südseite der Menkerah stehen noch mehrere unscheinbar und, wie es scheint, nie fertig gewordene Pyra-

miden gleich Trabanten herum; da sie den großen gegenüber fast ver=
schwinden, bleiben sie häufig unbeachtet.

Westlich von der Cheops und südlich von der Sphinx befinden sich
die Königsgräber; ungeheuere unterirdische Grabkammern in schönem röth=
lichen Marmor hergestellt. Der Eingang war mit Sand verweht und ich
rutschte so die schiefe Ebene hinunter. Eine Beduine zündete eine Wachs=
kerze an und die Wanderung begann. Die Abtheilungen schienen zahllos
zu sein und soweit ich bei dem Schein des Lichtes sehen konnte, war die
Arbeit eine saubere, eine akkurate. Sie mußten schon vor vielen tausend
Jahren gut mit Meißel und Hammer umzugehen, denn der Stein ist kiesel=
hart. Nur schade, daß man dortmals die Kunst des Gewölbens noch nicht
verstand. Alle Kammern, die nicht aus dem Felsen gehauen sind, sind mit
kolossalen Decksteinen zugelegt. Diese Gräber sind so alt, wie die Pyra=
miden und sollen als Gräber für hohe ägyptische Staatsbeamte gedient
haben.

Es blieb mir auf diesem merkwürdigen Platz nur mehr die Be=
sichtigung der Sphinx übrig. Südlich von der Cheops, etwa 400 Schritte
davon entfernt auf etwas niedrigem Terrain, steht die kolossale Sphinx.
Ueber herumliegende Steine, welche meistens behauen, als stammten sie
noch aus der Zeit des Pyramidenbaues und Sandwellen, welche mich oft
bis zu den Knien versinken ließen, stolperte ich hinunter. Aus einem
natürlichen Felsen gehauen stellt die Sphinx den Kopf und Hals eines
Mannes vor, während der Leib der eines Löwen in liegender Stellung
ist. Die Länge der ganzen Figur sammt den Vordertatzen und Schweif
beträgt 172 Fuß; den Körper in seiner ganzen Form konnte ich nicht
sehen, da er, besonders von der Nordwestseite her mit Wüstensand verweht
war. Auf seinem Rücken, welcher über die Sandwellen emporragt, ging
ich spaziren, aber auf das Besteigen des Kopfes mußte ich verzichten, so
leid es mir that, da keine Hilfsmitteln hiezu vorhanden waren. Das
ganze Gebilde hängt noch mit dem natürlichen Felsen zusammen und man
kann es sicherlich ein Meisterwerk der Skulptur nennen, wenn man bedenkt,
wie das ganze Werk aus einem Berg herausgearbeitet ist. Als Sinnbild
von Weisheit und Stärke, was der Menschenkopf und der Löwenkörper
bekunden, steht sie schon 5000 Säkula seit Erbauung der ersten Pyramiden
als Wächterin vor den Gräbern hier außen in der Wüste.

Der Kopf ist schön zu nennen, soweit dieses der Verstümmelung wegen noch beurtheilt werden kann; überall liegt das richtige Verhältniß und Ebenmaß darin, was schon etwas gesagt sein will, wenn man bedenkt, daß im Ohr zwei Mann in sitzender Stellung sich bequem machen können. Die Höhe der Figur ist 64 Fuß, der Umfang des Kopfes beträgt 81 Fuß. Der Felsen, aus dem sie gehauen ist, hat an der Westseite ein wenig gelitten und es ziehen sich ein paar Sandadern durch, welchen mans ansieht, daß sie nicht so widerstandsfähig sind, wie das übrige Gestein. Sein Blick ist gegen Osten dem Nil zugerichtet, ein Auge, das linke, sowie der Mund und das Kinn sind ein wenig defekt, ebenso sind die Flügeldecken, welche den Kopfputz bilden, hie und da beschädigt und kleine Stücke abgesprengt. Am Gesichte kann man recht gut noch die seinerzeitige Sorgfalt in der Bearbeitung beurtheilen. Dr. Sepp sagt: die Beschädigung komme größtentheils daher: bei dem Mamlucken-Aufstand hätten dieselben öfters zum Zeitvertreib und auch etwa aus Vernichtungswuth den Kopf der Sphinx zur Zielscheibe genommen und ihre Geschoße darauf gerichtet.

Nachdem wir Alles, was auf diesem so merkwürdigen Platz zu sehen war, eingehend gemustert hatten, gingen wir daran, den Rückweg anzutreten. Die Sonne stund schon hoch am Horizont und brannte schmelzend hernieder; ist auch kein Wunder, man steht im Wüstensand und was besonders in die Wagschale fällt, das ist die Nähe des Wendekreises. Wir hatten den 30. Breitegrad bereits überschritten. Bei dem Vorbeigehen an den Pyramiden gedachte ich noch des Ausspruches, welchen Napoleon I. zu seinen Soldaten machte, als er ihnen vor der Schlacht begeisternd zurief: „Soldaten, bedenket 40 Jahrhundert schauen auf uns herab.“ Er nannte eine große Zahl der Korse und doch wird er um mehr als tausend Jahre zu wenig gesagt haben, denn zu der Zeit, als Abraham in Egypten war, waren die Pyramiden schon tausendjährige Bauten und Dr. Schegg sagt: „Den ägyptischen Joseph führte man, als er zum Vicekönig ausgerufen wurde, auf den Straßen zwischen den Tempeln und Pyramiden auf dem königlichen Wagen im Triumphe herum. Moses, welcher in der Weisheit der Aegypter am Hofe der Pharaonen unterrichtet wurde, las und verstand die Hyrogliphen auf den Pyramiden und die Israeliten seufzten am Fuße dieser Bauten, als die Frohnvögte die Peitsche über ihren Rücken schwangen. Die ältesten Werke von Menschenhänden errichtet, stehen vor uns und viele tausende Jahre schon treibt der Wind ganze

Der Sphynx.

Berge Sand von der Wüste herein, war aber bisher nicht im Stande, diese ewigen Denkmäler menschlicher Ausdauer zu überschütten. Dieser Raum mit den Pyramiden und den Grabkammern ist sicherlich der älteste Kirchhof der Welt.

Wir lohnten unsere Beduinen für geleistete Führerdienste ab und entließen sie; sie wollten aber nicht glauben, daß nicht jeder noch einen ganzen Kram Antiken von ihnen kaufen würde und boten fast zudringlich alte Münzen, Steine, Perlen und Scherben an. Da man häufig betrogen wird, so gingen wir den sicheren Weg und kauften nichts. Im Sand über die etwa 100 Fuß hohe Anlage herunter watend, schritten wir unsern Fuhrwerken zu, schüttelten den Wüstenstaub von den Füßen und ich sprang wieder zu meinem schwarzen Nubier auf den Bock. Mittlerweile hatten sich von den umliegenden Fellahdörfern eine Menge bettelnder Kinder zusammengefunden, welche unter immerwährenden „Backschisch"rufen unser Fuhrwerk umschwärmten. Selbst als wir abfuhren, sprangen sie noch weite Strecken hüpfend und mit den Pferden gleichen Schritt haltend neben den Fuhrwerken her. Mir gefiel diese Behendigkeit und die Art und Weise wie sie das Bettelhandwerk verstanden und warf ihnen von Zeit zu Zeit eine Kupfermünze, wie solche der große Padischah zu Stambul prägen läßt, zu. Nach etwa zwei Stunden kamen wir wieder am Nil an. Eine Menge Barken mit einzelnen hoch in die Luft ragenden Segeln fuhren auf und ab und viele lagen am Ufer. Unweit davon, sagt die Tradition, habe Moses im Binsenkörblein gelegen, als er von der Königstochter aufgefischt wurde.

Wir fuhren wieder über die Nilbrücke, welche in einer Länge von 4000 Fuß den Fluß überspannt und da mich dieses Bauwerk sehr interessirte, so wanderte ich einmal dorthin. Es ist eine eiserne Gitterbrücke neuerer Construction. Anstatt der steinernen Mittelpfeiler stehen mächtige, runde, eiserne Pfeiler wie Thürme im Flusse, zu je zweien nebeneinander, welche mit kolossalen Tragschienen verbunden sind und ein Brückenjoch bilden, auf welchem dann der Brückenüberbau ruht. An beiden Enden sind mächtige Brückenköpfe aus Hausteinquadern aufgeführt, auf welchen je ein kolossaler Löwe in sitzender Stellung postirt ist. Die zwei vom rechtseitigen Ufer richten ihren Blick der Stadt zu, die am linkseitigen jedoch schauen hinaus in ihre eigentliche Heimath, in die Wüste.

4

Hart am Nil steht die kolossale Mameluccken=Kaserne und rechts der Palast des Vicekönigs; dann folgten weitere Bauten in schönem arabischen Stile, wovon reiche Paschah's und verschiedene Würdenträger des Vice= königs von Aegypten Eigenthümer sind.

Ueber den Muskieh lenkte unser Schwarzer die Pferde, und noch ehe die Hitze in's Unerträgliche gestiegen war, verließen wir vor unserem Hotel die Wägen. Bald nach unserer ersten Ankunft in Kairo entdeckte ich auf meinen Exkursionen unweit des Esbekjeh einen bayerischen Wirth, welcher gutes Bier vom Faße verzapfte und wo die Flasche nur auf einen Francs zu stehen kam. Ich las im Vorbeigehen „Brasserie Maier" und da dieser Name so sehr deutsch klingt, trat ich ein. Mit einem freund= lichen „Grüß Gott!" wurde ich empfangen und der Kellner, welcher am Faße stand, rief mir zu, ob mir ein frisches Glas gefällig sei. „Natürlich", war die Antwort. Bald war die Unterhaltung im Fluß; der Mann er= zählte mir, daß er ein geborner Münchner sei, in Konstantinopel während des Krimkrieges eine Wirthschaft hatte und nachher nach Kairo übergesiedelt sei; mehr als 20 Jahre befinde er sich hier und könne mit seiner Existenz vollkommen zufrieden sein.

Nachdem ich mir den Durst gelöscht, eilte ich heim, mit dem Vor= satze, sofort meine Entdeckung auszuplaudern; da das Bier im Hotel per Flasche 3 Francs kostete, unser Durst aber immer ein heilloser war und wir uns selben mit Wein und Nilwasser nicht löschen zu können glaubten, also Aussicht vorhanden war, daß wir uns in Kairo arm trinken werden, fiel meine Mittheilung auf ungemein fruchtbaren Boden und die Meisten waren nach der Tafel auf ein Stündchen bei Maier zu finden. Von den Pyramiden zurückgekehrt, kauften wir uns sogleich wieder ein frisches Glas und Herr Maier theilte uns mit, daß es das letzte sei, welches er im Keller habe und bis der nächste Lloyddampfer komme, trocken sitzen müsse. Wenn er hätte wissen können, daß seine Landsleute bei ihm so fleißig zu= sprechen würden, hätte er ganz sich vorgesorgt, da ihm der Durst eines Bayers in der ägyptischen Hauptstadt wohl bekannt sei.

X.
Aegypten und die Aegyptier.

Da nun bald der Augenblick herankommt, wo wir von Aegypten abreisen werden, will ich nur noch von Land und Leuten Einiges anfügen,

Aegypten liegt in Afrika und wird im Norden vom Mittelmeere, im Westen von der lybischen und der Wüste Sahara, im Süden von Abessinien und im Osten vom rothen Meere begrenzt. Der Flächeninhalt ist fast dem von Deutschland gleich, aber nur der zehnte Theil hievon ist fruchtbares Land, welches von etwa sieben Millionen Menschen bewohnt ist. Dieselben sind Fellahs, Kopten, reine Araber oder Wüstenbeduinen, Nomaden, von wandernden Völkern und Türken. Etwa 250,000 sind eingewanderte Europäer. Die Hauptsprache ist die arabische, die Religion die muhamedanische.

Der Nil, welcher das ganze Land der Länge nach durchfließt und vom Innern Afrikas herunterkommt, hat eine Stromlänge von circa 1000 Stunden und befruchtet in staunenswerther Weise überall, wo sein Wasser nur hinkommt. Unterhalb Kairo bei den sogenannten Barrieren theilt er sich in zwei große Arme, von welchen wieder unzählige Kanäle abzweigen, welche das Wasser das ganze Delta ausführen. Im Mai beginnt in Innerafrika und Abessinien die Regenzeit und im Juni fängt der Nil an zu steigen. Mitte August tritt er aus seinen Ufern und es werden die Schleußen geöffnet. Dieses ist ein Freudentag für die Aegypter. Der segensreiche Fluß bringt so viel Schlamm mit, daß aller Dünger überflüssig wird und jährlich drei Ernten möglich sind. Je weniger der Nil steigt, desto schlechter ist das Jahr und zur Zeit des ägyptischen Joseph wird er während der sieben mageren Jahre nicht viel über die Ufer getreten sein. Soll ein gutes Jahr kommen, so muß er bei dem Nilmesser auf der Insel Rhoda um 10 Meter steigen. Das ganze Delta ist dann ein großer See, woraus nur die Fellahdörfer, Palmen und die Eisenbahndämme hervorragen.

Diese Ueberschwemmung dauert in der Regel bis zum Oktober; im November wird die Saat in den befruchteten Schlamm gesäet und während es bei uns Winter ist, treibt Alles in der ägyptischen Weise empor. Schon im Frühjahr, Ende April, ist die erste Frucht, Gersten, Weizen zc. unter der Sichel. Alle edlen Gewächse gedeihen ungemein und Weizen, Indigo, Gerste, Lein, Durra und Baumwolle gibt es in Hülle und Fülle. Während meiner Durchreise durch das Delta in der zweiten Hälfte des Monates April, war die erste Ernte im vollen Zuge.

Man weiß, daß das ganze Delta sowie aller fruchtbarer Boden Aegyptens ein Geschenk des Nil ist, — ohne diesen segenbringenden Fluß

4*

wäre Aegypten eine Wüste. Der Bauer führt den Namen Fellah. Dieselben leben in tiefster Armuth und gedrückter Stellung, sind halbe Sklaven
des Paschas, ihre elenden Hütten habe ich bereits beschrieben und ihre
Kleidung besteht nur aus einem Hemde, welches in der Regel von blauer
Farbe ist. Wer es erschwingen kann, trägt an Feiertagen ein weißes. Die
Füße sind bloß und den Kopf bedeckt ein weiß=rother Turban aus
schmutzigem Baumwollentuch. Die Kinder sind regelmäßig nackt. Der
Körperbau wäre im großen Ganzen nicht unschön, sie sind schlank gebaut
und ein kräftiger Menschenschlag. Die Hautfarbe ist braun, während die
des Nubier kohlschwarz ist. Für das Gute wäre der Fellah zugänglich,
allein in Folge der schlechten Wirthschaft wird auch er zu allen unehr-
lichen Handlungen verleitet, und Lügen sowie eine große Verschmitztheit
und wenn es einigermaßen möglich ist, zu stehlen, wird ihm zur zweiten
Natur.

Der Pascha ist ihr Quälgeist und nimmt ihnen fast die ganze
Ernte. Was noch übrig ist gehört dem Wucherer, welcher ihnen den Samen
zur Bestellung der Felder vorgestreckt hat. Dieser Gauner läßt sich zehnfach
bezahlen und ist in der Regel bald ein gemachter Mann. Der letzte
Pfennig wird ihm noch als Steuer abgezapft und leugnet er, daß er im
Besitze von Münzen ist, so läßt ihm der Steuereintreiber die Karbatsche
so lange um den Kopf sausen, bis er seine Baarmittel zum Vorschein
bringt. Fast bei jedem Fellah sieht man von einer solchen Prozedur die
Striemen im Gesicht. Seine Lebensweise ist ungemein anspruchslos. Salat,
Eier, Aschenbrod, Zuckerrohr und Orangen sind seine Hauptnahrungs=
mitteln, während er seine bessern Feldfrüchte für seine Ausbeuter bauen
und ernten muß. Die Unreinlichkeit ist groß, in Folge dessen sind sie
vom Ungeziefer fürchterlich geplagt. Man kann sich kaum ein häßlicheres
Wesen vorstellen, als die Weiber, welche auf den Bahnhöfen Nilwasser,
Eier, Orangen 2c. zum Verkauf anbieten. Das blaue Hemd bedeckt die
Blöße nicht, da es häufig zerrissen ist. Die braunen Gesichter sind
tätowirt, Augen und Mund mit kohlschwarzen punktirten Linien umgeben,
welche verschiedene Schnörkel und mitunter wüste Figuren vorstellen, die
Fingernägel sind mit dunkelrother Farbe den sogenannten Hena gefärbt,
in der Nase hängt ein großer Ring, von der Stirne bis zum Nasenbein
herunter ist bei Einigen eine kleine hohle Rolle angebracht, welche mit
einer Schnur festgebunden ist. In deren unterem Ende ist ein Tuch be-

festigt, welches die Aufgabe hat, das häßliche Gesicht wenigstens theilweise zu verbergen und zur Vervollständigung des Ekelhaften kann man sich auf den ersten Blick überzeugen, daß Seife ein unbekanntes Ding ist.

Anders verhält es sich bei den Reichen. Dieselben werden von ihren Sklaven bedient und führen überhaupt nach unseren Begriffen ein wüstes Leben; von irgend einer Beschäftigung ist keine Rede, die meiste Zeit verbringt er im Harem und von einer Bildung ist häufig keine Spur vorhanden. Herrisch und roh als Stärkerer, ist er als Schwächerer ein elender Schmeichler und Kriecher. Er trägt Pumphosen von weißer Farbe, dann Westen und darüber eine kurze Jacke, wenn möglich von Seide, rothe Schuhe mit aufgebogenen Spitzen und fast immer das rothe Fez mit großen Trobbeln. Der Turban kommt bei diesen weniger vor, sieht man aber einen solchen von grüner Farbe, so ist es ein Nachkomme Muhameds oder er kann sich rühmen, eine Pilgerreise nach Mekka zu dem Grabe des Propheten gemacht zu haben. In den größeren Städten sieht man von den besser Situirten, dann von Paschas ꝛc. auch Kleider ganz nach europäischem Schnitt und Stoff, das obligate Fez jedoch fehlt nie.

Die Frauen tragen über ihr langes Unterkleid immer einen weiten Mantel, der in der Regel von schwarzer Seide ist und die ganze Figur einhüllt. Die Rolle auf der Nase ist von Gold oder doch vergoldet und das Gesicht ist mit Seidentüchern in einer Weise verhängt, daß nur die Augen sichtbar sind. Die Ringe an Ohren und Nase, ebenso die Reife und Spangen an den Armen sind von edlem Metall.

Höchst primitiv sind die landwirthschaftlichen Geräthe des Fellahs. Vor allem ist der Pflug ein so einfaches Ding, daß er ganz sicher seit 3000 Jahren keine Veränderung erlitten hat. Er besteht aus einer Stange, etwa ein Ast einer Sykomore, welcher wieder einen kleinen Ast oder in Ermangelung dessen einen Eisenstiften eingeschlagen hat; vorne ist eine Querstange, an welches ein Kameel oder Büffel gespannt ist. Daß mit diesem Werkzeuge der Boden nicht umgewendet werden kann, ist klar, sondern er wird nur aufgeritzt und da es nur Schlamm ist, genügt es vollständig. Das Weib geht hinter dem Pflug einher. Es trägt den Saatvorrath im Hemde, welches in der Mitte mit einem Gürtel zusammen gebunden ist. Durch ein trichterförmiges Sieb läßt sie den Samen in den aufgeritzten Boden fallen und der Acker ist bestellt. Scheunen und

Getreideſtädel kennt der Aegypter nicht. Von ganzen Ortſchaften wird die Ernte auf einem beſtimmten Platz zuſammen geſchleppt, welchen Dienſt die Kameele haben. Man ſieht die Thiere oft ſo große Haufen tragen, daß man gar nicht ſehen kann, was den eigentlich die bewegende Kraft iſt. Nun kommt der Steuereinnehmer, in deſſen Gegenwart ausgedroſchen wird. Der nimmt ſeinen Theil und mit den noch Uebrigen kann der Fellah den Wucherer befriedigen. Von Dreſchflegeln oder gar Maſchinen weiß man auf dieſen geſegneten Fluren nichts, ſondern in gebogene Läden ſind ſcharfe, ſpitzige Steine eingeſchlagen, welche dann von Büffeln oder Kameelen auf dem ausgebreiteten Getreide herumgezogen werden.

Bei kleinerem Nilſtand und zur zweiten und dritten Ernte wird die Bewäſſerung der Fluren auf verſchiedene Art und Weiſe vorgenommen. Ein Kameel, ein Büffel oder auch hie und da ein Eſel gehen im Kreiſe herum und ſetzen einen Göpel in Bewegung, der ſeinerſeits wieder ein knarrendes Schöpfrad treibt, welches in kleinen Käſtchen das Waſſer hebt und in die Flur ausgießt. Zu Oefterem aber wird es mit Schöpfbrunnen gehoben und zwar hie und da von Reſerve zu Reſerve. Es ſind dieſes Vorrichtungen, wie ſolche auch bei uns vorkommen und auf dem Geſetze des Gleichgewichtes beruhen. Ein Baum liegt in wagrechter Lage auf einer Gabel, als welche am häufigſten eine ausgedorrte Sykomore dient, auf einer Seite liegt ein beſchwerender Stein, auf der anderen der Schöpfer, der gleich einem Henkel mit einer Stange an dem Wagbaum befeſtigt iſt und von einem Fellah auf und niedergezogen wird. Eine noch einfachere Art habe ich mehrmals beobachten können. Zwei Araber ſtehen an einem mit Waſſer gefüllten Graben und zwar der Eine links, der Andere rechts, an Stricken haben ſie einen waſſerdichten aus Binſen geflochtenen Korb, durch Schwingungen wird er im Graben mit Waſſer gefüllt und dann bei deſſen ſchiefer Lage in die Felder entleert. Auf dieſe Weiſe wird eine Menge Waſſer aus dem Graben gehoben, welches ſich dann auf den horizontalen Feldern und Wieſen verbreitet.

In bibliſcher Beziehung iſt dieſes älteſte Kulturland, welches jetzt weiter zurück iſt als vor 5000 Jahren, höchſt merkwürdig. Man könnte es füglich auch zum hl. Lande rechnen, denn viele der Männer des alten Bundes, ja der Erlöſer ſelbſt, lebten zeitweiſe dort; Abraham, der Stamm= vater des auserwählten Volkes, weidete in Aegypten ſeine Heerden. Joſeph, der Sohn Jakobs, wurde dorthin als Sklave verkauft und ſchwang ſich zum Vicekönig in Folge seiner Tugend und Weisheit empor. Sein Vater Jakob mit seinen Söhnen und deren Weiber und Kinder zogen 66 Köpfe stark bei der großen Hungersnoth dahin; sie starben dort und ihre Nachkommen blieben noch 430 Jahre in Aegypten, bis ihre Zahl auf 600000 Mann ohne Weiber und Kinder angewachsen war. Der König Pharao räumte ihnen das Ländchen Gessen ein, welches zwischen dem rechtseitigen Nilarm und dem jetzigen Suezkanal liegt.

Dieser Landstrich war bekanntlich seinerzeit ungemein fruchtbar, da er von Kanälen durchzogen und nach allen Richtungen bewässert werden konnte. König Ramses II. auch der Große genannt, ließ von den Israeliten dieses Kanalnetz noch mehr erweitern und den großen Kanal, welcher von Ismaila nach Zagaziz führte, sollen die Israeliten, allerdings schon im Frohndienste, wobei sie massenhaft starben ausgeführt haben. Die Unterdrückung der Israeliten wurde immer ärger, bis unter der Regentschaft der Hiksos es auf's äußerste getrieben wurde. Nun stand der Retter in der Person des Moses auf und führte die Israeliten in einer 40jährigen Wanderung durch die Wüste nach Kanaan zurück. Das Land, welches die Israeliten bewohnten, verödete, die Kanäle füllten sich mit Flugsand, Wasser war keines mehr vorhanden und bald war es weiter nichts mehr als was es jetzt ist, eine Wüste. Unter den Namen Provinz Ismailie ist jetzt das ehemalige Ländchen Gessen bekannt.

Wie uns die Bibel lehrt, flüchtete sich der hl. Joseph mit der Mutter und dem Kinde dorthin, und mehrere Jahre brachte der Heiland unter der Obhut seiner Eltern in Aegypten zu, bis dem Nährvater ein Engel im Traume erschien und ihm mittheilte, daß der Wütherich Herodes gestorben sei und er ohne Gefahr nach Kanaan zurückkehren könne.

XI.

Rückreise nach Alexandrien.

Auf den 22. April Vormittags 8 Uhr war die Abreise von Kairo festgesetzt. Wir bezahlten unsere Rechnungen und fuhren dem Bahnhofe zu. Wir hatten wieder eine Menge Menschen zur Mitreise erwartet, allein es sollte besser gehen. Die weitläufigen Bahnhoflokalitäten waren nur mäßig gefüllt, die Wagen blieben zur Hälfte leer, es schien eine angenehme Fahrt zu werden. Geschäftige Nubier rannten zwar in Eile hin und her allein es war keiner zudringlich und es bedurfte nicht der Karbatsche.

Endlich nach vielem Lärmen und Hin- und Herschieben, wie es bei den Arabern üblich ist, erscholl das Zeichen zur Abfahrt und es ging zum Bahnhof hinaus. Ich strengte mich an, von Kairo noch etwas zu sehen, und zwar sicherlich zum letzten Male in meinem Leben.

Zur rechten Seite war nur noch der steinerne Riese, der Obelisk von Heliopolis sichtbar, auch nach links hielt ich neugierig Ausschau und siehe da, in blauer Ferne ragten die Pyramiden von Gizeh in den reinen Aether empor. Ich konnte mich nicht satt daran sehen, bis sie meinen Augen entschwunden. Bald hatte der Zug das Gebiet von Kalyübye durch= laufen, die Stadt Benha al Asl und der östliche Nilarm lagen hinter uns, als wir in das Territorium der größten Fruchtbarkeit eintraten. Bis Tantah und dann weiter bis Damanhur lauter unübersehbare Frucht= felder, der Weizen in einer nie gesehenen Pracht — zum Einheimsen reif — die Gerste bereits in Haufen beieinander. Mit großem Vergnügen konnte ich die Feldarbeit der Araber beobachten und es verging mir die Zeit zu schnell, als unser Zug vor der Stadt Tantah hielt. Hier war einiger Aufenthalt und es gab Gelegenheit, das Treiben der Araber auf dem Bahnhofe zu studiren.

Kaum hatten wir Tantah verlassen, als ein kräftiger Samum= wind aufsprang und mächtige Sandwolken von der Wüste herein= fährte. Er überschüttete uns buchstäblich so, daß wir in Kurzem die Farbe unserer Kleider nicht mehr erkennen konnten; nur mit dem Tuch vor dem Munde war das Athmen möglich. Die Augen waren kaum zu öffnen, da sie im Nu voll Staub und Wüstensand geworden wären. Der Zug selbst, welcher mit großer Geschwindigkeit fuhr, wirbelte Staubwolken vom Bahndamme auf. Da in Aegypten kein Kies vorhanden ist, wenig= stens im Delta nicht, so ist auch die Krone des Dammes nicht mit solchen überschüttet, sondern lediglich mit Erde, welche sich bei der großen Wärme und der immerwährenden Erschütterung in Staub auflöst; bei dem Darüber= sausen eines Zuges bleibt eine braunrothe Staubwolke zurück.

Das Herstellen der Bahn auf der horizontalen Ebene des Deltas muß keine Schwierigkeit gehabt haben. Die Dämme waren nur über das Ueberschwemmungs=Niveau des Nils aufzuführen, anders aber ist es mit den vielen Brücken. Wiederholt mußten die großen Nilarme und die unzähligen Kanäle überbaut werden und bei dem gänzlichen Mangel von festem Unter=

grund, da alles angeschwemmtes Land ist, mag die Herstellung der Fundamente bisweilen eine kostbillige gewesen sein. In Ermangelung des Holzes wurde von Verwendung von Schwellen Umgang genommen, anstatt derselben gußeiserne Unterlagen in Form von großen Schüsseln, welche in umgekehrter Richtung in den Boden gelegt wurden, verwendet. An der obern Seite haben sie Nieten und Flanschen, wo die Schienen verteilt und verschraubt werden können. Bei dem Schienenstoß sind diese Unterlagen, damit durch den Druck und die Last der Wägen die Schienen nicht seitlich ausweichen können, mit Eisenstangen unter sich verbunden.

War herzlich froh, als Damanhur hinter uns lag und die Station Kefr Dour passiert war, der Maryut=See trat bis zum Bahndamm heran, es wurde leichter, der Wind ging ein wenig kühler und die Sand= wolken fielen meistens in den See nieder. Am königlichen Palaste Sibi Gabir sausten wir im Fluge vorüber und ich glaubte schon die Brandung des Mittelmeeres zu hören, wie sich dessen Wogen am Pharus brechen, als wir nach 6stündiger Fahrt in die Bahnhofhalle zu Alexandrien einfuhren „Gott sei Dank!" heißt es allgemein, „weil wir nur diese Fahrt hinter uns haben." Alles rüstete sich zum Aussteigen, ich war einer von den Letzten. Die Bahnhoflokalitäten sind etwas beschränkt angelegt. Bei den Ausgangsthüren entstand ein großes Gedränge, ich wollte mich durch die stinkenden Araber nicht durcharbeiten und als ich den freien Platz vor dem Bahnhofe erreicht hatte, war die bayerische Karawane unbegreiflicher Weise verschwunden; nicht ein einziges Gesicht eines Europäers war zu finden. Konnte es nicht glauben, da in den Hafenplätzen und größeren Bahnhöfen die Namen abgerufen werden mußten und auf den letzten Mann zu warten sei, hielt daher noch kurze Umschau, allein umsonst. Während ich mich schlüssig machte, was zu thun sei und dem Außenthore zuschritt, ging mir mein Freund Schlichtinger aus Rosenheim per Zufall in die Hände; er war gleich mir auf Suche um die Karawane und konnte, den Bestim= mungen gemäß, ebenso wenig glauben, wie ich, daß sie schon fort sein können; habe mich doch nirgends aufgehalten, meinte er, wie ist es denn möglich und doch waren sie fort. Nun fing es an, heißer zu werden, um 4 Uhr geht unser Dampfer ab; es war bald halb 3 Uhr. Der Hafen sei sicherlich $^{3}/_{4}$ Stunden entfernt, eingeschifft muß es auch noch sein, wo immerhin eine schöne Zeit dazu gehört. Sollten wir dieses Dampfschiff versäumen, so geht erst in acht Tagen wieder eines in der Richtung nach

Joppe ab. Unsere ganze Palästina-Reise war in Frage gestellt. Nun hieß es handeln und guter Rath war theuer. Wir konnten weder mit Führern noch mit Fuhrwerken uns verständigen, die arabische Sprache war uns ganz fremd und von der deutschen Bezeichnung „Hafen", „Dampfschiff" verstanden die Aegypter nichts; das Wort, welches ich gebraucht hätte, „Douane" fiel mir nicht ein. Nun ging mir ein Licht auf, daß wir auf der Rückreise in „Britisch Hotel" Wohnung nehmen werden. Ich rief diesen Namen und sofort gab ein kleiner, schwarzer Nubier durch Zeichen zu verstehen, daß er uns um einen Francs dorthin führen wolle. In großer Eile ging es nun in die Stadt hinein; wir rannten — vom Gehen konnte fast keine Rede mehr sein — bei großer Hitze die langen Straßen Alexandriens dahin.

Es dauerte mir fast zu lange und ich machte den Nubier auf meinen gerechten Zweifel aufmerksam. Derselbe aber gab mir durch Zeichen zu verstehen, daß wir bald am Ziel sein werden. Von Schweiß triefend ging es im Eilschritt weiter, der Schwarze voran, allein das britische Hotel wollte immer nicht kommen und ich war nun überzeugt, daß unser Nubier nichts weniger als das gesuchte Hotel zu finden weiß; ich hielt daher immer ängstlich Umschau und wie es der Zufall wollte, las ich am Ende einer langen Gasse auf dem hohen Giebelfelde, gerade in dem Augenblick, als unser Führer in entgegengesetzter Richtung abschwenken wollte, „Britisch Hotel." Nun war es mir klar, daß unser Schwarzer nichts weniger als ein guter Führer sei, daß er sich uns nur des Backschisch wegen zur Verfügung stellte und aufs Geradewohl herumführte; ich ärgerte mich furchtbar, nahm sofort den schwarzen Gauner bei seinen wolligen Haaren und schüttelte ihn tüchtig, applicirte ihm eine schallende Ohrfeige, gab ihm den nicht verdienten Francs und entließ ihn. Eiligen Schrittes ging es nun dem Hotel zu. Der Gastgeber, welcher etwas deutsch sprach, sagte uns, daß die Karawane mit ihren Führern längst vorbei sei und daß wir höchste Zeit haben, den Dampfer zu erwischen, er wolle aber das Möglichste thun und sich um einen tüchtigen Führer umsehen, der uns auf dem kürzesten Wege zum Hafen bringe, mit einem Fuhrwerk sei nichts gedient, ein solches müßte einen großen Umweg machen, während durch Alt-Alexandriens verworrene Gassen nicht weit zum Landungsplatz sei. Wir versprachen guten Backschisch und nun ging es wieder los durch unzählige enge Gassen und Winkel und nach etwa halbstündigem Rennen kamen wir schweißtriefend gerade zu der Zeit an der Douane an, als unsere Reisegesellschaft die Barken zum Einschiffen bestieg. Eiligst sprangen auch wir hinein und hätten bald vergessen, unsern guten Führer abzulohnen, allein er sorgte dafür, indem er wiederholt Backschisch rief; für seine Mühe wollten wir ihn auch entsprechend bezahlen und warfen ihm von der Barke aus ein ausgiebiges Trinkgeld zu.

Für den ersten Augenblick waren wir bitterböse auf die Karawane, daß sie uns mit den Führern davonlief und uns im Stiche ließ, umso-mehr, da sie sich bei gutem Bier auf dem Wege gütlich that, während uns die Zunge am Gaumen klebte. Allein dieser Zwischenfall, welcher für uns so unangenehme Folgen hätte haben können, war wieder vergessen als wir das Verdeck des Dampfers unter unseren Füssen hatten.

XII.
Nach Port Said und Joppe.

Bald hoben sich die Anker unseres Dampfers „le Tage" und nach etwa einer Stunde hatten wir den Hafen Alexandriens hinter uns, rechts wurde umgebogen, um das Delta zu umfahren, und noch ehe wir in die Bucht von Abukir einfuhren, war das tiefliegende Land um Alexandria verschwunden, die Stadt selbst fast aus dem Gesichte, nur die Pompejus-säule und der Pharus schauten noch herüber. Zur Rechten erhoben sich einige Gebäude aus den Wellen, es ist das Städtchen Abukir.

Nun befanden wir uns auf einem wichtigen Meerestheil, nämlich in der Bucht von Abukir; hier traf nach langem Suchen der englische Admiral Nelson am Abend des 1. August 1798 die französische Flotte, er griff sie sofort mit aller Wucht an und noch ehe der nächste Tag an-brach, war sie fast vollständig vernichtet. Ehe wir uns der westlichen Nilmündung näherten, war die Nacht bereits hereingebrochen und nur die Leuchtthürme bekundeten uns den Ort, wo die Städte Rosette und Damiette liegen.

Die Nacht war wundervoll, das Meer ruhig, mit großer Geschwindig-keit eilte unser Dampfer dem ersehnten Ziele zu. Der Mond warf den Glanz seiner vollen Scheibe hernieder und das von der Schiffsschraube aufgewirbelte Wasser ließ einen glänzenden Streifen zurück, gleich einer

goldenen Brücke in die Heimath. Die elektrische Flamme des Leuchtthurmes
war erloschen und die Sonne schickte sich an, Linie für Linie aus dem
Meere zu erheben, als aus den Wellen die Stadt Port Said auftauchte,
immer klarer wurden die Umrisse, Straßen und Häuser konnte man unter=
scheiden, die Leuchtschiffe wurden passirt und um 7 Uhr früh warf unser
Dampfer im Suezkanal vor Port Said die Anker. Erst Abends 5 Uhr
sollte die Weiterfahrt nach Jaffa stattfinden, bis dorthin kann sich jeder die
Zeit nach Belieben vertreiben. Das Ausschiffen war hier nicht schwierig,
unser Dampfer lag ganz in der Nähe des Ufers und nach Unterhandlung
mit einem Araber setzte uns derselbe Alle mitsammt um den mäßigen
Preis von 2½ Francs an das Land. Es war eben Sonntag und da
wir der religiösen Pflicht nachkommen wollten, suchten wir die Franzis=
kanerkirche auf. Nach vollendetem Gottesdienste machte ich mich auf die
Beine, um die Stadt nach allen Richtungen zu durchforschen. Port Said
verdankt seinen Aufschwung dem Suezkanale, vor 25 Jahren war es noch
ein elendes Fischerdorf, während es jetzt 16,000 Einwohner zählt; seinen
Namen führt es von dem ägyptischen Khedive Said Pascha, welcher dem
französischen Ingenieur Ferdinand v. Lesseps die Konzession zum Kanalbau
bewilligte. Die Stadt hat lauter gerade, breite Straßen, die Häuser sind
im Pavillonstil mit Vor= und Nebengärten, großen Altanen und breiten,
vorspringenden Dächern errichtet. Das Baumaterial ist Backstein mittlerer
Qualität und die Umfassungswände sind mit ausgemauertem Fachwerk
hergestellt. Das Deckmaterial ist Eisenblech oder Ziegelplatten, die von
Marseille hieher verschifft werden. Die Straßen sind ungepflastert, das
Ganze ist auf Sandbänken, welche sich zwischen dem Menzalehsee und dem
Mittelmeer erheben, erbaut. Wie es in allen ähnlichen Plätzen ist, findet
man auch dort die prachtvollsten Hotels, ebenso elende Matrosenkneipen,
Spielhöhlen und anderweitige Spelunken, wo das Laster Unterschlupf
findet. Aus allen Herren Ländern sind die Einwohner zusammen gewürfelt
und man kann dort auch alle Sprachen hören, wovon aber die italienische
die meist gesprochene ist. Ein unendlich lebhafter Verkehr findet in den
Straßen, insbesonders aber am Quai, dem Hafen entlang, statt.

Am Eingange in den Suezkanal liegen immer eine Menge Fahr=
zeuge vor Anker, da es eine wichtige Kohlenstation ist, welches Material
jenseits des Kanales berghoch aufgestapelt ist. Alle Ostindien=, China=
und Australien=Fahrer legen hier an und ich habe Fahrzeuge gesehen von

solcher Mächtigkeit, denen gegenüber unser Dampfer, wenn er gleich 100 Meter lang war, nur ein Küstenfahrer zu sein schien. Der Hafen von Port Said ist etwa einen Kilometer breit, hat aber, da die Hafendämme bei 2000 Meter weit in das Meer hinaus reichen, eine bedeutende Länge.

Da Steine dort nicht zu haben sind, so wurden zu den Hafenbauten Werkstücke von Zement hergestellt, welche theils versenkt, theils auf der Oberfläche liegen und als Wellenbrecher dienen. Ich nahm von Einigen das Maß und fand, daß sie 2 Meter im Gevierte und 4 Meter lang waren. Die Jahreszahl 1864 war ihnen eingeprägt. Etwa $1/_2$ Kilometer ober Port Said hat der Kanal seine natürliche Breite, welche im Durchschnitt an der Sohle 40 und am Wasserspiegel 80 Meter bei 8 Meter Tiefe beträgt. Die ganze Länge dieses Riesenkanales von Port Said bis Suez beträgt 180 Kilometer und durch ihn ist das rothe Meer mit dem Mittelmeere verbunden und der Weg nach Indien fast um 2000 deutsche Meilen abgekürzt. Dieses kolossale Werk kostete rund 500 Millionen Francs und war mit vielen tausend Arbeitern in 11 Jahren vollendet. Im Jahre 1858 geschah der erste Spatenstich und im Herbst des Jahres 1869 wurde er mit großem Pomp eröffnet. Daß die Herstellung dieses Kanales riesige Anstrengung gekostet und ein umfangreiches Wissen voraussetzte, läßt sich denken, da alles in Sand und theilweise in halb ausgetrockneten Seen gegraben werden mußte. Ein großer Feind ist der vom Wind herbeigeführte Flugsand; jetzt noch nimmt die Ausbaggerung des Kanales kein Ende; stündlich sah ich mit Schlamm bis zum Sinken beladene Schleppschiffe herunterkommen und in's Meer hinausfahren, wo sie ausgeladen wurden. Höchst sinnreich sind diese Schlammschiffe gebaut. Sie haben eine Dampfmaschine und insgesammt vier Mann Bedienung. Neben dem Baggerschiff werden sie aufgestellt. Die Baggermaschine hebt in eisernen Kästen, welche in endloser Kette herumlaufen, den Schlamm von der Kanalsohle auf, gießt ihn oben in eine große, eiserne Rinne aus, welche ihn dann in das Transportschiff hineinleitet; so bald es voll ist, fährt es dem offenen Meere zu, draußen wird durch eine mechanische Vorrichtung der Boden geöffnet und der ganze Brei fällt auf einmal durch. Vorne bei der Maschine und hinten beim Steuermann sind luftdichte Räume angebracht, welche das Schiff vom Sinken schützen. Trotz dieser immerwährenden horrenden Ausgaben rentirt sich der Kanal ganz gut und zwar so, daß man jetzt mit dem Gedanken umgeht, einen zweiten herzustellen. Schon früher war die Landenge von Suez durchstochen. König Ramses II. im 14. Jahrhundert vor Christus machte den Anfang und wird wohl auch zu diesem Kanal die Israeliten zum Frohndienst herbeigezogen haben. Hierauf kam Necho und der Ptolomäer Philadelphos vollendete ihn. Kaiser Trojan und der Chalife Omar restaurirten ihn. Seit dem 8. Jahrhundert jedoch war er durch Versandung vollständig unbrauchbar gemacht. Dem tüchtigen und umsichtigen Franzosen Lesseps war es vorbehalten, dieses gelungene Riesenwerk zu vollführen.

Um 5 Uhr Abends, wie es festgesetzt war, machte unser Dampfer im Hafen von Port Said Kehrt, um die Richtung Joppe zu bekommen. Bald waren wir wieder draußen ohne Gefahr und ohne Lotsen, da solche zu Port Said nicht nothwendig sind. Der Wind war von Norden her aufgesprungen und strich frisch über Deck. Bei vielen hatte sich wieder die schlimme Seekrankheit eingestellt. So sehr wir uns alle freuten, morgen das gelobte Land betreten zu dürfen, so bange hatten viele auf die so gefürchtete Ausschiffung in Jaffa. Port Said und mit ihm das ganze Küstenland war längst außer Sicht, als die Sonne gleich einer glänzenden Metallscheibe im endlosen Meere unterging. Mit dem Spazierengehen auf dem Schiffe war nicht viel zu machen, da die Schritte wegen der Schwankung des Schiffes zu unsicher waren. Ich ließ mich im Hinterdeck mit einem guten Freunde auf einem zusammengerollten Bündel Taue nieder. Der Midschipman hatte schon mehrmals die Wachen ablösen lassen, als wir unseren Kabinen zuschritten. Der Gedanke über das morgige Betreten des heiligen Landes hielt mich in steter Aufregung. Lange noch hörte ich die gemessenen Schritte des ersten Offiziers auf der Kapitänsbrücke, das Drehen der Schraube und des Steuerrades, sowie die Signalpfeife des Hochbootsmannes als ich endlich etwas ermüdet über die Anstrengungen zu Port Said in einen gesunden Schlaf fiel. Es mochte so etwa Mitternacht sein.

XIII.

Auf der schlechten Rhede von Joppe.

Es war früh 5 Uhr als ich bemerkte, daß sich die Schiffsschraube nicht mehr in ihrem gewohnten raschen Tempo herumdrehe, daß unser Dampfer „le Tage" anfange langsamer durch die Wellen zu gehen und schließlich ganz stille stehe. Die Ankerkette rasselte mit großem Lärm durch die Oeffnung am Bug, der Anker selbst fiel platschend ins Meer und sauste mit großer Geschwindigkeit auf den Grund. Rührig wurde es auf Deck, Alles lief hin und her und ich hörte in meine Kabine, wo ich mich soeben mit Ankleiden beschäftigte, wiederholt den Namen „Dschaffa" rufen. Sobald wie möglich eilte ich hinauf. Welch ein Anblick! Vor uns, etwa einen Kilometer entfernt, lag Joppe, die Anhöhe hinan gebaut, im Hintergrunde stieg soeben die Sonne über die Berge von Ephraim und Judea empor.

Joppe, vom Meere aus gesehen, bildet einen so lieblichen Anblick, wie nicht viele dergleichen Orte, selbst Neapel nicht ausgenommen. Die weißen Häuser, eines über das andere, das schöne Grün der Palmen, Feigen, Orangen ꝛc., welche herüberragen und die Stadt besonders an der Nordseite begrenzen, vervollständigen ein wundervolles Bild. Im Hintergrunde sieht man eine lange dunkle Hügelreihe, die gegen 30 Kilometer vom Meere entfernt liegt. Es sind die Berge von Judea, Ephraim und Samaria bis hinunter über Cesarea, wo man den Berg Karmel noch im blauen Aether erblickt. Es ist das hl. Land, in welches wir vom Verdeck des Dampfers aus blickten; das Land, wo Abraham, David und die Propheten wohnten und wo Christus, der Sohn Gottes, das Erlösungs= werk vollbrachte. Bald sollte es uns gegönnt sein, dieses Land zu betreten und Alles erwartete sehnsuchtsvoll diesen Augenblick.

Das Meer ging ziemlich hoch und da Joppe keinen Hafen und nur eine schlechte Rhede voll unterseeischer Klippen hat, so war die Aus= schiffung eine schwierige, viele Unfälle sind hiebei schon vorgekommen und so machten uns denn auch wir auf Alles gefaßt, was da kommen soll. Schon ruderten die Bootsknechte mit ihren eigenartigen Fahrzeugen auf unserem Dampfer zu, kaum angekommen, drängten sie sich Alle der Schiffs= treppe zu und schoben einer den andern vom Aufgange weg; sie rauften sich buchstäblich herum, machten die künstlichsten Manöver, daß man glaubte, alle Augenblick müßten ein Paar ins Meer stürzen; aber man irrt sich darin gewaltig. Sie verstehen zu balanciren und man sieht keinen von diesen braunen Halunken schwimmen. An Tauen und Stricken klettern sie auf Deck und ehe man's versieht, haben sie bereits das Gepäck in Beschlag und wollen zum Einsteigen nöthigen; allen Ernstes muß man dagegen reklamiren und gegebenen Falls von der Faust, einem Regenschirm oder Stock, wenn man solche an handen hat, Gebrauch machen. Die

Kerls fletſchen dann die Zähne und ziehen ſich knurrend zurück. Dieſes Alles geht nach Arabersſitte mit furchtbarem Geſchrei vor ſich, fabelhafte Preiſe ſollen ſie fordern, wenn bei unruhigem Meer ſich jemand ausſchiffen laſſen wollte. Für uns Karawanen=Mitglieder war auch hier beſſer geſorgt. Der liebenswürdige Herr P. Coſta, Rektor vom öſterreichiſchen Pilgerhauſe in Jeruſalem, war uns mit den Kawaſſen bis Jaffa entgegen= gekommen und ſchickte uns tüchtige Bootsleute heraus. Anfangs waren wir im Zweifel, ob wir bei dieſem Seegange die Ausſchiffung riskiren und nicht lieber nach Kaifa oder Acre weiterfahren ſollen; allerdings hätte dann die Landreiſe in Paläſtina in umgekehrter Ordnung gemacht werden müſſen. Als aber unſere Schiffer angekommen waren, ſtieg uns der Muth und wir ſtiegen Eins hinter dem Andern die Schiffstreppe hinunter. Es war unheimlich anzuſehen, wie die kleinen Fahrzeuge neben unſerm Dampfer, der anſcheinend ziemlich ruhig lag, auf und niederflogen. Nach einer Meſſung überzeugte ich mich, daß die Differenz 4 Meter betrug, jeden Augenblick waren die Barken hoch oben, um dann ſofort wieder in die Tiefe hinunter zu gleiten; auf der Treppe war ſchwer zu halten, man hatte vollauf zu thun, das Gleichgewicht zu erhalten, wer fehltritt, iſt verloren. Unter ſolchen Verhältniſſen war es äußerſt ſchwierig und ge= fahrvoll, in die vor uns auf und ab tanzenden Boote zu gelangen. Viele verloren faſt wieder den Muth, insbeſonders diejenigen, die auch ſonſt nie zu See waren, Niemand wollte den Sprung wagen. Da auf dieſe Weiſe die Sache nicht in Fluß kam, griffen die Bootsknechte zu einem radikalen Mittel. Sobald ſie nämlich durch Heben einer Welle der Schiffsſtiege näher kamen, packten ſie den vorderſt Stehenden an beiden Armen und warfen oder kollerten ihn, ehe die Welle zurückging, eiligſt in das Boot. Daß Mancher bei dieſem Gewaltakt nicht am ſanfteſten auffiel, läßt ſich denken. Doch war jedes froh, wenn es nur in der Barke lag. Auf dieſe Weiſe wurden wir ſo zu ſagen verladen und nachdem auch unſer Gepäck in ein drittes Fahrzeug geworfen war, ruderten wir dem Lande zu. Die Barken tanzten auf den Wellen dahin und es war faſt ungemüthlich, als wir den Felſenzacken nahe kamen, welche aus der Tiefe des Meeres hervor= ragen und die Stadt in weitem Halbkreis umgeben. Haushoch ſpritzt der Giſcht in Folge des Brechens der Wogen empor.

Man fährt ſonſt durch eine ſchmale Oeffnung ein, welche Napoleon I. durchbrechen ließ, für heute jedoch war dieſes nicht möglich.

Mit kräftigem Arm führten uns daher die Bootsleute unter wuchtigen Ruderschlägen, welche sie zum besseren Zusammentreffen mit monotonem Gesange begleiteten, auf einem Umwege an die Landungsstelle von Joppe. Was in anderen Seestädten überall vorhanden ist, nämlich eine Landungstreppe, das findet man zu Joppe nicht; ein ähnliches Ding vielleicht vorsündfluthlich, kann man beobachten, allein sie ist so halsbrecherisch, daß sie nicht benutzt werden kann. Da aber die Strandmauern so hoch sind, daß Aussteigen unmöglich ist, so wird auf die einfachste Art geholfen. Man steigt auf die Schiffswand und hebt die Arme hoch empor. Zwei robuste Araber langen darnach und ziehen, oder besser gesagt, reißen einen in die Höhe. Oben angekommen, wird man fallen gelassen und man kommt unfreiwillig mit dem Boden Palästinas, welcher an dieser Stelle mit Kameelmist dick bedeckt ist, in unmittelbare Berührung. Genau auf diese Art kam ich auf asiatischen Boden, auf den Boden des Landes Kanaan, im Stamme Dan, am 24. April 1882 früh 7 Uhr an.

XIV.

Joppe.

Nachdem ich mir das Treiben am Landungsplatze noch ein wenig besehen hatte, schlof ich durch das niedrige Pförtchen zu den Franziskanern ein. Terassenförmig und mehrere Stockwerke hoch ist dieses Kloster am Berge hingebaut. Oben befindet sich die Peterskirche. Zu dieser lenkten wir die ersten Schritte und bei Gottesdiensten und Te Deum dankten wir dem Allmächtigen recht aufrichtig, daß er unsere Reise bisher so glücklich gelenkt und jeden Unfall ferne gehalten. Ehe der Morgenkaffee gereicht wurde, ging ich auf die obere Klosterasse, von welcher aus man einen Theil der Stadt, die Rhede und das Mittelmeer vor sich liegen hat. Draußen lag unser Dampfer. Herrlicher Rundblick! Nach dem Frühstück Besichtigung der Stadt, der Gärten und der deutschen Kolonie Jaffa. Das alte Joppe, auch bisweilen Japho genannt, ist biblisch wohl bekannt, soll schon eine vorsündfluthliche Stadt gewesen sein und Noah hätte hier seine Arche gezimmert. Nach der Sündfluth hat sie Japhet, der Sohn Noah's wieder erbaut. Prophet Jonas kam nach Joppe, suchte dort ein Schiff und wollte mit einem phönizischen Kauffahrer dem Gebote des Herrn zuwider nach Tharsis entfliehen. König Hyram von Tyrus schickte die Zedern des Libanon nach Joppe, welche Salamon zu seinem schönen Tempelbau in

Jerusalem benöthigte. Judas, der Makkabäer verbrannte die Stadt sammt
den Schiffen in dem Hafen. Der Andromeda=Fels soll hier zu finden
sein. Die Araber eroberten die Stadt 635 n. Chr. Der heil. Petrus
wohnte hier im Hause Simon des Gerbers, erweckte die Tabitha zum
Leben und wurde von hier zu dem Hauptmanne Cornelius nach Cesarea
berufen. Die Kreuzfahrer eroberten die Stadt, Gottfried von Bouillon
sowohl, wie August von Frankreich und Richard Löwenherz, der Eng=
länder. Napoleon I., der bei den Arabern unter dem Namen Abu Lion
bekannt ist, kam gerade 700 Jahre nach Gottfried von Bouillon in Joppe
an, zerstörte den ohnedieß schlechten Hafen und nahm die Stadt mit
Sturm. Als er aber den Türken wieder weichen mußte, schoß er die
Mauern mit Kanonen nieder. Man sagt ihm nach, er hätte seinem ge=
gebenen Worte entgegen die türkische Besatzung, aus 1300 Mann be=
stehend, auf einem Haufen erschießen lassen; außerhalb der Stadt zeigt
man gegenwärtig diesen Platz. Im sogenannten Pestsaal hatte er für seine
kranken Soldaten während seines Aufenthaltes in Jaffa ein Spital ein=
richten lassen, als er dann dem Feinde nicht mehr Stand halten konnte
und die Stadt verlassen mußte, ließ er sämmtliche, damit sie den Türken
nicht in die Hände fielen, mit Mohnsaft vergiften. 1127 zerstörte der
Bruder Saladnis Malets die Stadt und 1268 ging der Mamlucken=Sultan
Bibarsschlim damit um. Dieser ließ sogar Steinmaterial zu den Moschee=
bauten nach Kairo schleppen.

Joppe ist nicht groß, etwa längs dem Meere $\frac{1}{2}$ Stunde lang und
landeinwärts $\frac{1}{4}$ Stunde breit. Die Einwohnerzahl wird verschieden an=
gegeben; von 10—15000, auf ein paar Tausend kommt es eben bei den
Türken nicht an. Die meist krummen, bergauf= und ab führenden Straßen
sind elend gepflastert und voll Schmutz und Unrath. Wenn man in der
Stadt sich befindet, ist der schöne Eindruck, den sie von Außen macht, auf
einmal verwischt. Wenn eine Kameelkarawane, was nichts Seltenes ist, die
engen Straßen passirt, ist ein Ausweichen kaum möglich und man kann
recht unsanft an die Wand gedrückt werden. Auf dem großen Platz der
Stadt, den man Maslach nennt und der Meeresstraße findet man ein
recht originelles Treiben. Syrier, Araber, Griechen, Kurden, Perser, kohl=
schwarze Nubier finden sich dort ein, und da die Leute in der Regel viel
Lärm um Nichts machen, so übersteigt der Tumult alle Beschreibung.
Joppe kann sich einer Stadtmauer, dreier Thore und zweier Leuchtthürme

rühmen, wovon ich aber von den letzteren nur immer einen zur Nachtszeit sein Licht ausstrahlen sah und zwar von jenem, der in der Nähe des
Hauses Simon des Gerbers steht. Von den Thoren ist das Jerusalemer-
Thor, welches östlich aus der Stadt führt, das belebteste und das
schönste. Es sieht aus wie ein ägyptischer Bau, hat hohen Bogen mit
hübschem Thurm. Die Uferschutzmauern sind sicherlich alten Datums.
Die mächtigen Quader haben Fugenschläge, und sie sollen theils von dem
von Herodes zu Cesarea erbauten Stratonsthurme herrühren. Zur Befestigung der dort liegenden Kauffahrer sind alte, eiserne Kanonenrohre in
den Boden eingegraben, aus welcher Zeit und wo diese Dinger einmal
mitgesprochen haben, konnte ich nicht ermitteln.

Südlich von der Stadt liegt der Kirchhof, welcher mit stacheligen
Kaktushecken eingefaßt ist. Dort ruhen die Gebeine von hunderten von Genera-
tionen: Kananiter, Philister, Macedonier, Saracenen, Franken und Türken.
Drei öffentliche Brunnen hat die Stadt dem wohlthätigen Scheik Abu
Nabut zu verdanken. An Moscheen besitzt sie nur eine einzige ansehnliche,
dagegen hat sie drei hübsche Klöster, wovon das Franziskanerkloster mit
seiner Georgskirche das hübscheste ist. Die Häuser sind alle aus Hausteinen erbaut und im großen Ganzen wohl menschlichen Wohnungen würdig,
obwohl auch sie auf europäische Bequemlichkeit keinen Anspruch machen
können.

Nicht zu übersehen sind in Joppe die prachtvollen Gärten und die
deutsche Kolonie. Bei fast wolkenlosem Himmel und kühler Seeluft machten
wir einen Spaziergang hinaus in die Gärten. Es ist staunenswerth, was
durch Fleiß und Ausdauer hier zuwege gebracht wird. Die Fruchtbäume:
Feigen, Datteln, Orangen, Granatäpfel, Citronen ꝛc., glaubt man, müssen
unter der schweren Last, die sie zu tragen haben, bersten. Sie sind wie
dicht beworfen über und über, und auf dem Boden liegen die Citronen
und Orangen in solcher Menge, daß man fast nicht weiß, wo man hin-
treten soll. Sonderbar ist es, daß die meisten Bäume gleichzeitig alle
Stadien erkennen lassen. So kann man sehen, daß ein Baum gleichzeitig
Blüthen, halbreife und reife Früchte trägt. Zwischen diesen Bäumen sind
häufig kleine Blumengärten angelegt. Das Ganze ist mit Rosen, Tulpen,
Lilien ꝛc. besät. Diese Prachtgärten verbreiten ein Aroma, welches man
oft bis in die Rhede hinaus riecht.

5*

Die Bewässerung dieser Anlagen geschieht durch Schöpfräder oft der primitivsten Art, gleich denen im Nildelta. Als Einfriedigung dienen die Kaktushecken. Dieses Gewächs, welches wir in Geschirren und in geheizten Räumen ziehen, kommt dort sozusagen als Unkraut vor und hat eine solche Mächtigkeit, daß der gekrümmte Stamm oft die Dicke eines Mannes erreicht. Das Blatt kann bis zu $\frac{1}{2}$ Quadratmeter groß werden und die Höhe einer solchen Hecke beträgt dann nicht selten 4 Meter. Bei der dichten Bepflanzung und ihrem verworrenen und verschlungenen Wachsthum bilden sie eine solide Barriere, daß als Einfriedigung nichts besseres gedacht werden kann. Ohne stundenlange Arbeit mit einer scharfen Art wäre gar nicht durchzukommen.

Die meisten dieser Gärten sind Eigenthum der deutschen Kolonisten, welche sich seit 1869 unter ihrem Führer Hofmann dort niedergelassen haben. Früher bestand auf diesem Platz eine amerikanische Niederlassung. Dieselbe ging aber in Folge Zwietracht unter, nun griffen die Deutschen Platz. Württemberg ist das Vaterland dieses rührigen Völkchens, religiöse Skrupel haben es aus der Heimath fortgetrieben. Genannte gehören nämlich der sogenannten Gemeinde der Templer an. Ihre Häuser sind nett und reinlich und stechen vortheilhaft von den arabischen ab, auch haben sie ein deutsches Gasthaus, wo wir gutes Bier um mäßigen Preis bekamen, es führt den Namen „Jerusalemer Hotel" und man soll dort gut untergebracht sein. Sie sind sehr strebsam diese Leute, pachten die Fluren von den faulen Arabern weit in die Ebene von Saron hinein, machen dort Heu und nützen den guten Boden auf vortheilhafte Weise aus. „Es geht bei uns auch leichter," sagte mir ein Templer, als ich ihn um dieses Verhältniß fragte, „wir können den Boden auch leichter bebauen als der Araber, da wir als Abgabe nur den zehnten Theil zu geben brauchen, während die Eingebornen den fünften Theil und weiß Gott was sonst noch an den Pascha von Jerusalem abzuliefern haben, und überdieß gehört die Arbeit auf dem Felde nicht zu dem Vergnügen des Arabers."

Den Templern ist es zu verdanken, daß man den Weg von Joppe nach Jerusalem zu Wagen machen kann, sie sind die einzigen Fuhrwerksbesitzer und wenn diese Vehikel auch keine feschen Landauer sind, kommt man doch um mäßigen Preis in $1\frac{1}{2}$ Tag ohne besondere Anstrengung nach Jerusalem. In Jaffa bringen häufig die Reichen Jerusalems ihre Sommerfrische zu. Seebäder werden allerdings nicht gebraucht, da die dortigen Gewässer in Verdacht stehen, Haifische zu beherbergen. Schon im Februar ist in Jaffa Alles grün und in voller Blüthe, die Luft von den feinsten Düften durchweht, für Lungenkranke muß Joppe ein vorzüglicher Aufenthaltsort sein. Jaffa ist als der Hafen Jerusalems zu betrachten, man schifft sich, wenn einigermaffen möglich, hier aus, weil von da die hl. Stadt auf dem kürzesten Landwege zu erreichen ist. Die Einwohner treiben Handel und führen eine Unmasse Südfrüchte aus.

XV.
Nach Ramleh.

Die Entfernung von Jaffa nach Jerusalem beträgt 48 Kilometer oder 14 Stunden und ist demnach für einen Tag zu beschwerlich. Es wird in der Regel Nachmittags in Jaffa aufgebrochen, um an diesem Tage bis Ramleh zu gelangen. Die Entfernung dorthin beträgt 18 Kilometer. Es sind zwei ungleiche Tagreisen, allein es läßt sich nicht leicht anders machen, da man sonst in Zelten übernachten müßte, während man im Franziskaner-kloster zu Ramleh gute Herberge findet. Die Hälfte Weges wäre so etwa zu Bab el Wady (Thor des Thales), allein dort befindet sich nichts als eine elende jüdische Kaffeeschenke mit einem beutelschneiderischen Wirth, der von Karawanen möglichst gemieden wird.

Nach dem Mittagstische ging ich in die Seestraße, um mein Gepäck nach Jerusalem zu verladen und die Fuhrwerke zu besehen, welche uns im Lande Kanaan als Transportmittel dienen sollten. Sieben Vehikel waren bereits aufgestellt und hinten ein größerer Wagen zur Weiterbringung des Gepäckes. Hofmann, der Templer, mit seinem Korkhut ordnete Alles mit großer Umsicht und Sachkenntniß an. Auch Rafael Lorenzo aus Jerusalem, welcher für die ganze Landreise in Palästina als Dragoman bestellt war, war anwesend und sorgte für unser Fortkommen. Um 2 Uhr wurden nach vielem Hin- und Hermustern die Wägen bestiegen. Ich sprang auf den Bock und setzte mich neben einen gar nicht uninteressanten Rosselenker, der überdies auch noch Eigenthümer dieses Fuhrwerkes war. Ich hatte es nicht schlecht getroffen, der Mann, ein geborner Württemberger, sagte mir, er sei seit 12 Jahren in Jaffa und sei schon mehr als 50 mal mit Karawanen hinaufgereist nach Jerusalem. Die Gegend, Land und Leute kenne er genau und könne mir auf alle Fragen richtigen Bescheid geben. Mit den Angaben meines Reisehandbuches war er vollständig betraut und so konnte ich in seiner Gesellschaft sehr viel profitiren. Die Wägen, auf welchen wir gegen Jerusalem hinauffuhren, waren im großen Ganzen gut, auf Federn gebaut, konnten sechs Personen incl. Kutscher bequem fassen. Endlich wurde abgefahren. Auf den holperigen, engen Straßen wurde beständig das „jallah Jellabi! (Obacht, aufgepaßt) gerufen. Dem Bazar entlang fuhren wir dem Jerusalemer Thore zu, und ich konnte mir nicht denken, was denn unser Train Sonderbares an sich haben mochte, da viele der Eingebornen bei unserem Vorbeikommen so herzlich lachten. Bei wundervollem Wetter und der heitersten Stimmung fuhren wir in die Ebene von Saron hinein. Von großer Ausdehnung sind die herrlichen Gefilde, die nach Süden den Namen Sephala und nach Norden den Namen Sarona führen. Man kann sie den Baumgarten Palästinas nennen. Wenn man sie im April oder Mai bereist, so findet man dort eine wundervolle Vegetation, im August, September soll Alles ausgetrocknet und abgestorben sein. Interessant ist der große Blumenreichthum, die Wiesen sehen wundervollen Teppichen ähnlich.

Nach etwa einer halben Stunde erblickt man rechts am Wege ein Gebäude mit Anlagen, es ist dieses Eigenthum der Alliance israelite in Paris (jüdische Vereinigung,) welche das Unerhörte im Auge hat, Judenknaben zum Ackerbau, Feld- und Waldkultur heranzubilden. Nach kurzem Wege kommt man zu den ersterem jener Wachtthürme, welche mit Baschi-Bozuks (irreguläre Reiter) besetzt sind. In gewissen Distanzen, etwa alle zwei bis drei Kilometer, sind diese Thürme errichtet, der ganzen Straße entlang bis Jerusalem. Die darin liegende Kavallerie hat für die Sicherheit der Reisenden Sorge zu tragen. Nach einer Stunde erreicht man ein unscheinbares Dorf, welches den Namen „Yazur" führt, wahrscheinlich das alte Hazor. In der Nähe befindet sich ein Wely (Grabmal) eines muhamedanischen Heiligen, Imam Ali genannt, mit dem Brunnen „Ain Dülb".

Hier zweigt die Straße nach Lydda ab. Nach Kurzem liegt wieder links ein Dorf. Es ist Beit Dagon, wo zur Zeit der Philister ein kolossaler Götze in einem Tempel stand, gleich dem zu Gaza und Asdod, welcher theils Mensch und theils Fisch war. Auch bemerkt man noch die Dörfer Sakia und Sarfend (Sariphäa); sie alle sehen kaum menschlichen Wohnungen gleich und haben viel Aehnlichkeit mit den Düngerhäufen, wie solche unsere Oekonomen im Herbste auf den Feldern errichten. Gleich in den Fellahhütten wohnt auch hier Alles zusammen, Menschen, Thiere und Ungeziefer.

Die Sonne stand noch ziemlich hoch am Himmel, als wir uns dem Städtchen Ramleh näherten. Während der Thurm der 40 Märtyrer schon längst sichtbar war, blieb das Städtchen noch immer hinter Olivenbäumen und Kaktushecken versteckt. Zwischen zwei hohen Mauern, welche den Klostergarten einschlossen, fuhren wir der schmalen Eingangspforte des Klosters zu. Ein paar Aussätzige standen bettelnd am Wege. Ich beobachtete diesmal diese bedauernswerthen Geschöpfe nicht genau, sondern warf Ihnen einige Paras zu. Erst später zu Jerusalem wurde mir das Bemitleidenswerthe dieser Armen klar, da ich mich mehr darnach umsah und über ihre traurige Existenz besser unterrichtet war. Unsere Fuhrwerksbesitzer suchten für sich und ihre Pferde Unterkunft im Städtchen, während für uns sich das niedrige und schmale Klosterpförtchen öffnete, und wir bei den freundlichen Mönchen gastliche Aufnahme fanden.

Nach Einnahme einiger Erfrischung gingen wir daran, unter Führung eines kundigen Klosterpaters das Städtchen und die Umgebung zu besichtigen. Ramleh, das neutestamentarische Arimathäa, ist ein ärmlicher Ort mit etwa 4000 Einwohnern. Es ist auf eine sandige Anhöhe hingebaut, daher der Name. Bei dem Araber heißt Ramleh „Sand".

Die große Karawanenstraße, welche schon seit undenklichen Zeiten durchführt und zwar von Aegypten her über Gaza durch die Küstenebene nach Samaria, Genesareth und Damaskus, kreuzt sich hier mit der Pilgerstraße nach Jerusalem. Die Straßen der Stadt sind enge und schmutzig, das Pflaster elend. Die Gewerbsleute arbeiten im Freien, und ihre Physiognomien sind nicht einladend. Man bemerkt öfters schön gearbeitete Ornamente und Säulenreste, welche ohne allem Sinn in die ärmlichen Häuser eingemauert sind. Diese Ueberreste verrathen Spuren alter Bauten, von welchen Ramleh seiner Zeit mehrere besaß. Im achten Jahrhundert hatte die Stadt eine Ringmauer mit 12 Thoren, großen Wasserreserven ꝛc. ꝛc. Im Jahre 1191 jedoch wurde sie von dem Kurden Saladin zerstört. Die Hauptmoschee, zur Zeit der Kreuzfahrer eine Johanneskirche, ist das bemerkenswertheste Gebäude der Stadt. Wir mußten die Schuhe ausziehen und einen kleinen Bakschisch bezahlen, ehe wir eintreten durften. Sie ist dreischiffig, 50 Meter lang und 24 Meter breit, im Spitzbogenstil ausgeführt. Das Pflaster ist schlecht und holperig, ein Stein an der Wand gibt die Richtung Mekka an. Bemerkenswerth ist noch der Thurm von Ramleh, welcher im Westen der Stadt liegt, etwa zehn Minuten von derselben entfernt. Er ist ganz von Hausteinen erbaut, mit schönen Strebepfeilern im gothischen Stil. Eine steinerne Treppe, welche im Innern des massiven Mauerwerkes angebracht ist, führt auf 120 Stufen auf die Plattform, von wo aus man noch auf einer Seite auf einzeln stehende Mauerreste, dem höchsten Punkt des Thurmes gelangen kann; von dieser Stelle aus hat man eine herrliche Rundsicht. Gegen Osten stehen die Berge von Judäa mit mehreren Ortschaften in der Entfernung von drei Stunden vor uns, gegen Süden überblickt man das ehemalige Land der Philister bis gegen Askalon und Gaza hin, gegen Westen ist das Mittelmeer deutlich zu erkennen und gegen Norden schweift der Blick über Lydda, die Saron-Ebene, Antipater und Cäsarea hin. Dieser massive und im Ganzen genommen sehr schöne Thurm wird der Tradition nach auch der Thurm der 40 Märtyrer genannt. Hier sollen nämlich die Gebeine der Vierzig, die zu Sebaste gekreuzigt wurden, in einer unterirdischen Gruft ruhen. Zunächst diesem Thurm befinden sich weitläufige Ruinen, welche unter dem Namen „weiße Moschee" bekannt sind. Sie sollen zur Kreuzritterzeit ein großer gothischer Münster gewesen sein. Das Ganze bildet ein Quadrat; in der Mitte ist ein Brunnenhaus, und unter der Erde sind große, überwölbte Räume. Das Steinmaterial bei diesem Baue ist, gleich dem am Thurme verwendeten, weißgrauer Sandstein mit fleißiger Bearbeitung. Ueber einem türkischen Begräbnißplatz mit allen möglichen Grabsteinen und zwischen hohen undurchdringlichen Kaktushecken kehrten wir wieder in die Stadt zurück.

Das Franziskanerkloster zu Ramleh soll auf dem Platze stehen, wo seiner Zeit das Wohnhaus des Joseph von Arimathäa gestanden hat. Das ganze Kloster sammt Kirche ist wie eine Festung aus Hausteinquadern mit Zinnen erbaut. Von der Plattform des Daches aus liegt das Städtchen zu Füßen, einige Palmen erheben ihr stolzes Haupt und im Klostergarten steht ein Rebstock, der schon Vieles erlebt haben mag. Der Umfang des Stammes beträgt $1/2$ Meter, seinen Schatten breitet er über eine Fläche von mehreren Quadratmetern hinaus, ein seltenes Exemplar, wie solche wenige in Palästina zu finden sind.

Etwa drei Kilometer nördlich von Ramleh liegt Lydda, das hebräische Lod, das fränkische St. Georg. Es befinden sich dort Ruinen einer großen gothischen Kirche, welche dem hl. Georg geweiht war und seine Grabstätte ist. Benjamiten haben die Stadt erbaut und nach der babyloni= schen Gefangenschaft wieder bewohnt. Der hl. Petrus kam öfters nach Lydda und heilte hier den Gichtbrüchigen Aeneas. Es war schon früh= zeitig ein Bischofsitz und ein Bischof von Lydda trug in der unglücklichen Schlacht bei Hittin ein Stück vom Kreuze Christi voran. Wiederholt wurde die Stadt zerstört und Richard Löwenherz, der große englische König und der Sultan Saladin hielten sich vertragsmäßig gemeinsam län= gere Zeit in Lydda auf. Die Stadt hat etwa 4000 Einwohner, wie Ramleh und hier, wie dort, sind es fast lauter Mohamedaner.

XVI.
Ueber Latrun nach Abu=Gosch.

Dienstag den 25. April standen schon vor Tagesanbruch die Fuhr= werke vor der Klosterpforte bereit. Wir nahmen nach dem Frühstück von den gastfreundlichen Bewohnern des Klosters Abschied, schlofen durch das kleine Pförtchen hinaus, welches sich dann sofort hinter uns wieder schloß. Wie ich hörte, sind die verbissenen Mohamedaner den freundlichen Mönchen nicht hold und auch darum, daß die Bettler und Aussätzigen nicht freien Zutritt in das Kloster haben, wird vorsorglich das Pförtchen geschlossen. Die Hunde schlugen an, als wir durch das Städtchen fuhren. Außerhalb Ramleh geht es ein wenig bergab. Unten fließt ein kleiner Bach, welcher mit einer steinernen Brücke überwölbt ist. Die Gegend ist noch fruchtbar, einige Araber arbeiteten schon auf den Feldern. Was mich sehr wunderte, das war, daß mehrere Arbeiter bei Reparatur und theilweiser Verlegung der Straße sich beschäftigten. Mir gefiel es, daß so zu sagen kunstgerecht gebaut wurde. Curven wurden abgeschnitten, gerade Linien abgesteckt 2c. und so schien es, daß sich der Pascha von Jerusalem den Anlauf nehme, doch wenigstens die wichtigsten Straßen Palästinas in fahrbaren Zustand herzustellen. Es ist dies allerdings eine große Aufgabe, besonders für einen Türken. Kies ist nirgends vorhanden und mit Koth macht man keine guten Straßen. Bei Regenzeit, welche allerdings ziemlich kurz ist, ist es zum Versinken. Ueber die Berge von Judäa führt der alte Weg immer bergauf und ab, eine Verlegung sowohl, wie eine Erweiterung ist schwierig. An gar vielen Stellen tritt der nackte Felsen zu Tage. Es freut einem, wenn man sieht, daß nur etwas geschieht auf den Wegen des gelobten

Landes, nach und nach wird es schon besser werden. Es ist allerdings dieser Straßenzug der einzige, worauf ich arbeiten sah, alle übrigen werden zur Zeit Abrahams nicht schlechter gewesen sein, als sie jetzt sind. Nach kleinen zwei Stunden geht es eine Anhöhe hinan. Oben liegt unter Kaktushecken ein Dorf, es heißt „el Kubab"; noch mehrere liegen in der Nähe, als „Barieh", „Enabeh" 2c. 2c. sind aber ohne Bedeutung Von Ferne sieht man „Amwas", welches vielfach irrig als Emaus bezeichnet wird. Es geht bald wieder die Anhöhe hinunter; im Thalgrund liegt ein Dorf, es heißt „Bet Nuba". Nahe dabei, wo die Straße anfängt, nach Latrun an zu steigen, steht rechts ein neues, ziemlich solid aus Hausteinen erbautes Haus, es ist ein Wirthshaus und ich möchte sagen, das beste an den Wegen Judeas. Sein Name ist „Hotel der Makkabäer". Kleinere Karawanen und Pilgerzüge sollen um mäßige Preise dort gut aufgehoben sein. Nachdem man die Anhöhe erstiegen hat, steht man vor dem Dorfe Latrun, auch el Atrun genannt, von dem lateinischen latro (Räuber) abgeleitet. Die Tradition bezeichnet diesen Ort als Heimat des rechten Schächers, welcher bekanntlich mit unserem Erlöser gekreuzigt wurde und in der letzten Stunde sich reuig erwies. In den nahen Bergen von Judäa bis hinauf nach Jerusalem soll er sein Unwesen getrieben haben. Er wird wohl so manchen harmlosen Reisenden in räuberischer Absicht die Gurgel abgeschnitten haben.

Latrun, welches auch später noch als Räubernest verrufen war, wird häufig auch als Modin bezeichnet, welches als Geburtsort der Makkabäer bekannt ist. Weitläufige Ruinen sind hier vorhanden, welche, von Osten gesehen, interessant sind. Auf diesem Hügel baute ein von Ephiphanus Antiochus, König von Syrien, Abgesandter dem Götzen Jupiter einen Altar und gebot den Juden, zu kommen und zu opfern. Ein edler Mann, Matathias mit Namen, mit seinen fünf Söhnen leistete diesem Gebote keine Folge, sondern erschlug das Abgötterei treibende Volk, zerstörte den Götzen und floh in die Gebirgsschluchten von Judäa; viele Unzufriedene schlossen sich ihm an und als der alte Matathias gestorben war, wurde Judas Makkabäus, der Löwe von Juda genannt, zum Anführer gegen Antiochus gewählt. Er schlug siegreich mehrere Schlachten und besiegte insbesonders den syrischen Feldherrn Lysias in der Schlacht bei Emaus vollständig. Hierauf zog er gegen Jerusalem hinauf, säuberte die Stadt und den Tempelberg und stiftete das Fest der Tempelweihe. Er schloß mit den Römern ein Bündniß, welches aber nicht verhindern konnte, daß Feinde gegen ihn aufstanden. Den Syrier Nicanor schlug er in der Schlacht von Andasa auf's Haupt, allein eine Heeresmacht, welche zehnmal stärker war als die seinige, wälzte sich gegen ihn heran, er fiel im Kampfe gegen die Feinde und wurde, gleich seinem Vater, auf dem Berge Modin begraben. Von Latrun aus erreicht man in etwa ³/₄ Stunden den Eingang in die Berge Judäas. „Bab el Wady" (Thor des Thales) heißt dieser Ort. Es ist außer einer Kaffeeschenke, die ziemlich primitiv, wenn auch von Stein erbaut, nichts vorhanden.

Der dort hausende Wirth, ein Jude, soll es verstehen, ganz unver=schämte Preise zu fordern. Vor 4 Jahren hat dieser Beutelschneider der Münchner Karawane für die Gefälligkeit, Messer und Gabeln zu leihen, 20 Francs abgezapft. Wir konnten uns nicht verstehen, eingedenk dieses Vorkommnisses das gastfreundliche Haus dieses liebenswürdigen Semiten zu betreten, wenn gleich er unter der Thüre stand und uns einladende Worte zurief. Wir stiegen von den Wägen und wanderten zu Fuß die Gebirgsschlucht auf stetig ansteigender Straße hinan. Unsere Fuhrwerke mit dem Gepäck machten auf kurze Zeit zur Tränkung und zum Ausruhen der Pferde vor dieser Spelunke Halt.

Die hier links und rechts von der Straße aufsteigenden Berge sind kahl und fast ganz unwirthbar, nur Gestrüpp, verkümmerte Eichen und Erdbeersträucher ꝛc. kommen vor. Mit wenigen Ausnahmen trifft man Oelbaumgruppen, die aber auch keine besonders wohlthätigen Schattenspender sind. Nachdem man so etwa 3 Kilometer aufwärts gestiegen ist, macht die Straße eine große Biegung nach rechts, auf einem etwas ebenen Terrain steht eine Gruppe sehr alter Olivenbäume, unter denselben ließen wir uns nieder, um die zurückgebliebenen Fuhrwerke zu erwarten. Die=selben blieben aber länger bei dem Juden, als wir meinten und nach einigem nutzlosen Warten setzten wir den Weg wieder fort. In großem Bogen führt die Straße um den Berg herum und man befindet sich nun auf dem Punkt der Wasserscheide zwischen dem mittelländischen und dem todten Meere. Die Ebene von Saron bis zum Mittelmeer sieht man hinter sich liegen. Dort rechts oben auf der Bergkuppe liegt ein Dorf, es heißt Saris. David fand dort Unterkunft, als er von dem König Saul floh. Es ist dieses der höchste Punkt zwischen Jerusalem und Joppe; größere Ruinen sind sichtbar.

Auf gelber, lehmiger Straße wanderten wir auf dem Bergrücken dahin. Der Morgen war kühl, jetzt fing es aber an, sehr warm zu

werden; verspürbar leuchtete das Tagesgestirn auf die staubige Straße
nieder. Unsere Fuhrwerke kamen noch immer nicht, was uns unangenehm
war. „Dort am Abhang", tröstete uns P. Rektor, „nehmen wir den
Mittagstisch ein und gönnen uns einige Ruhe." Nachdem wir fast sechs
Kilometer zurückgelegt hatten, schritten wir einen kleinen Abgang hinunter
und befanden uns vor dem interessanten Dorfe „Abu-Gosch", welches auch
den Namen „Kiriath el Enab" „Weintraubendorf" und „Kiriath Jearim"
führt. Es ist eines der bestgebautesten. Die Mauern sind von weiß-
grauem Sandstein und die Häuser gleichen menschlichen Wohnungen. Eine
Kirche erinnert an die Kreuzritter und Gottfried von Bouillon wird mit
seinen tapferen Kriegern über Kiriath Jearum gegen Jerusalem vorgerückt
sein. Hier stoßen die 4 Stämme zusammen: Dann, Juda, Benjamin und
Ephraim und biblisch ist dieser Ort wichtig, da hier 20 Jahre lang die
Bundeslade stand, bis sie David nach Jerusalem brachte. Auch soll Abu-
Gosch die Heimath des Propheten Urias sein. Vor 70 Jahren hauste
hier ein mächtiger Schech mit dem Namen Abu Gosch, welcher gleichzeitig
auch Räuberhauptmann war und eine gewisse Berühmtheit erlangte. Eine
Menge räuberischer Beduinen waren ihm zugethan und unterstützten ihren
Hauptmann in seinem Handwerke; die Kerle hausten in den Bergen von
Judäa bis Hebron Jericho und zum todten Meere hin. Selten konnte
auf diesem Wege eine Karawane nach Jerusalem gelangen, ohne von Abu
Gosch nicht gebrandschatzt worden zu sein. Ging es schwer, so war er
auch der Mann, einem den Hals umzudrehen; am günstigsten war es
immerhin noch, wenn nur der Sattelranzen durchsucht und im Gewicht
leichter gemacht wurde. Nun ist es nicht mehr gefährlich dort, obwohl
es immer gut ist, wenn man mit dem Schech, durch dessen Territorium
man reist, auf gutem Fuße steht. Abu Gosch machte es am Ende doch
auch den Türken zu bunt, da dieses Gauners wegen immer weniger Karawanen nach Jerusalem hinaufzogen. Der Pascha hob ihn endlich auf und
schickte ihn in die türkische Donaufestung Widdin, wo man ihn wahrscheinlich bei lebendigem Leibe verfaulen ließ. Von seinen Anhängern
führten einige das einträgliche Geschäft der Wegelagerer fort, allein es
dauerte nicht allzulange mehr. Der energische Ibrahim Pascha räumte
vor 50 Jahre unter dieser Bande tüchtig auf. „Die noch vorhandenen
Verwandten des einst so gefürchteten Räubers Abu Gosch" sagt Fahrengruber, „sind längst bis zur Harmlosigkeit herabgesunken, sie leben zum
Theil in einem ihnen gehörigen Hause auf dem Stadttheil Bezetha zu

Jerusalem." Nach dem Namen dieses Wegelagerers führt das ehemalige Kiriath Jearim jetzt den allgemein bekannten Namen Abu=Gosch.

Gegenüber dem Dorfe in der Nähe eines Brunnens waren unter einer Sykomore Teppiche ausgebreitet. Darauf ließen wir uns nieder, um das erste frugale Mittagessen in Palästina unter Gottes freier Natur einzubringen. Das Sitzen auf dem Boden mit gekreuzten Beinen brachten wir nicht zuwege und nahmen daher alle denkbaren unbequemen Stellungen ein, was die umstehenden Araber und insbesonders die Kinder in die heiterste Stimmung versetzte. Die kleinen Halbwilden hatten ein jämmer= liches Aussehen und da sie uns so gierig zusahen, gaben wir ihnen von unserem Mahl, wofür sie sich mit Erhebung der Hand vom Herz zur Stirne und einer Verbeugung freundlichst bedankten.

XVII.

Ueber Kuloniß nach Jerusalem.

Nach einer Ruhepause von einer Stunde wurde aufgebrochen. Bergab bei einem Brunnen vorbei, wo schmutzige Weiber die noch schmutzigeren Kaftans und Pumphosen wuschen; große Krüge Wasser in liegender Stellung auf dem Kopfe tragend, was ich hier zum erstenmale sah, wanderten einige dem Dorfe zu. Die Vegetation um Abu=Gosch ist etwas besser als sie bisher war und man sieht fette Oliven- und Feigenbäume, wozu sich hie und da der Weinstock gesellt.

Eine kurze Strecke führt die Straße im Thalgrund weiter, links ist ein schlechtes Dorf, welches „Beth Nakub" heißt, auch Bethoron am Berggehänge ist sichtbar, wo einst Paulus von römischen Soldaten gefangen genommen und nach Cesarea hinunter geführt wurde. Die Straße steigt wieder an und wird immer schlechter und unfahrbarer, rechts sieht man größere Ruinen, welche „Kastul" heißen. Gegen Norden sieht man hoch oben — es ist der höchste Punkt Palästinas — ein Dorf mit einer weißen Moschee herüber blinken, es ist Neby Samuel, der Platz, wo der letzte Richter und Prophet begraben sein soll. Nach Ueberschreitung dieses lang= gestreckten Bergrückens sieht man unten ein breites Thal in Windungen vorüberziehen, es ist das Thal Hanina, welches auch Terebinthenthal heißt, wenngleich solche Bäume dort nicht mehr vorhanden sind.

In einer Entfernung von etwa 5 Kilometern blißt „Ain Karim" ober das „S. Johann" im Gebirge herüber, als Geburtsort des hl. Johannes des Täufers wohl bekannt. Unten am Bergabhang liegt der Ort Kulonieh, welcher für das neutestamentliche Emaus gehalten wird. Ein unendlich steiler Weg führt in den Thalgrund hinunter, ich zählte 17 Serpentinen oder Schlangenwindungen von bedeutender Länge, bis wir unten ankamen. Das Thal ist fruchtbarer als seine umgebenden Berge, besonders in der Richtung Ain Karim zu, wo Oliven, Orangen und der Weinstock vorkommen. Die Thalsohle durchzieht ein Bach, welcher bei meinem Dortsein ausgetrocknet war. In diesem Flußbette suchte David sich die Steine aus, mit welchen er den Riesen Goliath, durch einen gelungenen Wurf zu Boden streckte. Ich stieg auch in das trockene Bachbett hinunter und suchte mir zum Andenken einige wohlgeformte Steine aus. Links an der Straße, wo das Flußbett mit einer steinernen Brücke überspannt ist, steht eine Schenke, in welcher Spirituosen und schwarzer Kaffee um theueres Geld verabreicht werden. Auch Ruinen sind in der Nähe, deren Steinbearbeitung auf hohes Alter schließen läßt. Schwache Quellen brechen unter Olivenbäumen hervor, welche aber nicht im Stande sind, dem trockenen Flußbette ein merkbares Naß zuzuführen. Etwa 300 Meter links von der Straße am Abhang liegt der Ort Kulonieh, das biblische Emaus, jetzt ein mittelmäßiges Dorf mit steinernen Wohnstätten, es ist der Ort, wo die beiden Jünger am Ostermontag ihren Meister am Brodbrechen erkannten. Das durchziehende Thal ist auch dadurch bekannt, daß hier König Saul mit den Philistern stritt.

Kaum hat man die Brücke überschritten, so steigt die Straße wieder bergan, zuerst sanfter, dann immer greller, bis man das Hochplateau von Jerusalem erreicht hat. Von der Stadt jedoch sieht man noch nichts. Links tief unten im Thal klebt ein Dorf an der Felsenwand, es ist Lyfta, auch Sephtoa genannt, ein uralter Ort, wegen seiner guten Quelle bekannt. Von da holten sich die Kreuzfahrer das Wasser bei der Belagerung Jerusalems. Es kamen uns 2 Franziskaner entgegen, welche uns freundlich grüßten und unserem Reisepräsidenten vom Custos in Jerusalem einen Ferman überreichten, in welchem wir im hl. Lande willkommen geheißen wurden und in welchem allen Klosterobern in ganz Palästina anbefohlen wurde, der bayerischen Karawane gastliche Aufnahme bei Tag und Nacht Kraft des Gehorsams angedeihen zu lassen. Nun wollte jeder der Erste sein, die hl. Stadt zu sehen. Da wir schon den Berg herauf abgestiegen waren, wurde den Fuhrwerken weit voraus geeilt. Immer freier wird die Aussicht, gegen Süden erhebt sich der Frankenberg und das Eliaskloster kommt in Sicht, von Bethlehem, wer es zu unterscheiden vermag, schauen die weißen Mauern herüber. Die nächste Umgebung aber wird immer trauriger, nichts als ein großes Leichenfeld von Felstrümmern trat uns entgegen, kaum auf dem ganzen Erdenrunde ist eine ödere Gegend denkbar, als die Hochebene westlich von Jerusalem, welche sich in seiner Eintönigkeit fast bis vor die Thore der Stadt erstreckt. Kein Grashalm findet zwischen den Steinen durch, nur hie und da sieht man in dieser öden Steinwüste einen Olivenbaum, welcher sein kümmerliches Dasein fristet; ein türkischer Wachtthurm, und zwar der letzte, macht mit seinen grauen Mauern diese Gegend noch unheimlicher.

Mit banger Erwartung und merkwürdiger Sehnsucht eilte ich vorwärts, rechts erscheint das griechische Kreuzkloster, einige Häuser stehen am Wege, sie gehören zur Judenkolonie, auf einer kleinen Anhöhe, der sogenannten Gottfriedhöhe, steht das Institut S. Peter, links die kolossale russische Kolonie, die Scene verändert sich mit jedem Schritte, der Vorhang hebt sich Zoll um Zoll, schon schauen die Berge von Moabit und Gilead herüber und nun taucht der Minaret und die Moschee auf dem Oelberge auf, auch der Zionsberg mit der Moschee über dem Abendmahlsaal lassen nicht mehr lange auf sich warten und bald erscheint der Thurm Davids oder Hyppicus genannt. Die Häusermasse wird von der im Durchschnitt 14 Meter hohen Stadtmauer verdeckt. Die Minarets aber sowie die Kuppeln der hl. Grabkirche mit dem goldenen Kreuze und der Omarmoschee mit dem Halbmond, erheben sich in die blaue Luft. Nun lag Jerusalem (die Heilige, El Kuds) vor uns; welch' ein überraschender Anblick! Ganz überwältigend ist die Aufregung und Neugierde, auf mich machte es einen Eindruck, der mir zeitlebens unvergeßlich sein wird. Wir hatten unsere Fuhrwerke wieder bestiegen und fuhren dem Jaffa- oder Bethlehem-Thore zu. Es war 3 Uhr Nachmittags des 25. April, als wir die Wägen verließen und in Prozession durch das Jaffathor schritten, um vor Allem durch die engen holperigen Gassen zu der hl. Grabeskirche zu gelangen, um auf Golgatha und vor dem Grabe Christo Dankgebete und eine kurze Andacht zu verrichten. Hierauf suchten wir das österreichische Pilgerhaus auf, welches während unseres Aufenthaltes in Jerusalem unsere Heimstätte sein soll, um für heute von den Mühen der Reise auszuruhen.

XVIII.

Jerusalem.

Lage der Stadt.

Jerusalem liegt unter 35 Grad 14 Minuten 35 Sekunden östlich
von Greenwich und 31 Grad 47 Minuten 46 Sekunden nördlicher Breite,
14 Stunden vom Mittelmeere und 7 Stunden vom Todten Meere entfernt. Es liegt auf drei Bergen, dem Sion, Moriah und Bezetha. Der
Tempelberg Moriah liegt 744 Meter über dem Spiegel des Mittelmeeres
und 1136 Meter über dem Todten Meere. Zwischen dem Moriah und
Bezetha einerseits und dem Sion anlererseits zieht sich eine Niederung
durch die Stadt, welche außerhalb des Damaskusthores beginnt und beim
Mißthor in's Thal Josaphat ausläuft. Diese Niederung führt den
Namen Thyropoeon, bisweilen auch das Käsemacherthal genannt. Auch im
Westen erhebt sich innerhalb der Stadtmauer eine kleine Anhöhe, welche
Gareb genannt wird. Der Moriah ist der niedrigste Berg Jerusalems
und verflacht sich fast gegen das Käsemacherthal hin. Die Stadt grenzt
gegen Osten an das Thal Josaphat oder Kidron, gegen Süden an das
Thal Hinnom, westlich an das Walkerfeld und an eine unwirthbare Hochebene und nördlich an das Territorium, welches das außerstädtische Bezetha
genannt wird. Die Umgebung der Stadt ist unfruchtbar und die Getreidefelder, die ich sah, größtentheils Gerste, hatten ein kümmerliches Aussehen.
Der Boden, worauf die Stadt steht, ist weißgrauer Kalkstein, nicht schwer
zu bearbeiten und für die dortigen Temperaturverhältnisse wetterhart. Von
Mitte November bis etwa gegen Ende März dauert die sogenannte Regenzeit, wo aber häufig der Regen so spärlich fällt, daß sich nothdürftig die
Zisternen füllen, die für den Sommer das Trinkwasser liefern sollen.
Schnee und Eis sind dort unbekannt, dafür ist es aber nichts seltenes, daß
die Hitze im Sommer 35° Reaumur erreicht. Ende April ist der Boden
schon wieder vollständig ausgetrocknet und im August gleicht die Umgebung Jerusalems einer dürren Wüste. Zeitunterschied zwischen München und Jerusalem ist 1 Stunde und 43 Minuten. Wenn es z. B. in München 12 Uhr Mittags ist, ist es in Jerusalem 1 Uhr 43 Minuten oder
fast $3/4$ auf 2 Uhr Nachmittags.

Das Grabmünfter der Kreuzfahrer.

XIX.

Stadtmauern und Thore.

Die ganze Stadt Jerusalem ist von einer Mauer umgeben, welche von gut geformten Hausteinquadern aufgeführt ist. Sie wurde von dem türkischen Sultan Selim 1536 theilweise erneuert und befindet sich im guten Zustande. Nur an der Ostseite gegen das Thal Josaphat zu war bei meinem Dortsein ein kleiner Theil eingestürzt, man war aber schon beschäftigt, diesen Theil wieder aufzuführen. Die durchschnittliche Höhe mit Ausnahme gegen Osten beträgt 12 Meter; 34 kleine vorspringende Thürme sind als Zierde zu betrachten und fast alle sind wohl erhalten. Die Stärke beträgt einen Meter, die Länge, gleich dem Umfange der Stadt, 4 Kilometer. Das Ganze, von einem niederen Standpunkt aus betrachtet, erinnert an eine mittelalterliche Festung. Von besonderem Interesse ist diese Mauer an der Ostseite längs des Tempelberges. An der Südostecke ist sie über 22 Meter hoch und von gewaltiger Stärke. Kolossale Steine sind hiebei verwendet. Nach eigener Messung fand ich, daß einer 8 Meter, 28 Fuß lang sei, 18, 19, 20 Fuß ist gar nichts Seltenes und 1 Meter im Gevierte an der Stirnseite konnte ich mehrmals bei der Ecke messen. Der Reisende „Warren" untersuchte das Fundament dieser Mauer und fand es 18 Meter tief und mit furchtbaren Steinen aufgebaut. Die ganze Höhe ist demnach 40 Meter = 137 Fuß. Sämmtliche Steine haben Fugenschläge und sind fleißig gearbeitet. Es steht ein Rest aus dem grauen Alterthum vor uns.

Durch die Stadtmauer führen sieben Thore und zwar 1. Das Jaffa- oder Bethlehem-Thor gegen Westen. Der Weg führt durch dieses Thor in der Richtung der genannten Orte und nach Hebron, daher es hie und da auch das Hebronthor genannt wird. Stets findet man vor diesem Thore ein buntes Treiben, es ist das Thor für Handel und Verkehr und Alles, was vom Meere herauf oder von Aegypten herüber kommt, wandert zum Jaffathor hinein. 2. Das Damaskusthor gegen Norden; es führt auch den Namen Sychem- und Nazareth-Thor, da der Weg in dieser Richtung weiter führt. Dieses Thor ist, abgesehen von dem goldenen Thor, das schönste und da hindurch führt der Weg für Pomp und Ehre. Jedesmal, wenn der Khalife zu Konstantinopel einen Gouverneur für Jerusalem ernennt, zieht dieser würdige Vertreter des Sultans beim oder durch das

Damaskusthor ein. 3. Etwas weiter gegen Osten befindet sich das Herodes= oder Ephraim=Thor. Dieses ist häufig geschlossen. 4. Das Stephansthor gegen Osten. Es führt noch eine Menge Namen, als Oelbergthor, Mariam= thor, Schafthor. Der Weg führt von da aus auf den Oelberg, Bethanien, Jericho, Jordan und nach dem todten Meere. 5. Das goldene Thor. Dasselbe liegt ebenfalls gegen Osten, in der gleichen Richtung wie das Stephansthor, ist aber zugemauert. Die Sperrung rechtfertigt sich einiger= maßen durch den Umstand, daß neben dem Stephansthore kein zweites mehr in gleicher Richtung nothwendig sei, auch mögen es die Türken in der Hauptsache wegen der Nähe ihres großen Heiligthums gethan haben, da es direkt auf den Tempelplatz führt. Weiters besteht auch eine moha= medanische Prophezie, daß dereinst ein christlicher Eroberer durch das goldene Thor einziehen werde, wenn dasselbe nicht zugemauert sei. Es läßt sich nicht leugnen, der Türke hegt große Besorgniß, daß ihm die hl. Stadt von den Christen noch abgenommen werde. Der Name „gol= denes Thor" kommt daher, weil dasselbe als ehemaliges Tempelthor mit Gold verziert war. Durch dieses Thor hielt der Heiland, auf einem Esel reitend, am Palmsonntage seinen Einzug. 6. Das Mistthor: es führt im Süden aus der Stadt. Sein Name kommt daher, da bislang aller Un= rath durch dieses Thor aus der Stadt geschafft wurde. Hie und da wird es auch als Thor der Afrikaner bezeichnet. Es führt von da der Weg durch das Thyropoeon und das Kidronthal hinunter und zum Dorf Siloam hinüber. 7. Das Zionsthor, auch Davidsthor, liegt ebenfalls im Süden der Stadt. Durch dieses Thor wird die Verbindung mit dem Berge Zion vermittelt.

XX.
Die heilige Grabeskirche und Golgatha.

Das größte Heiligthum für Christen auf dem ganzen Erdenrunde ist wohl die hl. Grabeskirche mit der Grabkapelle und dem Kalvaria. Dieser Tempel ist ein mächtiger Bau und besteht im eigentlichem Sinne aus drei Kirchen, und zwar ist im Westen die Grabeskuppel, im Südosten der Kalvaria und im Osten die Kirche der Kreuzauffindung. Auf der Mittags= seite ist der Eingang in die Gesammtkirche. Zwei große Portale von Hausteinen mit schönen Ornamenten und gothischen Bogen sind angebracht, wovon aber das östliche zugemauert und nur das westliche passirbar sei. Ueber den beiden Thoren befinden sich zwei große Fenster mit gleich schöner Verzierung, von welchen man auch nur die äußere Nische sieht, da beide ebenfalls zugemauert sind; nur zwei kleine mit Eisengitter versehene wurden offen gelassen. Links vom Eingange steht der mächtige Glockenthurm, welcher von 1160 bis 1180 durch die Kreuzritter vom Baumeister „Jordan" erbaut wurde. Obgleich schon einige Stockwerke wegen Baufälligkeit abgetragen wurden, so ragt er doch noch über die Kirche empor; von gewaltigen Dimensionen, ist er von Hausteinen aufgeführt und sichtlich ohne Gebrechen; doch leidet er unter dem Einflusse der Temperatur, da er oben nur überwölbt und ohne Dach ist. Der Thurm sowohl, wie die auf demselben befindlichen Glocken sind Eigenthum der Griechen.

Gleich beim Eintritte in die Grabeskirche wird die feierliche Stimmung etwas herabgedrückt, das heißt verletzt, wenn man zur linken Hand eine Korperalschaft türkischer Soldaten bemerkt, welche auf einem etwa ¹/₂ Meter hohen, 6 Meter langen und 3 Meter breiten Podium auf Polstern und Teppichen herumlungern sieht. Es sind bewegliche Kerle, sie rauchen ihre Wasserpfeife (Nargileh) und kochen sich schwarzen Kaffee, Mokka, welchen sie mit großer Gemüthlichkeit schlürfen, dazu; man muß bisweilen Obacht geben, wenn sie ihre Gluthpfannen auf das Pflaster stellen, daß man nicht über dieselben stolpert. Diese Männer sind die Tempelwächter und Schlüsselverwahrer, mitunter sehr geschwätzige Leute, welche sich weiß Gott gegenseitig alle möglichen Geschichten erzählen. Schmerzlicher als diese Tempelwache ist für den Pilger das Bewußtsein, daß die verschiedenen Religionen, die in der Grabeskirche hausen, bisweilen und insbesonders in der heiligen Charwoche sich regelmäßig so in die Haare gerathen, daß ein energisches Einschreiten von Seite dieser Tempelwächter unumgänglich nothwendig ist. Wie ich hörte, wissen sie sich auch jederzeit die nothwendige Autorität zu verschaffen und bei dem bittersten Gezänk die Ruhe herzustellen. Die Ursache, daß diese Soldateska im größten Heiligthum der Christenheit berufen ist, Ordnung zu halten, liegt nicht in unserer Armuth, sondern nur am Wollen. Die Machthaber von Triest, Kiel, Toulon und Portsmouth könnten, wenn sie wollten, in 8 Tagen Befehlshaber in Jerusalem sein. Geht man vom Eingange gerade aus, so stößt man in einer Entfernung von 12 Meter auf den Salbungsstein. Es ist eine weiß-röthliche Marmorplatte von 2,7 Meter Länge und 1,3 Meter Breite, 0,30 Meter über dem Boden erhaben. Große Leuchter erheben sich an den kürzeren

6*

Seiten, während auf den Langseiten 8 Lampen herniederhängen. Man betrachtet diesen Ort und Stein als denjenigen, auf welchem Joseph von Arimathäa und Nikodemus den Leichnam des Herrn mit kostbarem Oele salbten, ehe sie ihn ins Grab legten. Er ist mit einem einfachen, eisernen Geländer umgeben, welches aber nicht hinderlich ist, diesen Stein zu küssen, was auch von allen Pilgern gethan wird. Links ab vom Salbungsstein bemerkt man ein Gitter, welches den Platz umfaßt, wo die Frauen standen, während Christus am Kreuze hing. Macht man einige Schritte nordwärts, so tritt man zwischen mächtigen Pfeilern unter den großen Dom, unter die gewaltige Kuppel ein. Eine Pfeilerreihe, 18 an der Zahl, steht im Kreise herum und trägt die Kuppel. Der Durchmesser des cylinderischen Baues sowohl, wie die Lichtweite der Kuppel betragen $20^1/_2$ Meter. Von Innen betrachtet, macht es einen gewaltigen Eindruck. Die Linien sind schwungvoll, nur erhebt sich die Kuppel zu wenig über den Rundbau und hat ihre Wiederlager auf der Höhe der Umfassungsmauer der Kirche, während sonst bei Bauten dieser Art die sogenannte Trommel über dem Hauptbau sich senkrecht erhebt und dann erst die Kuppel den Cylinder in wohlgeformten Bogenlinien überwölbt, wie zum Beispiel bei der Omarmoschee zu Jerusalem und in S. Peter bei Rom.

Kurz zusammengefaßt ist die Geschichte der hl. Grabeskirche folgende: Hadrian, der heidnische römische Kaiser, ließ etwa 120 Jahre nach Christus einen Venustempel über dem Grabe Christi errichten. Kaiserin Helena, welche in ihrem Greisenalter, 326 n. Chr., nach Jerusalem kam, suchte und fand das Kreuz Christi in der Nähe des genannten Venustempels, ihr Sohn Kaiser Constantin ließ hierüber, nachdem er vorerst alle Götzentempel in Jerusalem zerstört hatte, eine Kirche bauen, welche in 10 Jahren vollendet war und an Pracht ihresgleichen suchte. Zur feierlichen Einweihung derselben kamen Kirchenfürsten aus allen Ländern, mehrere Tage dauerte dieses Fest, welches besonders Bischof Eusebius von Cäsarea durch seine eminente Beredtsamkeit verherrlichte. Nach nicht 300jährigem Bestand dieses so herrlichen Tempels brach eine furchtbare Katastrophe herein. 614 n. Chr. nämlich wälzten die Perser sich unter Chosru II. gegen Jerusalem heran. Die Verwüstung der Stadt und insbesondere der konstantinischen Basilika war eine furchtbare. Nach dieser Zerstörung gelang es dem Bischof Modestus durch Sammlungen so viel aufzubringen, daß aus dem Schutte des alten Tempels 4 kleine Kirchen erwuchsen. Ein großer Theil aber des ehemaligen so schönen Domes blieb öde. So blieb es längere Zeit; bei Eroberung Jerusalems 637 durch die Araber änderte sich nichts. Der Khalive Omar versprach dem Patriarchen Sephronius, daß den christlichen Einwohnern ihre Kirchen und ihr Vermögen unangetastet bleiben sollen. Am Palmsonntag des Jahres 1010 ließ Sultan Hakim, nachdem vorher große Unruhen ausgebrochen waren, die christlichen Kirchen gründlich zerstören. 20 Jahre später waren die Gebäude wieder einigermaßen in Stand gesetzt, da ein griechischer Kaiser mit Namens Constantin Monomaches die Mittel hiezu bewilligte. Als die Kreuzfahrer unter Gottfried von Bouillon im Jahre 1099 Jerusalem erstürmten, fanden sie die hl. Grabeskirche als zu enge; sie gingen daran, sämmtliche Kirchen umzubauen und unter ein Dach zu bringen. In 20 Jahren von 1130 bis 1150 wurde dieser Münster, welcher theilweise auf den Fundamenten der constantinischen Basilika erbaut wurde, fertiggestellt. Die Kuppel über die Rotunda war von Holz, alles übrige von weißgelbem Haustein; das Dach mit Blei gedeckt. Nebenan stieg ein mächtiger Thurm, ebenfalls von Hausteinen erbaut, gegen Himmel empor. Schöne Vergliederungen verzierten den stolzen Bau, wovon ein Theil bis auf unsere Zeit erhalten blieb.

Als im Jahre 1187 der Kurde Saladin, auch Salaheddin, wie er bisweilen genannt wird, in Jerusalem einzog, wurde die Kirche für die Christen gesperrt, und vom Golgatha aus die Lehre Mohameds verkündet. Die Glocken wurden vom Thurme geworfen und zerschlagen, das Bild der Dreieinigkeit von der Spitze herunter gestürzt und alle heiligen Stätten waren für die Christen verschlossen. Später wurde es erlaubt, in der schüchternsten Weise zu Jerusalem, Bethlehem und Nazareth katholische Gottesdienste zu halten, den Pilgern wurde gegen schweres Geld die heilige Grabeskirche geöffnet. Etwas mehr Begünstigung erzielten dann Friedrich II. und König Robert von Sizilien. Als Napoleon I. 1798 in Aegypten landete, befürchtete man zu Jerusalem einen Aufstand gegen die Christen, allein der Korse näherte sich der heiligen Stadt nur etwa auf zehn Stunden, indem er bei Ramleh unter Oliven sein Lager schlug. Die Gefahr ging vorüber. Nun kam ein schwerer Tag, der 12. Oktober 1808, wo nach Mitternacht im griechischen Kloster Feuer ausbrach, das auch die Grabeskirche ergriff und zum größten Theile zerstörte. Gegen 6 Uhr Morgens stürzte die Kuppel hernieder und begrub alles unter ihren Trümmern, nur

die Adamskapelle und das heilige Grab blieben verschont. Der Wieder=
aufbau wurde in Angriff genommen, die bisher hölzerne Kuppel sollte
durch eine aus Stein gewölbte ersetzt werden. Zu dieser schwierigen Arbeit
wurde ein Maurermeister mit Namen Calfa Comnenos aus Mitylene
berufen. Nach zwei Jahren war die Kuppel fertig, aber sie war so schlecht
construirt, daß sie im Jahre 1860 schon dem Einsturze nahe war. Frühere
Pilger sahen den gefährlichen Zustand und Dr. Sepp sagt: „Dieser
Meister aus Mitylene hat seine Sache so schlecht gemacht, daß man nicht
weiß, wann diese kolossale Kuppel krachend herniederstürzt, Alles zermalmt
und unter ihren Trümmern begräbt." Es bedurfte nun einer gewaltigen
diplomatischen Action zwischen der Türkei, Rußland und Frankreich, ehe
der Wiederaufbau zu Stande kam. Ein französischer Baumeister stellte die
neue Kuppel wie sie jetzt den Grabesdom überwölbt, im Jahre 1868 her.

Inmitten des Domes und gerade unter der großen Kuppel steht
die heilige Grabeskapelle. Dieselbe ist im eigentlichen Sinne eine kleine
Kirche in der großen Kirche. Dieses Gebäudchen ist 8,3 Meter lang und
5,5 Meter breit; seine Höhe möchte 6 Meter sein. Mit weiß=röthlichem
Marmor ist sie außen verkleidet und oben mit einer Balustrade von
gleichem Material verziert. Auf der Westseite ist ein Thürmchen, ebenfalls
von Marmor aufgebaut, dessen Stil sich dem russischen anschließt und
ziemlich geschmacklos ist. Dieses so beschaffene Gebäude umschließt das
Grab, welches das einzige sein wird, das am jüngsten Tage seinen Todten nicht
herausgibt. Vor dem Eingange stehen auf beiden Seiten kolossale Leuchter,
vergoldet und mitunter schön gearbeitet; der Boden ist mit Mosaik be=
legt. Zuerst tritt man durch eine Thür in die Engelskapelle ein. Es ist
dieses ein viereckiger Raum von etwa drei Meter auf jeder Seite; in der
Mitte steht ein Stein in einer Einfassung, welcher ein Stück von dem ist,
welcher seiner Zeit das Grab Christi schloß. Der ganze Innenraum ist
mit Marmor verkleidet; 15 Lampen hängen von der gewölbten Decke her=
nieder, welche theils von den Armeniern und theils von den Lateinern
und Griechen in beständig brennendem Stand erhalten werden. Der Ein=
gang in das eigentliche heilige Grab von dieser Vorkapelle aus liegt dem
Kapelleneingang gegenüber und ist eine ganz niedrige Oeffnung, welche
nur in sehr gebückter Stellung passirt werden kann. Ist man Innen an=
gelangt, so sieht man zur Rechten eine weißlich=rothe Marmorplatte, welche
der Breite nach gespalten ist. Diese bedeckt den natürlichen Fels, auf welchem

der Erlöser im Grabe gelegen ist. Sie ist etwa 2 Meter lang, 0,80 Meter breit und 0,60 Meter über dem Boden erhaben. Da das heilige Grab noch aus dem Naturfelsen besteht, wie es sich Josef von Arimathäa graben und ausmeißeln ließ, so ist dieser Fels, damit er nicht von gläubigen Pilgern abgeschlagen und stückweise zum Andenken und als Reliquie nach allen Weltgegenden verschleppt werden kann, auf allen Seiten mit Marmor verkleidet, welcher mit Skulpturen versehen ist, die mitunter schön gearbeitet sind. Der Innenraum dieser so hochheiligen Stätte ist 2 Meter lang und 1,8 Meter breit, so daß nur 3 höchstens 4 Personen Raum finden können. Der auferstandene Christus ist in einem Reliefbilde aus Silberguß über dieser Marmorplatte angebracht. Licht fällt in diesen Raum keines ein, er wird aber von 44 goldenen und silbernen Lampen, die von der gewölbten Decke herniederhängen und beständig brennend erhalten werden, zur Tageshelle erleuchtet. Das Brennen so vieler Lichter erwärmt und verschlechtert die Luft in diesem kleinen Raume gewaltig und es ist nichts Seltenes, daß man von Ueblichkeit und kleiner Ohnmacht befallen wird. Wie ergreifend es ist und wie man in dieser heiligen Stätte zur Andacht gestimmt ist, kann ich nicht beschreiben. Es ist nur schade, daß man fast nie ungestört ist, immer wieder wollen Andere herein, da der Platz nur zu beschränkt ist. Dreimal passirte es, daß mir von einem griechischen Mönche sanft bedeutet wurde, ich möchte das heilige Grab verlassen, da die Griechen in Prozession kommen und dieser Raum für den Archimandriten frei gemacht werden müsse. Man verläßt, durch das gleiche Pförtchen rückwärts schlüpfend, diese heilige Stätte. An der Westseite der Grabeskapelle ist ein kleiner Altar für die Kopten angebaut. Das Ganze ist von Holz und liefert von der Armuth dieser Sekte Beweis. Ich beobachtete einmal ihren Gottesdienst, bei welchem sie furchtbaren Lärm schlagen, selbst ihre kirchlichen Gewänder lassen sie auf keine Wohlhabenheit schließen.

Rechts vom Haupteingange in die Kirche ist ein erhöhter Raum, gleich einer Emporkirche; auf einer steilen Treppe mit 18 Stufen, welche mit Marmor belegt sind, steigt man hinan und man befindet sich auf Golgatha. Die Erhöhung beträgt vom Kirchenpflaster aus $4\frac{1}{3}$ Meter. Dieser Raum bildet eine Kirche für sich, er ist 12 Meter lang und 9 Meter breit und mit einem schwerfälligen, niedrigen Gewölbe überwölbt, welches außer den beiden Widerlagsmauern noch auf zwei mächtigen Pfeilern ruht. Die zwei Pfeiler, theilen den Raum in einen zweischiffigen oder in zwei Kapellen. Die nördliche ist die Kreuzigungs= kapelle. An der Ostwand ist ein Altar errichtet, worauf ein großes Kruzifix und die lebensgroßen Figuren der Mutter des Erlösers und des Jüngers Johannes stehen. Unter dem Altartische befindet sich eine runde Oeffnung in dem natürlichen Felsen von etwa 0,15 Meter Durchmesser. Es ist dieses die Stelle, worin das Kreuz Christi gestanden hat. Auch die Plätze, wo die Kreuze der beiden Schächer stunden, sind kennbar gemacht. Gleich nebenan kann man eine Leiste von Metall aufheben, etwa 1½ Meter lang und 0,15 Meter breit und man sieht den Felsenriß so 0,10 Meter breit und von großer Tiefe, was man bei dem Schein eines Kerzenlichtes beurtheilen kann. Der ganze Kalvaria ist gespalten; der Riß kommt unten in der Adamskapelle zum Vorschein. Der Stein ist schwarz, sowohl hier wie am Standort des Kreuzes Christi. Der viele Rauch wird hievon Ursache sein, da der Kalvaria ja auch ein weißgrauer Kalkstein sein wird, wie solcher in ganz Jerusalem zu finden ist. Eine große Anzahl der präch= tigsten und werthvollsten Lampen hängen um die Kreuzigungsstätte herum und werden fortwährend mit dem feinsten Olivenöl brennend erhalten. Immerwährend findet man eine große Zahl Andächtiger, welche mit wahrer Inbrunst an dieser so heiligen Stätte dem Herrn ihre Anliegen in allen Sprachen vortragen und den Platz küssen, worauf der Lebensbaum mit dem Lamme Gottes aufgerichtet war und für alle Menschen, den Blick nach Westen gerichtet, gestorben ist.

Die Kapelle an der Südseite heißt die der Kreuzannagelung; ein Stück Mosaikboden bezeichnet die Stelle dieses grausamen Aktes, und das Altarblatt stellt denselben vor. Auch hierum hängen eine Menge immer brennender und kostbarer Lampen. Zwischen den beiden Altären ist an dem Pfeiler noch ein kleiner angebracht. Er steht auf dem Platze, wo Christus nach der Abnahme vom Kreuze in den Schooß Mariens gelegt wurde. Eine Menge Weihgeschenke hängen herum, so daß das ganze Bild fast von Kostbarkeiten überdeckt ist. Viele religiöse Damen haben ihren Weltschmuck an dieser Stelle geopfert. Um diese werthvollen Gegenstände vor Diebeshänden zu schützen, ist ein starkes eisernes Gitter herum befestigt. Neben dieser Kapelle befindet sich eine kleinere, welche den Namen Frankenkapelle führt. Sie bezeichnet den Platz, wo die Mutter Christi und der Evangelist Johannes gestanden haben, als der Heiland gekreuzigt wurde.

Die heilige Grabkapelle in der Grabeskirche.

Inmitten des Kirchenschiffes, über welches sich die kleinere Kuppel wölbt, ist ein großer Raum fast ganz abgeschlossen, es ist dieses der Chor der Griechen, zur Zeit der Kreuzfahrer Chor der Domherren. Reich vergoldete Schnitzarbeit ist in Menge vorhanden.

Nördlich an die Kirche ist das Quartier der Lateiner oder Katholiken angebaut. Ehe man eintritt befindet sich links auf einer Empore die Orgel, rechts geht es in die Sakristei, worin unter vielem anderem den Pilgern das Schwert und die Sporen des I. Königs von Jerusalem Gottfried v. Bouillon gezeigt werden. Mit diesem Schwert wird von dem Patriarchen vor dem heiligen Grabe den hiezu Würdigen der Ritterschlag ertheilt. Wenn man die Magdalenenkapelle durchschritten hat, einen finsterern Raum, tritt man in die freundliche Erscheinungskapelle ein. Die Tradition sagt, daß hier Christus nach seiner Auferstehung seiner Mutter erschienen sei. In diesem kleinen Raume, etwa 6 Meter lang und breit, befinden sich nebeneinander 3 Altäre. In dem Linken wird ein Stück vom heiligen Kreuze aufbewahrt, in dem Rechten befindet sich in einem Schrein die Geißelungssäule; durch eine kleine Oeffnung kann man sie sehen und mit einem Stocke, welcher zu diesem Behufe bereit liegt, berühren. Im mittleren Altare ist das Allerheiligste eingesetzt. Alle drei sind von Marmor. Der Boden ist Mosaik. Verläßt man diese Kapelle und wendet sich nach links, so passirt man die sogenannten Arkaden der heiligen Jungfrau, schöne Bögen mit korinthischen Säulen und Kapitälern. Dieser Anex soll noch aus der Zeit der Kreuzritter stammen. Zur linken ist ein kleiner Ausbau, welcher das Gefängniß Christi heißt. Der Erlöser war hier gebunden eingesperrt, während auf Golgatha zur Kreuzigung zugerichtet wurde. Etwas weiter vorwärts ist eine Mauernische, welche die Kapelle des Longinus heißt. Nebenan befindet sich die Kapelle der Kleidervertheilung. Von da führt eine Treppe mit 27 Stufen in die Helenenkapelle hinunter. Vier Säulen tragen eine kleine Kuppel, von wo oben nothdürftig Licht einfällt. Das Ganze ist ein Anbau an der Ostseite der Grabeskirche, ist 18 Meter lang und 14 Meter breit. Neben dem Altare ist eine kleine Nische, in dieser soll die heilige Helena gebetet haben, als das Kreuz Christi ausgegraben wurde. Von hier führen wieder 13 Stufen abwärts in die Kapelle der Kreuzauffindung. Es ist dieses ein Raum von etwa 4 Meter im Gevierte, ziemlich herabgekommen und es herrscht auch in Folge seiner Tieflage förmlich Modergeruch darin. Den Ort, wo die Kreuze gefunden wurden, bezeichnet eine gedeckte Zisterne.

Ein Altar, ein Geschenk des österreichischen Erzherzoges Maximilian, des
später so unglücklichen Kaisers von Mexiko, befindet sich darüber. Alljährlich
am 3. Mai wird hier der Tag der Kreuzauffindung festlich begangen.
Man steigt wieder die 40 Stufen durch die beiden Kapellen hinauf und
wendet sich, oben angekommen, links. In der starken Mauer befindet sich
eine Oeffnung, welche die Kapelle der Verspottung heißt. Es steht
hier ein Säulenstumpf von etwa ½ Meter Höhe. Die Ueberlieferung
sagt, daß Christus im Hause der Richter auf diesen Stein saß, als er mit
dem Purpurmantel angethan, die Dornenkrone auf dem Haupte von den
Henkern als König der Juden verspottet wurde. Einige Schritte vorwärts
kommt man zu einer vermauerten Treppe, welche früher von der Nord=
seite her auf den Kalvaria führte. Westlich unter dem Kalvaria befindet
sich die Adamskapelle. Nach alter Tradition soll Adam, der erste Mensch,
hier begraben sein. Auch die Könige von Jerusalem, Gottfried von Bouillon,
sowie Balduin I. haben in dieser Kapelle ihre letzte Ruhestätte gefunden.
Im westlichen Halbkreis der großen Rotunda befinden sich zwischen den
Pfeilern bis zur Umfassungsmauer neun Kammern oder Zellen, welche
zum Ausruhen frommer Pilger, welche sich die Nacht über in die Grabes=
kirche einsperren lassen, um dem Gebet zu obliegen, dienen. Diese Kammern
gehören den Griechen, Armeniern und Kopten. Die Katholiken werden im
Quartier der Franziskaner untergebracht. In der Mitte dieses Halbkreises
befindet sich die Kapelle der Syrier, welche etwas tiefer in die Umfassungsmauer
hineingebaut ist. Neben der syrischen Kapelle trifft man das Grab
Josephs von Arimathäa, welches ganz in die Umfassungsmauer eingebaut
ist. Hiemit ist das Wesentlichste im Innern der heiligen Grabeskirche
erschöpft.

Der ganze Bau macht mit seiner blauen Kuppel einen mächtigen
Eindruck, ist aber ein Gemisch von Stilarten, wie ein ähnlicher Durch=
einander nirgends zu finden ist. Antike Formen sowohl, wie gothische,
romanische und byzantinische Bautheile kommen dabei vor, welche die
Meisten auf ihren Ursprung sich zurückführen lassen. Einen Gesammt=
eindruck vom Ganzen kann man weder von Innen noch von Außen ge=
winnen. Innen verbaut zum größten Theil der griechische Chor den
Ueberblick, während von Außen der ganze Tempel so von Klöstern,
Moscheen und Quartieren umbaut ist, daß ein Gesammtüberblick oder eine
Totalansicht schlechterdings unmöglich ist. Wie schon erwähnt, hausen

mehrere Religionsgenossenschaften in der Grabeskirche. Das Eigenthums-
recht der verschiedenen Räume ist folgendermaßen vertheilt:

1. Den Katholiken oder Lateinern gehören:

    die Kapelle der Kreuzannagelung, die Kapelle da, wo die Mutter
    Christi während der Kreuzigung stand, die Erscheinungskapelle, die
    Magdalenen- und die heilige Kreuzauffindungskapelle, die Adams-
    kapelle, der Vorplatz vor dem heiligen Grabe und das nördlich ange-
    baute Quartier der Franziskaner.

2. Den Griechen:

    die Kreuzigungskapelle, der große Chor inmiten der Kirche, das
    Abrahamskloster rechts vom Eingang, die Kapelle des heiligen Johannes
    und Jakob, der Glockenthurm, neun Zellen im westlichen Halbkreis,
    die Longinus-, die Verspottungs- und die Gefängniß-Kapelle.

3. Den Abessiniern:

    die Helenenkapelle und das Grab Josephs von Arimathäa.

4. Den Kopten:

    die an das heilige Grab angebaute Kapelle, die Michaelskapelle, je
    ein Zimmer oder eine Zelle im Halbkreis und bei dem Thurme.

5. Den Armeniern:

    die Johanneskappelle, die Kapelle der Kleidervertheilung, der Platz,
    wo die Frauen bei dem Tode Christi standen und je ein Zimmer
    oder eine Zelle im Halbkreis und beim Thurme.

6. Den Syriern:

    die Kapelle inmitten des Halbkreises.

7. Den Türken:

    Die große Nische links am Eingange als Wachtlokal.

8. Gemeinschaftlicher Besitz:

    das heilige Grab und sämmtliche Gänge der Kirche.

Wie schon oben angeführt, nehmen die Lateiner die Kreuzannagelungs-
und die Griechen die Kreuzigungskapelle in Anspruch, es dürfen aber
auch alle Andersgläubigen diese heiligen Stätten unverwehrt besuchen.

XXI.

Der Berg Moriah und dessen Moscheen.

Eine der merkwürdigsten Stätten zu Jerusalem ist sicherlich nach
Golgatha und dem heiligen Grabe, der Berg Moriah, auch Tempelberg

ober Haramplatz genannt. Der Platz liegt im südöstlichen Theile der
Stadt und wird im Osten vom Thale Josaphat und gegen Süden von
dem Abhang Ophel mittelst hohen Mauern scharf begrenzt; gegen Westen
schließt der sogenannte Baumwollen-Bazar mit mehreren öffentlichen Gebäuden,
türkische Schule und Collegien der Derwische ab, und auf der Nordseite liegt der Teich Bethesda, der Serail, das Haus Pilatus, auch
Burg Antonia genannt, und die Wohnung des Paschas von Jerusalem.
Die Länge des ganzen Haramplatzes beträgt nach Fahrengruber an der
Westseite 488 Meter und an der Ostseite 466 Meter und die Breite
gegen Süden 281 Meter und gegen Norden 317 Meter, was einen
Raum von 14,262 Hektar umschließt, eine Fläche, welche 42 bayerischen
Tagwerken gleich ist. Auf diesem Platze steht, fast gleich weit von der
südlichen und nördlichen Grenze entfernt, aber etwas mehr gegen Westen
herangerückt, auf einem erhöhten Platze von 160 Meter im Gevierte und
mit blau-weißen Marmorplatten belegt, die Omarmoschee, auch Kubett
es-Sakhrah oder Felsenkuppel genannt. Salamon, der prachtliebende König,
bedurfte mehr Platz, um seinen herrlichen Tempel errichten zu können, als
ehedem auf Moriah vorhanden war. Er ließ kolossale Mauern aufführen
und nöthigte auf diese Weise einen großen Raum dem Thale Josaphat
und dem Abhange Ophel ab; Das so gewonnene Terrain wurde nicht
ausgefüllt, sondern er ließ mächtige Pfeiler aufführen und schloß den
Raum mit starken Gewölben aus Hausteinen zu. Durch die Länge der
Zeit verschütteten sich beim Eingang diese Gewölbabtheilungen einigermaßen
und bei unserem Besuche rutschten wir auf der schiefen Ebene des Gerölles
hinunter. Gegen 200 gewaltige Pfeiler, theilweise bis zu 15 Meter
hoch, konnte ich zählen, und es sollen bereinst gegen 1000 vorhanden gewesen sein. Die Gewölbe sind kunstgerecht in Kreuzform mit richtigen Fugenschnitten hergestellt. Diese weitläufigen Räume sind unter den Namen:
„Die Ställe Salamons" bekannt und gehören zu den Sehenswürdigkeiten Jerusalems.

Samstag, den 6. Mai Vormittags wanderten wir mit dem
Kawassen an der Spitze, durch enge Gassen und dem finsteren Baumwollen-Bazar dem Tempelberge Moriah zu. Der deutsche Consul hatte
uns bei dem Pascha die Erlaubniß erwirkt, den Haramplatz und
die Moscheen besuchen zu dürfen, wofür wir insgesammt 50 Francs
Bakschisch zu bezahlen hatten. Ohne Erlaubniß ist es jedem Nicht-

Die Omar-Moschee auf Moriah.

mohamedaner strengstens untersagt, das zweitgrößte Heiligthum des Moslem zu betreten.

Es ist noch nicht allzulange her, daß man, wenn man in der Felsenmoschee ergriffen wurde, vor der Alternative stand, entweder dem Glauben abzuschwören, oder erwürgt zu werden. Der Mufti, welcher uns am Eingange in den Tempelplatz empfing, erzählte uns diese so furchtbare Justiz, wie sie früher geübt wurde und ich glaube, da er auch unser Führer in der Moschee sein sollte, deswegen, um einerseits uns von der Duldsamkeit der Mohamedaner zu überzeugen und anderseits einen größeren Bakschisch zu erhalten.

Auf Marmortreppen stiegen wir die Plattform hinan. Dieselbe ist etwa 4 Meter über dem umliegenden Rasenboden erhaben und glänzt mit seiner schönen Pflasterung wie die Sonne. Ihr Name ist „Stoah Sakhrah". In der Mitte steigt die Felsenkuppel empor. Am Ende der Treppen erheben sich schlanke Säulen, welche mit zierlichen, gothischen Bogen überwölbt sind. Unser Führer brachte uns unter einen pavillonähnlichen, achteckigen Bau, welcher sich an der Ostseite der großen Moschee befindet. Der Name dieses kleinen, zierlichen Gebäudes ist Kettenkuppel; darin sollen David und Salamon zu Gericht gesessen haben. Hier wurden wir freundlichst ersucht, die Schuhe auszuziehen, da mit dieser Fußbekleidung die Moschee nicht betreten werden darf. Pantoffeln von weißem Filz wurden uns hiefür angeboten, allein ich verzichtete darauf und entschloß mich, in den Fußsocken in die Moschee zu wandern, da ich nicht wissen konnte, wer wohl schon in diesen Pantoffeln gesteckt sein mochte.

Die Kubbet es-Sakhrah ist ein regelmäßiges Rechteck, wovon jede Seite 20 Meter lang ist. An vier Seiten sind Thore angebracht und zwar nach den vier Weltgegenden. Das südliche ist das Schönste. Wo Thüren sind, befinden sich nebenan noch 6 Fenster, während auf den andern sieben sind. Die Außenwände sind theils mit verschieden färbigem Marmor und theils mit Faience verkleidet, welche mit Koransprüchen bedeckt sind. Ebenso erhebt sich in der Mitte die prachtvoll geschwungene Kuppel, welche 45 Meter, vom Boden aus, hoch ist; sie ist mit Blei gedeckt und durch den Halbmond abgeschlossen. Die Walze oder der Zylinder der Kuppel hat $22\frac{1}{2}$ Meter Durchmesser, und 12 Fenster stehen im Kreise herum. Die Westseite hat etwas gelitten und bedarf einer Reparatur. Von Ferne gesehen, macht diese Moschee einen wundervollen Eindruck, insbesonders vom Oelberg aus. Ihre Farbe spielt in's Grünliche über. Das Innere ist ein dreischiffiger Bau, welcher inmitten den heiligen Fels birgt. Dieser Felsen hat eine Länge von etwa 18 und eine Breite von 15 Meter und ragt 2 Meter über dem Boden empor. Er füllt fast den Kuppelraum aus, nur innerhalb der Pfeiler kann man noch herumgehen. Er ist mit einem vergoldeten Gitter umgeben und schwebt, wie der Türke sagt, in der Luft. Habe mich überzeugt, nachdem wir unter denselben getreten waren, daß dieses nicht ganz richtig sei, da er vorsorglich untermauert ist. Auf diese meine Bemerkung hin, äußerte der Kawasse, diese Vorsichtsmaßregel sei nur deßwegen geschehen, damit ängstliche Menschen sich nicht fürchten. Eine kleine Treppe führt unter den Stein in eine Art Gruft. Dort zeigt man Stellen, wo Abraham, David, Salamon und Elias gebetet haben sollen. Den Eindruck in Form eines Kopfes erklärte der Mufti dahin, daß hier Mohamed gebetet hat und während des Gebetes emporschwebte; er berührte den Stein mit dem Kopfe und der Felsen wurde weich wie Wachs. An Merkwürdigkeiten sollen gezeigt werden: Das Schwert Alis, einige Barthaare des großen Propheten, die Fahne desselben, dann Manuskripte von Mohameds geschriebenem' Koran. Ich hatte nach diesen unwahrscheinlichen Dingen kein Verlangen und sah sie auch nicht.

An diesen heiligen Felsen knüpfen sich merkwürdige Traditionen. Die Mohamedaner behaupten, daß dieser Stein vom Himmel gefallen sei, und daß, als Mohamed von da aus gen Himmel fuhr, der Stein mitwollte; rechtzeitig aber kam noch der Erzengel Gabriel herunter und befestigte ihn noch schleunigst, da der Stein schon, wie jetzt noch zu sehen ist, einige Fuß über dem Boden schwebte. Auch nach Mekka wollte er einmal mit Mohamed, allein letzterer hielt ihn zurück; die Händeeindrücke werden an der Oberfläche gezeigt. Diesen Merkmalen nach hätte allerdings Mohamed größere Hände haben müssen, als die Vordertatzen eines Krokodils sind. Noch eine Menge anderen Unsinn vermögen die gläubigen Mohamedaner über diesen Felsen zu berichten. Vernünftig und interessant klingt die Tradition, welche bei den Juden über diesen Felsen Platz gegriffen hat und in der Vieles auf Wahrheit sich gründet. Abel, heißt es, hatte auf diesem Stein sein Brandopfer errichtet, als ihn nachher Kain erschlug. Abraham kam von Hebron herauf, um auf diesen Felsen seinen

Sohn Isak zu opfern. Melchisedech, der hohe Priester und König von Salem, hat nach Untergang der Städte Sodoma und Gomorah 2c. 2c. als Dank zur Errettung Lots auf diesem Felsen Brod und Wein geopfert. David brachte hier ebenfalls Sühnopfer, endlich aber baute Salamon seinen herrlichen Tempel darüber und die Bundeslade fand auf diesem Felsen Platz.

Wenn man einige Zeit auf dem mit Matten und Teppichen bedeckten Mosaikboden herumgewandelt ist, gewöhnt sich nach und nach das Auge an das milde und düstere Licht und jeden Besucher reißt es zum Staunen und zu großer Bewunderung hin. Beim Anblick der mächtigen, doppelten Säulenreihe und bei Betrachtung der schön geschwungenen Kuppel, überkommt einem wohl der Gedanke, daß man es hier mit einem Bau zu thun habe, welcher aus dem christlichen Zeitalter stammt. Die Fenster sind schön bemalt, ebenso die Decken in den zwei äußeren Hallen. Viele herrliche Lampen hängen hernieder. Weißlich-blauer Marmor verkleidet die Wände, welche an den Bögen mit reichlich vergoldeter Schnitzarbeit verziert sind, Koransprüche füllen die Flächen aus. Ein Blick in die mächtige Kuppel läßt dieselbe bei dem Halbdunkel wie vergoldet erscheinen. Wie schon erwähnt, baute auf diesem Platz Salamon seinen prachtvollen Tempel 1000 Jahre v. Chr. Nach 412 Jahren wurde Jerusalem von dem König von Babylon Nebukadnezar erobert und der Tempel zerstört, wobei auch die Bundeslade verloren ging und seit dieser Zeit nicht wieder aufgefunden wurde. Die Juden wurden in die babylonische Gefangenschaft abgeführt. Cyrus, König der Perser, zertrümmerte 536 v. Chr. das babylonische Reich und sandte die gefangenen Juden nach Kanaan zurück, mit dem Auftrage, dem Herrn zu Jerusalem einen Tempel zu bauen. Nach 20 Jahren war der Bau hergestellt und der Gottesdienst eingerichtet. Etwas später baute Nehemias daran, der gleichzeitig auch die Mauern der Stadt wieder errichtete. Dieser Tempel aber blieb weit hinter dem Salamonischen zurück. Herodes der Große baute, um sich bei den Juden einzuschmeicheln, einen prachtvollen Tempel und er soll so schön gewesen sein, wie der Salamoner; er war 20 Jahre v. Chr. fertig. Nach 89 Jahren ging dieser schöne Bau schon wieder zu Grunde. Die Römer eroberten und zerstörten 69 n. Chr. unter dem Heerführer Titus Jerusalem, wobei auch durch die Muthwilligkeit eines Soldaten der Tempel in Flammen aufging. Alle werthvollen Einrichtungen gingen dabei zu Grunde. Nun

fah es wüfte aus auf der Tempelftätte, bis Kaifer Hadrian 132 n. Chr.
auch hier, wie fchon 12 Jahre früher, auf Golgatha, den Juden zum
Trotz, dem Götzen Jupiter einen Tempel errichtete. Kaifer Konftantin aber
zerftörte diefes heidnifche Machwerk und von da an foll es mehr als
300 Jahre auf diefem Platz veröbet geblieben fein. Erft nachdem 637
die Araber unter Omar Jerufalem eroberten hatten, foll der Letztere auf
Moriah einen prachtvollen Tempel errichtet haben, welchen befonders
50 Jahre fpäter der Chalife Abd el Melick mit großem Aufwande in der
jetzigen Form herftellen ließ. Dr. Sepp jedoch ftellte diefe letzte Angabe
als fei diefer herrliche Tempel von Omar, deffen Namen er führt, erbaut
worden, in Abrede und behauptet, daß diefes Gebäude urfprünglich eine
katholifche Kirche war, was in der häufig angewendeten Kreuzform befonders bei den Kapitälern nachzuweifen fei. Auch behauptet er, es blieb
nicht 300 Jahre lang öde auf dem Tempelberge, Kaifer Juftinian habe
diefes Gotteshaus errichtet.

Als 1099 die Kreuzfahrer Jerufalem eroberten, fanden fie die
Mofchee in aller Schönheit. Tankret gewann den Tempelplatz und Gottfried von Bouillon änderte die Mofchee in eine katholifche Kirche um. Als
1187 der Kurbe Saladin das fränkifche Königreich Jerufalem in Trümmer fchlug, zog er am 23. Oktober in Jerufalem ein. Er ließ das
goldene Kreuz von der Kuppel herunter werfen und fetzte den Halbmond
wieder an deffen Stelle, welcher bis zum heutigen Tag auf diefem erhabenen Punkte fich behaupten konnte.

Nach genügender Umfchau trat ich beim füdlichen Thore aus der
Mofchee. Die Sonnenftrahlen fielen faft fenkrecht auf das weiße Pflafter
nieder und blendeten das Auge, als wir der zweiten Mofchee, welche an
der füdweftlichen Ecke des Haramplatzes fteht, der Mofchee Akfa, zufchritten.
Auf der Plattform rechts an den füdlichen Arkaden fteht im Freien eine
Kanzel aus Marmor, fchön im maurifchen Styl gearbeitet; einige Cypreffen
ftehen auf dem Wege. Das Grüne diefer Bäume thut dem Auge wohl.
Ein Brunnen läßt fein köftliches Naß in ein Becken fallen, drei Stunden
weit, von den Teichen Salamons, läuft es hieher. Schön ift der
Anblick der Akfa. Die nördliche Front mit ihren fieben Thoren prä-
fentirt fich prachtvoll. Sie ift in Spitzbogen ausgeführt und mit fara-
cenifchen Arabesken verziert. Der Ueberbau des Mittelfchiffes mit drei
Fenftern fchaut über die gradlinige Stirnmauer herüber. Vor dem Ein-

Das Innere der Omarmoschee; der heilige Fels.

gang befindet sich der ganzen Länge nach eine Vorhalle. Das Innere be=
steht aus sieben Schiffen. Gleich beim Eintritte wird eine Steinplatte
gezeigt, wo das Grab des Sohnes Aron sein soll. Aus der Form ist
ersichtlich, daß nur die drei mittleren Schiffe dem Baue dieser Basilika
ursprünglich angehörten und daß später ein Chalife die vier anderen viel=
leicht nur deswegen anbauen ließ, um die Kreuzform, in welcher dieser
Tempel angelegt war, zu verbergen, oder doch einigermaßen verschwinden
zu lassen. Die Kuppel, welche sich ganz am äußersten südlichen Ende der
Kirche befindet, ist für diesen kolossalen Bau viel zu klein und unschein=
bar und sieht wie ein Zerrbild aus. Die Moschee ist reich an Mosaiken
und Skulpturen, es fehlt aber im Ganzen die Einhelligkeit. So hübsch
sie auch im Allgemeinen ist, so bleibt sie doch weit hinter ihrer Nachbarin,
der Moschee Omar, zurück. Sie hat eine Länge von 80 und eine Breite
von 56 Meter; theils auf Marmor und theils auf gemauerten Pfeilern
stützen sich die weiten Hallen, doppelte Säulen stehen übereinander und
von Säule zu Säule laufen mächtige Balken, die allerdings viel zur
Festigkeit beitragen, aber störend auf den Schönheitssinn wirken. Kaiser
Justinian erbaute diesen Tempel 530 n. Chr., lange bevor als die Araber
Jerusalem eroberten. Es muß schon ziemlich viel daran herumreparirt
worden sein, da an so mancher Stelle, wo eine Marmorsäule stand, jetzt
ein Pfeiler aus Hausteinen sich erhebt. Dieses Gotteshaus war ehedem
der heiligen Jungfrau geweiht. Die Innenwände sind weiß und nur mit
Kalk getüncht. Die Seitenkapellen führen den Namen Omar und Abu
Bekr. Der Dachstuhl ist aus Zedernholz vom Libanon. Eine Kanzel, die
mit feiner Schnitzerei und mit Elfenbein eingelegt ist und welche Saladin
aufstellen ließ, ist sehr interessant. Nahe dabei wird eine Fußspur Christi
gezeigt. Eine gewaltige Treppe führt in die Räume unter die Akfa. Starke
Steingewölbe ruhen auf Pfeilern von mächtigen Dimensionen und es be=
findet sich so zu sagen unter der Kirche noch eine Kirche. Dieser gewaltige
Unterbau mit seinen furchtbaren Steinen soll aus der Zeit Salamons
herrühren; eigenthümlicher Weise wird am Südende die Wiege Jesu ge=
zeigt, welche sich in Form einer steinernen Krippe präsentirt.

Nach genügender Umschau in den Moscheen gingen wir daran, den Haram=
platz in seinem ganzen Umfange zu besichtigen. Im Südosten der Tempelmauer
zeigt man die Zinne, wohin Jesus von dem Teufel geführt wurde, um
sich hinunter zu stürzen. Schreitet man auf der Mauer nordwärts weiter,
so bemerkt man in kurzer Entfernung einen Säulenstumpf, welcher wag=

7

recht aus der Mauer hervorsteht. Die Mohamedaner bedeuten einem hier geheimnißvoll, daß am jüngsten Tage der große Prophet, auf diesem Säulenstumpf sitzend, die Welt richten wird, da Christus und Moses das letzte Gericht nicht übernehmen werden. Man hat allerdings von diesem Punkte aus einen Ueberblick über das ganze Thal Josaphat, allein der Sitz, auf welchem sich nach Meinung der Moslemen Mohamed bequemen muß, ist ein äußerst schlechter und es wird dort auf die Länge nicht zum Aushalten sein. Da man das religiöse Gefühl eines Andersgläubigen nie verletzen soll, umsoweniger an einem solchen Orte, so bildete ich mir eine Meinung für mich und ging, ohne die Ansicht der Mohamedaner durch= kreuzen zu wollen, stillschweigend vorüber.

Weiter auf der Mauer nordwärts schreitend, gelangt man zum goldenen Thor. Man darf aber nicht von Schwindel befallen sein, denn die Mauer ist bis hinunter in's Thal Josaphat mehr wie 60 Fuß hoch, während sie sich auf der Innenseite nur etwa 8 Fuß über den Tempelplatz erhebt. Hier stehen wir wieder vor dem berühmten Thore, welches ich schon beschrieben habe. Interessant sind die beiden steinernen Säulen, je aus einem Stück, welche die Doppel= halle bilden. Das korinthische Kapitäl mit dem Akanthusblatt, Blumen= stengel, Schnecke, Abacus ist in aller Schönheit ausgeführt. Der ganze Bau soll ein Werk Herodes des Großen sein.

Eine kurze Strecke gegen Norden liegt ein kleines Gebäude an der Innen= seite der Mauer: es führt dieses den Namen „Thron Salamons“. Hier soll man den großen König todt, aber noch auf dem Throne sitzend, aufgefunden haben. Drei Minarets erheben sich auf der West= und Nordseite des Platzes, wovon einer, in runder Form ausgeführt, von bedeutender Höhe und ziemlicher Schönheit ist. Ungemein angenehm müßte es sein, wenn der Chalife den Haram esch=Scherif= oder Tempelplatz zu betreten frei geben würde; wundervoll müßte dort ein Spaziergang am frühen Morgen oder gegen Abend sein, allein man kann dieses dem Muselmann nicht zumuthen, da sich die Gläubigen hier öfters zu Boden werfen, das Gesicht gegen Mekka wenden und in der andächtigsten Weise ihre Gebete verrichten. Sie wären ja bei Verrichtung ihrer religiösen Uebung, welche sie auch oft im Freien machen, gestört. Man muß aber auch für das Wenigere dankbar sein, genug, daß man nach vorheriger Anmeldung und Bezahlung eines Backschisches dieses große Heiligthum betreten und die so großen Merkwürdigkeiten besichtigen darf. Existirt ja auch die Prophezie, wenn ein Christ den Tempel betritt, dauert die Herrschaft der Mohamedaner nur mehr 40 Jahre. Den kennbaren Juden, welcher durch seine krumme Nase und den korkzieherartigen Locken den Semiten verräth, ist heute noch verboten, den Tempelplatz zu betreten. Ein gläubiger Israelite aber hat ohnedieß kein Bedürfniß, darauf herum zu wandeln, da er befürchtet, auf die Bundeslade zu treten, die bei Zerstörung des Tempels durch den Babyloner Nebukabnedzar hier verloren ging. Wir verließen den Tempelplatz in nördlicher Richtung durch das Thor Bab el Asbat, zu welchem ich mich während meines Aufenthaltes in Jerusalem wiederholt schlich, um zu sehen, was auf dem Haram vorgehe. Nie sah ich mehrere Leute darauf wandeln und die Wenigen, die zugegen waren, lagen zumeist auf dem Boden, das Gesicht gegen Mekka gewendet, im Gebete vertieft. Der Tempelplatz zu Jerusalem ist einer der schönsten Plätze der Welt und die mir bekannte Esplanade zu Paris und der Trafalgarsquare zu London übertreffen ihn nicht, auch der so berühmte Platz St. Peter in Rom und der Markusplatz zu Venedig bleiben in gewisser Beziehung hinter ihm zurück.

XXII.

Der Kreuzweg, via dolorosa und der Ecce homo-Bogen.

Da es bei allen Pilgern Usus ist, an einem Freitag Nachmittags den Kreuzweg an Ort und Stelle abzubeten, so thaten auch wir das Gleiche und machten uns am 28. April vom österreichischen Pilgerhause aus auf, dieser so schönen religiösen Uebung zu obliegen. Um 3 Uhr Nachmittags mahnen dumpfe Glockenschläge von der hl. Grabeskirche herunter an das welterschütternde Ereigniß, an den Hingang unseres Erlösers. Zur Burg Antonia wandert man zunächst hinauf. Es ist dieses der ehemalige Palast des römischen Landpflegers Pontius Pilatus, wo Christus zum Tode verurtheilt wurde; zur Zeit ist es eine türkische Kaserne. Die Thorwache ließ uns in freundlichster Weise passiren, im Hof lungerten Soldaten herum und viele sahen uns durch Oeffnungen heraus zu. Rechts an der Kasernenmauer befindet sich ein zugemauertes Thor, welches zur heiligen Stiege führte. Die Stiege selbst mit 28 Stufen ist in Rom. Hier befindet sich die I. Station: „Jesus wird zum Tode verurtheilt." Geht man aus dem Hof heraus die Straße ein wenig hinunter so trifft man unter dem Ecce homo-Bogen die II. Station: „Jesu nimmt das schwere Kreuz auf seine Schultern." Der Straße abwärts, da wo die Straße vom Stephansthore herein und dem Damaskusthore herunter

7*

unter einem stumpfen Winkel zusammenstoßen, ist die III. Station: „Jesus
fällt das erstemal." Rechts im Garten liegt das schöne österreichische
Hospiz, wo wir während unseres ganzen Aufenthaltes in Jerusalem
gastliche Aufnahme fanden. In kurzer Entfernung von da, nachdem man
sich nach links gewendet hat, mündet ein kleines Gäßchen in die Straße
ein. Hier kam die Mutter Jesu hervor, es ist die IV. Station: „Jesus
begegnet seiner betrübten Mutter." Wir befinden uns am Anfang des
Juden= und am Ende des mohamedanischen Viertels und wandern dann
zum Christenviertel hinauf. Bisher ging es bergab ins Käsemacherthal und
nun geht es bergauf. Unter einem spitzigen Winkel biegt die Straße nach rechts
und steigt immer an bis hinauf nach Golgatha. Die geradaus führende
Straße ist mit einem Bogen überwölbt. Darüber steht ein Haus, welches
ziemlich gut erhalten und von vielen für die Wohnung des reichen Prassers
gehalten wird. Links an der Werkstätte eines Drechslers ist ein Stein
eingemauert, auf welchen die römische Zahl V zu lesen ist. Es ist hier
die V. Station: „Simon aus Cyrene hilft Jesum das Kreuz tragen."
Diese Werkstätte des Drechslers ist mir insoferne gut bekannt, da ich
wiederholt in selbe kam, dort Einkäufe in Olivenholz=Waaren machte, als
Tabaksdosen, Briefbeschwerer u. s. w.; auch sah ich ihn gerne arbeiten
zu, um zu sehen, mit welchem Vortheile er sein Handwerk treibe. Der
Mann und seine Frau sind Anhänger des mosaischen Gesetzes, ihre Heimath
ist der Balkan, sie sind bereits seit 23 Jahren in Jerusalem und treiben
ihr Handwerk mit Glück. In der Werkstätte zimmerte ich mir selbst eine
kleine Kiste zum Heimschicken geweihter Gegenstände.

Ein wenig vorwärts gehend, kommt man zum Haus der hl. Veronika; ein Zeichen an der Wand bekundet uns die VI. Station: „Veronika
reicht Jesum das Schweißtuch dar." Ein Säulenstumpf, am Boden liegend,
zeigt die Stelle an. Nun kommt man in eine überwölbte Straße, welche
mit einer andern rechtwinklich zusammenstößt. Hier ist die VII. Station:
„Jesus fällt zum zweitenmal." Wir stehen auf dem Platze, wo ehedem
das Richtthor oder Ephraimthor stand; von da trat man aus der Stadt.
Wir wissen, daß der Kalvaria außer den Thoren lag; hier wurde unter
einem Doppelfenster das Urtheil Christi nochmal publicirt. Weiter in der
geradeaus führenden Straße findet man links an der Mauer wieder eine
römische Ziffer; es ist die VIII. Station: „Jesus spricht mit den weinenden
Frauen von Jerusalem." Von hier aus bis auf Kalvaria ist der Leidens-

weg mit Häusern überbaut; man geht daher der Straße etwas zurück bis zum Richtthor und biegt rechts um in den finstern Bazar hinein. Nach Kurzem wendet man sich wieder rechts in ein kleines Gäßchen; man steht an der Ostseite der hl. Grabeskirche. Bei Säulenüberresten ist die IX. Station: „Jesus fällt zum drittenmale", angezeigt. Die übrigen fünf Stationen befinden sich in der hl. Grabeskirche und zwar die ersten vier auf Kalvaria und die letzte im hl. Grabe selbst. Die ganze Länge des Leidensweges beträgt 620 Meter und die Stellen der Stationen sind durch kaum merkbare römische Zahlen an der Wand oder durch im Boden befindliche Säulenstücke angegeben. Eine schärfere Markirung durch Anschreiben oder Reliefbilder soll vom Pascha nicht zugegeben worden sein. Bei Abbeten des Kreuzweges an den Stationen wird man weder von Türken noch von Juden behelligt, selbst die Soldaten auf der Antonia sahen unserer Andacht gefühllos zu.

Wenn man zum Stephansthor hereinwandert, kommt man nach etwa 250 Meter zu einem Platz, wo die Straße mit einem großen Bogen überwölbt ist. Links steht ein großes Gebäude, es ist die Antonia, dabei eine kleine Moschee, Esbeckjeh genannt, rechts ein neues aus Hausteinen aufgeführtes Gebäude, es ist das Kloster der Sionsschwestern. Diese Bauten dienen dem Ecce homo-Bogen als kräftige Widerlager. Der nun diesen Namen führende Bogen soll ein Triumphbogen aus der Zeit Kaiser Hadrians sein. Der eigentliche Ecce homo-Bogen aber, auf welchem Pilatus den gegeißelten Christus dem Volke vorstellte und wo er sagte: „Sehet, welch ein Mensch" und die wüthende Bande bei Ansicht des zerfleischten Gottmenschen erst recht ausrief: „kreuzige ihn", wurde erst vor kurzer Zeit per Zufall aufgefunden. Bei Zerstörung Jerusalems, mit Schutt und Gebäudetrümmer überhäuft, kam er bei Abräumung des Bauplatzes, welchen Pater Ratisbone kaufte, um das Kloster der Sionsschwestern zu errichten, zum Vorschein. Er steht auf dem Platze, worüber sich jetzt der Hochaltar in der Kirche der Sionsschwestern erhebt.

XXIII.
Katholische Kirchen und Anstalten.

In der Nähe der westlichen Stadtmauer steht das katholische Patriarchat mit der Kathedrale (Kirche.) Diese Gebäude sind ganz neu, von

Hausteinen erbaut und die letztere in italienisch=gothischem Stile ausgeführt. Sie ist dem Namen Jesu geweiht und eine Kirche, wie wir solche in Bayern gewöhnt sind. Ein weihevolles, mattes Licht herrscht im Innern, da die schön gemalten Fenster den Tag in höchst angenehmer Brechung des Lichtes durchkommen lassen. Altäre und Kanzel sind prachtvolle Arbeiten. Der Bau ist dreischiffig und das gothische Gewölbe ruht auf entsprechend starken Pfeilern und dem Schube leicht wiederstehenden Widerlagsmauern. Die Solidität des Gebäudes ist auf den ersten Blick kennbar. Das Pflaster ist aus kleinen geschliffenen Steinen gelegt und zeigt verschiedene Zeichnungen. Der Grundplan ist die Kreuzform. Beim Eingang rechts sind die Namen der Wohlthäter, welche zum Baue dieses Gotteshauses wesentlich beigetragen haben, in eine Marmortafel eingegraben. Darunter figurirt besonders der Name des Kaisers Franz Joseph von Oesterreich.

Das an diese Kirche angebaute Wohnhaus ist die Residenz des Patriarchen von Jerusalem. Dieser Bau ist ebenfalls aus Hausteinen und fast ganz neu, enthält schöne, luftige Räume, so daß die Wohnung der eines Kirchenfürsten würdig ist. Die Karawane hatte gleich nach ihrer Ankunft bei dem Patriarchen Audienz, da dieselbe einen kostbaren Kelch sammt Zubehör ihm als Geschenk überreichte. Zwei Kawassen als Herolde bezeichneten uns den Weg in den großen Empfangssaal, in welchem bald nach uns der Patriarch Vinzenz Bracco, so ist nämlich sein Name, eintrat und auf seinem Thronsessel Platz nahm. Limonade und Syrup wurde der Sitte gemäß herumgereicht und die Unterhaltung in italienischer Sprache gepflogen. Zum Andenken erhielt jedes Mitglied ein Kreuz von Perlmutter und einen Rosenkranz von Olivenholz zum Geschenk.

Ganz in der nordwestlichen Ecke der Stadt steht ein ebenfalls fast neues aus Hausteinen aufgeführtes Gebäude. Es ist das Institut der katholischen Schulbrüder. Es ist auf den Trümmern des Tancredsthurmes errichtet. Hier durchbrach der ritterliche Normane die Mauern Jerusalems bei Erstürmung der hl. Stadt im Jahre 1099. Dieses Schulgebäude wurde im Jahre 1879 eröffnet, das Institut von französischen Schulbrüdern geleitet und erfreut sich eines guten Rufes. Von 240 Schülern, sowohl Katholiken, wie Griechen und Türken, wird es besucht.

Unweit des katholischen Patriarchats befindet sich das Franziskanerhospiz, wo katholische Pilger gastliche Aufnahme finden. Gleich nebenan erhebt sich der weitläufige Häusercomplex des Franziskanerklosters mit der Pfarrkirche von Jerusalem „S. Salvator" genannt. Es ist dieß der Aufenthalt der Patres Franziskaner, welche gleichzeitig Wächter am heil. Grabe sind. Eine Unmasse von Räumlichkeiten birgt dieses Labyrinth, in welchem schwer zurecht zu finden ist. Der Vorstand dieses Klosters, der Superior, führt den Titel „Guardian vom Berge Zion" und „Custos des hl. Landes" und hat bischöfliche Weihen und Würden. Einer der Herren, es befinden sich etwa 60 dort, ist Pfarrer von Jerusalem.

Eine Menge Professionisten hat das Kloster selbst als: Schuster, Schneider, Schreiner, Binder ꝛc., ebenso ist eine Buchbinderei und eine im schwunghaften Betriebe sich befindliche Buchdruckerei vorhanden, welche den Namen „Buchdruckerei des hl. Landes" führt. Ich habe die Werkstätten besucht und überall eine rastlose Thätigkeit gefunden, insbesonders in der Buchdruckerei, wo eine Menge von religiösen Bildern und Büchern jahraus jahrein hergestellt werden. Auch eine Apotheke ist vorhanden, welche in vorzüglichem Stand sein soll und von den Armen, welchen die Medikamente umsonst verabreicht werden, sehr in Anspruch genommen werden soll. In erster Linie interessirte ich mich aber für das Bauhandwerk und da ein Flügel im Umbau begriffen war, konnte ich meine Neugierde befriedigen. Eine Menge Maurer und Handlanger waren beschäftigt, im Hofe arbeiteten die Steinhauer barfuß und mit wenig Kleidern auf dem Leibe an den Hausteinen herum. Ihre Meißel sind gut geformt und haben die nöthige Schärfe; allerdings sind diese weißgelben Gypssteine nicht schwer zu bearbeiten. Gerüste werden wegen Mangel an Holz nicht gebaut; der Maurer versetzt die Hausteine von Innen aus, wie man es heißt „über die Hand". Eine gewisse Fertigkeit ist ihnen nicht abzusprechen. Eine erbärmliche Existenz ist aber den Maurern und Taglöhnern Jerusalems zugewiesen. Wie mir der Bauführende, ein arabischer Maurermeister, mittheilte, ist der tägliche Lohn eines Maurers 5 bis 6 Piaster gleich unserm Geld eine Mark bis zu einer Mark zwanzig Pfennig, ohne jedwelche Zugabe oder Entschädigung, wie etwa Kost oder Wohnung. Der Taglöhner bleibt per Tag in der Regel im Lohn um 1 Piaster hinter dem Maurer zurück, also der Lohn dieser Leute, welche sich bei der größten Hitze oft ungemein plagen müssen, ist höchstens 1 Mark. Allerdings hat der arabische Arbeiter fast gar keine Bedürfnisse. Kleidung wenig und schlecht, das Essen sind größtentheils Orangen, Zitronen, Feigen, Kaktusfrüchte, Salat 2c., selten warmes Essen. Diese Früchte sind ungemein billig, da sie in Joppe und der Sarona in Unmasse wachsen. Gerstenbrod bildet einen Hauptbestandtheil der Nahrung. Die Körner werden zwischen zwei Steinen gerieben, der Teig in Aschengrube gebacken; Getränk ist das Zisternenwasser, um welches in der heißen Jahreszeit kein Mensch zu beneiden ist. Kameele und Esel tragen durch finstere und enge Gassen Steine und Baumaterial von Außen herein, während sie in umgekehrtem Wege Schutt und Unrath in Säcke gefüllt zum Thore hinaustragen. Alles müssen diese Thiere auf dem Rücken von und zu schleppen, denn in Jerusalem läuft kein Rad um. Als Bindemittel, welches wir Mörtel nennen, wird ein Gemisch von Zement aus Europa, Straßenstaub und zu Pulver und Sand zerschlagene Töpfergeschirre verwendet.

Nicht uninteressant sind die massenhaft aufgestappelten religiösen Gegenstände. Ganze Berge liegen über einander; Kreuze, Rosenkränze in verschiedenen Formen. Diese Artikel werden theils zu Jerusalem und theils zu Bethlehem gefertigt und an das Franziskanerkloster gegen mäßigen Arbeitslohn abgeliefert. Von Pilgern werden diese Devotionalien gekauft und nachdem sie die bezüglichen Weihen erhalten haben, als Andenken in die Heimath geschickt.

Die Ecce homo-Kirche mit dem damit verbundenen Kloster der Sionsschwestern in Sitti Mariam liegt der Burg Antonia gegenüber. Die schöne Kirche sowohl wie das Kloster verdanken ihren Bestand dem unermüdlichen Spender Pater Ratisbone, welcher diesen Platz um theueres Geld kaufte und mit riesigen Mitteln Kirche und Kloster errichtete. Die Erstere ist im Rundbogenstil erbaut und macht einen sehr gefälligen Eindruck. Mit dem Kloster ist eine Erziehungsanstalt für Mädchen verbunden; sie wird gerne von Paschas- und Beamtentöchtern besucht, umsomehr, da diese mitunter sehr reichen Leute keinen Para (½ Pfennig) zu bezahlen brauchen und ihre Töchter gut unterrichtet werden. Bei unserem Eintritt in die Lehrsäle wollten sich die Paschastöchter flüchten, um nicht mit Christen von Angesicht zu Angesicht gegenüberstehen zu müssen, von Seite der Klosteroberin wurden sie aber eines Bessern belehrt; sie mußten sich der Größe nach aufstellen und von einem ächt arabischen Mädchen wurde ein Gedicht vorgetragen, welches uns willkommen hieß, wovon wir aber Alle nichts verstanden. Die Reinlichkeit in den Schlafsälen ist groß, das Ganze ist musterhaft zu nennen. Bei Erbauung dieser Gebäude wurde

Oesterreichisches Pilgerhaus.

tief unter der Erde eine reiche Quelle aufgefunden, was für Jerusalem
etwas gesagt sein will. Der Merkwürdigkeit halber wurde jeder mit einem
Licht versehen und auf finsteren Treppen zur Quelle geführt. Auf wieder=
holte Einladung folgten wir den Schwestern auf die Plattform des Daches,
von wo aus man eine schöne Rundsicht über die Stadt, insbesonders über
den Hügel Bezetha genießt.

Die S. Annenkirche liegt fast an der östlichen Stadtmauer links, ehe
man zum Stefansthor kommt; sie ist ein großes, schönes Gotteshaus und
fast ganz neu. Am Schlusse des für die Türken und Franzosen so glück=
lichen Krimkrieges im Jahre 1856 schenkte der Sultan Abdul Medschid
dem Kaiser Napoleon III. die Baulichkeiten der alten Annenkirche nebst
dem Platz herum. Der Kaiser hieß gleich daran gehen, die Kirche um=
zubauen und man muß zugeben, daß der hiezu berufene Baumeister die
Sache verstanden hat, nur hätte er nicht zugeben sollen, daß die Kirche
keinen Dachstuhl erhielt. Das Pflaster auf den Kuppelgewölben ist nicht
wasserdicht genug und bei den Widerlagern sind die Folgen dieser Unter=
lassungssünde schon recht bemerkbar. Bei Regenzeit sickert nach und nach
die Feuchtigkeit durch und verursacht nach Längerm einen bedeutenden
Schaden. Das Ganze ist aus Hausteinen ausgeführt, sowohl Wände wie
Gewölbe, letztere mit kunstgerechten Fugenschnitten. Sie ist in Kreuzform
erbaut und dreischiffig, 36 Meter lang und 20 Meter breit, die Bauart
ist der Spitzbogenstil.

Das österreichische Hospiz oder Pilgerhaus steht in dem Dreieck,
wo sich die beiden Straßen vom Damaskusthore und dem Stefansthore
herein schneiden, fast noch in Thyropoeon am Anfang des Bezethahügels.
Es ist ein stolzer Bau, wohl das schönste Wohnhaus in ganz Jerusalem.
In demselben befindet sich in der südöstlichen Ecke eine sehr schöne Haus=
kapelle, der hl. Familie geweiht, sie hat die Höhe zweier Stockwerke und
ist ziemlich geräumig. Der Sultan Abdul Medschid schenkte dem Kaiser
von Oesterreich den Bauplatz und dem zu lieb hat man wahrscheinlich
diesen Bau an die etwas unpassende Stelle gesetzt, etwa außer dem Da=
maskusthor würde es am geeignetesten plazirt sein. Schon im Jahre 1857
wurde hiezu der Grundstein gelegt und erst 1863 wurde es vollendet. Die
Mittel hiezu wurden durch Sammlungen in Oesterreich und Deutschland
aufgebracht. 18 Meter tief war Schutt wegzuräumen, bis endlich der
natürliche Boden zum Vorschein kam, auf welchem fundirt werden konnte.
Durch die wiederholte Zerstörung der Stadt hat sich hier eine solche Menge

Schutt angesammelt, daß er kaum zu bewältigen war, man füllte hiemit die sog. Baumwollengrotte zur Hälfte ein. Das ganze Gebäude ist mit Hausteinquadern aufgeführt; 50 Meter lang und 25 Meter breit, besteht aus zwei Stockwerken über der Erde, während im Erdgeschoß ein ganzes Stockwerk in den Bezethahügel eingebaut ist. Sämmtliche Stockwerke von unten bis oben sind überwölbt und statt des Daches ist auch hier eine Abpflasterung mit Marmorplatten angebracht, welche leider auch nicht wasserdicht ist, was man in den oberen Lokalen und in der Kapelle ge= nügend sehen kann. Schade für das schöne Gebäude, hätte schon der Mühe und Kosten gelohnt, Dachplatten, wie solche jetzt hie und da ver= wendet werden, von Marseille kommen zu lassen. Gleich von der Straße aus tritt man in einen Vorbau, in welchem der Kawasse sein Wachtlokal hat.

Zuerst auf einer einfachen und bei der Wendung auf einer Doppel= treppe gelangt man in die Vorhalle oder Terrasse, welche auf 5 Bogen= stellungen eine steinerne Altane trägt. Bei Fenstern und Thüren ist der ganze Kreisbogen angewendet. Auf dem Pflasterboden des Daches ist es Abends zum Spazierengehen ungemein angenehm, und ich brachte an Abenden, wenn man nicht mehr auf die Straße gehen durfte, manches Stündchen da oben zu. Der Muezzim auf dem Minaret zu Bezetha, welcher in der nächsten Nähe war, machte mir, wenn er auf der Thurm= gallerie erschien, zum Gebet rief und wiederholt „Illah Allah“ herunter schrie, viel Spaß. Für etwa 100 Personen ist im Hospiz Unterkunft zu finden, uns waren 29 Personen, und der jetzige Rektor P. Franz Joseph Coster Major, von Geburt ein Tiroler, wußte unsere leiblichen Bedürfnisse nach europäischen Begriffen recht wohl zu befriedigen.

Weiters besteht noch in der Stadt ein Mädcheninstitut, von einem gewissen Fräulein Say, einer Westphälerin, aufs Beste geleitet. Es hat vielen Zuspruch.

Im Westen der Stadt an der Straße nach Jaffa liegt das von P. Ratisbone errichtete Stift S. Peter. Das Institut hat die Aufgabe neben reli= giöser Erziehung auch als Schule für Handwerker und Gartenbauer zu dienen.

XXIV.
Protestantische und englische Kirchen und Anstalten.

Südlich von der hl. Grabeskirche befindet sich ein großes Ruinenfeld, welches einen Raum von $1\frac{1}{3}$ Hektaren, gleich 4 Tagwerken einnimmt. Es ist dieses das ehemalige Hospital der Johanniter, auch Muristan genannt. Diesen Platz schenkte der Sultan Abdul Aziz dem deutschen Kronprinzen bei dessen Besuch in Jerusalem im Jahr 1869. An der Ostseite dieses großen Raumes befindet sich die sogenannte deutsche Kapelle, welche ein sehr freundliches Aussehen hat und mit einem schön gearbeiteten gothischen Altare und eben solchen Kirchenstühlen versehen ist.

Oestlich vom Thurm Hyppicus auf einem hoch gelegenen freien Platz steht die englische Kirche. Dieselbe ist im gothischen Stile erbaut und kann ein schönes Werk genannt werden; übermäßig lange Zeit wurde daran gearbeitet, nämlich 7 Jahre, 1849 wurde sie eingeweiht. Das Ganze sieht einem modernen Wohnhause, von außen gesehen, ähnlich. Das Mauer= werk ist aus lauter kleinen, weißen Quadern aufgeführt, das Dach mit Eisenblech gedeckt.

Thalita Kumi heißt ein hübsches Gebäude außerhalb der Stadt an der Straße nach Joppe; es ist dieses das protestantische Diakonissenhaus, in welchem auch Mädchen erzogen werden.

Links innerhalb dem Joppethor in der Nähe des Teiches Hiskias ist das Haus des evangelischen Bischofs und nicht weit davon das englische Hospital. An der Straße nach Bethlehem, am Fuße des Zions, ist die protestantische Schule zu suchen. Etwas mehr südwestlich liegt das protestantische Waisenhaus.

XXV.
Griechische Klöster und Anstalten.

Westlich von der hl. Grabeskirche liegt das umfangreiche Kloster der Griechen. Es enthält 5 Kirchen und es wohnen darin 5 Bischöfe, 10 Archimandriten und 150 Popen. Es ist glaubwürdig, daß so viele vorhanden sind, denn die hl. Grabeskirche ist in der Regel mit griechischen Mönchen gespickt. Der griechische Patriarch bewohnt in der Nähe ein neues, fürstliches Gebäude, bei welchem sich auch ein Garten befindet.

Weiter gehört den Griechen: das Nicolaikloster bei S. Salvator, das Georgskloster ebendort, das Johanneskloster beim Johanniterhospiz, dann die Frauenklöster Melania Basilius und das Katharinenkloster.

Nicht uninteressant ist der umfangreiche Russenbau auf der Hoch= ebene nordwestlich von der Stadt, ein ganzer Complex von großen Bauten, in deren Mitte eine 5 kuppelige Kirche im Moskowiterstil sich erhebt. Räumlichkeiten zur Beherbergung der Pilger sind in Menge vorhanden, sowohl für besser situirte, als für solche aus den ärmeren Ständen. Jeder Pilger kann in Jerusalem bleiben so lange er will, die Wohnung hat er hier umsonst und es kommt nicht selten vor, daß welche vierteljährig dort verweilen.

Es vergeht kein Jahr, in welchem nicht aus dem weiten Zarenreiche 5000 und mehr Pilger hinauf wallen nach Jerusalem.

Soweit thunlich, werden ringsum Gärten angelegt, die als eine schöne Zierde zu betrachten sind. Ein mächtiger eiserner Zaun friedigt das Ganze ein. Westlich von der Kirche hat man bei Anlage der Bauten eine gewaltige Säule ausgegraben. Dieselbe ist von grauem Marmor und nur die obere Seite ist behauen und zugerichtet, an der unteren ist noch die unregelmäßige Steinmasse vorhanden, möglich, daß sie auch mit dem Naturfels zusammenhängt, was ich nicht unterscheiden konnte. Sie ist $8^3/_4$ Meter lang und die runde Form hat $1^1/_4$ Meter Durchmesser. Wozu war sie wohl bestimmt? Wie lange wird sie wohl unterm Schutt gelegen haben? Wohl schon vor Tausenden von Jahren werden die Steinhauer sich mit diesem Koloß beschäftigt haben!

Zur Kirche wurde im Jahre 1860 am Geburtsfest des Kaisers Alexander der Grundstein gelegt und rasch wurde sie fertig gestellt. Prachtvoll ist deren Inneres; Mosaikpflaster, gute Bilder, mächtige, schön gearbeitete Leuchter kann man dort sehen. Am interessantesten aber ist der Abschluß vor dem Hochaltar, wie es in griechischen Kirchen Vorschrift ist. Von dem reinsten russischen Eichenholz mit gelungener Architektur ist eine Wand hergestellt, welche von einer Seite der Kirche zur andern läuft und überall das schönste Ebenmaß zeigt. Es ist dies ein Geschenk der Kaiserin von Rußland und der hohen Spenderin würdig. Auf dem Thurme hängen mächtige Glocken, ein Lieblingsgegenstand der Russen; mit ihren dumpfen Tönen hallen sie weit hinaus in das Land Judäa. Ungemein wohlklingend ist der Männergesang beim Gottesdienst, weniger erbaulich ist das Gebet der Pilger, welches mit stetem Hin- und Herwackeln begleitet ist. Bei meinem Austritte aus der Kirche wurde ich von einem Popen mit Rosenwasser besprengt.

XXVI.

Armenische Kirchen und Klöster.

Sehr sehenswerth ist das weitläufige armenische Kloster mit der schönen Jakobskirche auf Sion, alles ist in gut baulichem Zustande erhalten; es ist von solchem Umfang, daß es fast ein ganzes Quartier bildet. 5 Bischöfe, sowie mehr als 100 armenische Geistliche sind untergebracht, wozu noch fast immerwährend 2000 Pilger kommen. Die Wohnung des Patriarchen ist südlich angebaut und mit einem Garten umgeben. Wie bei den Russen, so ist es auch bei den Armeniern Sitte, wenn man ihre hl. Räume betritt, mit Rosenwasser besprengt zu werden. Mit großer Zuvorkommenheit wurden wir in die Kathedrale geführt, sie ist dem hl. Jakobus geweiht. In einer Nische an der linken Seite soll der Platz sein, wo der hl. Jakobus der Aeltere den Martyrertod unter Herodes Agrippa erlitt. Unter dem Altartische zeigt man den Platz, wo das Haupt gelegen haben soll. Wände und Thüren von dieser Nische oder Kapelle sind ungemein schön mit Elfenbein und Perlmutter in Mosaik eingelegt. Es herrscht ein düsteres Licht in der Kirche, eine Unmasse von Bildern hängt an den Wänden herum; die fürchterlichsten Figuren, die mitunter ein martialisches Aussehen haben, sind mit den grellsten Farben darauf gemalt. Der Boden ist mit Matten belegt, die Pfeiler, etwa 2 Meter hoch, sind mit Fajencetafeln verkleidet. Das Ganze ist ein Kuppelbau mit schön geschwungenen Linien.

Eine bedeutende Unterrichtsanstalt für Armenier ist mit dem Kloster verbunden. In den Lehrsälen sah ich von Schülern angefertigte Zeichnungen verschiedener Art, geometrische Linealzeichnungen sowohl, wie solche aus freier Hand und ich konnte mich überzeugen, daß die jungen Armenier mit Blei und Reißfeder umzugehen wissen. Neben der Erd- und Himmelskarte hing das große Gerippe eines Nilbewohners, eines Krokodils, an der Wand.

Ganz nahe am Kloster steht das Haus des Hohenpriester Annas, wohin der Heiland von Kriegsknechten nach der Gefangennahme in Gethsemane zuerst zum Verhör geführt wurde. Der Ort, wo Petrus den Herrn verleugnete, ist angegeben. Der Platz, wo der Hahn krähte, ist durch eine Säule, worauf ein Hahn aus Stein steht, bezeichnet.

Ein weiteres Kloster der Armenier findet man außerhalb des Zions=
thores auf dem Platze, wo das Haus des verschmitzten Hohenpriesters
Kaiphas stand. In diesem Kloster wird ein großer Theil des Steines
gezeigt, mit welchen das Grab geschlossen gewesen sein soll.

Das Kloster der unirten Armenier liegt dem österreichischen Pilger=
hause gegenüber, da wo die Straßen via Dolorofa und die, welche von
Thyropöon heraufzieht, zusammenstoßen. Die Armenier haben noch ein
halbes Dutzend Männer= und Frauenklöster in der Stadt, welche aber
ihrer Unbedeutenheit wegen außer Beschreibung gelassen werden.

XXVII.

Klöster der Syrier, Kopten und Abessynier.

In der Nähe des Judenbazars befindet sich das unbedeutende Kloster
der Syrier.

Die Kopten haben ihre Zellen an der Nordostecke der hl. Grabes=
kirche angebaut.

Ebenso sind die Wohnhütten der Abessynier an die Südostseite der
hl. Grabeskirche hingeklebt.

XXVIII.

Tempel und Anstalten der Juden.

Der größte jüdische Tempel ist die Synagoge Aschkenasin d. h. der
Fremden. Die Kuppel steigt hoch über die umliegenden Gebäude empor.
Sie liegt im Judenviertel, ist ganz aus Hausteinen erbaut und befindet
sich in gutem Zustande. Die Kosten dieses Baues sollen eine Million Piaster
betragen haben. Die Synagogen der spanischen Juden, 4 an der Zahl,
sind unbedeutend, nur die sog. Zionssynagoge hat einiges Interessante.
Von großer Wichtigkeit ist das Hospiz für arme Juden. Dieses ansehnliche
Gebäude liegt ebenfalls im Judenviertel, unweit des Mistthores, es wurde
mit einem Aufwand von 240,000 Mark vom Rothschild erbaut und mit
großen Stiftungsfonds beschenkt.

Auch das Montefiorische Armenhaus außer der Stadt in der Nähe
des unteren Sultanteiches im Thale Gihon darf nicht vergessen werden.

Es ist dieses ein unendlich langes aber nicht breites Gebäude, worin 80 bis 100 arme Juden Unterkunft finden.

Weil wir gerade von den Juden reden, so könnte es hier die passende Stelle sein, von ihrer Klagemauer und deren Heulen und Weinen dort, möglichst kurz zu berichten, umsomehr, da dieser Platz als religiöser Ort betrachtet werden kann. Alle Freitag Nachmittag versammelt sich eine große Zahl Juden in einer Sackgasse an der westlichen Tempelmauer und obliegt dort einer religiösen Uebung. Um diesen Spektakel zu sehen, wanderten wir Freitag, den 28. April, der Klagemauer zu. Es ist in diesem Gassengewirre ein Führer nöthig, da man nur auf großem Umwege, dorthin gelangt und in diesem Stadttheil meistens Sackgassen sind. Nach vielem Hin- und Herwandern bogen wir schließlich um eine scharfe Ecke und wir standen vor dem Stück Tempelmauer, welche gleichzeitig Klage- mauer der Juden ist. 46 Meter Länge und 19 Meter Höhe hat diese Mauer, in deren unteren Schichten gewaltige Steine verwendet sind. Nach alter Art haben sie Fugenränder und man wird nicht fehlen, wenn man sie als ein Werk Salamons betrachtet.

So gegen 200 Juden beiderlei Geschlechtes und verschiedenen Alters waren versammelt und oblagen ihrer Andacht. Einige lehnten an der Mauer, umklammerten die mächtigen Quader und heulten laut auf; wieder andere lasen aus großen Büchern und weinten jämmerlich. Alte Frauen sowohl, wie junge Mädchen brannten alttestamentarische Lampen, zerzausten sich die Haare und schienen ganz aufgelöst vor Schmerz, einige wackelten mit dem Körper hin und her und bittend schlugen sie die Hände über dem Kopf zusammen; mehrere kauerten auf dem Boden und von über- mäßigen Schmerz gequält, brüllten sie wie Stumpfsinnige mit stierem Blicke über ihr Elend hin.

Die Steine müßten, wenn es möglich wäre, sich dieser Menschen erbarmen, so herzzerreißend ist ihr Jammer. Der ganzen Front entlang sind die Quader von dem immerwährenden Küssen so glatt wie geschliffen. Das Bindemittel ist aus den Fugen gekratzt.

Das Recht, an dieser Mauer klagen zu dürfen, mußten sich die Juden wiederholt von den blutsaugenden Türken erkaufen und noch vor gar nicht langer Zeit hat der londoner Jude Moses Montefiori schweres Geld hiefür bezahlt. Die Gebete oder Lamentos der Juden sind in eine

Art Litanei zusammengefaßt und während einige vorbeten, schreien und jammern die anderen nach. Der Wortlaut dieser Lamentos ist folgender:

Wegen des Palastes, der wüste liegt
„ des Tempels, der zerstört ist
„ der Priester, die gestrauchelt haben
„ der Majestät, die dahin ist
„ unserer Männer, die darnieder liegen
„ „ Mauern, die niedergerissen sind
u. s. w. u. s. w.

} Sitzen wir da einsam und weinen.

Es folgen dann weitere Gebete, die wir jüdische Schutzgebete nennen können; sie lauten: Wir bitten dich Gott, erbarme dich Sions, sammle die Kinder Jerusalems, eile Sions Erlöser, sprich zum Herzen Jerusalems, Schönheit und Majestät mögen Sion umgeben, das königliche Regiment möge wieder über Sion erscheinen, tröste die Trauernden, über Jerusalem möge Friede und Wonne einkehren und der Zweig aufsprossen zu Jerusalem.

So geht es mehrere Stunden in der jämmerlichsten Weise fort. Ich getraue mir fast das bestimmte Urtheil abzugeben, daß es bei den meisten positive religiöse Ueberzeugung ist. Nach meiner Meinung gehört es zur Unmöglichkeit, sich so in Jammer aufzulösen und so bitter zu weinen, wenn es sich um weiter nichts handeln würde, als um den Schein zu retten, oder einer alten ererbten Gewohnheit Genüge zu leisten. Dieses Jammern der Juden an der Tempelmauer hat viel Aehnlichkeit mit der religiösen Raserei der heulenden Derwische in der Moschee zu Kairo; auch diese, glaube ich, sind von der Richtigkeit ihres Thuns überzeugt und es sind daher diese Menschen nur zu bemitleiden, daß ihre Wege nicht die rechten sind. Mit Bedauern verließ ich, ohne mir die geringste Reflexion zu erlauben, den traurigen Ort.

XXIX.

Muhamedanische Moscheen.

Außer den zwei großen Moscheen, Omar und Aksa auf Moriah, befinden sich noch nachstehende zu Jerusalem, welche aber alle ziemlich unansehnlich sind. Sie heißen:

Die Moschee Melawieh, an welche südlich ein Derwischkloster angebaut ist,

die Moschee Hamra in Melawieh,

Jüdische Klagemauer.

Davidsthurm oder Thurm Hipicus.

die Moschee el Omari im Judenviertel, nördlich von dem ehemaligen Schlachtplatze,

die Moschee im Armenierviertel, welche früher die S. Thomaskirche war,

eine neue Moschee südlich des Glockenthurmes bei der hl. Grabeskirche,

eine Moschee mit einem Kloster für Derwische bei dem Davidsgrab auf Sion,

die Moschee auf dem Oelberge, welche früher die Himmelfahrtskirche war,

eine Moschee auf Bezetha.

XXX.

Thurm Hippicus, auch Thurm Davids genannt.

Gleich innerhalb des Jaffathores erheben sich die dräuenden Mauern der Davidsburg. Wir hatten die Erlaubniß zur Besichtigung dieser Veste oder der Cidatelle, wie sie dort genannt wird, durch Verwendung des österreichischen Konsuls erhalten; ein Bakschisch von 5 Franks öffnete uns die Thore.

Diese Burg ist mit einem 8 Meter tiefen Graben umgeben, der etwa 10 Meter breit ist. Die senkrechte Böschung ist mit Quadern auf= gemauert und schließt den Festungsgraben von der Straße ab. 3500 Jahre werden sie alt sein, die unteren Mauern dieser ehemaligen Königsburg und noch kann man keine wesentliche Zerstörung oder einen Verfall daran beobachten. Kolossale fugengeänderte Quader sind hiebei verwendet und man hat es verstanden, ihnen eine feste Verbindung zu geben. Die Römer zerstörten diese Burg nicht, vielleicht aus zwei Gründen, weil sie einerseits zu fest war und andererseits die Eroberer der Nachwelt zeigen wollten, wie stark die Stadt war, welche ihrer Tapferkeit unterliegen mußte. Die Länge dieses Baues ist 148 Meter, die Breite 100 Meter. Der höchste Thurm ist 24 Meter hoch, mit Schießscharten und Zinnen gekrönt. Die Jebusiter hatten den ersten Bau geführt, welchen dann David eroberte. Herodes baute ihn wesenlich um, errichtete drei Thürme, welche er nach seinem Freunde, seinem Bruder und seiner Gattin Hippicus, Phasael und Marianne benannte.

Bei der Einnahme durch die Kreuzritter scheint die Burg etwas mitgenommen worden zu sein, weil nachher die Pisaner daran arbeiteten und ein Thurm sogar der Pisanerthurm hieß.

8

Als wir den Brückenkopf, in welchem ein Wachtlokal für Soldaten war, passirten, ließ der türkische Offizier unter's Gewehr treten und 12 Mann schwenkten zu unserer Begleitung ab. Wir überschritten die Zugbrücke und wanderten in dem alten Gemäuer nach allen Richtungen herum. Elende steinerne Treppen führen durch die Stockwerke bis zur Plattform empor; oben stehen einige Kanonen neuerer Art von Krupp in Essen. Diese Dinge donnern bei türkischen Festen, deren Zahl nicht klein ist und bei Ankunft fürstlicher Personen über die Stadt Jerusalem, hinüber und hinaus in das Land Benjamin.

Die Lokalitäten sind Klosterzellen ähnlich und können nach unseren Begriffen nichts weniger als Anspruch darauf machen, die Herberge eines Königs zu sein. Unter andern wurde uns das Zimmer gezeigt, wo David gebetet und seine Psalmen gesungen hat und von wo aus er die Bethseba, Urias Weib, im Bade erblickte.

Von der obersten Plattform des Thurmes Hippicus hat man eine prachtvolle Rundsicht. Die Stadt Jerusalem rollt sich wie eine Landkarte auf. Links liegt die Anhöhe Gareb mit der hl. Grabeskirche, rechts der Berg Sion mit dem Cönaculum, gerade aus durchschneidet das Thal Thyropöon die Stadt vom Damaskusthor bis zum Mistthor und bildet die Unterstadt, wo früher ein Theil hievon Akra hieß. Darüber hinaus liegt, links die Anhöhe hinaufsteigend, der Stadttheil Bezetha, während rechts von diesem die Burg Antonia, der Haramplatz und der Berg Moriah zu sehen sind, in dessen letzteren Mitte die Omarmoschee mit seiner schön geschwungenen Kuppel sich erhebt.

XXXI.

Berg Sion mit dem Cönaculum.

Wandern wir hinauf nach Sion, um dort zu sehen, was zu sehen ist. Von der Stadt aus führt der Weg durch das armenische Quartier dorthin.

Sion ist der dominirende Punkt Jerusalems. Man passirte das Sionsthor, da dieser Häusercomplex außer den Stadtmauern liegt und es steht zur Rechten ein Gebäude, welches als Haus des Hohenpriesters Kaiphas bekannt ist. Ehedem lag Sion im Innern der Stadt.

Christlicher Friedhof.   Abendmahlsaal.   Christlicher Friedhof.

Das Cönaculum auf dem Berge Sion.

Nach Hereinbrechen der Araber sollten die zerstörten Mauern wieder aufgebaut werden; der hiemit betraute Maurermeister zog aber eine andere Linie und ließ Sion außerhalb liegen. Der Khalife hierüber höchlichst erzürnt, ließ den eigenmächtigen Meister den Kopf abschlagen, die Mauer aber dessenungeachtet nach dessen Plan ausführen.

Ein paar hundert Jahre lang war auf Sion das Franziskanerkloster, von 1333 bis 1552; allein durch die immerwährenden Chikanen und Fuchsereien wußte man es den Mönchen dort zu verleiden und als die Türken wiederholt gegen die christlichen Heere in Europa den Kürzeren zogen, z. B. der kräftige Widerstand der Johanniter auf Rhodus, dann der Schlag, den die türkische Flotte von Herzog Doria von Genua an der griechischen Küste erhielt, floß der Zorn bei den Türken über. Die Franziskaner wurden vollends von Zion vertrieben und ihr Kloster in ein Derwischkloster umgewandelt.

Auf dem Wege steht eine steinerne Säule, die fromme Tradition erzählt davon folgendes: „Als die Apostel die Mutter des Heilandes nach ihrem Tode zum Grabe in das Thal Josaphat trugen, wurden sie an dieser Stelle von den Juden angehalten und einige wollten ihnen die Bahre entreißen, allein die Arme der Bösewichter erstarrten; jammernd sahen sie ihre Ungerechtigkeit ein und siehe da! Alle waren wieder geheilt. Auf dieses Wunder hin gingen sie alle zum Christenthum über."

In einem innern Hof, welcher mit einer Kette abgeschlossen und von türkischen Soldaten bewacht ist, steigt man links auf 18 Stufen zu einer türkischen Moschee empor. Der ganze Raum ist etwa 18 Meter lang und 9 Meter breit; er ist mit einem gothischen Gewölbe überwölbt, welches außer den Widerlagsmauern noch auf 2 Säulen ruht. Die Linien sind gut vertheilt und die Gewölberippen sachgemäß eingesetzt. Von der Südseite wird dieses Gemach durch drei Fenster beleuchtet. Nichts erinnert, daß dieser ehemals so heilige Raum jetzt ein türkischer Betplatz sei, als die aus Rohrgeflecht hergestellte obligate Bodenmatte, welche kein Christ betreten darf. Der uns führende Derwisch machte ängstlich darauf aufmerksam, daß wir ja keinen Fehltritt thun und passirte einem dieses Unglück, so wurde er sofort auf das Ungeeignete seiner Handlung aufmerksam gemacht. Es ist dieser Saal das Cönaculum, wo der Erlöser das hl. Abendmahl einsetzte und wo am Pfingstfeste der hl. Geist über die Apostel

8*

hernieder kam. Mit Recht kann man sagen, daß dieses die erste und älteste christliche Kirche sei.

Auf 6 steinernen Stufen steigt man zu einem anderen Gemach empor; von dort aus sieht man durch ein eisernes Gitter das Grab des Königs David. Es ist ein mächtiger Katafalk, mindestens 4 Meter hoch und verhältnißmäßig lang und breit; er soll aus Marmor angefertigt sein, allein ich konnte ihn nicht sehen, da er mit schwarzen, goldverbrämten Teppichen, welche ein Geschenk vom Sultan sind, behangen war. Unten sah eine grüne mit Gold verzierte Damastumhüllung, auf welcher arabische Schriften eingestickt sind, hervor.

Also hier auf Sion liegt er begraben, wie man lesen kann, dieser große König und mit ihm sein Sohn Salomon, dann Rehabiam, Abia, Assa, Josia 2c. Von den Muhamedanern wird dieses Grab hoch verehrt, da sie den König David als einen Propheten und Gesandten Gottes er= kennen. Den Christen ist der Eintritt in den Raum, wo der Katafalk steht, verboten. Dieses Gebäude, an welches sich ein Derwischkloster und eine Kaserne anschließt, ist im türkischen Besitz.

In der Nähe des Cönaculums zeigt man ein Haus oder vielmehr die Ueberreste eines solchen, welches seinerzeit Eigenthum des hl. Johannes Evangelisten war. „Die Mutter des Erlösers," sagt die Ueberlieferung, „hat sich in diesem Hause nach der Kreuzigung des Heilandes bis zu ihrem Tode aufgehalten und ist auch in diesem Hause gestorben."

Am östlichen Abhange des Sionberges befindet sich die Grotte, worin Petrus die Verläugnung des Meisters so bitterlich beweinte; früher stund ein Bethaus darüber, welches den Namen „Kirche zum Hahnenruf" führte.

Westlich an den Gebäuden auf Zion befinden sich die christlichen Begräbnißplätze; wir suchten dieselben auf. Zwischen den Grabsteinen trieben sich Kameele, Maulthiere und Ziegen herum, auch Kinder spielten dort; es schien mir alles schlecht geordnet und gereinigt und da im Orient die Einmauerung oder Umfriedigung der Gottesacker nicht Sitte ist, wie bei uns, so wandert alles ungenirt darüber hinweg. Mir gefiel es nicht auf diesem Platze und diese letzte Ruhestätte machte auf mich einen schlechten Eindruck. Ich gab meine Ansicht dem neben mir stehenden Landsmann, Herrn J. Schlichtinger aus Rosenheim, kund, indem ich ihn auf den Zu= stand aufmerksam machte und mir die Aeußerung erlaubte, daß dieser Platz in keiner Weise der Würde eines christlichen Begräbnißplatzes entspreche und daß demselben, wie es scheint, nicht die nothwendige Aufmerksamkeit geschenkt werde. Herr Schlichtinger pflichtete meiner Ansicht bei, „allein", sagte er, „was läßt sich thun, wenn es uns auch gar nicht gefalle, so könnte es doch vorkommen, daß wir für alle Zeiten hier bleiben müßten." Ich beachtete dortmals diese Aeußerung nicht, allein, als ich 12 Tage später zu Joppe erfuhr, daß mein lieber Nachbar auf diesem Platze zur ewigen Ruhe bestattet wurde, erinnerte ich mich seiner Worte und es kam mir vor, als hätte er im prophetischen Geiste gesprochen.

XXXII.

Die Burg Antonia, die Teiche Bethesda und Hiskias.

An der nordwestlichen Ecke des Haram- oder Tempelplatzes erhebt sich ein umfangreiches Gebäude, welches den Namen „die Burg Antonia" führt. Der Anfang zu diesem Bau wurde schon von den Makkabäern gemacht. Herodes der Große schuf daraus ein schönes Schloß und nannte es aus Schmeichelei für den Römer Antonius Burg Antonia. In einen Flügel legte er Soldaten hinein, welche die Aufgabe hatten, das Volk, welches sich oft in großen Massen auf dem nahegelegenen Tempelplatz einfand, in Schach zu halten.

Es ist ein rechtwinkliger Bau von 100 Meter Länge und 60 Meter Breite und in mehrere unregelmäßige Stockwerke abgetheilt. Von der einstigen Herrlichkeit ist nichts mehr übrig. Der jüdische König hat wahrscheinlich dieses Schloß den Römern zum Geschenk gemacht; denn dasselbe bewohnten alle römischen Landpfleger, wenn sie zur Zeit großer Feste nach Jerusalem heraufkamen. Der eigentliche Sitz dieser römischen Stadthalter war das weit günstigere und gesünder gelegene Cäsarea am Mittelmeer. Auch Pontius Pilatus war im Jahre 33 zu dem Osterfeste nach Jerusalem von Cäsarea heraufgekommen und hat, wie wir wissen, den Erlöser auf ungestümes Andringen der Hohenpriester und des Pöbels in diesem Palast zum Tode verurtheilt.

Zur Zeit beherbergt die Antonia den Pascha von Jerusalem und seinen Harem, ein Theil davon dient als Kaserne. Während meines Aufenthaltes zu Jerusalem sah ich täglich früh 5 Uhr die dort garnisonirten

türkischen Truppen mit klingendem Spiele die via Dolorosa herunter
kommen, beim österreichischen Pilgerhause rechtsum machen und zum Da=
maskusthor hinaus marschiren, um draußen bei der jüdischen Kolonie echt
türkische Exercitien zu machen. Die Antonia ist jetzt unter dem Namen
Serail bekannt. Mich interessirte dieser Bau und ich wollte denselben
einmal besuchen; allein ich wurde am Thore von dem Wachtposten zurück=
gewiesen. Ich war der Ansicht, da wir beim Besuch des Leidensweges so
ungenirt die Wache passiren konnten, es sei immer das Gleiche der Fall,
hatte nicht in Betracht gezogen, daß dortmals der Kawasse uns mit Säbel
und Stab würdevoll voranschritt, hatte mir also die Nase verbrannt.

Neben dieser Burg steht der schönste Minaret von ganz Jerusalem
und der Muezzin, wenn er auf der hohen Gallerie desselben wie ein
Marionette einher schritt und die Gläubigen zum Gebet rief, machte mir
oft das prächtigste Vergnügen.

Zwei größere Teiche liegen innerhalb der Stadtmauer; der Bethesda
und der Hiskias. Von diesen ist uns der erste in Folge seiner großen
Heilkraft aus der Bibel wohl bekannt. Er war stets von Gesundheit=
suchenden umlagert und der 38jährige Kranke stand hier auf, nahm sein
Bett und ging nach Hause. Er liegt an der Nordseite des Haramplatzes
zwischen den Thoren Bab el Hotta und Bab el Asbath, welche auf den
Tempelplatz führen. Er ist 110 Meter lang, 35 Meter breit und etwa
14 Meter tief; früher soll er 22 Meter tief gewesen sein. Jetzt ist er
theilweise mit Schutt und Unrath gefüllt und das sich da unten sammelnde
Wasser ist weiter nichts als eine stinkende Pfütze, deren Oberfläche mit
einer grünen Schicht überwachsen und ein geeigneter Aufenthalt für ekel=
haftes Gewürm ist. Woher das Wasser kam, welches ehedem diesen Teich
speiste, ist unbekannt. Vielleicht doch aus einer Quelle in der Nähe, die
sich jetzt unter den Berghöhen einen anderen Weg suchte, was nichts außer=
ordentliches wäre; möglicher Weise die Marienquelle, welche unten in
Ophel zum Vorschein kommt und die merkwürdige Eigenschaft, wie einstens
der Bethesda, des Auf= und Niedersteigens besitzt. Auch ist die Möglichkeit
nicht ausgeschlossen, daß er seinerzeit von der Bethlehemer Wasserleitung
gespeist wurde. Das Blut der vielen Opferthiere, welche im alten Bunde
auf dem Tempelplatze geschlachtet wurden, floß in den Bethesdateich ab
und da die vom Salamon erbaute Wasserleitung auch die Aufgabe hatte,
den Tempelplatz rein zu halten, so spülte dieselbe wahrscheinlich Alles in

den nahe gelegenen tiefen Teich hinunter. Die Badenden bekamen demnach ein Bad, welches mit dem Blut der Opferthiere vermischt war und in Folge dessen der Teich von den Juden ungemein gerne aufgesucht wurde.

Der Hiskias oder Patriarchenteich liegt zwischen dem Jaffathor und der Grabeskirche und ist von der Straße aus nicht bemerkbar. Er ist etwa 70 Meter lang, 40 Meter breit und 6 Meter tief. So lange er Wasser enthält, schöpfen solches die Anwohner mit Eimern von den Fenstern aus; er ist aber häufig leer, da er nur Sammel= und Regenwasser vom Mamillateich herein, mit welchem er mittelst eines unterirdischen Kanales in Verbindung steht, enthält.

XXXIII.

Die Quartiere, Plätze und Straßen Jerusalems.

Von der Ferne gesehen, macht Jerusalem, die Tochter Sions, einen schönen Eindruck, tritt man aber durch irgend ein Stadtthor ein, so drängt sich die Frage auf: Ist das wirklich die Stadt, von der man sagt, sie sei die schönste?

Wie alle orientalischen Städte, so ist auch Jerusalem in Quartiere getheilt und zwar in folgender Weise:

I. Das Christen= oder Frankenquartier. Dasselbe liegt im nord= westlichen Theile der Stadt und dehnt sich vom Jaffatthor bis gegen das Damaskusthor hinaus. Der nördliche Theil dieses Viertels ist nicht gut zu nennen, der südliche jedoch ist einer der besten der Stadt. Er umfaßt den Kalvaria mit der Grabeskirche, die Patriarchenkirche und die Residenz des Patriarchen, das Franziskanerkloster, das griechische Kloster und die Casa Nuova ꝛc.

II. Das armenische Quartier liegt auf dem Berge Sion im süd= lichen Theil der Stadt und ist in Folge seiner Höhenlage das gesündeste. Es sind dort das armenische Kloster mit Kirche, die Burg Davids oder Citadelle, die englische Kirche ꝛc.ꝛc. Es ist von allen vieren das kleinste Quartier.

III. Das muhamedanische Quartier ist weitaus das größte und liegt im nordöstlichen Stadttheil. Es umfaßt einen Theil des Tyropöon, den Berg Bezetha und Moriah und das Maghrebinen oder afrikanische Viertel.

An interessanteren Bauten enthält es die Omar- und Atsamoschee, die Burg Antonia, die Annenkirche, das österreichische Pilgerhaus und das Sionskloster.

IV. Das Judenquartier liegt im südöstlichen Theil der Stadt und umfaßt den größeren Theil des Thyropöon bis zum Mistthor hin. Dort findet man die Synagoge Aschkenasin, Rothschilds Spital und Armenhaus und die Hütten der Aussätzigen. Baulich ist dieses Quartier am weitesten zurück, Unrath in Hülle und Fülle.

Der Sion mit dem Cönaculum und Davidsgrab gehört im eigentlichen Sinne keinem Quartier an. Er liegt im Süden außerhalb der Stadt.

Wenn auch wenige öffentliche Plätze vorhanden sind, ganz ohne solche ist die Stadt nicht.

Zu nennen sind: Der Platz vor der hl. Grabeskirche. Auf diesem tummeln sich immer eine Menge Krüppelhafter und Bettler herum, auch sind stets Verkäufer und Verkäuferinen von Rosenkränzen, Kreuzen, Ringen zu finden.

Der Schloßplatz oder Citadelleplatz auch Suck oder Markt genannt. Auf diesem Platze werden stets Hühner, Gemüse, Eier, Citronen ꝛc. zum Verkaufe angeboten.

Der Platz beim Zionsthor, Suck el Dschona genannt; hier ist wöchentlich Viehmarkt.

Der Meidanplatz im Judenviertel oder die Rennbahn; dieses wird der ehemalige Platz Xystus sein.

Der alte Schlachtplatz, ebenfalls im Judenviertl. Der neue befindet sich jetzt außerhalb der Stadt unweit der Königsgräber.

Hiezu kommt noch der colossale Tempelplatz auch Haram es Scherif genannt. Diesen habe ich bereits beschrieben. Er übertrifft alle vorgenannten sowohl an Größe, insbesonders aber an außerordentlicher Schönheit.

Straßen zählt man in Jerusalem etwa 170; die meisten sind sogenannte Sackgassen, krumm, finster, theils überwölbt und winkelich. Man kann sich schwer orientiren, nur einige laufen durch, d. h. man kann auf diesen von einem Thor zum anderen gelangen. Namen führen die Straßen nicht, wie z. B. bei uns Ludwigsstraße, Maximiliansstraße ꝛc. Die dort vorkommenden Namen als Davidsstraße, Christenstraße haben sich nur durch Pilger und Europäer eingebürgert. Der Araber kennt sie nicht, für ihn gibt es nur Quartiere. Die Häuser Jerusalems mit Ausnahme der der Europäer sind in der Regel nur 2 Stock hoch, von behauenen

Eine Straße in Jerusalem.

Steinen aufgebaut und jede Kammer für sich überwölbt. Daß bei einer solchen Bauart die Mauern eine entsprechende Stärke haben müssen, ist leicht denkbar. Dachstühle und Dächer gibt es nicht, ebensowenig eine Balkenlage in den Stockwerken oder einen hölzernen Fußboden. Ich habe in ganz Judäa keinen Baum gesehen, aus welchem man Bretter schneiden oder Balken zimmern könnte. Gleich den Nomadenstämmen, welche ihr Zelt aufschlagen und wenn eines für die Familie nicht mehr ausreicht ein zweites daneben setzen, haben die Jerusalemer ihre Häuser erbaut. Ein viereckiger Raum wird ummauert und auf einer Höhe von etwa 2 Meter überwölbt. War das Bedürfniß zu einem weiteren Bau vorhanden, so wurde nebenan der gleiche Kasten errichtet, nöthigenfalls obenauf ein weiterer gestellt. Hie und da wurde die Umfassungsmauer über den Gewölbschluß aufgeführt, das Gewölbe geebnet und dann als Dachterrasse am Abend zum Spazierengehen benützt. Die Brüstungsmauer wird in einem solchen Falle über die Plattform etwa 1 Meter hoch aufgeführt und zur Verzierung in Dreiecksform abgeschlossen. Die hiezu verwendeten Steine sind durchlöcherte Ziegel, gleich unseren Drainageröhren. Man hat damit den Vortheil, daß man durch dieselben sehen kann, während man von der Straße aus den Blicken der Neugierigen verborgen ist. Auch werden diese Dachterrassen von den Muhamedanern häufig als Betplätze benützt, was ich mehrmals von der Dachplattform des österreichischen Pilgerhauses beobachten konnte. Auch die Juden feiern da droben häufig ihr Laubhüttenfest. Das während der Regenzeit auf diese Plattform niederfallende Wasser wird durch gemauerte Rohre an den Wänden des Hauses zu einer im Boden gegrabenen Zisterne niedergeleitet und das muß im Sommer über als Trinkwasser dienen. Brunnen oder gar Quellen sucht man in Jerusalem umsonst. Anstatt der Hausthüre wird ein Loch offen gelassen, wo man aus- und einschlüpfen kann. Dasselbe ist aber nicht immer mit einer Thür geschlossen und wenn eine vorhanden ist, was ist das für ein Ding! Eine Stallthüre in unseren alten Bauernhäusern kann hiegegen als solide Arbeit betrachtet werden. Fenster gibt es gegen die Straße wenig, im Innenhof fällt das Licht durch einen Mauerschlitz ein. Ein Fensterstock mit Rahmen und Glas ist fast ein fremder Baugegenstand. Die Treppe ist von Stein und fast immer außen angebracht. Hiezu stehen nur einige Zapfen, welche unterbaut sind, aus der Mauer hervor, häufig ein halsbrecherisches Ding, von einer bequemen Treppe keine Rede. Vorplätze, Nebenzimmer gibt es nicht. Jeder Raum bildet für sich eine

Wohnung. Ein gewisser, sehr wichtiger Ort ist in diesen arabischen Wohn=
stätten nicht einmal zum Sitzen eingerichtet. Ich trat wiederholt in diese
Häuser ein, um das Leben zu beobachten und die Professionisten, die
allerdings auch häufig auf offener Straße arbeiten, bei ihrem Handwerke
thätig zu sehen. Wie ich sah, wird das Geschäft häufig lässig betrieben;
immer sitzen mehrere Araber, Tschibuk rauchend und Nichts thuend, herum,
wie es mir schien, waren sie, wie man hier zu Lande sagt, im Heimgarten.

Sie geniren sich nicht, diese kräftigen Gestalten, wenn ein Europäer
eintritt, ihm das Bettelwort „Bakschisch", welches bei dem Araber in
Fleisch und Blut übergegangen ist, zuzurufen.

Einrichtungsgegenstände als Tisch, Bänke ꝛc. findet man selten, an
den Wänden liegen Polster herum, worauf sie sich niederlassen, als Bett
dient eine dick geflochtene Matte, welche des Tages über aufgerollt in
einer Ecke liegt. In der Mitte liegt ein Teppich, häufig sehr schmutzig,
im Kreise herum setzt sich die Familie auf selben mit gekreuzten Beinen
nieder, wenn sie die Mahlzeit einnimmt. Die meisten Speisen werden
mit der Hand zum Munde geführt. Als Herd dienen einige in der Ecke
aufgeschichtete Steine, worüber ein Kessel hängt, zwei größere Steine dienen
zum Zerreiben der Körner und ersetzen die Mühle. Der Rauch muß
beim Kochen durch die nächst beste Oeffnung hinaus. Für das bei uns
so gut situirte Kaminkehrergewerbe ist Jerusalem kein günstiger Boden.
Diese Techniker kennt man dort nicht. Oefen gibt es in Folge der warmen
Temperatur nicht. Die Straßen oder besser gesagt Gassen Jerusalems
sind häufig, wie ich schon bemerkte, überwölbt, so ein Theil der via
Dolorosa, der Baumwollenbazar, der jüdische Bazar ꝛc.; ihre Breite differirt
zwischen 1 und 5 Meter. Diese Straßen sind begreiflicherweise sehr düster,
da nur hie und da im Gewölbe eine Oeffnung gelassen ist, wo der
Tag hereindringen kann. Interessant ist es in den so finsteren Gassen,
welche häufig auch als Bazare eingerichtet sind. Von diesen ist der be=
deutendste, der Suck oder Bazar im Judenviertel. Man riecht denselben
schon von weiten. Hier sind alle möglichen Sachen zu haben: Zitronen,
Feigen, Datteln, Orangen, Salat, neben Blechgeschirren, Schuhen, Reit=
peitschen aus Hyppopodamushaut geschnitten, Rosenkränze, Kleiderstoffe,
Jerichorosen, schlechte Bilder, arabische Bücher, auch der Baumwollklopfer,
Pfeifenkopfschneider u. s. w. sind thätig, ebenso fehlt der unvermeidliche
jüdische Geldwechsler nicht.

Hie und da sind Kaffeeschenken eingebaut und das Leben und Treiben in denselben ist dem zu Kairo gleich. Sänger, Musikanten, Märchenerzähler sind auch in diesen Spelunken gern gesehene Leute, nur die unanständigen Tänzerinen sah ich hier nicht.

Die Straße ist nicht gepflastert, der Boden voller Löcher, eine Menge Gemüseabfälle liegen herum, ebenso verfaulte Früchte, so daß die Passage ganz schlüpfrig ist. Der Schuster, Schneider, Bäcker arbeitet auf der Straße, auch der Metzger hat den geschlachteten Hammel am Gewölbe aufgehangen. Man muß häufig nach rechts und links ausweichen, um sich an diesen Cadavern nicht blutig zu reiben, was am Ende nicht das Schlimmste wäre. Allein diese geschlachteten Thiere sind so über und über mit den größten Fliegen besetzt, daß sie buchstäblich schwarz sind und ich wollte dieselben bei ihrer Mahlzeit nicht stören.

Zum Ueberfluße passiren diese Bazars oft noch ganze Züge Kameele, welche Waaren in die Stadt tragen, ebenso Maulthiere und Esel, die mit Schutt oder anderweitigem überflüßigen Zeugs beladen den Weg zum Thor hinaus suchen. Ein vornehmer Araber reitet, gravitätisch auf dem Esel sitzend, durch, hinterher der Eseltreiber. Es gehört unstreitig eine gewisse Geschicklichkeit dazu einen solchen Bazar ohne Unfall passiren zu können.

Weder Wagen noch Karren können sich in diesen engen winkeligen Gassen fortbewegen, überdieß geht es auch viel bergauf und ab und das Straßenpflaster, wo ein solches vorhanden ist, ist aus lauter kopfgroßen, runden Steinen hergestellt, wovon der eine hoch, der andere niedrig liegt; von dem immerwährenden Abrutschen sind die höher liegenden glatt wie ein Aal.

Jerusalem wurde 17mal belagert und fast ebenso oft zerstört und in Folge dieser furchtbaren Umwälzungen haben sich Hügel geebnet und Thäler ausgefüllt. Das Tyropöon z. B. ist nicht viel mehr niedriger als Moriah. Berge von Schutt liegen übereinander und wiederholt baute man auf den Trümmern der Zerstörten eine neue Stadt auf. Hat man doch bei Fundirung des österreichischen Pilgerhauses 18 Meter (mehr wie 60 Fuß) tief graben müssen, um den natürlichen Boden zu finden. Bei Anlage der englischen Kirche stieß man, nachdem mehr wie 40 Fuß tief ausgehoben war, auf ein Gewölbe, welches, wie sich herausstellte, vor mehreren tausend Jahren ein kleines Bethaus überwölbte.

Die Niveauverhältnisse sind gegen die ersten Zeiten vollständig verschoben, nur einige Punkte blieben unverändert.

Die erſten Eroberer Jeruſalems waren 1200 v. Chr. die Söhne Judas, der letzte war Ibrahim Paſcha im Jahr 1840. Am ſchlimmſten ging es der Stadt bei der 10. Eroberung durch die Römer unter Titus, 69 n. Chr., wo ſie, wie wir wiſſen, faſt von Grund aus zerſtört wurde. Die Beſitzer der Stadt waren: die Jebuſiter, die Israeliten, die Aegypter, die Aſſhrer, die Perſer, die Maccedonier, die Parther, die Römer, die Griechen, die Araber, die Kreuzfahrer und jetzt ſind es die Türken.

Ich durchſuchte einmal den hinter dem öſterreichiſchen Pilgerhauſe gelegenen Stadttheil Bezetha nach allen Richtungen. Faſt lauter enge und winklichte Gaſſen finden ſich dort vor. In Trümmern liegende Ge= bäude werden nicht wieder aufgebaut. An der Nord= und Nordoſtſeite wird ſogar über größere Strecken der Pflug gezogen. Von dem ehemaligen herrlichen Palaſt des Königs Herodes iſt keine Spur mehr vorhanden.

Alle Thiere, welche in der Stadt krepiren, Hunde, Katzen, Hühner, Eſel, werden auf die Straße geworfen und bleiben da liegen, bis ſie ver= faulen oder von den herrenloſen Hunden aufgefreſſen werden. Jedem Fremden fallen ganz ſicher dieſe wolfsartigen Halbhunde mit ſtruppigen, vorwärts ſtehenden Haaren auf und man iſt ihnen ernſtlich böſe, da ſie zur Nachtszeit immer bellen und heulen und einen nicht, beſonders in der erſten Zeit, zum Schlafe kommen laſſen. Wie ich aber einſehen lernte, ſind ſie ſehr nothwendig. Sie treiben ſich ganze Nächte auf den Straßen herum, freſſen alles Gefallene auf und greifen dadurch der Sanitätspolizei, wenn doch eine ſolche vorhanden iſt, mächtig unter die Arme. Man ging einmal daran, mit dieſen Beſtien aufzuräumen und nahm zur Liſt ſeine Zuflucht. Bei Nachts nämlich wurden die Thore geöffnet, damit die Schakale hereinkönnen, um aufzufreſſen, was auf den Straßen liege. Es kam aber ein anderer Umſtand dazu, der dieſes Verfahren wieder unthun= lich machte. Mit den Schakalen ſchlichen ſich auch die räuberiſchen Beduinen herein. Die Thore mußten wieder geſchloſſen werden, da die Letzten die Schlimmeren waren, als die Erſten.

Es gehört in Jeruſalem zur ſtrengen Hausordnung, ſobald die Nacht hereingebrochen iſt, die Wohnung nicht mehr zu verlaſſen, man folgt gerne dieſem Geſetze. Straßenbeleuchtung gibt es keine, ſobald die Sonne untergegangen iſt, ſenkt ſich auch die Nacht hernieder, die Dämmerung iſt kurz und in der Stadt iſt es ſo finſter wie draußen in der Wüſte. Nur ab und zu ſah ich jemanden über die Straße huſchen. Für den Fremden, ber mit den Verhältnissen nicht betraut ist, ist es unbedingt nothwendig zu Hause zu bleiben, er läuft ja Gefahr, von Arabern überfallen, von Hunden gebissen zu werden oder gar an einen Aussätzigen zu stoßen.

XXXIV.
Die Bewohner Jerusalems.

Die Einwohnerzahl wird von verschiedenen Reisenden verschieden angegeben; nach einer Zählung durch den Seelenbeaufsichtiger — so nennt man diese Leute, welche vor einigen Jahren Volkszählung vornahmen — soll die Stadt 30,000 Menschen beherbergen, und zwar 8000 Christen, 16,000 Muhamedaner und 6000 Juden. In der Hauptsache ist der Körperbau dieser Leute gut, mitunter schön zu nennen. Die Farbe braun, die Haare schwarz. Ihr Charakter aber ist nicht besonders zu loben; auf ein paar Lügen kommt es ihnen nicht an. Schwätzen thun sie gerne, das Arbeiten gehört nicht zu ihrem Vergnügen, Courage haben sie wenig, sondern sind eher feig. Was die Sittlichkeit betrifft, so ist es nicht schlecht bestellt. Vergehungen in dieser Richtung sind selten. Trunkenheit ist ebenfalls vereinzelnd, kommt nur bei den wenigen Besuchern der griechischen Kneipen vor, dem gewöhnlichen Mann macht es Vergnügen, in einer Kaffeeschenke im Bazar zu sitzen und sein Nargileh zu rauchen und Schach, Domino oder Würfel zu spielen. Als musikalische Instrumente haben sie das Tambourin, die Zymbel, Pauken, Laute und eine sonderbar geformte Geige. Der besser situirte Jerusalemer verläßt im Sommer die Stadt, lebt einige Monate auf dem Lande unter Zelten oder geht nach Joppe. Außer der Stadt kann man Muhamedanerinen an Freitagen lustwandeln sehen. Sobald es aber Abend wird, eilen diese gespensterhaften Wesen ihrer Wohnung zu; denn mit Sonnenuntergang werden die Thore Jerusalems geschlossen, nur das Jaffathor bleibt noch eine halbe Stunde offen, ist die Zeit verstrichen, so fällt auch dieses Thor in's Schloß, wer noch außen ist, muß außen bleiben, was den Araber wenig genirt. Wie ich aber gehört habe, gibt es noch ein Mittel, um in die Stadt zu gelangen, ein paar Francs durch das Schlüsselloch der Thorwache zugeschoben, sollen schon mehrmals eine wunderbare Wirkung hervorgebracht haben, knarrend dreht sich das Thor in seinen verrosteten Angeln und öffnet sich soweit, daß der Säumige hineinschlüpfen kann.

Die Kleidung der Einwohner ist eine sehr verschiedene. Bei Männern

ein langer Rock, Kaftan genannt, ähnlich einem Schlafrocke mit einem
Gürtel zusammen gebunden, in welchem regelmäßig Waffen stecken, darüber
eine Jacke mit Aermel mit vielen Knöpfen und oft recht bunt eingefaßt,
hierüber noch einen weiten Ueberzieher, vorne offen ähnlich unserer Bur=
nusse. Die Hose ist ober den Waden zusammen gebunden, meistens von
weißer Baumwollenleinwand, von gleichem Stoff das Hemd, die Schuhe
sind schwarz oder roth mit aufgebogenen Spitzen, auf dem Kopf das Fez,
eine rothe Haube oder Mütze mit langen Troddeln, die oft bis zu den
Schultern herniederhängen. Die Füße bleiben vom Knie bis zu den
Schuhen bloß. Diese Kleidung ist theils von Baumwolle, Wolle oder
Seide, je nach den Vermögensverhältnissen des Trägers. Der Landmann
trägt über sein blaues Hemd blos einen weiten Mantel von Kameel= oder
Ziegenhaaren, schwarz und weiß gestreift ohne Aermel, Schuhe, elende
plumpe von Kameelleder, wenn sie doch solche tragen, sie gehen aber
meistens barfuß, auf den Kopf den Turban, das ist ein zusammengewickeltes
Baumwollentuch meistens weiß und roth. Das Militär trägt dunkelblaue
Uniform roth paßpolirt und das unvermeidliche Fez auf dem Kopfe.

Die Frauen tragen battistene oder seidene Mäntel je nach Vermögen,
die Farbe ist in der Regel weiß. Ein solcher Mantel deckt nicht nur den
Körper, sondern auch den Kopf zu. Auf die unbarmherzigste Weise ist
das ganze Wesen verhüllt und es gelingt nicht zu beurtheilen, ob man
vor einem jungen Fräulein oder einer alten Matrone steht. Darunter
sollen eine weiße Hose ein Unterleibchen und eine Jacke den Anzug ver=
vollständigen. Die Schuhe sind von schwarzem Leder. Die ärmere Klasse
und auf dem Lande tragen die Weiber fast regelmäßig nur das blaue
Hemd von Baumwolle, welches nicht immer ausreicht die Blößen zu decken,
auf der Brust wird es offen gehalten; wenn sie weiter marschiren werfen
sie der Hitze wegen ein Tuch um den Kopf, sonst gehen sie immer mit
blossem Haupt. Die Haare sind rundum geschnitten, die Füße stets ohne
Schuhe. Eine eigenthümliche Eitelkeit suchen diese Weiber im Tätowiren
am Kinn, um den Mund und die Augen herum sind verschiedene Schnörkel
und Zeichnungen, in lauter blauen Punkten bestehend, eingeätzt, gleich den
Fellahweibern färben sie sich auch die Fingernägel roth. Sie haben ein
widerliches Aussehen diese Wesen.

Ueber die Nahrungsmittel ist noch kurz folgendes zu erwähnen.
Das Brod ist eine Art runder Kuchen, der Hauptbestandtheil ist Gersten=

mehl. Dasselbe wird in glimmenden Aschengruben gebacken, ein etwas besseres in Form kleiner Wecken kommt ebenfalls zum Verkauf. Die Küchelbäcker backen Nudel in einer grünen fetten Substanz, was es ist, konnte ich nicht ermitteln. Für die Araber ist es ein Leckerbissen, ich sah zu Oefteren, daß sie dieselben aus der Pfanne kauften und heiß verschluckten. Den Kaffee trinken sie immer schwarz sammt dem Satze und häufig ohne Zucker. Butter kommt vereinzelt von Joppe herauf, Ochsen Kuh= und Schweinefleisch fehlt fast ganz. Hammel= und Ziegenfleisch dienen als Ersatz. Die Köchinen Jerusalems in den besseren Familien wissen es nach allen Tonarten zuzurichten, so daß man glaubt eine Abwechslung in der Fleischart zu haben. Wir erfuhren dieses selbst im österreichischen Pilgerhause. Fische gibt es in Menge und in allen Sorten. Sie kommen von Mittelmeer und vom Jordan. Hühner sind keine Seltenheit, ebenso Eier, welche besonders auf Reisen genossen werden. Ausnahmsweise bringen die Beduinen ein wildes Schwein, welches im Ghar von Jericho erlegt wird, oder eine Gazelle herein.

An Gemüsen hat man Kraut, Spinat, Erbsen, Linsen und Salat. Letzterer hat gewaltige Stengel, welche mit auf den Tisch kommen und ist, bis man ihn gewohnt ist, unendlich bitter. Der Wein kommt meistens aus Griechenland; einzelne Weintrauben werden von Hebron und Bethlehem hieher gebracht. Der gemeine Mann ist aber meistens mit diesen Speisen nicht vertraut, am wenigsten mit Fleischkost und Wein. Seine Nahrungsmittel sind, wenn es gut geht, Brod, Reis, Kaffee und als Getränke Süßholzwasser, Syrup und Limonadewasser; häufig aber genießt er nur Früchte, Datteln, Orangen ꝛc. und als Getränke Zisternenwasser. Um Geld kann man aber auch Quellenwasser haben, welches in Schweinshäuten aus Lyfta, dem Marienbrunnen oder dem Hiobsbrunnen herbeigeschleppt und in den Straßen zum Verkauf ausgeboten wird.

XXXV.

Spitäler und Friedhöfe.

Ein katholisches Spital auf der Tancredshöhe und ein zweites solches zunächst des Thurmes Hippycus.

Ein protestantisches zunächst des Muristan und ein zweites solches bei den Mamilateich für Aussätzige.

Ein englisches unweit der Johanniter-Ruinen.

Ein griechisches zunächst ihres großen Klosters.

Ein jüdisches im Judenviertel.

Die Friedhöfe sind in folgender Weise vertheilt:

Der christliche auf Zion.

Der türkische beim Mamilateich, bei der Jeremiasgrotte und außerhalb der Tempelmauer im Osten der Stadt.

Die Juden legen sich alle im Thal Josaphat am Abhang des Oelberges und gegen das Dorf Siloam hin zur ewigen Ruhe nieder.

XXXVI.

Rundgang um die Stadt.

Nachdem wir nun das Innere der hl. Stadt genügend kennen gelernt haben, wollen wir nun auch die Umgebung derselben uns betrachten und zu diesem Behufe einen Rundgang um dieselbe antreten. Bei dem Damaskusthore wandern wir hinaus.

Etwa einen Kilometer entfernt, trifft man die Gräber der Könige und der Richter. Die ersteren liegen hart am Wege, welcher nach Sychem führt. Auf einer breiten aus Felsen gehauenen Treppe steigt man zu denselben hinunter. Ein Raum von etwa 25 Meter im Gevierte dient als Vorplatz und ist der ganze Körper bis oben ausgebrochen. Das Portal, welches in den Vorhof der Grabkammern führt, ist aus den Naturfelsen gemeißelt und zeigt der Architrav hübsche dorische Verzierungen. Links von diesem Vorhofe tritt man in die Grabkammern ein, mit Lichtern versehen stiegen wir herum. Es gibt aber nichts zu sehen; einige Todtenkammern von 5 bis 6 Meter im Gevierte sind aus dem Felsen gearbeitet, an den Wänden sind Plätze für die aufgestellten Särge. Durch schmale Oeffnungen, wo man kaum hindurchschlüpfen kann, sind sie unter sich verbunden. Die Tradition sagt: die Königin Helene von Abiadene, die 44 n. Chr. nach Jerusalem kam und Jüdin wurde, soll diese Gräber für sich und ihre Familie haben herstellen lassen.

Zurück zu dem Damaskusthor findet man gleich außerhalb demselben die Jeremiasgrotte. Hier soll der Prophet seine Klagelieder über Jerusalem abgefaßt haben. Eine weitläufige Grotte, welche man am leichtesten für

Thal Josaphat.

einen verlassenen Steinbruch halten kann, umsomehr, da gleich nebenan von Arabern schöne Steine aus dem Berge gebrochen wurden. Ein schmutziger zerlumpter Derwisch hält dort Wache und verlangte nicht weniger als 1 Francs per Person, wenn wir die Grotte besichtigen wollen. Wir zeigten uns über diese Unverschämtheit ungehalten und thaten, als wollten wir weiter ziehen. Der Gauner handelte und als wir ihm für alle zusammen, es waren unser dreißig, 3 Francs versprachen, öffnete er das Thor. Vor der Grotte ist ein kleines Gärtchen und Anfangs derselben ist die Wohnung des Wächters.

Die ganze Höhlung ist etwa 12 Meter lang, 8 Meter breit und 5 Meter hoch und ganz von Rauch geschwärzt, weiteres ist nichts zu sehen. Etwa 70 Meter vom Damaskusthor östlich sieht man unter der Stadt- mauer den Eingang in die sog. Baumwollengrotte. Der halbe Stadttheil Bezetha ist unterminirt und man glaubt mit Sicherheit annehmen zu dürfen, daß aus dieser umfangreichen Grotte Salamon die Steine zu seinem Tempel- bau brechen ließ.

Schreiten wir gegen Osten weiter bei dem vermauerten Herodesthor vorbei, so liegt zur linken Hand ein ebenes Terrain mit Olivenbäumen be- pflanzt. Es ist dieses der Platz, wo sich die Araber zur großen Wallfahrt nach Neby Musa sammeln und unter den Oliven ihre spitzigen Zelte auf- schlagen. Der Römer Titus sowohl wie Gottfried von Bouillon schlugen hier mit ihren Truppen Lager.

Wir haben den nordöstlichen Eckthurm erreicht und wenden uns rechts. In fast gerader Linie läuft von da aus etwa einen Kilometer lang die Stadtmauer gegen Süden hin, links ist das Thal Josaphat oder Kidron, jenseits desselben steigt der Oelberg empor. Bald gelangten wir zu einem größeren Teiche, welcher ganz ausgetrocknet war; er heißt Sitti Marjam oder Marienteich. Woher dieser Name kommt, ist unbekannt. Kurz darauf überschreitet man den Weg, welcher vom Stephansthor her- unter führt; an einer Biegung desselben zeigt man den Platz, wo der hl. Stephanus gesteinigt wurde. In der Nähe ist die Stelle, wo Saulus die Kleider hütete.

Der ganze Abhang ist mit türkischen Gräbern übersät. Ein liegender Stein, bisweilen auch zwei, todtenbahrähnlich aufeinander gerichtet, be- zeichnen das Grab, an beiden Enden bei Kopf und Fuß steht je eine steinerne Säule. Sie ist etwa 1 Meter hoch und rund zugemeißelt, oben ist ihr die Form eines Turbans gegeben. Wir stiegen links hinab zur Kidronbrücke. Dieselbe ist von Stein, etwa 5 Meter lang und überbrückt das trockene Bett des Baches, welcher weiter nichts als ein ausgemauerter Graben ist.

An der Bachsohle wird ein Fußstapfen Christi gezeigt. Dieses Merkmal soll folgenden Ursprung haben: Als die Henker den Heiland nach der Gefangennahme in Gethsemane hinaufführten zu Hannas, warfen sie ihn, als sie zu dieser Brücke kamen, hinunter in den Bach; die Füße drückten sich in den harten Felsen ein. Das Merkzeichen ist schwer kennbar.

Wir überschritten das Thal Josaphat und trafen auf dem Wege gegen Siloah uralte, aus dem Berge gemeißelte Grabstätten, an welchen der Zahn der Zeit etwas zerstörend gewirkt hat. Das Erste, an das wir stießen, ist das Josaphatgrab, eine in den Felsen gearbeitete Höhle gleich der Grotte eines Eremiten. Das Zweite ist das Absalonsgrab. Dieses ist ein Würfel oder Kubus von etwa 6 Meter auf jeder Seite und ist aus dem Berg, woran es steht, herausgeschrottet und innen hohl. Etwa 2 Meter hoch, ist aus Hausteinen noch ein Stück darauf gemauert, darüber erhebt sich ein Kegel in geschweifter Form, welcher fast in eine Spitze endet. Das Ganze ist fast schön zu nennen. Eingeblindete Säulen mit jonischen Schnecken, hierüber ein Frieß mit Triglyphen dienen als Verzierung. Die Gesammthöhe konnte 12 Meter sein. An der Wegseite hat dieses Grabmal eine Oeffnung und zwar oben unter dem Kegel; es ist ein Mauerschlitz von etwa 1 Meter Höhe und 0,60 Meter Breite. Man sagt, daß die Juden sowohl wie die Muhamedaner ihre Kinder zu dem Grabe dieses ungerathenen Sohnes führen, durch diese Oeffnung einen Stein werfen lassen, mit dem Fluch begleitet: „Verflucht sei Absalon, verflucht seien alle auf ewig, welche gegen ihre Eltern wüthen." Ohne etwas zu denken oder einen Fluch auszusprechen, übten wir uns im Steineschleudern und jeder wollte einige durch diese Oeffnung bringen. Ohne mich einer Renommisterei schuldig zu machen, kann ich sagen, es gelang mir am besten. Würde jeder Vorbeigehende so viel hinein befördern, so wäre in einem Jahre der ganze Innenraum dieses Grabmales voll.

Das Nächste, zu dem man kommt, ist das Grab Jakobs, des ersten Bischofs von Jerusalem, welcher von der Zinne geworfen und dann mit einer Keule vollends erschlagen wurde.

Eine in den Berg gehauene Vorhalle, 6 Meter lang und 3 Meter tief mit 2 dorischen Mittelpfeilern, bildet die äußere Ansicht. Innen sind mehrere Felsenkammern aus dem Gesteine gearbeitet, zu welchen man nur auf allen Vieren kriechend gelangen kann. Da der Araber ein unreinlicher Mensch ist, so hat man, wenn man darinnen herum kriecht, wohl Obacht zu geben, daß man sich nicht fürchterlich blessirt.

Das am meisten gegen Süden liegende Grabmal ist das Grab des Zacharias. Es besteht aus einem aus dem Berg gehauenen Würfel von etwa 5 Meter im Gevierte, mit einem pyramidenförmigen Dach, jonische eingeblindete Säulen mit nicht unschönem Gesimse dienen als Zierde. Ein Eingang ist nicht vorhanden. Die ganze Höhe könnte 9 Meter sein.

In der Nähe dieser mehrtausendjährigen Grabmäler sind eine Menge jüdischer Grabstätten bis fast zur Hälfte des Oelberges hinan. An der gegen Süden vorspringenden Oelbergkuppe befinden sich die Gräber der Propheten, deren unterirdische Ausdehnung ein ganzes Labyrinth bildet.

Wir verließen den Weg am Berggehänge hin und stiegen zu dem Marienbrunnen bei dem Dorfe Siloam nieder. Der Tradition nach hätte die Mutter des Erlösers während ihres Aufenthaltes im Hause des hl. Johannes auf Zion, hier immer das Wasser geholt. Auf 32 Stufen gelangt man zur Quelle hinunter. Merkwürdig an diesem Flusse ist, daß er zu unbestimmten Zeiten, wie ehedem der Teich Bethesda, auf und nieder steigt. Die Ursache davon ist noch nicht erforscht. Von hier aus führt ein unterirdischer Kanal in Schlangenwindungen 526 Meter lang hinüber zu dem so bekannten Teich Siloah. Vor dem Eingange zu dieser Quelle sind Wassertröge aufgestellt. Die Frequenz überzeugte mich, daß es ein sehr besuchter Brunnen sei. Im Thal Josaphat vorwärts kommt man zum Teich Siloah, — ain Siluan — welcher besonders wegen der Heilung des Blindgebornen bekannt ist -- „gehe hin und wasche Dich im Teich Sileah". Früher soll sich über demselben eine Kirche erhoben haben, zur Zeit ist er nicht viel mehr als eine stinkende Pfütze. Mehrmals habe ich früher gelesen, daß sich Reisende in diesem Teich gebadet hätten; wie das möglich war, begreife ich nicht, bei meinem Dortsein war das Wasser etwa 0,30 Meter tief, fast meistens Schlamm, das Unkraut wucherte empor. Ein Beduine wusch sich seinen Burnus, indem er selber anfeuchtete, auf einen Säulenstumpf legte und darauf herum sprang. Der muß rein geworden sein! Nicht weit davon waren in einem Graben Araberinnen

9*

mit Waschen beschäftigt, im Vorbeigehen lachten wir über ihre Vortheile und als die jungen Mädchen merkten, daß uns ihre Praxis gefalle, hatten sie nichts Eiligeres zu thun, als uns anzubetteln und wiederholt „Bakschisch" zuzurufen.

Oestlich von diesem Teiche, am Abhang des Berges des Aergernisses, liegt das langgestreckte Dorf Siloah. Etwa 60 Hütten stehen theils frei und theils in den Berg hineingebaut, inzwischen führt der Weg, vom Kidronthal her, durch, in das Feuerthal hinunter. Alles starrt in diesem Nest von Schmutz, in den elenden Wohnungen, die Todtenkammern gleich sind, lebt Mensch und Vieh bei einander. Die Einwohner von Siloam waren früher in schlechtem Rufe, sie waren nämlich sehr diebisch. Seit einiger Zeit jedoch soll es etwas besser bestellt sein. Die hinter dem Dorfe sich erhebende Bergkuppe ist der Berg des Aergernisses. Dieser Name kommt daher: der König Salamon errichtete auf dem Berg seinen heidnischen Weibern zu lieb den Götzen der Moabiter und den Molochtempel.

Nicht weit vom Teiche Siloah trifft man einen großen Maulbeerbaum, welcher bis zu den Aesten mit Steinen umrichtet war. Die Tradition sagt, daß unter diesem Baume der Prophet Isaias auf Befehl des grausamen Königs Manasses mittelst Zersägen vom Leben zum Tode gebracht wurde. Von hier ab breitet sich eine kleine Fläche etwa 300 Meter lang und 200 Meter breit in der Form eines Dreieckes aus. Es ist der Platz, wo das Thal Kidron mit dem Thal Hinom zusammenstößt und führt den Namen die Gärten von Siloah oder die Königsgärten. Am unteren Ende derselben befindet sich der Brunnen Rogel auch Nehemiasbrunnen oder Bir Ehub genannt. Dieser Brunnen soll 36 Meter tief sein, in wasserreichen Jahren fließt er über, was ein gutes Jahr voraussehen läßt. Die Einwohner Jerusalems veranstalten bei einem solchen Anlaß dann auf diesem Platze eine Volksbelustigung. Außer Schmutz und Unrath um den Brunnen herum, war bei meinem Dortsein nichts zu sehen. Die neben dem Brunnen sich befindlichen Trümmer einer ehemaligen Moschee waren mit einer Pfütze umgeben, so daß fast nicht zum beikommen war.

Thalabwärts steht eine Gebäude, welchem man seine ernste Bestimmung von weitem ansieht. Es ist das von christlicher Barmherzigkeit errichtete Asyl für die ärmsten Geschöpfe der ganzen Menschheit, die Aussätzigen. Da ich in meinem Leben schon viel über diese „Elenden", wie sie dort heißen, gelesen habe, auch die Bibel mehrmals derselben erwähnt, wie bei

Job, Naman dem Syrier, Giezi, der zehn, die der Heiland zu Ginäa heilte 2c., so war ich fast neugierig, dieselben in der Nähe zu sehen. Als wir uns der Quelle Rogel näherten, kamen uns etwa 20 dieser armen Wesen jammernd und bittend entgegen, verschiedenen Alters und Geschlechtes; sie hoben ihre halbverfaulten Arme in die Höhe und riefen uns mit einer wahren Grabesstimme „Jeherli Sinjore, Bakschisch, Bakschisch" zu. Die Kleidung dieser Menschen besteht einzig und allein aus einem blauen Hemde, welches etwas über die Knie hinunterreicht, aber meistentheils so zerlumpt ist, daß die Blößen nicht verdeckt werden können. Die Haut= farbe, wo sie nicht Eiterbeulen trägt, ist grau, der ganze Körper wüste und verunstaltet, die Finger und Hände, wenn doch noch solche vorhanden sind, sind krumm und verschroben, häufig aber sind dieselben schon abge= fault und es ist nichts weiter als ein verschrumpfter Armstumpf übrig. Das Gesicht ist kaum dem eines Menschen ähnlich. Ich beobachtete mehrere, denen die Augen ausgeronnen waren und in deren Höhlen tummelten sich Fliegen und anderes Geschmeiß herum. Ein größeres Jammerbild ist nicht denkbar. Die Sehenden betrachten einen mit stierem Blick, fort und fort heulten sie uns ihr „Jeherli Bakschisch" zu. Wir beschenkten sie gewiß reichlich und doch waren sie so zudringlich, daß ich wiederholt gezwungen war, mich mit dem Sonnenschirm in Vertheidigungsposition zu setzen, um mir diese fürchterlichen Menschen vom Leibe zu halten. Mehrmals unter= suchte ich meine Taschen, um einige Piaster oder Paras zu finden und dieselben ihnen zuzuwerfen. Erst als wir gegen Hakeldama hinaufstiegen und wir ihnen allen Ernstes bedeuteten, daß sie zurückzubleiben hätten, verließen sie uns und wanderten wieder der Quelle Rogel zu.

Die türkische Regierung hat sich bislang nicht im mindesten um diese elenden Geschöpfe gekümmert, sogar das eheliche Zusammenleben war ihnen gestattet und so erbte sich diese furchtbare Krankheit fort. Die Kinder aussätziger Eltern sollen gesund zur Welt kommen und so bis gegen das 10. Jahr hin keine Merkmale in sich tragen, die auf eine so schlimme Krankheit schließen ließen, endlich aber kommt es an den Fingern zum Ausbruch. Nach und nach faulen alle körperlichen Extremitäten ab und der Aussätzige ist weiter nichts mehr als eine faulende, stinkende Masse. Auf Heilung ist keine Hoffnung und so sehen diese Aermsten, die auch aus jeder menschlichen Gesellschaft ausgestoßen sind, einer furchtbaren Zu= kunft entgegen. Das Beste soll noch sein, daß sie es selten bis zu 50 Jahren bringen, meistentheils ist schon weit früher der Körper verfault. Endlich ging auch die türkische Regierung daran, ein Gebäude in der Nähe des Hiobsbrunnen als Asyl für diese Unglücklichen zu errichten, ihre bisherigen Hütten im Judenquartier unweit des Mistthores werden der Erde gleich gemacht, die Geschlechter sollen getrennt werden und die ganze Art ist auf den Aussterbeetat gesetzt. Auch machte ein gewisses Fräulein Ascherade aus Pommern und der preußische Konsul Dr. Rosen in Jerusalem in dieser Richtung einen rühmlichen Anfang, indem sie bei dem Mamillateich ein Unterkunftshaus für diese Elenden errichteten, welches den Namen „Jesushilfe" führt.

Aussätzige findet man im Orient auch noch in anderen Orten, wie zu Damaskus, Ramleh und Sychem.

Der Platz, wo die Thäler Josaphat und Hinom sich vereinigen, heißt Tophet d. h. Abscheu. Aus dem Worte Hinom hat sich Gehenna d. h. Hölle, herausgebildet, welcher Ort als ewiger Strafort bekannt ist, auch Tophet war für die abtrünnigen Juden als Strafort bestimmt. Sie stellten hier einen ehernen Götzen auf, welcher den Namen „Moloch" führte. Derselbe wurde durch eine Feuerung glühend gemacht, worauf ihm dann die Kinder der ungehorsamen Juden in die Arme geworfen wurden. Das Wimmern und Schreien der armen Kleinen wurde durch Trommelgetöse übertönt. Die Juden verstanden schon vor mehr als 3000 Jahren das Martern recht gut.

Wir stiegen die Anhöhe hinan und kamen zu einer großen Grotte, welche über dem Eingange einige Skulpturen zeigt. Es ist diese als die Apostelhöhle bekannt. Hieher sollen sich die Apostel während der Kreuzigung Christi geflüchtet haben.

Weiter am Berggehänge hin, kamen wir zu dem aus der Bibel bekannten Blutacker, jetzt „Hakeldama" genannt. Judas verrieth bekanntlich um 30 Silberlinge den Meister und als ihm der Sündenlohn zuwider wurde, warf er ihn den Hohenpriestern im Synedrium vor die Füße; sie kauften von einem Jerusalemer Hafner diesen Acker und bestimmten ihn als Begräbnißplatz für Fremde, als welcher er heute noch dient. Ein in Zerfall begriffenes Gebäude, welches einst eine Kirche war, deren Gewölbe sich einerseits an den natürlichen Felsen und andererseits an eine starke Widerlagsmauer stützten, lehnt am Berggehänge. Durch eine Oeffnung im Gewölbe sieht man unten eine Menge Gebeine und Todtenschädel wirr durcheinander liegen, es ist ein sogenanntes Kommungrab, in welches alle Fremden, die in Jerusalem sterben und um die sich sonst Niemand kümmert, geworfen werden.

Mehr gegen Westen hin befinden sich eine Menge von Trog-, Leg- und Schiebgräbern von verschiedenen Formen und Größen; sie enthalten keine Leichname, sind aber so voll Koth und Schmutz, daß sie kaum zu passiren sind. Die Araber benützen sie theils als Wohnung und theils als Stall für ihre Heerden und es ist eine wahre Fülle von Ungeziefer in diesen Löchern vorhanden.

Die Anhöhe, welche gegen Westen weiter zieht, führt den Namen der Berg des bösen Rathes. Es befinden sich dort Ruinen eines Ge- bäudes, welches ein Landhaus des Hohenpriesters Kaiphas gewesen sein soll. In diesem Hause wurde das Synedrium abgehalten, wo die Juden auf Anrathen Kaiphas den Beschluß faßten, Jesum gefangen zu nehmen und dem Kreuztobte zu überantworten. In der Nähe befindet sich die Stelle, wo der Baum gestanden, an welchem sich Judas Iscariot erhängte.

Man wendet sich gegen Norden und kommt zu einem großen Teiche, welcher Sultansteich oder auch unterer Gihonteich genannt wird. Er ist in der trockenen Jahreszeit immer wasserlos und wird sogar für die in der Nähe Jerusalems gebauten Feldfrüchte als Dreschtenne benützt. Von hier aufwärts heißt das Thal nicht mehr Hinom sondern Gihon.

In einem großen Bogen führt hier der Aquädukt, welchen Salamon von seinen Teichen bei Etam nach Jerusalem bauen ließ, herum, dann den Abhang des Sions entlang und durch das Thyropöon auf dem Tempel- berg. Zunächst dieses Teiches liegt das kasernenartige montefiorische Unter- kunftshaus für arme Juden. Am Anfang des Gihonthales liegt der obere Gihon- oder Mamillateich. Letzterer Name datirt daher, weil hier die hl. Mamilla bei dem Einfall der Perser 614 n. Ch. eine Menge Christen- leichen beerdigen ließ. Früher stund hier auch eine Kirche, welche dieser Heiligen geweiht war. Diese Stelle ist auch dadurch merkwürdig, weil hier auf Davids Wunsch sein Sohn Salamon von dem Hohenpriester Zadok zum Könige gesalbt wurde.

Wir stiegen vom Gihonthale aus die Anhöhe hinan und stunden bald auf dem Platz vor dem Jaffa- oder Bethlehemthore.

Kameelkarawanen aus Aegypten und Arabien hatten sich angesammelt, die Zollwache war beschäftigt, die Waaren zu taxiren, ehe sie in die Stadt gebracht werden. Ziegenhirten mit ihren Heerden fanden sich ein. Sie wollten die mageren Thiere verkaufen. Beduinen hatten ihre schwarzen zerrissenen Zelte aufgeschlagen, Töpfergeschirre wurden feilgeboten, besonders alttestamentarische Krüge; auch Aussätzige hatten sich vom Hinomthale heraufgezogen und bettelten vor dem Joppethor. Die Hitze war mitlerweile auf 34° Reaumur gestiegen, der Staub war schuhtief. Viele von uns flüchteten sich in eine griechische Kaffeeschenke, welche an die Stadtmauer hingeklebt war. Da mir aber das neue Gasthaus „Feil" bekannt war, wo gutes Bier, die Flasche um 1 Francs, zu haben war, schlug ich mich mit noch weiteren zwei Bekannten dort hin. Das Getränk war etwas warm, wie es unter diesem Himmelsstriche kaum anders möglich ist, es gelang uns aber doch unseren höllischen Durst zu löschen. Nach gehaltener Siesta ging es die Tancredhöhe hinunter über das steinige Wackerfeld hin, dem Damaskusthor, von welchem wir ausgegangen waren, zu. Auf dem Wege dorthin, dachte ich über das syrische Heer und die Kreuzfahrer unter Tancred nach, welche hier ihr Lager schlugen. Wie viel wohl dieser armen Krieger auf dieser unwirthbaren steinigen Höhe verdurstet sein mögen!

Bald stolperten wir über die Aschenhügel, welche vor dem Thore aufgeschichtet sind und welche Zeugniß von einer früher schwunghaft betriebenen Seifenfabrikation geben, hinüber und zum Damaskusthor hinein. Der Rundgang um die Stadt war beendet.

XXXVII.

Gethsemane, Oelberg, Bethanien.

Regelmäßig verläßt man die Stadt durch das Stefansthor, wenn man die oben bezeichneten Orte besuchen will. Steil geht es den Berg hinunter, im Thale überschreitet man die obere Kidronbrücke, welche hier über den vollständig trockenen Wildbach führt. Gleich zu linker Hand steht ein großes aus Hausteinen aufgeführtes Portal, welches mit gothischer Gliederung und Bogen hergestellt ist. Es ist dieses der Eingang zu der ganz unter der Erde liegenden Marienkirche. Auf einer 3 Meter breiten Marmortreppe gelangt man auf 48 Stufen hinunter. Etwa auf halber Höhe sind links und rechts Grabkammern in den Felsen gehauen, welche als Grabstätten des hl. Joseph, dann der Eltern Mariens, Joachim und

Gethsemane und der Oelberg.

Anna gelten. Unten angekommen, steht man an der östlichen Langseite der 28 Meter langen und 6 Meter breiten unterirdischen Kirche. Dieselbe entbehrt alles Licht, nur das zur Treppe hereinfallende erleuchtet den finsteren Raum ein wenig. Durch brennende Lampen ist etwas nachgeholfen. Zur Rechten findet man eine kleine freistehende Kapelle in der Kirche; sie ist aus dem Naturfelsen herausgearbeitet. Denselben kann man aber nicht sehen, da er mit Marmor verkleidet ist. Dieser Ort wird als das Grab der Mutter Jesu bezeichnet. Durch eine enge Thür tritt man ein; es ist auf's prächtigste ausgeschmückt, da die Orientalen, Griechen und Armenier große Verehrer der Himmelskönigin sind. Diese Stelle wird von allen hoch gehalten, selbst die Moslemen haben in der Nähe einen Betplatz, da bei ihnen Sitt Mariam — Frau Maria — als die Mutter des großen Propheten, wie sie sagen, in hohem Ansehen steht. Die Katholiken können sich wohl dort zum Gebete einfinden, die Abhaltung eines Gottesdienstes jedoch ist ihnen verboten.

Schon in frühester Zeit soll hier eine Kirche gestanden haben und die Kreuzfahrer legten daneben ein Benediktinerkloster an, welches aber der Kurde Saladin zerstörte. Die Griechen haben sich auch in den Besitz dieser Kirche zu setzen gewußt.

Vor dem Eingangsthore führt rechts ein ausgemauerter Weg, wie in einen Bergwerksstollen, zu der Todesangstgrotte. Auf 8 Stufen steigt man zur selben nieder und man befindet sich in einem Raum, welcher etwa 16 Meter lang und 10 Meter breit ist; die durchschnittliche Höhe beträgt 2 Meter. Die Wände und die Decke bildet der natürliche Felsen; letztere ist mit 2 ebenfalls natürlichen Felsenpfeilern unterstützt. Auch die Altäre sind aus dem Felsen gemeißelt. Unter der Mensa des Hochaltares, um welchen eine Menge Lampen stets brennend erhalten wird, ist der Platz bezeichnet, wo der blutige Schweiß des Erlösers, welchen ihm die furchtbare Todesangst auspreßte, zur Erde rann. Diese Grotte ist Eigenthum der Katholiken, ein Franziskanermönch hält dort beständig Wache. Ich besuchte wiederholt diesen heiligen Ort.

Einen Steinwurf entfernt wird der Platz gezeigt, wo die Jünger schliefen und ein Säulenstumpf bezeichnet die Stelle, wo Judas Iscariot den Meister durch einen Kuß verrieth.

Der Garten Gethsemane ist mit einer Mauer umgeben. Acht mächtige uralte Oelbäume stehen dort, welche die Zeit gesehen haben, da Judas mit der Schaarwache in den Garten eindrang, um Christus gefangen zu nehmen. Dieser Garten ist durch Schankung in den Besitz der Franzis=kaner übergegangen. Der Mönch, welcher dort Wache hält, öffnete uns freundlich das Pförtchen. Der ummauerte Platz ist etwa 45 Meter im Gevierte groß und zu einem netten Garten, soweit solches in dieser Gegend möglich ist, umgeschaffen. Ein schöner Kreuzweg ist an den Wänden an=gebracht. Der aufmerksame Wächter reichte uns einen Labetrunk, welcher in Zisternenwasser, Limonade und Syrup bestand und machte jedem ein kleines Fläschchen Olivenöl, sowie ein Stückchen Olivenholz und mehrere Blumen, welche auf Bildchen aufgepreßt werden, zum Geschenke. Es wurde uns erlaubt, von den alten Olivenbäumen Zweige zu brechen. Ich machte sofort von dieser Erlaubniß Gebrauch, brach mir einige herunter und nahm dieselben als Andenken an diesen so merkwürdigen Ort in die Heimath mit.

Es fing schon an, wieder recht warm zu werden, als wir den Oel=berg hinanstiegen, welcher sich vom Bachbett des Kidron aus fast 500 Fuß hoch — gleich 147 Meter — erhebt. Schon zu dieser frühen Jahreszeit fand ich den Wachsthum höchst dürftig. Die Gerste war theilweise ein=geheimst und ein Landmann führte die mit Maulthieren bespannte zwei=tausendjährige Pflugsterze über den mageren Boden hin. Nur größten=theils weiße Kreide und Feuersteine kamen zu Tage, von einem Humus nach unseren Begriffen keine Spur. Konnte mir nicht denken, was auf dem so ausgetrockneten Boden noch wachsen soll, wenn 6 Monate lang kein Tropfen Regen mehr fällt und die normale Wärme 30° Reaumur beträgt. Die Oelbäume stehen nur vereinzelt herum und fristen kümmer=lich ihr Dasein, hie und da sprossen Blümchen zwischen den Steinen aus dem trockenen Boden hervor und wehren sich unbändig um ihre Existenz; grau und verdorrt war schon das Meiste und es war erst Ende April! Wie mag es da im August aussehen! Die Schilderung mehrerer Reisender, die den Oelberg mit saftigem Grün und prachtvoller Vegetation beschreiben, beruht, glaube ich, auf einer gerne gehörten Uebertreibung.

Etwa auf halbem Wege ist der Vorsprung, Akabah genannt, von wo aus Jesus über Jerusalem weinte und dessen Zerstörung vorhersagte.

Auf dem höchsten Punkte erhebt sich eine achteckige Kirche mit einer Vorhalle, welches die Himmelfahrtskirche war. Jetzt ist sie zu einer elenden türkischen Moschee herabgesunken, ein schmutziger Derwisch bewacht den Eingang. Nach Bezahlung eines Bakschisches öffnete uns der stinkende

Muhamedaner das Thor. Der innere Rundbau hat nur etwa 7 Meter Durchmesser und wird von 8 Säulen getragen, auf welche sich Spitzbögen stützen, darüber erhebt sich ein Cylinder von unscheinbarer Höhe, welcher mit einem Kuppelgewölbe abgeschlossen ist. Das Ganze ist von wenig Bedeutung und außer einigen Ornamenten, welche von anderswoher hier Verwendung fanden, ohne bauliches Interesse. Durch 4 Fenster wird das Innere, welches öde und leer ist, nothdürftig beleuchtet.

Das Wichtigste ist ein kleines in den Boden vertieftes Quadrat, welches mit einem eisernen Geländer umgeben ist. Man sieht da den natürlichen Felsen und in demselben eine Fußspur — die linke — die der scheidende Heiland bei seiner Himmelfahrt zurückgelassen hat. Bei dieser Moschee erhebt sich ein unansehnlicher Minaret, welcher, wenn es beliebt, bestiegen werden kann.

Kurzen Weg südlich von hier liegt eine fast neu erbaute Kirche mit einem Klostergebäude nebenan; es ist dieses die Paternosterkirche mit einem Kloster, in welchem französische Karmeliterinen untergebracht sind. An den Wänden im Vorhof ist das Vaterunser in 33 verschiedenen Sprachen auf Marmortafeln eingegraben. Es ist dieses der Ort, wo Jesus seinen Jüngern das Vaterunser gelernt hat. Ein wenig bergab findet man die Credokirche, den Platz, wo die hl. Aposteln das Glaubensbekenntniß verfaßten.

Auf einer Treppe steigt man in einen unterirdischen Raum von länglicher Form, welcher mit einem schwerfälligen Tonnengewölbe überwölbt ist, das sich einerseits an die Bergwand und andererseits an eine mäßige Widerlagsmauer stützt, hinunter. Dieses Gebäude ist Eigenthum der Griechen.

Auf der östlichen Kuppe des Oelberges steht ein schmutziges Dorf, Kefr Zeitun — Bergdorf — genannt. Viele Kinder umschwärmten und bettelten uns unter beständigem „Bakschisch" rufen an. In der Nähe wird die Stelle gezeigt, wo den Aposteln nach der Himmelfahrt Christi zwei Männer in weißen Kleidern erschienen, welche zu ihnen sprachen: „Männer von Galiläa, was steht ihr da und schauet gen Himmel?" Dieser Platz wird auch der Galiläerberg genannt, weil dort für die Pilger aus Galiläa, welche alljährlich zum Osterfest nach Jerusalem heraufkamen, eine Herberge errichtet wurde. Mehrere Wege schlängeln sich den Oelberg herauf; auf einem derselben wird auch David einher geeilt sein, weinend, barfuß und mit entblößtem Haupte, als er vor seinem ungehorsamen Sohne

Abſalon nach Jericho und Gilead floh. Unten am öſtlichen Fuße des
Oelberges liegt Betphage, der traditionelle Ort, wohin der Heiland, von
Bethanien kommend, zwei Jünger vorausſchickte, um einen Reiteſel zu holen.
Faſt nichts mehr iſt von dieſem Orte übrig.

Am ſüdweſtlichen Abhang, wo der Weg nach Jericho führt, treffen
wir drei Kilometer von Jeruſalem entfernt, Bethanien el Azarieh — Lazarus-
ſtätte. Der einſt ſo liebliche Ort iſt gewaltig in Verfall und zählt noch
ungefähr 40 elende Wohnſtätten. Sämmtliche Einwohner ſind Muhamedaner
und nähren ſich theils von Feldbau und theils von Weberei von Decken
aus Ziegenhaaren. Es mag einſt ſchön geweſen ſein hier, an Feigen und
Oelbäumen iſt noch keine Noth und wenn man ſich noch Gärten und
anſtändige Wohnungen hinzudenkt, muß es zum Aushalten geweſen ſein.
Jetzt iſt aber das ganze Neſt ſammt den Bewohnern verlottert. Der
Heiland, wie wir wiſſen, weilte gerne zu Bethanien und ſaß oft mit
Lazarus und ſeinen Schweſtern zu Tiſche. An der Südweſtſeite des
Dorfes zeigt man das Haus der 3 Geſchwiſterte, was weiter nichts als
eine Trümmerſtätte iſt. In der Nähe der Moſchee des Dorfes iſt das
Lazarusgrab, in welches hinab eine ſchlechte Treppe auf 26 Stufen führt.
Die Stelle wird gezeigt, wo Chriſtus geſtanden hat, als er rief: „Lazarus,
ich ſage dir, ſtehe auf!"

Etwa ½ Kilometer außer Bethanien zeigt man den Stein der Raſt.
Der Heiland ſoll auf denſelben, als er durch die wilden Schluchten von
Jericho herauf kam, geraſtet haben, als ihm Martha entgegen eilte und
jammernd mittheilte, daß ihr Bruder Lazarus geſtorben ſei.

Unweit Bethanien liegt das Dörfchen Abu Dis. Der Schech von
dort iſt von der türkiſchen Regierung autoriſirt, als Sicherheitswache mit
einigen ihm untergebenen Beduinen die Karawanen gegen Zahlung durch
das Land zu begleiten.

XXXVIII.

Von Jeruſalem nach Jericho.

Lange zögerte ich, ich war mit mir ſelbſt nicht im Klaren, ob ich
die Reiſe nach Jericho und zum todten Meer, unternehmen ſoll oder nicht.
Sie wird als die beſchwerlichſte in ganz Paläſtina geſchildert und ſo ganz
ungefährlich iſt ſie ebenfalls nicht; ſo mancher Pilger reiſte mit voller

Gesundheit dahin, kam aber nicht wieder zurück. Die große Hitze, der beschwerliche Weg und die räuberischen Beduinen, die da drunten hausen, sind schon Faktoren, mit denen man rechnen muß.

Viele Pilger reisen nach Palästina, aber nach Jericho und dem todten Meere kommen sie nicht. Es sah fast aus, ich gehöre auch zu diesen, da ich befürchtete, meine Kräfte könnten nicht ausreichen, da ein späterer Ritt nach Nazareth und Tiberias dieselben noch gewaltig in Anspruch nehmen wird. Auch meinen Freund Schlichtinger wollte ich nicht allein in Jerusalem lassen. Derselbe verzichtete von voneherein auf die Reise da hinunter und redete mich wiederholt davon ab; ich sagte ihm deßhalb halb und halb zu.

Am 30. April ging ich wieder auf den Oelberg, denn wer von Jerusalem einen rechten Ueberblick gewinnen will, muß zu verschiedenen Zeiten da hinauf wandern. Wie blitzt da der Tempelplatz herauf! Von dem Dorfe Kefr Zeitun aus sieht man die Berge von Moabit und Gilead in nächster Nähe, ebenso am Fuße derselben den nördlichen Theil des todten Meeres, den Jordan und das Ghor (Jordansebene) von Jericho. Eine eigenthümliche Erscheinung in Palästina ist die große Durchsichtigkeit der Luft. Dieselbe ist so klar, daß man alles, was 6 Stunden entfernt ist, kaum für 3 Stunden hält und so ging es auch mir. Ich glaubte das tobte Meer sei keine 4 Stunden weg, obwohl ich wußte, daß es 7 Stunden oder 24 Kilometer sind. Es überkam mich eine gewaltige Sehnsucht, dorthin zu kommen, wo das Strafgericht Gottes vor 4000 Jahren so furchtbar hauste. Ich entschloß mich daher, der Karawane, die andern Tages an den Jordan abreisen wird, mich anzuschließen.

Mit dem Dragoman Rafael Lorenzo aus Jerusalem wurde der Vertrag abgeschlossen. 4 Tage sind zur Hin= und Rückreise über Bethlehem und S. Johann nothwendig und es kostet per Pilger und per Tag 20 Francs. Hiefür hatte er die nöthigen Reitthiere zu schaffen, Sorge zu tragen, daß Wein zur Hausnothdurft vorhanden sei und daß an Essen soviel gereicht wird, um nicht Hungers zu sterben. Zelte und Feldbetten mit leichten Matratzen sind mitzuschleppen und zur persönlichen Sicherheit der Karawane ist ein einflußreicher Beduinenscheik mit der nöthigen Mannschaft als Begleitung zu engagiren.

Montag, den 1. Mai, musterten wir schon um 3 Uhr früh die Reitthiere vor dem österreichischen Pilgerhause; 21 von 29 Mitgliedern waren

auf den Beinen und jeder wollte das beffere Thier finden; es war ein
gewaltiger Wirrwar auf diefem engen Platze, es wurde viel herum
raifonnirt. Dem einen war das Sattelzeug zu fchlecht, dem andern paßten
die Steigbügel nicht, wieder einer war mit dem Klepper nicht zufrieden 2c.,
lauter Klagen, denen man eine gewiffe Berechtigung nicht abfprechen konnte,
auch ein paar Huffchläge kamen vor, die aber gottlob keine üblen Folgen
hatten. Wie es bei folchen Anläffen immer geht: wer fich lange nicht
entfchließen konnte, mußte fich am Ende mit dem begnügen, was übrig
blieb. Endlich waren wir unter dem Gefchrei der Mucker zum Abgange
fertig. Der engen holperigen Straße wegen und da es noch nicht völlig
Tag war, mußten wir die Thiere bis vor das Stefansthor am Zügel
führen. Dort angelangt, wurde Halt gemacht und alles bereitete fich zum
Auffitzen vor. Wir brachten es alle zu Stande, theils mit und theils
ohne Hilfe der Mucker auf die Rücken der Klepper zu kommen, allein
vielen war es gleich mir eine vollftändig fremde Situation und mancher
machte eine hochkomifche Figur.

Sofort ging es ins Kidronthal hinunter, an Gethfemane vorbei und
um den Oelberg herum. Der Tag war angebrochen, als wir Bethanien
paffirten. Im Vorbeireiten befah ich mir diefe elenden Hütten zum
zweitenmal. Gleich außerhalb diefes Ortes geht es gewaltig bergab und
wir konnten auf diefer Tour gleich unfere Reitkunft verfuchen und die
Tüchtigkeit unferer Thiere erproben. Bald lernten wir einfehen, daß die
Gefchicklichkeit nicht auf unferer Seite zu fuchen fei, was fich bei fpäteren
Anläffen zum öftern erwies.

Unten befindet fich ein Brunnen mit antikem Mauerwerk eingefaßt,
welcher den Namen „die Tränke von Bethanien" oder „der Apoftelbrunnen"
führt. Das Waffer floß ziemlich reich, aber warm und da es noch früh
am Tage war, war nicht viel Bedürfniß zum Trinken vorhanden. An
diefer Quelle haben, wie allgemein angenommen wird, der Heiland und
die Apoftel geruht, wenn fie von Jericho gen Jerufalem zogen.

Nach kurzer Raft zogen wir im Wady el Thodh zwifchen fteilen
Bergeshöhen weiter. Der Weg ift hier nicht fchlecht, es ift gut fort zu
kommen. Menfchliche Wohnftätten trifft man nicht mehr, hie und da
weidet am Berggehänge ein Ziegenhirt feine Heerde; die mageren lang-
ohrigen Thiere werden Arbeit haben, ihren Lebensunterhalt zu finden.

Nach etwa 3¹/₂ stündigem Ritt geht es um einen Gebirgsstock herum und nach Kurzem stehen wir vor dem „Chan el Chardur." Es ist hier etwa halber Weg zwischen Jerusalem und Jericho und die Parabel „ein Mann ging von Jerusalem nach Jericho, unterwegs fiel er unter die Straßenräuber" zielt auf diesen Platz ab. Es läßt sich aber auch zu einem Ueberfall nicht leicht ein geeigneterer Platz denken; weit und breit wird es zum Halsumdrehen keinen passenderen geben als diesen. Sowohl früher, als auch jetzt noch, ist dieser Ort wegen Raubanfällen berüchtigt und er heißt deßwegen unter den Eingebornen „die Bluthöhe".

Die Ruinen sind ziemlich weitläufig. Bei dieser Karavanserei stund früher auch ein Kastell, welches die Straße nach Jericho beherrschte. Das hiebei verwendete Mauerwerk ist weißgelber Sandstein, aus den nächsten Bergen gebrochen. Die Fugenschläge lassen auf ein hohes Alter schließen. Das in einer Felsenzisterne vorhandene Wasser ist untrinkbar. Nicht weit von dieser Trümmerstätte sieht man links auf einer Anhöhe die Ruinen einer verfallenen Burg, welche seinerzeit zum Schutze der Reisenden eine Besatzung hatte. Raubanfälle und Morde sind auf dieser berüchtigten Straße nichts seltenes. Die Gegend wird immer unwirthbarer und schauerlicher. Zwischen senkrechten hohen Felswänden zwängt sich der Weg durch. Man kann nichts sehen, als von Zeit zu Zeit streifende räuberische Beduinen mit den Waffen im Gürtel und der stanglangen Flinte über den Schultern, und kreisende Adler von gewaltiger Größe in der Luft. Es läßt sich schwer sagen, welche von den Beiden die gefährlicheren Räuber sind. Der Name dieses Thales heißt ganz richtig „das Mordthal".

Nach etwa 3 Kilometer wird der Ausblick einmal freier, man sieht ein wenig hinaus in die Jordanau und das Nordufer des todten Meeres. Nun geht es aber wieder gewaltig bergab, als ginge es in die Unterwelt. Rechts erheben sich hohe Bergwände, während links das wilde Thal des Keltbaches heraufgähnt; die Felsen in dieser Thalschlucht haben eine eigenartige Formation, auf große Entfernung kann man ihre horizontale Lage beobachten; die Farbe dieses Gesteins schillert ins Braune hinüber. Das nun zu passirende Thal führt den Namen Wady-Kelt. Der Keltbach wird häufig für den Bach Karith gehalten, wo Elias sich aufhielt, als er vor König Achab sich flüchtete und wo ein Rabe ihm Nahrung zubrachte.

Der Bach war vollständig trocken, als ich dessen Flußbett sah; er soll überhaupt nur zur Regenzeit einiges Wasser haben. Das muß aber einstens anders gewesen sein, denn er hat sich in dem rothen Gestein eine schauerlich tiefe Schlucht zu graben gewußt. Die Sonne war mittlerweile ziemlich hoch gestiegen, die weißen Bergwände, die theils wie Gyps aus= sahen, geben die Sonnenhitze wieder. Um für Menschen und Thiere einige Ruhe zu finden, wurde unter einem überhängenden Felsen Halt gemacht. Nach kurzer Ruhe wurde wieder aufgebrochen und es ging den letzten steilen Abhang hinunter.

Das Ghor von Jericho sowie das todte Meer öffnete sich unseren Blicken, ein überraschender Anblick. Auf dem letzten Bergvorsprunge machte ich einige Zeit Halt, um die Umgebung genau zu besehen und die Ein= drücke in mich aufzunehmen. Ehedem einem Garten gleich, in welchem alle denkbaren Südfrüchte und Gewächse in aller Ueppigkeit wucherten, ist nunmehr das Ghor oder die Gefilde von Jericho nichts weiter, als eine Sandsteppe, in welcher nur Dornen und Disteln ihr Dasein fristen. Nur ein grüner Streifen, welcher wie ein geschlungenes Band die Ebene durch= zieht, ist bemerkbar; es ist der Jordan. Jericho, die ehemalige Palmen= stadt ist kaum zu finden. Gegen Osten begrenzen die Berge von Gilead den Blick. Nachdem wir die Thalschlucht verlassen, wendeten wir uns nordöstlich der Elisäusquelle zu. In großer Entfernung schon sahen wir unser erstes Nachtlager, da auf einem unserer vielen Zelte — es waren zwölf — die bayerische Flagge mit ihrer schönen blauweißen Farbe auf= gehißt war und in der dumpfen Luft von Jericho flatterte. Dieselbe wurde von der Ferne schon, speziell von uns Bayern, enthusiastisch begrüßt. Links vom Wege ab bemerkt man einige Ruinen, Ueberreste einer Mühle; ein verfallenes Wassergerinn führt dorthin. Etwa einen Kilometer hatten wir noch zu unserem Lager. Vielfach mußte durch Dorngesträuch geritten werden und es hieß recht obacht geben, wenn man sich mit diesem spitzigen Gewächs nicht die Hosen zerreißen, die Oberkleider beschädigen oder das Gesicht empfindlich aufritzen wollte. Auf einem Hügel, kurz vor unserm Lager, hatten sich mehrere Männer gesammelt, Beduinen sowohl wie Nubier; was die Kerle wollten, weiß ich heute noch nicht. Im Vorbei= reiten glotzten sie uns nur so an, vielleicht hatten sie Lust, uns zu brand= schatzen und unterließen es nur, da der „Scheik von Jericho und dem todten Meere", wie er sich selbst nannte, als Sicherheitswache bei uns war, der gleichzeitig auch ihr Vorgesetzter ist. Da wir bereits an diesen den Tribut bezahlt hatten, mußten sie unlieb begreifen, daß bei uns nichts

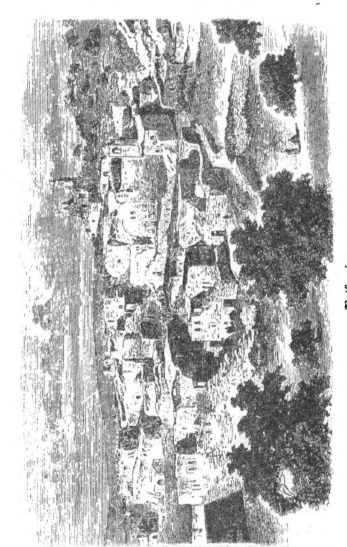

Bethanien.

mehr zu holen sei. Die Sonne stand am Zenith, als wir unser Lager bei der Quelle Ain es Sultan — Elisäusquelle — bezogen. Das Thermometer zeigte 35° Reaumur. Eiligst entledigte man sich der Schuhe, um ein Fußbad zu nehmen; der Dragoman aber machte uns aufmerksam, daß mit dem Hineinsteigen in die Quelle große Vorsicht zu verbinden sei, da unter den Steinen häufig giftige Skorpionen ihre Herberge aufgeschlagen haben. Zum trinken war dieses Wasser fast nicht, wenngleich es aus dem Berge in einer Stärke hervorbrach, um eine Mühle treiben zu können, so hatte es doch 18° Reaumur.

Ich habe mir von den Quellen Palästinas eine schlimme Meinung geholt; wie oft kann man lesen, daß da oder dort eine frische Quelle sei, zumeist ist es nichts weiter als unschmackhaftes, lauwarmes Wasser. Der riesige Durst, von dem man beständig gequält wird, gehört für Palästina-Reisende zu einer der Hauptbeschwerden, da man fast nie das Glück hat, einen guten Schluck frisches Wasser zu bekommen, mit lauwarmen aber derselbe schwer zu löschen ist.

Bei dem Ursprung dieser Quelle befindet sich ein großes Wasserbecken, welches mit antikem Mauerwerk eingefaßt ist. An der Bergwand setzte ich mich im Schatten und sonderbar, das Thermometer auf meinem Hut zeigte 36° Reaumur und doch schien mir die Hitze nicht übermäßig zu sein. Biblisch ist die Quelle dadurch bekannt, daß sie Elisäus trinkbar machte. Salz und Schwefel sollten ehedem ihre Hauptbestandtheile gewesen sein. Die Einwohner von Jericho kamen zu dem Propheten und klagten, da das Wasser so schlecht sei, so lasse es sich in der Palmenstadt nicht gut wohnen. Elisäus sagte, bringt mir ein neues Gefäß mit Salz, er begab sich zur Quelle und warf es hinein und von dieser Stunde an war es trinkbar. Es muß aber dortmals besser gewesen sein als jetzt oder die Bewohner Jerichos hatten einen schlechten Geschmack.

Da wir so frühzeitig auf diesem Platz angelangt waren, so wollten viele den Nachmittag nicht unbenützt vorübergehen lassen und es wurde trotz der großen Wärme beschlossen, den Berg der Quarantäne, der sich hier in nächster Nähe erhebt, zu besuchen. Er sieht recht trostlos aus, dieser Berg der Versuchung, ohne jede Vegetation schaut er braunroth in's Thal hernieder.

An der fast senkrecht aufsteigenden Felswand befinden sich mehrere Grotten, wovon eine, der frommen Ueberlieferung nach, als diejenige

10

bezeichnet wird, welche der Heiland während seiner vierzigtägigen Fasten bewohnte und wo er vom Teufel versucht wurde. Anachoreten-Einsiedler schufen sie theilweise zu Kapellen um und jetzt werden sie von griechischen Mönchen bewohnt.

In einer dieser Grotten bot sich den Besuchern ein höchst trauriger Anblick dar. Drei russische Pilger, welche den Weg zu Fuß zurückgelegt hatten, waren um die Mittagszeit in Schweiß gebadet und gänzlich ermattet dort angekommen. Sie hatten während der Tageshitze ohne Schutz gegen die sengenden Sonnenstrahlen die Wüste durchwandert und wurden vom Sonnenstich befallen. Mit unsäglicher Anstrengung schleppten sie sich noch in eine dieser Grotten, wo dann ein bewußtloser Zustand eintrat, welchen man regelmäßig bei dieser so schnell hinraffenden Krankheit als sicheren Vorboten des Todes betrachten kann. Einen von den Dreien hatte man soeben als Leiche herausgetragen, ein Anderer war am Sterben und der Dritte war in einem Zustand, der in kurzem das Schlimmste befürchten ließ. Die Unglücklichen wurden allgemein bedauert, allein helfen kann in dieser unwirthbaren Gegend einer dem andern nicht, jeder ist auf sich selbst angewiesen und so mußten diese Armen ihrem so tragischen Schicksale überlassen bleiben. Die griechischen Mönche werden wohl den Verstorbenen, soweit es die Verhältnisse zuließen, ein Grab gegraben und dieselben nach ihrem Ritus, da sie Glaubensgenossen waren, beerdigt haben. Schwer wird es gewesen sein, die Leichen von der Ausgrabung durch die Schakale, die dort in Menge hausen, zu schützen.

Da der Abend kühl und angenehm war, so unterhielten wir uns noch lange vor den Zelten. Ich prüfte gelegentlich das Gewehr eines Beduinen und gab ihm zu verstehen, daß man mit einem so vorsündfluthlichen Ding kaum im Stande sein werde, das etwa 10 Meter entfernte Zelt zu treffen. Er war höchlich erstaunt über mein Unverständniß, pries die Vorzüge seiner Schußwaffe und als ich ihm erzählte, welch vollkommene Gewehre wir in der Heimath besitzen, gegen welche die ihrigen ein wahres Gelump seien, lachte er, mich mitleidig betrachtend, buchstäblich aus.

Wie schon erwähnt, begleitete uns als Sicherheitswache in Ermangelung des Scheiks von Abu Dis der Scheik von Jericho und dem todten Meere mit noch einigen seiner Untergebenen. Dieser würdige Chef der Bewohner der Wüste war so aufmerksam gegen uns, daß er auf einer Anhöhe, nahe unseren Zelten, so gegen Mitternacht bei Mondschein, von seinen Landsleuten uns einen Beduinentanz aufführen ließ. Ich konnte mich für diese Raserei nicht recht begeistern, da das Ganze nicht viel mehr als ein wildes Durcheinanderspringen war.

Lange zuvor, ehe die Sonne die Bergspitzen von Gilead vergoldete, wurde durch einen Mucker, mit Namen Achmed, das Zeichen zum Aufbruch mit einer Glocke gegeben. Eiligst war ich auf den Beinen und vor dem Zelte; des Ankleidens bedarf es nicht, da man im Feldbette die Kleider auf dem Leibe behält, um sich in den kühlen Nächten nicht zu erkälten. Ich hatte die erste Nacht unter Zelten gut geschlafen. Der Tagesritt und die Ermüdung mögen wesentlich hiezu beigetragen haben. Der Morgen war lieblich, es herrschte eine angenehme Frische, Wasser aus der Elisäusquelle stand zum Waschen in zinnernen Schüsseln herum. Der Kaffee, ein Getränke, an welches man sich erst gewöhnen muß, wurde im Doppelzelt eingenommen und nach kurzer Zeit saßen wir alle hoch zu Roß. Für diesen Tag war eine strenge Tour in Sicht, am Abend sollten wir bei dem Felsenkloster Mar-Saba sein. Es ging eine kleine Anhöhe hinunter und nach kurzem Ritt über verdorrte Fluren standen wir vor der ehemaligen Palmenstadt Jericho jetzt Richa genannt.

Von der ehemaligen Herrlichkeit ist nichts mehr übrig, etwa 40 Hütten der schlechtesten Art und einige schwarze zerrissene Beduinenzelte stehen herum und es finden dort etwa 200 Menschen Unterkunft. Säulenstücke und Ornamente liegen einzeln herum und geben Zeugniß, daß es hier einmal anders war.

Es muß ein schönes Stück Land gewesen sein! Der Palmenwald soll 100 Stadien (3 Stunden) lang und die Fruchtbarkeit über alle Beschreibung gewesen sein; großartige Wasserleitungen besorgten die Bewässerung nach allen Richtungen, so daß fast kein Land auf der Erde damit vergleichbar war. Großartige Bauten, Residenzen, Tempel, Rennbahnen ꝛc. ließ Herodes der Große dort errichten und brachte häufig den Winter zu Jericho zu. Hier nahm auch dieser Despot sein furchtbares Ende, da er nach dem Gebrauch der Bäder von Kalirhoe im Jahre 2 nach Christus zu Jericho bei lebendigem Leibe verfaulte. Auch Kleopatra, die berühmte ägyptische Königin, war zeitweise Eigenthümerin dieser Stadt, da sie dieselbe von dem Römer Antonius zum Geschenke erhielt.

10*

Es wurde schon wiederholt angeregt, die ehemaligen Gefilde von Jericho durch Wasserleitungen aus der Elisäusquelle wieder fruchtbar zu machen. Bei richtigem Bewässerungssystem müßte der Wachsthum wohl ein guter sein, allein woher die Arbeiter nehmen, welche im Stande wären, einem so mörderischen Klima Trotz zu bieten! Nur Selbstmordgedanken könnten einen veranlassen, sein Domizil nach Jericho zu verlegen. Wir wissen ja, wie es einer ägyptischen Kolonie, welche der Vicekönig vor kurzer Zeit dort anlegen ließ, erging. Der Fellah ist gewiß daheim nicht auf Rosen gebettet, da er fast immer mit hoher Temperatur zu kämpfen hat, allein in diesem fürchterlichen Klima und bei dieser Backofenhitze gingen die armen Teufel nach kurzer Zeit zu Grunde.

Die jetzigen Bewohner Richas sind ein entartetes Volk; sie genießen den schlechtesten Ruf, das Klima ruinirt sie, ihre jammervollen Hütten stehen vereinzelt und anstatt der ehemaligen Mauer von Jericho sind sie mit einem undurchdringlichen Wall von Dornen umgeben. Ein thurmähnliches Gebäude ragt über das Gesträppe etwa 10 Meter hoch empor, es ist dieses das Kastell von Richa, in welches der Pascha von Jerusalem zur Sicherheit der Reisenden und zur in Schachhaltung der Beduinenstämme Baschibozuks legte. Als einzelner Reisender möchte ich aber nicht diese Männer der Sicherheit auf die Probe stellen, ich würde fürchten, daß die Kerls beim Plündern mit den Räubern gemeinschaftliche Sache machen könnten.

Die Russen, wie ich sah, sind daran, da drunten ein Gebäude aus Hausteinen zu errichten; es soll, wie ich hörte, ein griechisches Kloster werden. Der Moskowite versteht es, seine Polypenarme nach allen Richtungen auszustrecken. Ich beneide sie aber nicht, in dieser verbrannten Steppe zu wohnen und die widerhaarigen Beduinen zu kultiviren.

Der Brustbeerbaum, ein dorniges Gesträuch, der Granatäpfelbaum, der Äskulape, welcher den Sodamsapfel trägt, dann ein Strauch mit Namen Lots Limone mit gelben Beeren, bedecken heutzutage die ehedem so herrlichen Gefilde von Jericho; die sogenannte Jerichorose aber, — (welche die merkwürdige Eigenschaft besitzt, daß, wenn sie auch schon 50 Jahre vom Stamme gepflückt ist und vollständig ausgetrocknet und zusammengeschrumpft erscheint, nach etwa einer Stunde wenn sie mit dem Stengel in's Wasser gesteckt wird, sich wiederum öffnet,) — sucht man hier umsonst; ihre Heimath ist die Ostseite des todten Meeres und die arabische Wüste.

Nur die Hunde schlugen an, als wir durch Jericho ritten und hie und da streckte einer, der durch unser Pferdegetrappel aufmerksam gemacht wurde, seinen schwarzen Kopf aus der Hütte oder dem Zelte hervor.

Aus der Bibel ist uns Jericho wohl bekannt. Von den Bergen im Osten werden die Kundschafter des israelitischen Volkes hernieder gestiegen sein und dorthin kehrten sie mit der riesigen Weintraube zurück. Moses durfte vom Berge Nebo aus, welcher majestätisch auf Jericho herniederschaut, das gelobte Land sehen; vor Josuas Truppen stürzten die Mauern Jerichos nieder; von Gilgal nach Jericho zogen die Israeliten. Der Heiland kam öfters dahin, dort rief er den Zachäus vom Feigenbaum herunter und kehrte in seinem Hause ein. Blinde machte er dort sehen ꝛc.

Auf einer fast horizontalen sandigen Ebene ging es nun dem Jordan zu. Einigen kam die Lust an, auf dieser etwa 6 Kilometer breiten Sandsteppe einen Galoppritt zu versuchen; ich wollte auch nicht der Letzte sein, hätte aber den ersten Versuch bald theuer büßen müssen. Mit Windeseile ging es dahin und ich glaubte schon, ich sei ein vorzüglicher Reiter, aber nach einiger Zeit schlich sich ein Umstand ein, welcher außer meiner Berechnung lag. Ich hatte meinen Plaid, um etwas besser zu sitzen, auf den Sattel gelegt, bei längerem Reiten aber flog mir derselbe zwischen den Beinen weg, hinunter, auf den Sand, nun mußte ich absteigen. Ich legte mir denselben zurecht und wollte mich wieder in den Sattel schwingen, hatte aber vergessen, da wir doch schon einige Zeit geritten waren, die Sattelgurten fest zu ziehen. Der Gaul, welcher sonst sehr gut war, hatte die unliebe Eigenschaft, sobald er den Fuß im Steigbügel verspürte, in Trab zu fallen; das genirte mich nicht viel, ich kam ihm sonst stets zuvor, für dießmal kam es jedoch anders. Beim Aufschwingen trat ich mit dem linken Fuß den Sattel herum und es war mir unmöglich, den rechten über den Rücken des Kleppers zu bringen. Mit dem linken Fuß im Steigbügel, mit der linken Hand das Thier bei der Mähne und mit der Rechten an der Gurte mich festhaltend, rannte das Pferd so mit mir wie ein Pfeil auf der Ebene dahin, es war eine verflixte Situation. Nun war ich nur bedacht, mit dem Fuße aus dem Bügel zu kommen, was mir nach einigem Bemühen glücklicherweise gelang. Da war aber natürlich auch aller Halt verloren und da das Pferd nicht zum Stehen zu bringen war, so warf es mich mit großer Wucht der Länge nach vor die Füße des Kleppers hin in den Sand, daß der Staub über mich aufwirbelte. Sobald das kluge Thier merkte, daß sein Reiter vor seinen Füßen liegt, blieb es augenblicklich stehen. Das war auch gut, denn noch ein einziger Schritt hätte für mich die schlimmsten Folgen haben können. Mittlerweile bemerkte man bei der Karawane, daß ich vom Pferde gestürzt sei. Der Dragoman kam im rasenden Galopp herangesprengt und erkundigte sich angelegentlich, ob mir nichts fehle. Er half mir meine Siebensachen aufheben und schnallte den Sattel fest. Wir bestiegen neuerdings die Pferde und in einer halben Stunde, noch ehe die Karawane den Jordan erreicht hatte, hatten wir dieselbe eingeholt. Nicht den mindesten Schaden hatte ich gelitten und ich dankte Gott recht innig, daß ich bei diesem Abenteuer, welches so schlimm hätte ausfallen können, mit heiler Haut davon gekommen war. Am Jordan angekommen, hielt ich unter einem schattigen Baume, sprang vom Pferde und warf die Zügel dem bereit stehenden Mucker zu.

XXXIX.

Der Jordan und das todte Meer.

Auf dem Platze, wo es vor 1853 Jahren aus den Wolken herniederscholl: „Dieses ist mein geliebter Sohn, an dem ich mein innigstes Wohlgefallen habe", wurde ein Zelt aufgeschlagen und die hl. Messe gelesen, welcher wir sammt und sonders mit großer Andacht beiwohnten, wozu besonders ich die meiste Veranlassung hatte. Hierauf gedachte ich an der Stelle, wo Christus von Johannes getauft wurde, ein Bad zu nehmen, allein ich unterließ es, da der Strom ganz schmutziggelb herunter kam, zog nur meine Fußbekleidung aus und wadete ein Stück, soweit es eben ging, hinein und nahm mir ein kleines Fläschchen mit Jordanwasser gefüllt zum Andenken in die Heimat mit. Ich wanderte eine kleine Strecke an den schattigen Ufern nordwärts. Bei einer scharfen Krümmung des Flußes hatte er eine Kiesbank aufgeworfen, an welcher mehrere große Steine lagen. Die Beduinen hatten dieselben hineingewälzt, um bei normalem Wasserstand einen primitiven Uebergang zu haben. Von einer Brücke ist nirgends die Rede; wie ein mächtiger Wasserfall stürzt sich der Fluß darüber hinweg. An dieser Stelle, sagt die Tradition, zogen die zwölf Stämme unter ihrem Führer Josua über den Fluß, zerstörten Jericho und schlugen in Gilgal Lager, wo auch die Bundeslade aufgestellt wurde.

Gilgal soll in neuester Zeit Dr. Zschocke aufgefunden haben; ein Hügel mit Bauüberresten, welcher jetzt den Namen Dschelschul führt; er liegt etwa eine Stunde westwärts vom Jordan. Gilgal nennt der Prophet Samuel seine Heimath, auch David kam, als sein Sohn Absolon geschlagen war, nach Gilgal; er wußte bekanntlich nicht, als er an den Jordan kam, wie der Uebergang über den Fluß zu bewerkstelligen sei, bis dieses ein Mann aus Gilead, der 80jährige Barsillei, vollbrachte. Elias schlug den Strom mit dem Mantel und ging mit seinen Schülern darüber. Naaman, der syrische Feldherr, wusch sich auf Befehl des Propheten Elisäus siebenmal im Jordan und wurde vom Aussatze rein.

Die Breite des Jordans möchte im Durchschnitt 30 Meter sein, sein Bett hat er sich ziemlich tief gegraben, da er noch mit großer Geschwindigkeit durch diese Steppe eilt. Er entspringt in Cölesyrien unweit Hasbeyjeh zwischen den beiden Libanon in zwei Quellen, wovon eine Jor und die andere Dan heißt; nach deren Vereinigung führt er dann den Namen der beiden Quellen und heißt Jordan. Er durchfließt den kleinen Meromsee und das Land Nephthali und ergießt sich zunächst Kaphernaum in den See Genesareth; diesen verläßt er wieder bei Szamaph oder Sennabrin und fließt in unendlich vielen Krümmungen durch das Land Isaschar und Manasse herunter, bespielt dann die Ebene oder das Gohr von Jericho und Moabit und mündet unweit Bethagla in das todte Meer. Seine ganze Länge, die Luftlinie gemessen, beträgt 70 Stunden, 240 Kilometer, seinen Curven nach aber werden es 350 Kilometer sein. Er nährt viele und gute Fische, zur Schifffahrt aber wird er sich nie eignen, da selbe durch die vielen Krümmungen, Veränderung des Flußbettes und Stromschnellen unmöglich gemacht wird. Sein Gesammtgefäll von seinen Quellen bis zur Mündung beträgt 2435 Fuß oder 716 Meter, der Höhenunterschied zwischen dem Spiegel des Sees Genesareth und dem des todten Meeres ist 623 Fuß oder 180 Meter. Die Vegetation an den Ufern des Flußes ist günstig, ein grünlicher Streifen zieht sich links und rechts desselben entlang. Es thut unendlich wohl in der so öden Wüste im Schatten sich niederlassen zu können. Buschige Tamarisken, sowie Akazien und Oleander beschatten eine fruchtbare Wiese; das Schilf ist von gewaltiger Länge und es halten sich darin gerne Enten, Störche, Rebhühner, Nachtigallen und Reiher auf; im Gebüsch stößt man auf wilde Schweine, Wasserhunde und Gazellen und der Gesang der Vögel, die ein Palästinareisender sonst selten zu hören bekommt, ergötzt unendlich das Ohr.

Nach einem Aufenthalt von etwa 2 Stunden an den Ufern dieses merkwürdigen Flußes wurde zum Aufbrechen bereit gemacht. Die Reitthiere hatten sich mittlerweile abseits gezogen und verzehrten im Schatten die saftigsten Pflanzen. Die Mucker holten sie herein und es that mir leid, daß diese braven Thiere in ihrer so angenehmen Beschäftigung gestört werden mußten, denn ein solches Futter bekamen sie sobald nicht wieder. Nun wurde abgeritten. Der Dragoman ließ zuerst noch die Krüge mit schmutzigem Jordanwasser füllen, für heute, sagte er, müsse das unser Trinkwasser sein, da wir des Tages über zu keiner Quelle mehr kommen. Wir hatten also Aussicht, für diesen so heißen Tag unseren Durst mit dem schmutziggelben Ding zu löschen, mit welchem man sich in der Heimath nicht die Füße waschen möchte.

Kurz darauf hatten wir die grünen Ufer des Jordans hinter uns und wendeten uns etwas rechts über den unteren Ghor von Jericho dem todten Meere zu, welches von hier aus noch 5 Kilometer entfernt ist.

Wir ritten in eine Sand- und Salzwüste hinein, wo alles abgestorben ist. Eine ödere und traurigere Gegend ist auf Gottes weiter Erde kaum denkbar. Hoch war die Sonne schon gestiegen, als wir diese gottverlassene Gegend passirten. Auf dem Pferde sitzend, wurde die Hitze von oben und der salzige, weiße Boden von unten heiß genug, um Reiter und Thier rasend zu machen. Die Füße schwollen in den Schuhen, welche in den eisernen Steigbügeln standen, an und brannten wie glühende Kohlen. An den Schläfen verspürte man empfindlichen Schmerz, die Zunge schwoll an und klebte vor Durst an dem Gaumen, die Lippen trockneten aus wie Stroh und kleine Blasen kamen zum Vorschein; die Augen konnte man kaum öffnen vor dem blendenden Lichtreflex, welchen die mit einer weißen Salzkruste überzogene Wüste zurück warf. Das ganze Terrain steht bekanntlich bei Regenzeit unter Wasser, da das todte Meer austritt. Bei seinem Zurücktreten läßt es als feste Bestandtheile Salz und Schlamm zurück. Nun war aber diese Wüste ganz trocken, der Thon und die Salzkruste auf der Oberfläche kreuz und quer zerrissen und so hart wie gefrorener Schnee, durch welchen die Thiere bei jedem Schritt durchbrachen und eine Menge Salzstaub aufwirbelten.

Menschliche Wohnungen gibt es auf Meilen in der Runde nicht, nur gegen Westen liegt das griechische Kloster Bethagla, auch unter dem Namen das Hieronymuskloster bekannt. Das nenne ich Abgeschiedenheit.

Es war eine beschwerliche Tour; man glaubt vom Rosse aus, es entferne sich die bleierne Oberfläche des Meeres Loth immer mehr, bis wir es endlich nach etwa zweistündiger großer Anstrengung erreichten.

Nun stand ich in Salzwasser und zwar im tiefsten Einschnitt auf unserer Erdrinde, 392 Meter unter dem Spiegel des Mittelmeeres und 1136 Meter unter dem Tempelberg Moriah zu Jerusalem. Es war ein frischer Wind aufgesprungen, welcher die bleiernen Wellen von Süden herunter peitschte und die Backofenhitze ein wenig abkühlte. Bis über die Knie im Wasser stehend, überraschte mich eine Sturzwelle, welche wie ein Schmiedehammer an meine Beine anschlug. Aber nach kurzer Zeit war meine Hose wieder trocken, jedoch vollständig mit einer Salzkruste überzogen und schneeweiß. Der Geschmack des Wassers ist ein unendlich widerlicher, nach Salz, Schwefel und Asphalt riechend, bringt man denselben bei einem etwaigen Versuch lange nicht mehr aus dem Mund. Die Farbe spielt ins blaugrüne hinüber und ist von großer Durchsichtigkeit, auf bedeutende Tiefen sieht man noch den Grund. Die Ufer sind Kies und Sand, von einer Vegetation nicht die mindeste Spur. Längs der Küste liegen hie und da Stücke von Bäumen, welche von den Fluthen des Jordans hereingespült und vom Salzmeer an das Ufer geschleudert wurden, wo sie, mit einer Salzkruste überzogen, viele Jahre liegen bleiben mögen. Weder Enten noch andere Wasservögel konnte ich sehen, auch kein Fisch oder Muschelthier kann da leben und verirrt sich aus dem Jordan einer in die Salzfluth, so stirbt er in einigen Minuten und schwimmt auf der Oberfläche herum. Daß schädliche Dünste aufsteigen und Vögel nicht darüber fliegen können, ist unrichtig. Habichte und Reiher vom Jordan sah ich in gemüthlichem Fluge darüber hinschweben. Man findet häufig weiße Steine mit schwarzen Flecken, welche den Namen „die Mosessteine" führen. Zum Andenken nahm ich mir einen solchen in die Heimath mit.

Von Zeit zu Zeit heben sich aus dem Meeresgrund Asphaltklumpen empor und an dem Ufer werden häufig Schwefelstücke gefunden. Die spezifische Schwere des Wassers ist so groß, daß es zum schwimmen keiner Anstrengung bedarf, zum Untertauchen gehört schon großes Geschick.

Oede und schaurig ist die Umgebung. Die Nordseite, wo wir standen, begrenzt das schon beschriebene unfruchtbare Ghor, von Süden schauen finster die rothbraunen Berge von Moabit im Stamme Ruben herüber, westlich fallen die Berge von Judäa mit ihren grotesken Formen

steil ins Meer ab. Gegen Süden ist der Größe des Meeres wegen kein
Ufer zu sehen, auch die Halbinsel Lisan kann von diesem Standort aus
nicht beobachtet werden. Die Länge beträgt 20 Stunden, die Breite
differirt zwischen 6 und 3 Stunden. Die Tiefe ist sehr verschieden. Der
Reisende Symonds fand im Norden mit 1970 Fuß gleich 570 Meter
die größte Tiefe, während der südliche Theil des Meeres nur 3--4 Meter
und an einigen Stellen es so wenig tief ist, daß es von den Beduinen
durchwattet werden kann. Wiederholt schon wurde das todte Meer befahren; im Jahre 1841 durch Symonds, 1847 durch Molineux, am
gründlichsten aber untersuchte es der Amerikaner Lynch im Jahre 1848.
Er brachte 2 Barken mit, eine von Eisen, die andere von Kupfer; von
Acre aus wurden diese Fahrzeuge auf Kameelen zum See Genesareth getragen und dort flott gemacht. Lynch fuhr damit den Jordan hinunter
und erreichte nach vielen Gefahren nach 10 Tagen das 110 Kilometer
entfernte todte Meer. Er schreibt über diese Reise selbst: Der Fluß stand
im letzten Stadium des Hochwassers, 27 Katarakte d. h. kleinere Wasser-
fälle sind wir hinabgestürzt und eine mehr als dreifache Zahl der ärgsten
Stromschnellen haben wir glücklich passirt, eine Unzahl der schärfsten
Krümmungen waren zu umfahren, welche von Felsen zusammengezwängt
sind und zwar so, daß das hölzerne Boot, welches ich in Tiberias kaufte,
schon am zweiten Tage zerschellt wurde.

Als zweite Aufgabe galt dem Amerikaner das todte Meer zu befahren. Noch waren sie nicht weit draußen, als sich ein Wind aus Nord-
west erhob, welcher in kurzem zu einem Sturm ausartete und Schaumwellen emporpeitschte, dessen umherspritzender Gischt die Kleider mit einer
Salzkruste bedeckte, die bloßliegenden Körpertheile und die Augen mit
furchtbarem Brennen erfüllte. Die aufgeregten Wogen schlugen an die
Wände, als würden dieselben mit Titanenhämmern bearbeitet und drohten
alle Augenblicke das Fahrzeug zu überschütten. Es dünkte den Leuten,
als wären sie durch eine verbotene Pforte in das todte Meer eingefahren,
an welcher ihnen die grimmigen Wächter auf Sturmesschwingen zuriefen:
„Hier ist kein Einlaß zu dem ewigen Grab der Todten."

Endlich ging die große Gefahr vorüber und sie landeten an der
Mündung des Baches Kidron. Mittlerweile war auch die Landkarawane
nach einiger Verirrung dort eingetroffen und schlug unter der Klippe
Feschkah Lager. Die Freude über die Errettung aus der so gefahrvollen

Lage war groß. Eine schöne Mondnacht folgte und in dieser stillen Einsamkeit hörte man um Mitternacht das Klosterglöcklein von Mar Saba herüber tönen. Ein mächtiger Eindruck, in der größten Wildniß am todten Meere sich mit menschlichen Wesen durch das christliche Gebet vereinigt zu wissen.

Mehrere Ortschaften liegen um das todte Meer herum; so östlich Kallirhoe mit warmen Quellen, welches Herodes der Große vor seinem Tode als Bäder benützte. Macherus, ehedem eine starke Festung, welche Herodes Antipas als Schutzwehr gegen seinen Schwiegervater König Aretas von Petra erbaute, dessen Tochter er zum Weibe hatte, dieselbe aber bald verstieß und seines Bruders Philippus Weib, die bekannte Herodias, zu sich nahm. Zu Macherus hielt Antipas den hl. Johannes den Täufer längere Zeit gefangen und ließ ihn dann auf Verlangen der Königstochter und Tänzerin Salome enthaupten. Weiterhin liegt die Stadt Karak und südwestlich der Salzberg oder Salzsäule Usdums, Lots Weib genannt; westlich findet man die große Felsenfestung Masäda und das ehemalige Kloster Engeddi.

In Folge seiner Tieflage ist das todte Meer ohne Abfluß. Der Jordan allein führt nach einfacher Berechnung alle 24 Stunden über 4 Millionen Kubikmeter Wasser zu, auch die anderen Flüße, welche direkt münden, als der Kidron, der Zerka-Main, der Arnon führen zur Regenzeit viel Wasser von den Bergen hernieder und doch war es schon am 2. Mai, als ich dort war, wenn auch der Jordan noch mächtig herunter wogte, auf seinem normalen Stand zurückgegangen. Es ist erstaunlich, wie eine solche Wassermenge fort und fort verdunsten kann, was allerdings nur in diesem tiefen Erdschnitt und bei 40° Reaumur möglich ist.

XL.

Zum Wüstenkloster Mar-Saba.

Nach etwa zweistündigem Aufenthalt an den Ufern des todten Meeres oder des Lots-See, wie die Araber es nennen, stiegen wir wieder zu Pferde, um unser Lager vor Einbruch der Nacht zu erreichen. Etwa zwei Kilometer ging es noch auf ebenen sandigem Terrain weiter, dann überschritten wir ein ausgetrocknetes Flußbett und der Weg, wenn ich ihn so nennen kann, stieg einen steilen Berg hinan. Auf schwindelnden Höhenzügen geht

es weiter, an jähen Abstürzen vorüber und möchte man oft die Augen schließen, um den Abgrund nicht zu sehen, der in den wildesten Formen heraufgähnt. Gewaltige Gebirgsstöcke liegen über einander, welche coulissen= artig, einer über dem anderen, vorgeschoben sind und emporsteigen. Sie sehen aus, als wären sie von furchtbaren unterirdischen Kräften empor= gehoben und man reitet buchstäblich auf Lava, wenn man die ersten Ge= birge, welche das todte Meer einrahmen, passirt. Vor mehr als 4000 Jahren muß es hier furchtbar zugegangen sein. Die Gegend bleibt gleich wild und unwirthbar, nur nehmen die Felsen nach und nach eine andere Färbung an. Der gelblichweiße Kreidefelsen tritt wieder mehr hervor und blendet das Auge.

In einer schauerlichen Thalschlucht hatten wir uns zum Mittagessen niedergelassen. Der Platz, wo wir uns befanden, heißt die Wüste Ruban; weder Baum noch Gesträuch war vorhanden und da die Sonne am Zenith stand, warfen auch die senkrecht stehenden Felsenwände keinen Schatten. Das kalte Hammelfleisch wollte nicht schmecken, der mittelmäßige Rothwein war lauwarm, das Wasser aus dem Jordan dickflüßig und ebenso warm, es schien bei dieser gewaltigen Hitze das Löschen des brennenden Durstes unmöglich. Ich hätte dortmals gerne für eine Flasche Wasser aus der Prien eine Mark und mehr bezahlt. Der Wein mit Jordanwasser gemischt nahm eine weißlichte Farbe an und sah unappetitlich aus und doch würgten wir diese abscheuliche Substanz mit wahrer Todesverachtung hinunter. Es war hier kein Bleibens; nach einer Stunde sprangen wir schon wieder in den Sattel und ritten einen hohen Berg hinan.

Oben angekommen, breitete sich eine Hochebene aus, rechts erhob sich eine Bergkuppe mit einer weißen Moschee, welche weithin sichtbar ist. Es ist der Neby Musa oder der Berg Moses, auf welchem, wie die Türken glauben, Moses begraben liegt. Alljährlich machen die Muhamedaner von Jerusalem aus, da bei ihnen auch Moses als ein großer Prophet gilt, eine Wallfahrt dorthin, welche mit großem Spektakel in Scene gesetzt wird. Bald nach Ostern versammeln sich eine Menge Pilger vor dem Stephans= thor und schlagen dort ihre Zelte auf. Am Tag der Abreise, sagt Fahren= gruber, donnern die Kanonen ins Thal Josaphat hinunter, eine ohren= zerreißende Musik begleitet den Zug, heulende und tanzende Derwische an der Spitze, Fakiere, welche fast nackt sind und sich selbst auf alle mögliche Art peinigen, die Lippen und Nasen mit spitzigen Eisen durchstechen, die

Haut nach allen Richtungen aufschliefsen, toben wie Rasende herum und so marschiren diese Fanatiker hinauf nach Neby Musa um das Grab des Propheten Moses zu ehren. Wiederholt sind Bergrücken zu übersteigen und mehrmals sieht man tief unten das todte Meer fast in seiner ganzen Ausdehnung und Klarheit liegen.

Auf einem solchen Gipfel hat man einen merkwürdigen Rundblick über die Berge von Judäa bis hinunter nach Samaria und südlich bis Hebron und gegen Berseba hin. In einer Mulde trafen wir eine in den Felsen gehauene Zisterne, in welcher sich im Winter das Regenwasser sammelt. Wir gaben uns der Hoffnung hin, hier unsere ausgetrockneten Kehlen anfeuchten zu können, aber o wehe, bei der großen Hitze war es bereits in Fäulniß übergegangen, auf der Oberfläche hatte sich eine grüne Schichte gebildet, Ungeziefer verschiedener Art tummelte darauf herum. Schweigend ritten wir weiter, ganz verstimmt über diese elenden Zustände. Ermattet und abgehetzt, wie wir alle waren, mußten wir doch wieder einen hohen Berg hinan; auch den Reitthieren sah man es an, daß sie für den heutigen Tag mehr als genug gethan hatten, es war dieses der beschwerlichste Tag während der ganzen Landreise.

Die Sonne neigte sich über das Amoritergebirge zum Untergang, als wir in das Wady-en-Nar oder das Feuerthal genannt, niederstiegen, wo in der Thalsohle die Zelte für die kommende Nacht aufgeschlagen waren. Ganz ermüdet und von der Hitze, die wir des Tages über ausgestanden hatten, niedergedrückt, stieg ich vom Pferde und warf mich auf kurze Zeit auf mein Lager, um ein wenig auszuruhen. Ganz war es noch nicht Feierabend für heute, dem 2 Kilometer entfernten Wüstenkloster Mar-Saba sollte ein Besuch gemacht werden. Dieses in der denkbarst wilden Gegend gelegene Kloster wird von etwa 40 griechischen Mönchen bewohnt und muß man einen Geleitsbrief des griechischen Patriarchen von Jerusalem vorzeigen, wenn man Einlaß haben will.

Schon in der ersten Zeit der Christenheit hatten sich in diese Einsamkeit fromme Männer zurückgezogen, um der Abtödtung und dem Gebete zu obliegen. Die Felsen des Feuerthales wurden ausgehölt und als Grotten von Einsiedlern bewohnt, aus welchen dann das Kloster entstand. Das ganze Gebäude ist ein Gewirr von Zellen und Gängen, Treppe auf und ab, so daß schwer sich zurecht zu finden ist. Von der Terrasse aus hat man einen Ueberblick über das 175 Meter tiefe Feuerthal, durch welches sich vor unvordenklichen Zeiten der Bach Kidron Bahn gebrochen und deßwegen auch die Kidronschlucht genannt wird. Ein großes Bein= haus birgt die Ueberreste vieler Martyrer, denn wiederholt schon wurden die guten Mönche von den in dieser Gegend zahlreich umherstreifenden Beduinen überfallen und hingemordet. Zum größern Schutz ist die Kloster= pforte aus Eisen construirt und auf dem massiven Wartthurme wacht Tag und Nacht ein Mönch, welcher jede Ankunst von Fremden durch dumpfe Schläge auf ein hängendes hölzernes Stück Brett anzeigt. Sie sind nicht zu beneiden, diese Poppen, in der größten Abgeschiedenheit von der Welt lebend, Besuche nur von wilden Thieren und Beduinen erhaltend, ist ihre Beschäftigung nur Hungerleiden und Beten.

Von außen betrachtet ist dieses Kloster ein merkwürdiger Bau, ein Konglommerat von Gebäuden ist es an die Thalwand hingeklebt, mächtige Stützpfeiler steigen von der Thalsohle empor, ohne besonderen Stil. Die Bauart ist eine solide, die hiebei verwendeten Haufteine sind den Felsen in der Nähe entnommen und leisten der Temperatur genügend Widerstand.

Nach dem Abendessen suchte ich sofort mein Lager im Zelte wieder auf, um von den Strapazen dieses Tages auszuruhen und auf morgen neue Kräfte zu sammeln.

XLI.

Ein Tag in der Wüste.

Da wir uns nun in der tiefsten Wildniß befinden, so könnte es jetzt am Platze sein, einen Tag zu beschreiben, wie ein solcher in der Wüste zugebracht wird.

Am Morgen heißt es frühzeitig auf. In der Regel um 3, spätestens aber um 4 Uhr läutet ein Mucker im Lager herum, eine brennende Talz= kerze wird von andern im Zelt auf den Boden gestellt. Bald ist man auf, ankleiden braucht man sich nicht, da am Abend nichts abgelegt wird. Zinnerne Krüge sind aufgestellt mit dem nächstbesten Wasser gefüllt zum waschen. Der Kaffee wird im großen Zelt getrunken; ich nahm denselben in der Regel schwarz, da mir die hiezu gereichte Milch nicht entsprach. Nach spätestens einer Stunde, es war in der Regel noch Nacht, — denn in Palästina ist im Sommer der Tag um 2 Stunden kürzer als bei uns; (Jerusalem hat am längsten Tag 14 Stunden Sonnenschein, während hier

bei uns das Tagesgestirn 16 Stunden über den Horizont steht) — mußte alles auf den Reitthieren sitzen, um die man sich in der Zwischenzeit umgesehen hat. Man ruft den Mucker an, dem man es Abends übergeben hat und Achmed, so hieß der meinige, brachte es mir immer rechtzeitig zuwege. Man prüft, ob der Reitzeug in Ordnung sei und setzt sich auf. Fleißig umzusehen, ob man nichts zurückgelassen hat, ist sehr zu empfehlen. Der Dragoman hält Umschau, ob alles reisefertig und es geht zum Lager hinaus. Ein Vertrauter und Wegekundiger eröffnet den Zug, während ein ebenfalls Verlässiger stets der Letzte bei der Karawane sein muß, damit Niemand zurückbleibt.

Mittlerweile haben sich die Mucker, welche den Transport der Lebensmittel, Zelte, Matratzen, Tische, Feldstühle ꝛc. zu besorgen haben, daran gemacht, die Zelte abzuschlagen und alles auf Maulthiere und Esel zu verladen. Sie reisen dann auf dem kürzesten Wege zu dem Platze, der für die kommende Nacht als Lagerplatz bestimmt ist und kommen regelmäßig um einige Stunden früher dort an, so daß, wenn die Karawane nachkommt, die Zelte aufgeschlagen sind und der Wüstenkoch unter dem Feldkessel schon Feuer gemacht hat. Es gibt viel zum nachschleppen, 12 Zelte, 32 eiserne Bettstellen, es waren uns 32 Karawanenmitglieder, ebensoviel Matratzen und Decken, zerlegbare Tische, eine Menge Feldstühle, mehrere Kisten Wein, Eier, Brod, Fleisch ꝛc. Es war stets ein stattlicher Zug, wenn die ganze Karawane beisammen war, wenigstens 50 Personen und ebensoviel Reit- und Lastthiere. Außer der Bedienungsmannschaft, bleiben noch ein paar Mucker bei der Karawane und bringen den Proviant für die Mittagsruhe mit. Häufig dauert der Vormittagsritt 6 Stunden, es wird den interessanteren Orten zugeritten, dieselben besichtigt und dann geht's wieder weiter. So gegen 11 Uhr, je nachdem ein Schatten oder eine Quelle erreicht werden kann, wird abgestiegen und das Mittagsbrod eingebracht. Dasselbe besteht aus 2 harten Eiern, ein paar Schnitz Hammelfleisch, etwas von einem Huhn, harten Käs, Feigen, Datteln und eine Orange, als Getränk mittelmäßigen rothen Wein mit meistentheils schlechtem Wasser. Die Pferde läßt man laufen, sie können sich Gras, Gerste ꝛc., was eben aus dem Boden hervorwächst, suchen, gefüttert werden sie zu dieser Tageszeit nicht; auch habe ich nur ein einzigesmal gesehen, daß die armen Thiere Mittags Wasser bekommen haben und zwar in Chan Lubban. Nach etwa zwei- bis dreistündiger Rast wird wieder weiter geritten, in analogischer Weise werden wie am Vormittag biblische Orte besucht, dort vom Pferde gestiegen, alles eingehend besichtigt und so etwa gegen 6 oder 7 Uhr Abends wird das Lager bezogen, je nachdem ein größerer Ort oder eine Quelle erreicht werden kann, wie etwa Bethel Sychem, Tiberias 2c. Eiligst springt man vom Pferde und übergibt selbes einem Mucker und wenn man in der Verfassung ist, spazieren gehen zu können, so besichtigt man den nächstgelegenen Ort. Vom Reiten thun einem die Schenkel und noch ein gewisser Körpertheil, besonders in den ersten Tagen, ordentlich wehe. Man bekommt fast krumme Beine und man kann vom Glücke sagen, wenn bei dieser großen Hitze nicht Roß und Reiter aufgeritten sind.

Der Koch ist vollauf beschäftigt, eine gute Suppe, sowie gebratenes Schöpsenfleisch und Kapaunen zuzubereiten und so um die Zeit, wenn sich die Nacht hernieder senkt, wird zum Abendessen geläutet. Im Doppelzelte ist der Tisch aufgeschlagen und um selben die Feldstühle postirt; 32 saßen uns herum und wenn beim Kerzenschein die Tafel unter der Last der Weinflaschen seufzte, dachte man kaum mehr daran, daß man sich draußen in der Wüste befindet. Die Speisen sind sehr schmackhaft gekocht, insbesonders die Suppe. Im Hotel Minerva zu Rom erlaubte ich mir später den Koch aufmerksam zu machen, daß es gut wäre, wenn er Gelegenheit suchen würde, von unserm Wüstenkoch in Palästina zu profitiren, damit er in seinem Laboratorium eine für die Gäste genießbare Suppe zuwege bringen könnte. Natürlich trug mir diese Meinungsäußerung von Seite des Küchenkünstlers große Geringschätzung ein. — Schwarzer Kaffee, echter Mokka, einige Fingerhüte voll, wird zum Schluße gereicht; er erscheint mit sammt den grob geriebenen Körnern, schmeckt aber ganz gut und man gewöhnt sich leicht daran, denselben sammt einen Theil seines Niederschlages zu genießen.

Für die Fische hatte ich Respekt und genoß wenig, nur drunten am See Genesareth, wo der Dragoman so aufmerksam war, uns den sogenannten Petersfisch auf die Tafel zu setzen, griff ich zu, aber nur um sagen zu können, ich habe den Petersfisch aus dem galiläischen Meere genossen. Wein war Abends in Menge vorhanden und oft, wenn das Essen beendet war, blieben wir noch unter schwunghaftem Geplauder bei einer Flasche sitzen. So um 10 oder gegen 11 Uhr wurde das Feldbett im Zelt aufgesucht und mit voller Uniform auf selbes hingestreckt. Die Zelte haben die Form wie unsere Karoussels mit aufrecht stehenden Wänden

Bethlehem.

und kegelförmigem Dach. Vielfach ist die Leinwand im Innern mit geo=
metrischen Figuren recht grell bemalt, was mitunter gar nicht schlecht aus=
sieht. Etwa 4 bis 5 eiserne Bettstellen sind im Kreise herum aufgeschlagen,
der mittlere Raum ist für vorhandenes Gepäck bestimmt. Um die Zelte
herum legen sich die Mucker, die nicht zum Posten stehen bestimmt sind,
nieder; bis spät in die Nacht hinein sind sie mit Putzen und Füttern der
Reitthiere beschäftigt.

Müde von der Reise fällt man bald in einen tiefen Schlaf und
verträumt eine Nacht über das, was man am Tage vorher sah in der Wüste.

XLII.
Nach Bethlehem.

Am 3. Mai schlürfte ich schon um 3 Uhr früh meinen Morgenkaffee
im großen Zelt, hatte gut geruht und die riesigen Strapazen des vorher=
gehenden Tages fast vergessen. Eine Unzahl von Sternen glänzte in nie
gesehener Pracht in unser wildes Thal hernieder; mir war alles fremd,
bis auf den Mond, welcher sich soeben über die Berge von Moabit erhob.
Der Tag war im Osten angebrochen, als wir gegen Mar=Saba hinan
ritten. Wir passirten den Wachtthurm und stiegen eine steile Anhöhe
hinan. Das Tagesgestirn schob sich mit vollem Glanze über die syrische
Wüste empor und Jerusalem und vor allem die Davidsburg grüßte, von
der Morgensonne beleuchtet, zu uns herüber.

Etwa 4 Stunden sind von da noch nach Bethlehem und wir zogen,
mit dem Spruche der Hirten erfüllt: „Laßt uns nach Bethlehem gehen
und sehen, was dort geschehen ist," über hohe Berge und tiefe Thäler
diesem Bergstädtchen zu. Die Gegend fing an fruchtbarer zu werden,
Gerstenfelder befinden sich im Thale, während Oliven= und Feigenbäume
die Hügel beschatten. Von Zeit zu Zeit kamen Weinberge in Sicht.

Etwa eine halbe Stunde vor Bethlehem bogen wir links um und
ritten über ein großes Getreidefeld einem Olivengarten zu. Wir befanden
uns auf dem Acker Booz, wo Ruth die Aehren sammelte, er ist auch
unter dem Namen „das Hirtenfeld" bekannt, da auf demselben die Hirten
in der Christnacht die Schafe hüteten, als ihnen die Engel erschienen und
die Botschaft brachten, daß zu Bethlehem der Erlöser geboren sei.

11

Innerhalb des zum größtentheil mit eingefallenen Mauern umfriedeten Gartens liegen einige Ruinen, welche eine unterirdische Kirche bergen, die als die Grotte, wo die Hirten die Nachtwache hielten, angenommen wird. Auf etwa 20 ganz ruinosen Stufen steigt man zu einem theilweise verfallenen Raum nieder, welchen die Griechen zu einer ärmlichen Kirche umgestaltet haben. Wachskerzlein wurden angezündet, welche ein Poppe uns überreichte, um den finsteren Raum zu besehen. Ein werthloser Altar und einige Bilder ohne Bedeutung dienen diesem Bethaus als Einrichtung, welches mit seinem Modergeruch eher einem Keller als einer Kirche gleicht.

Wenn man die Ebene überschritten hat, geht es ein wenig bergan und auf dem Hügel steht das Dorf Beßsahur, welches auch als das Dorf der Hirten bekannt ist. Die Wohnhäuser sind sehr niedrig und ganz unter Feigenbäumen versteckt. Etwa 600 Einwohner beherbergt dieser Ort; dieselben gehören zum größten Theil der katholischen Kirche an.

Noch eine kleine Strecke ging es aufwärts längs den wuchtigen Klostermauern, dann bogen wir links um und um halb 9 Uhr Vormittags sprangen wir vor dem Franziskanerhospiz zu Bethlehem von unseren Pferden. Im Kloster quartirten wir uns ein und die freundlichen Nachfolger des hl. Franziskus sorgten liebevoll und ausgiebig für unsere leiblichen Bedürfnisse.

Bethlehem liegt malerisch auf 2 Hügeln, einem westlichen und einem östlichen, welche durch einen kurzen Rücken oder Sattel verbunden sind. Gegen Westen und Norden verflachen sie sich, gegen Osten und Süden aber fallen sie in eine Niederung ab. Uralt muß diese Stadt sein, denn schon Noëmi, Booz und Ruth lebten hier, auch als die Vaterstadt Davids ist sie bekannt, da Isai mit seinen 8 Söhnen zu Bethlehem ansäßig war.

Die Lage der Stadt wird sich nicht viel verschoben haben, denn jetzt noch muß man das ganze Städtchen durchwandern, wenn man von Jerusalem her kommt, um auf den Platz zu kommen, wo sich die Geburtsstätte des Heilandes befindet. Vor 1883 Jahren, als die Eltern des Erlösers hieher kamen, wird es nicht viel anders gewesen sein. Außerhalb dem Städtchen in einem Stalle mußten sie Unterkunft suchen.

Etwa 6000 Einwohner beherbergt Ephrata, die Fruchtbare, wie Bethlehem auch noch heißt, und weitaus der größere Theil gehört der christlichen Religion an. Von der Terrasse des festungsartigen Klosters der Lateiner, da, wo die Glocken in einem freistehenden Glockenstuhl hängen, hat man eine schöne Rundsicht hinunter zum Jordan, dann über einen Theil Jerusalems, wovon es nur 2 Stunden entfernt ist, den Frankenberg und bis gen Hebron hinunter und in der Richtung des todten Meeres die Wüste Engeddi. Die Häuser sind besser und schöner gebaut als die des alten Jerusalems, ganz von weißgelbem Kalkstein mit durchlöcherter Dachbrüstung. Häufig sieht man auch Architekturstücke aus früherer Zeit an den Wänden eingemauert. Es wird auch jetzt noch ziemlich viel dort gebaut und die Maurer der Stadt Davids haben, wie ich gesehen habe, genügend zu thun, was in unserem gesegneten Vaterlande gerade nicht immer der Fall ist. Die Straßen sind vielfach krumm und steigen auf und ab, doch sind sie weit reinlicher gehalten, als in den übrigen orientalischen Städten.

Der Gesichtstypus der Einwohner ist hübscher als der der anderen Völker Palästinas, ein Beweis, daß sie größtentheils Nachkommen der Kreuzfahrer sind; den Typus der Juden sieht man nicht, die Semiten fehlen zu Bethlehem ganz. Die Bethlehemiten treiben Acker- und Weinbau und Bienenzucht und beschäftigen sich auch häufig mit Anfertigen allerlei Kunstsachen aus Asphalt, Perlmutter, Holz und Elfenbein, welche sie theils selbst verkaufen, wie bei dem deutsch redenden arabischen Kaufmann Jakob Abufehle zu sehen ist, und theils nach Jerusalem liefern.

Interessant und fast hübsch zu nennen sind die Frauen Bethlehems, ihre Kleidung ist ähnlich wie die der Beduinen: ein blaues Hemd, worüber eine Tunica geworfen ist, über den Kopf einen weißen Schleier, die Füße in der Regel bloß. Ein unendlich sittliches Betragen wird ihnen nachgerühmt und es gehört geradezu zu den größten Seltenheiten, daß eine bethlehem'sche Jungfrau zum Falle kommt. Männer wie Frauen zeichnen sich durch eine gewisse Noblesse, sowie durch vielen Anstand vor den meisten Bewohnern Palästinas vortheilhaft aus.

Oft genug sieht man in Bethlehem recht anmuthige Gruppen, die einen lebendig an die Flucht der hl. Familie nach Egypten erinnern. Eine Frau mit einem Kindlein auf dem Arme reitet auf einem Esel, ein Mann schreitet zur Seite; den linken Arm legt er hinter sie auf den Esel ihr zur Stütze, in der rechten Hand führt er den Wanderstab.

Unser erster Gang war zu der Geburtsgrotte in der Marienkirche. Am Nordostende der Stadt liegt ein gewaltiger Gebäudecomplex mit mächtigen Mauern, welcher 3 Klöster, ein lateinisches, ein griechisches und

11*

ein armenisches und die große Basilika von Bethlehem umfaßt. Diese Basilika oder Marienkirche ist eines der ältesten christlichen Gotteshäuser in Palästina, da der Grund hiezu schon 330 n. Chr. unter der Regierung der Kaiserin Helena gelegt wurde, schon vor der Vollendung des Grabes= doms zu Jerusalem. Nach zwei Jahrhunderten baute sie Kaiser Justinian, dem sie ihrer Bedeutung nicht würdig genug schien, um, und diese neue Kirche übertraf an Schönheit die zu Jerusalem. Bei verschiedenen Ein= fällen der Perser sowohl wie der Araber blieb sie verschont und bei An= kunft der Kreuzfahrer rettete sie der ritterliche Tankred, der mit 100 Reitern von Emaus herüber kam, vor Plünderung durch die Araber. Im Jahre 1101 wurde in dieser Kirche am Weihnachtstage Balduin als König von Jerusalem gekrönt. Im Jahre 1169 wurde sie durchweg ausgebessert und theilweise verändert. Der Untergang des fränkischen Königreiches Jerusalem brachte ihr keinen großen Schaden, die Horden Saladins ließen den Bau unbeschädigt. In der zweiten Hälfte des fünfzehnten Jahrhunderts aber war bereits der Dachstuhl so schadhaft, daß ein neuer aufgesetzt werden mußte. Herzog Philipp von Burgund und König Eduard von England lieferten das Holz hiezu. In Venedig wurde er abgebunden und man muß sagen, daß der Zimmermeister sein Handwerk nicht schlecht verstund. Er ließ zwar weder Balken noch Sparren hobeln, was bei einem Dach= stuhl über eine Basilika gerade kein Luxus wäre, allein die Construktion ist gut, die Bundgespärre kunstgerecht mit den Balken, Streben und Hänge= säulen verbunden. Im Jahre 1842 nahmen die Griechen eine Ausbesserung in der Kirche vor und schloßen das Presbyterium vom Schiff durch eine Quermauer ab. Sie wußten sich so einzunisten und soviel Uebergewicht zu verschaffen, daß sie es als ihr Eigenthum ansprechen zu können meinen, obwohl es an Differenzen, welche bisweilen zu den gröbsten Exzessen aus= arten, nicht fehlen soll.

Der Grundriß dieser Basilika ist ein Fünfschiffiger. Die Länge be= trägt 52 und die Breite 29 Meter, die ganze Höhe 22 Meter. In vier Reihen stehen 48 Marmorsäulen mit schönen korinthischen Kapitälern, welche aber hie und da gelitten haben. In den innern 2 Säulenreihen laufen von Säule zu Säule mächtige hölzerne Träger, auf welchen eine starke Mauer von wenigstens 8 Meter Höhe ruht. Diese ungeschickte Bauart veranlaßt viele Reparaturen und es sieht fast aus, als hätte man dortmals die Kunst des Wölbens noch nicht verstanden, was aber mit anderen Bauten älteren Datums verglichen, in Widerspruch steht. Die ruinosen Wandbilder sind nicht mehr recht zu erkennen, ebenso ist das Pflaster uneben und holperig. Die Vögel des Himmels machen sich's im Dachgesperre recht bequem und beschmutzen das Innere der Kirche in der ausgiebigsten Weise. Das Dach ist mit Blei gedeckt, ein Geschenk des Königs von England, soll aber nicht immer wasserdicht gewesen sein, da die Araber von Zeit zu Zeit solches zum Kugelgießen benöthigten. Am Haupteingang befanden sich ehedem 3 große Thore, dieselben sind jetzt zugemauert, nur ein kleines unbequemes Pförtchen ist offen gelassen, durch welches man fast in gebückter Haltung hineinschlüpfen muß.

Im Vorhof (Atrium) befindet sich ein großer Brunnen, der in der frühesten Zeit zur Waschung vor dem Kirchenbesuch diente, jetzt holen die Bethlehmiten dort das Wasser zur Befriedigung der häuslichen Bedürfnisse.

Mit ehrfurchtsvoller Sehnsucht betrat ich das Presbyterium unter welchem sich die Geburtsgrotte des Heilandes befindet. Ein zerlumpter türkischer Krieger hält da Wache und hat die Aufgabe hier Ruhe zu schaffen, wenn sich die verschiedenen Religionsgenossen in die Haare gerathen, da ja auch diese Kirche gleich dem Grabesdom zu Jerusalem eine Simultankirche ist.

Sowohl von rechts wie von links steigt man auf 15 Marmorstufen nieder; thut man das von rechts, so ist, unten angelangt, zur rechten Hand ein Altar errichtet und unter der Mensa desselben bezeichnet ein silberner Stern den Platz, wo der Welterlöser geboren wurde, die Umschrift ist eingravirt: „Hier wurde Jesus Christus von der Jungfrau Maria geboren." Gegenüber dieser Stelle und zwar in der Entfernung von 1½ Meter befindet sich in einer Ecke um zwei Stufen tiefer der Altar der hl. drei Könige und der Platz, wo die Krippe gestanden hat. Eine Marmorplatte bezeichnet die Stelle. Die ganze unterirdische Krypta ist 10 Meter lang und 3 Meter breit und die Höhe ist ebenfalls 3 Meter. Die Wände sowohl wie das Gewölbe sind ohne architektonische Zier, das Ganze aber wird durch eine Unzahl von silbernen und goldenen Lampen zur Tageshelle erleuchtet. Durch unterirdische Gänge, analog den Katakomben in Rom, sind noch mehrere Grotten mit der Geburtsgrotte verbunden. Mit Kerzen in den Händen durchwandelten wir diese finsteren Gänge. Alsda findet man den Platz, wohin sich der hl. Joseph während der Geburt des Heilandes zurückgezogen hat, dann den Altar der unschuldigen

Kinder; unter demselben befindet sich ein gewölbter Raum, welcher als das Grab der von dem Wütherich Herodes dem Großen hingemordeten Kleinen angenommen wird. Ferner die Kapellen des hl. Hyroninus, Eusebius, Eustochium und Paula. — Durch einen Gang vom Seitenschiffe der Basilika aus gelangt man in das Franziskanerkloster sowohl wie in die Katharinenkirche. Letztere ist ein Raum von 30 Meter Länge und nur 6 Meter Breite; ihr Aussehen ist unfreundlich, man kann es fast schlecht nennen, das Pflaster defekt und uneben, die feuchten Wände von Mauerfraß durchzogen. Da sie gleichzeitig auch die Pfarrkirche von Bethlehem ist, so ist sie auch für diese Einwohnerzahl viel zu klein; die Bethlehemitinen brauchen, wie ich gesehen habe, in der Kirche viel Raum. Da Stühle unbekannt sind, so hocken sie auf dem Boden und lüften ihre Kleider weit im Kreise herum, auch die Kinder machen es so. Diesem Uebelstand wird aber bald abgeholfen sein. Im Hofe des Klosters ist eine neue katholische Kirche im Bau begriffen; durch die außerordentlichen Schankungen des Kaisers von Oesterreich ist es möglich, eine für diesen Ort würdige Pfarrkirche zu errichten. Schon ist das Presbyterium und die halbe Länge des Schiffes fast fertig, der Dachstuhl ist aufgesetzt und mit Ziegelplatten aus Marseille eingedeckt, die Gewölbe sind geschlossen und die Pflastersteine liegen bereit; es verspricht ein schöner und solider Bau zu werden. Ich interessirte mich für diese Arbeiten und wiederholt sah ich den Maurern zu und gewann die Ueberzeugung, daß der Araber ein guter Arbeiter ist und daß sie insbesonders mit Hausteinen gut umzugehen wissen. Zum Ueberwölben der Räume und Anfertigen der Bogenstühle und Lehrbögen haben sie in Anbetracht dieser Holzarmuth ein eigenes Geschick. Der bauleitende Araber, wie ich hörte, ein Maurermeister aus Jerusalem, erklärte mir die Sache so gut es eben mit der Zeichensprache möglich war und ich sah ein, der barfüßige Collega in Kaftan und Turban verstand sein Handwerk ganz gut.

In dem großen Hofe vor dem Kloster ohne Dach waren bei großer Hitze doch die Steinhauer beschäftigt; halb nackt und barfuß hantirten sie mit Vortheil mit Hammer und Meissel an den großen Quadern herum, die kleineren Hausteine legten sie sich in sitzender Stellung zwischen die Beine und richteten die Ersteren kunstgerecht zu. Eine ähnliche Arbeitsart ist hier zu Lande ganz fremd und wollten die Steinhauer auf gleiche Weise manipuliren, sie kämen nicht ohne mehrmalige Plessur davon. Die

Lohnverhältnisse sind denen, wie ich sie in Jerusalem angegeben habe, gleich. Bei dem Transport dieser Steine hatte ich Gelegenheit die Kraft und Ausdauer der Kameele zu bewundern. Zwei Stunden liegt der Stein= bruch, welchem die Steine zu diesem Kirchenbau entnommen werden, von Bethlehem entfernt und täglich dreimal gehen diese Thiere dorthin und mit schwerer Last zurück. Mit Stricken sind die Steine über die Höcker gebunden und nach angestellter Berechnung fand ich, daß jedes mindestens 0,25 Kubikmeter trug, was einem Gewichte von 12 Zentnern entspricht. Sie kletterten den Steinhaufen hinan und legten sich dann auf ein Zeichen des Führers nieder, der Araber löst die Stricke und befreit sie von der Last. Sofort wandern sie wieder in ihrem gewohnten Paßschritt dem Steinbruche zu.

Einige Minuten südlich von Bethlehem besuchte ich ein kleines Kirch= lein in einer Grotte, sie führt den Namen die Milchgrotte; es wird an= genommen, daß sich hier die hl. Familie verbarg, als sie von dem Mord= anschlag des Herodes auf die unschuldigen Kinder Bethlehems hörte. Noch eine andere Sage existirt über diese Grotte, ich enthalte mich aus ge= wissen Gründen der näheren Beschreibung, da sie ja weit unwahrschein= licher klingt als die erste Annahme, war ja Joseph mit der Mutter und dem Kinde längst auf dem Wege nach Heliopolis in Aegypten, als die Kleinen zu Bethlehem ermordet wurden.

Des Tages über wurden einige Familien besucht, um in die dort= igen Verhältnisse einen Einblick zu bekommen.

Am Abend fanden wir uns in einer Kneipe ein, etwa 20 Beth= lehemiten waren als Gäste hier. Der Mokka, Zigarretten und der Tschibuk wurden herum gereicht und aus der Unterhaltung war zu entnehmen, daß die Bethlehmiten nichts dagegen hätten, wenn wieder einmal ein Tancred heranstürmen würde, der im Stande wäre, sie aus den Klauen des großen Padischah zu Konstantinopel zu befreien.

XLIII.
Zu den Teichen Salomons.

Etwa um 3 Uhr Nachmittags ritten wir auf der Straße nach Hebron dahin; es war beschlossen, die eine Stunde südlich von Bethlehem gelegenen Teiche Salomons zu besuchen. Auf schlechten Wegen durch Fruchtfelder reitend, langten wir bald bei einem großen, einstöckigen Gebäude, aus Quadern errichtet, an. Dasselbe war ehedem ein saracenisches Kastell, zur Zeit dient es als Chan und gleichzeitig auch als Wachtthurm, in welchem zur Sicherheit der Straße nach Hebron Baschibozuks stationirt sind. Sein Name ist Burtsch, bisweilen wird er auch Kulat el Burak genannt.

Das von den umliegenden Bergen herniederkommende Wasser sammelt sich in einem Brunnenhäuschen, welches Jezzet Pascha erbauen ließ und den Namen „die versiegelte Quelle" führt. Von hier werden zum größtentheil die Teiche gespeist. Unterhalb dem oben genannten Kastell liegen in einer Thalmulde drei mächtige Wasserbehälter, einer über dem andern. Ihre Anlage und Ausdehnung ist der eines großen Königs würdig. Die Entfernung unter sich beträgt etwa 50 Meter, ihre Länge ist verschieden, die mittlere könnte 130 Meter sein, die Breite ist 60 Meter, ihre durchschnittliche Tiefe kann auf 12 Meter angenommen werden. Die Wände sind theils aus dem Felsen gehauen, theils aus Quadersteinen aufgeführt und mit hydraulischem Kalk verputzt. Der Zustand ist sehr gut. Wie ich sie sah, waren sie etwa zu einem Dritttheil mit Wasser gefüllt, welches vollständig klar und ohne jeden Schmutz war. Ich kam fast in Versuchung, ein Bad zu nehmen, allein, wenn das gleiche auch einem umherschwärmenden Beduinen einfallen würde, wäre es mir unangenehm, nicht daß wir an der Hautfarbe einen wesentlichen Unterschied hätten, Gott bewahre, aber man kann nicht wissen, mit welchen Krankheiten diese Nomaden behaftet sind.

Durch einen Aquädukt ließ Salomon das Wasser von diesen Teichen auf den Tempelplatz in Jerusalem leiten und nach 3000 Jahren versieht dieser Kanal heute noch den gleichen Dienst. Später, wie es schien, muß das Wasser nicht mehr ausgereicht haben, weil der römische Landpfleger Pontius Pilatus von Hebron her eine weitere Leitung hinzu führen ließ, zur Bestreitung der Kosten aber verwendete er den Tempelschatz, was zu Jerusalem unter den Juden einen Aufruhr verursachte. Etwas Großartiges braucht man sich unter diesem Aquädukt nicht vorzustellen, es ist im eigentlichen Sinne nichts weiter als ein mit ineinander greifenden Steinen gemauerter Graben, mit hydraulischem Kalk verputzt und mit Steinplatten gedeckt. Die Tiefe beträgt 1 Meter und die Weite 0,60 Meter.

Die Hydrauliker zu Salomons Zeit sowohl wie die zur Zeit Pilatus müffen es nicht verftanden haben, Waffer in gefchloffenen Röhren zu leiten, fonft wären fie ficherlich von dem Gedanken abgekommen, einen Aquädukt anzulegen; folche bedürfen bekanntlich ein gleiches Gefäll und um diefes zu erlangen, mußte bei Bethlehem durch einen Tunnel abgeholfen werden.

Auf dem Rückwege wurde längs des Aquädukt im Thale Urtas gen Bethlehem geritten. Etwa 2 Kilometer von den Teichen entfernt liegen im Thalgrund wundernett und forgfam angelegte Gärten, welche von dem vorbeifließenden Waffer reichlich befeuchtet werden. Das Dörfchen nebenan heißt ebenfalls Urtas und wird von fleißigen europäischen Koloniften be= wohnt. In früheren Zeiten hieß diefer Ort Etam und wurde von dem Könige Rehabiam erbaut. Der Prophet Jakob hielt fich längere Zeit in Etam auf und im Thale von Etam hütete einft David die Schafe feines Vaters Ifai und dort wurde er auch von Samuel zum König gefalbt. Salomon hatte hier ein Landhaus und die Gärten von Etam waren als die Königsgärten Salomons bekannt.

Zwifchen eingefriedeten Weingärten ritten wir gegen Bethlehem hinan und nach etwa 4ftündiger Abwefenheit verließen wir vor dem Hofpiz die Rücken unferer Klepper.

XLIV.

Ueber S. Johann im Gebirg (Ain Karim) zurück nach Jerufalem.

Recht innig wurde Abfchied genommen von der Krippe und der Geburtsftätte des Weltheilandes und die Sonne ftand fchon ziemlich hoch, als wir auf dem freien Platz vor der Bethlehemer Bafilika unfere Pferde, beziehungsweife Maulthiere und Efel beftiegen.

S. Johann liegt von Bethlehem etwa 10 Kilometer entfernt und bildet mit Jerufalem ein gleichfeitiges Dreieck. In nordweftlicher Richtung wurde durch das Städtchen hinaus geritten unter allgemeinem Intereffe, wie es fchien, der Einwohner der Vaterftadt Davids, denn alles kam aus den Wohnungen heraus und fah uns zu.

Einen Kilometer außerhalb der Stadt, nachdem wir zuerft einen fchönen Olivenhain paffirt hatten, kommt man zu einem kleinen Gebäude mit Kuppel und Vorhalle, es ift Rachels Grab. An diefer Stelle hatte die Frau des Patriarchen Jakobs auf dem Wege nach Bethlehem den

Benjamin geboren. Dieses Ereigniß kostete ihr das Leben und ihr Mann errichtete ihr ein Grabmal. Die Juden haben es durch Kauf von den Muhamedanern erworben; sie müssen aber das Grabmal ihrer Ahnfrau nicht sonderlich in Ehren halten, da dasselbe ein ziemlich defektes Aussehen hat.

Man verläßt die Straße, die gegen Jerusalem zieht und zweigt links ab. Rechts auf einer Anhöhe liegt ein großes Dorf, es heißt Tantur, zur Linken am Bergabhang sieht man den Ort Beth-Dschala liegen, mit Olivenbäumen eingerahmt. Beth-Dschala hat sich in neuerer Zeit tüchtig empor geschwungen durch das Priesterseminar, welches der so thätige Patriarch Valerga aus Jerusalem hier ins Leben rief. Vor 25 Jahren wurde es eröffnet. Es ist bestimmt zur Heranbildung eines einheimischen Klerus für die Diözese Jerusalem. Ein Sommersitz des Patriarchen befindet sich dort. Die Lage ist eine freundliche.

Wir befanden uns bald im Thale, wo das Heer Senaheribs vernichtet wurde. In der Nähe befindet sich der Philippsbrunnen, wo der äthiopische Kämmerer von Philippus getauft wurde.

Auf schlechtem Wege ging es eine Anhöhe hinan. Die Spitze der Karawane bog bald nach links ab und ritt wieder in ein flaches Thal hinunter; ein Mucker aber setzte über den Steinzaun und ritt dann über die Felder geradeaus weiter. Ich saß auf einem gefügigen Maulthier und da mir der Weg, den der Mucker einschlug, als der bessere schien, so setzte ich sofort über die steinerne Einfriedigung und trabte querfeldein demselben nach.

So 2 Kilometer ging es ganz gut, allein auf einmal standen wir vor einem unendlich steilen Abhang, tief unter uns lag Ain Karim oder das S. Johann im Gebirg.

Ich sah ein, daß es eine schwere Arbeit ist, da hinunter zu kommen und so ganz gefahrlos sei es ebenfalls nicht, allein was war sonst zu thun? Wohl oder übel mußte ich mich zu dieser halsbrecherischen Tour entschließen, da die Karawane mir längst aus dem Gesichte war und mein Vorreiter bereits den Abstieg angetreten hatte. Sintemalen ich mir im Reiten einige Vortheile errungen hatte und mein Thier wohl geschult war, ging ich in Gottesnamen daran. Mit staunenswerther Sicherheit schlug dasselbe die Stollen seiner Hufeisen in das abschüssige Gestein und kletterte mit der Vorsicht eines Menschen den Abhang hinunter. Während des ganzes Abstieges sang der mir auf einem Esel voraus reitende Mucker, welcher mit einem Affen eine wunderbare Aehnlichkeit hatte, ununterbrochen in der monotonsten Weise Lieder aus dem Koran vor. Dem Herrn dankend, gut unten angekommen zu sein, ritt ich sogleich in das Städtlein hinein, übergab dem Mucker meinen Maulesel und fing an, den Ort zu durch= wandern.

Mehr als um eine halbe Stunde war ich vor der Karawane in Ain Karim angekommen. Ich nützte diese Zeit aus, durchschritt das Städtchen von einer Schaar Bettelkinder begleitet nach allen Richtungen und bereute es nicht, dem Mucker, der, wie ich erfuhr, als Quartiermacher vorausgeschickt war, nachgeritten zu sein.

Ain Karim oder S. Johann im Gebirg, als Geburtsort Johann des Täufers wohl bekannt, hat etwa 800 Einwohner und zwar fast lauter unduldsame Muhamedaner, nur etwa 100 Christen befinden sich darunter. Die Häuser sind schlecht und halten mit denen von Bethlehem nicht im entferntesten einen Vergleich aus. Das Franziskanerkloster hiegegen ist fast neu und ein sehr solider Bau, aus Quadern errichtet. Spanische Mönche sind dessen Bewohner. Mit einer starken Mauer ist das Ganze umfriedet und mit einem eisernen Thore abgesperrt, um vor einem Ueber= fall von Seite der fanatischen Nachbarn sicher zu sein. Die Kirche, ganz von Klostergebäuden umgeben, ist auch aus neuerer Zeit; sie ist drei= schiffig und solid überwölbt, der Boden ist buntfarbiges Marmorpflaster, die Wände und Pfeiler bis zu 4 Meter Höhe mit Fayençetafeln ver= kleidet, deren blaue, grellen Zeichnungen einen besonderen Geschmack nicht verrathen. Die Altäre aus Marmor sind schön gefertigt, ebenso die Statuen des Zacharias und der Elisabeth. Am vorderen Ende des linken Seitenschiffes steigt man auf 7 Stufen zur Geburtsgrotte des hl. Johannes nieder. Der Platz ist mit einem schönen Altar geschmückt, welcher mit vielen Lampen beleuchtet wird. In einer Marmorplatte sind die Worte eingegraben: „Hier wurde der Vorläufer des Herrn geboren." An den Wänden ist die Geschichte des hl. Johannes des Täufers auf Basreliefs dargestellt. Diese Kirche gehört zu den schöneren Palästinas.

Südlich, etwa einen halben Kilometer von S. Johann entfernt, steht ein kleines Kirchlein, welches Maria Heimsuchung genannt wird. Man zeigt eine Felsenhöhle, welche der Elisabeth als Zufluchtsort diente, als die von Herodes ausgeschickten Häscher auch in der weiteren Umgebung von Bethlehem nach dem neugebornen König der Juden fahndeten. Auf dem Platze, wo diese Kirche steht, soll ehedem ein Landhaus des Hohenpriesters Zacharias gestanden haben und in diesem wohnten die Eltern des hl. Johannes, als die Mutter des Heilandes von Nazareth herauf zum Besuche kam.

Auf halbem Wege zwischen S. Johann und dem Kirchlein Maria Heimsuchung fließt in einer Thalmulde eine reiche und trinkbare Quelle; sie wird der Marienbrunnen genannt, da ja wahrscheinlich die Mutter Jesu während ihres Aufenthaltes bei der Base Elisabeth hier das Wasser holte; das gleiche wird heute noch von den Frauen und Töchtern Ain Karims gethan. Bei meinem Vorbeigehen waren Viele am Brunnen mit Waschen beschäftigt; sie waren in der heitersten Stimmung und lachten herzlich, als sie mich des Weges kommen sahen, habe aber nicht erfahren können, warum!

Seit etlichen Jahren besitzt S. Johann ein werthvolles Mädchen-Erziehungsinstitut, welches eine Schöpfung des unermüdlichen und opferwilligen Paters Alphons Maria Ratisbonne ist. Es ist derselbe, welchem das Institut S. Peter und das Kloster der Zionsschwestern zu Jerusalem ihr Dasein verdanken.

Auf einem gegen Nordwesten vorspringenden Hügel erheben sich in freier Lage die hübschen und weitläufigen Gebäulichkeiten der Anstalt, die mit einem Garten umgeben sind. Erstaunlich ist es, was der Fleiß der Gärtner auf diesem Hügel schon hervorgebracht hat. Nach einigen Jahren, wenn es in gleicher Weise so fort geht, wird auf diesem Punkte ein wahres Paradies geschaffen sein.

Ein größerer Neubau ist im Werden, um weitere Zöglinge aufnehmen zu können. Mehr als achtzig Waisenmädchen genießen dort ausgezeichneten Unterricht und vortreffliche Erziehung. Die das Institut leitende Oberin, eine ungemein praktische Dame aus Elsaß, steht demselben musterhaft vor.

Von der Dachterrasse des Neubaues aus genießt man eine herrliche Rundsicht, insbesonders das Thal Hanina entlang.

Südwestlich von S. Johann führt der Weg in die wildromantische S. Johanneswüste. Es ist dieses die Wüste, in welcher Johannes der Täufer sich aufgehalten hat, ehe er die weit wildere Gegend drunten am Jordan aufsuchte.

Nachdem wir Alles besichtigt hatten, was Ain Karim aufzuweisen hat, zogen wir uns so gegen 2 Uhr zu den spanischen Mönchen im Franziskanerkloster zum Mittagstisch zurück. Nach dem Essen gönnten wir uns ein paar Stunden Ruhe, da der großen Hitze wegen der unwirthbare Weg nach Jerusalem erst gegen Abend zurückgelegt werden sollte. Um 5 Uhr stiegen wir im Klosterhof auf unsere Reitthiere und sogleich ging es einen ungemein steilen Berg hinan.

Der Weg von S. Johann nach Jerusalem ist in seinem ersten Theile sehr beschwerlich und es kostete die Thiere eine gewaltige Anstrengung, bis sie mit uns den höchsten Punkt erstiegen hatten. Möchte wissen, ob Zacharias auch diesen beschwerlichen Weg wandelte, wenn er nach Jerusalem zum Tempeldienste berufen wurde; vielleicht schlug er den bequemeren aber viel weiteren über Kulonieh ein. Von dieser Höhe aus hat man eine umfangreiche Rundsicht; gegen Westen sieht man über die Ebenen Sephela und Ascalon hin, das Mittelmeer in großer Ausdehnung als mächtigen dunklen Streifen an der Grenze des Horizonts.

Die Hochebene, welche sich von hier aus gegen Jerusalem hinzieht, führt den Namen die Ebene Rephaim. Sie ist sehr steinig und wenig fruchtbar, Gerstenfelder mit geringem Wachsthum ist die häufigste Bodenfrucht; Gras wächst nur soviel, daß die Hirten für ihre Ziegen einige Nahrung finden können.

Etwa 2 Kilometer vor Jerusalem liegt rechts am Wege das griechische Kreuzkloster; es steht auf dem Platze, wo der Baum gestanden hat, aus welchem das Kreuz Christi gezimmert wurde. Es ist ein festungsartiges ziemlich großes Gebäude mit Olivenbäumen umgeben und macht im großen Ganzen einen etwas schwerfälligen Eindruck.

Bald darauf stehen links am Wege zwei Windmühlen, wovon der Jude Montefiori Eigenthümer ist; es sind dieses die Einzigen, die ich in Palästina gesehen habe.

Rechts erhebt sich das neue Asyl für Aussätzige, welches den Namen Jesuhilfe führt. Eine Kolonie, aus Juden und Türken bestehend, hat sich hier anzusiedeln begonnen.

Unweit hievon liegt ein großer, muhemedanischer Begräbnißplatz, inmitten desselben der Mamillateich, welcher aber fast ausgetrocknet war.

Ehe wir das Jaffathor erreichten, machten wir links um und ritten äm katholischen Spital vorbei, die Tancredshöhe hinunter, dem Damaskus-thore zu.

Nach viertägiger Abwesenheit sprangen wir mit unseren steifen Beinen um 7 Uhr Abends vor dem österreichischen Hospiz von unseren Pferden.

XLV.

Abschied von Jerusalem.

Auf Sonntag den 7. Mai Nachmittags 2 Uhr war die Abreise von Jerusalem festgesetzt. Schon Tags zuvor wurden Devotionalien ver-schiedener Art gekauft und das Weihen derselben von dem Rektor des österreichischen Hospizes besorgt, in Kisten verpackt, was ich selbst in der Werkstätte des schon bekannten Drechslermeisters an der via Dolorosa bewerkstelligte und mit Adressen versehen, schickten wir diese Gegenstände nach Joppe, damit sie der nächste österreichische Lloyd nach Triest mit-nehme, von wo sie dann in die Heimath geschickt werden sollen. Auch alle anderweitigen Reisentensilien, welche für die bevorstehende beschwerliche Landreise überflüßig und entbehrlich schienen, versenkten wir in die Reise-koffer und sendeten dieselben gleich den Kisten nach Joppe, wo wir sie bei unserer Ankunft dort, welche am 18. Mai erfolgen wird, wieder in Em-pfang nehmen sollen. Das zur Reise nöthige, als Socken, Hemden re. schleppt man in einer Umhängtasche mit. Noch war die Sonne am 7. Mai nicht über den Oelberg heraufgestiegen, als ich schon auf den Beinen war, um von allen wichtigen Orten, dem hl. Grabe, Kalvaria, Angstgrotte, Gethsemane re. Abschied zu nehmen, es war ja der letzte Tag, welchen ich in diesem Leben in Jerusalem sein soll. Auch die holperigen krummen und finsteren Straßen Jerusalems durchwanderte ich nicht ungerne, ich hatte dieselben, so schlimm sie auch aussahen, während meines Auf-enthaltes fast lieb gewonnen. Es ergriff mich, ich muß es gestehen, ein gewisses Wehe und schied fast ungern von der hl. Stadt, es mag aller-dings das viel dazu beigetragen haben, daß es mir dort stets wohl erging. Fast niedergeschlagen wanderte ich nach vollendeten Besuchen zum letztenmal unserer Herberge zu.

Während des Mittagessen wurden solenne Abschieds- und Dankes-reden gehalten und alles sprach dem sog. Jerusalemerwein kräftig zu.

Am Abend zuvor als ich von Gethsemane heimkam, fand ich meinen Nachbarn aus Rosenheim etwas unwohl; ich muß zugeben, es war mir etwas bange für ihn für die bevorstehende Landreise. Am 7. Mai Vormittags jedoch erklärte er mir, daß es besser gehe und bei dem Mittagstische äußerte er sich, daß er vollständig mobil sei und nicht die geringste Sorge habe, den Ritt nach Nazareth machen zu können.

So gegen 2 Uhr stiegen wir auf den Platz vor unserer Herberge auf die Reitthiere und kurz darauf ritten wir durch das Thor für Pomp und Ehre zum Damaskusthore hinaus.

XLVI.

Ueber Gibea El Bireh nach Bethel.

Drei Wege, kann man sagen, führen von Jerusalem hinunter nach Nazareth, von Judäa nach Galiläa. Wem die Landreise zu beschwerlich ist, der reist zurück nach Joppe, fährt zu Schiff nach Kaifa oder Acre und sucht dann das etwa 8 Stunden entfernte Nazareth auf. Wer Berge umgehen will, der reist hinunter nach Jericho, geht den Ghor des Jordans entlang bis Bethsean und dann über die Ebene von Esrelon nach Nazareth. Der dritte, eigentlich geradeste, aber auch der beschwerlichste Weg führt über Sychem nach Galiläa hinunter. Er geht fast immer bergauf und ab, da aber auf dieser Route die meisten biblischen Orte liegen, so wählten wir diesen Weg und ritten auf der Straße gen Nablus hin.

Der Tag war schön, wie alle zu dieser Jahreszeit und ein Gespräch oder Fragen nach dem Wetter, wie solche bei uns stereotyp sind, ist in Palästina etwas ungewohntes und überflüßiges.

Viele Einwohner Jerusalems hatten sich unter den Olivenbäumen bis zu den Gräbern der Richter angesammelt, um unsere Abreise zu sehen; dem Profile nach waren die meisten Semiten.

Nach Kurzem überschreitet man eine Thalsenkung, es ist der Anfang des Thales Josaphat, welches sich hier gegen Westen wendet und nachdem wir eine kleine Anhöhe erstiegen hatten, befanden wir uns auf dem Hügel Mizpa oder Safet, auf welchem der Welterstürmer Alexander der Große angesichts Jerusalems Halt machte; bis hieher kam ihm der Hohepriester Jaddus entgegen, bat und flehte für die hl. Stadt und der Macedonier that derselben nichts zu leid.

Zur Zeit Samuels war da der Richtplatz und Saul wurde hier durch das Loos zum ersten König über Israel gewählt. Der Römer Titus sowohl wie Gottfried von Bouillon rückten von diesem Hügel aus gegen Jerusalem vor. Die meisten Pilger stiegen hier von den Pferden und verrichteten Angesichts der hl. Stadt ein kurzes Gebet. Wir nahmen von denen, die uns bis hieher begleiteten, recht herzlich Abschied und ritten bald dem unscheinbaren Dorfe Gibea zu. Am Bergabhange führt der Weg hin, zur linken liegen einige elende Hütten und nichts läßt errathen, daß dieser Ort einst eine Königsstadt war. König Saul war zu Gibea geboren und hatte hier auch seine Residenz.

Die Gegend wird etwas fruchtbarer, einige Dörfer ohne besondere Bedeutung liegen herum, als Beth Hanina, Bir Nabäla rc., auch Neby Samuel schaut hernieder und nach einem 3 stündigen Ritt erreichten wir El Bireh (Beroth.)

Es wurde abgestiegen und kurze Rast gehalten. Der Chan war von Karawanen ziemlich besetzt. Links am Wege liegt eine muhamedanische Kaffeeschenke, welche von Arabern gut besucht war. Der Brunnen in der Nähe führt den Namen „Brunnen der Jungfrau" und liefert trinkbares Wasser. El Bireh ist deßwegen merkwürdig, weil hier die Eltern Jesu merkten, daß der Knabe in Jerusalem zurückgeblieben sei; sie kehrten bekanntlich wieder dorthin zurück.

Als die erste Tagreise wird es bezeichnet, obwohl El Bireh nur 5 Stunden von Jerusalem entfernt liegt. Die alten Juden reisten häufig in Schaaren mitsammen, insbesonders wenn sie zu Ostern nach Jerusalem hinaufwanderten. Ihre Tagereisen waren kurz, was in Anbetracht der großen Hitze, der schlechten Wege und daß meistentheils viele Frauen an solchen Reisen sich betheiligten, seine guten Gründe haben mochte. El Bireh hat etwa 800 muhamedanische Einwohner und sieht den besseren Dörfern Palästinas ähnlich.

Die Kreuzritter erbauten hier eine Marienkirche, von welcher aber nur mehr Ruinen übrig sind.

Der Aufenthalt durfte nicht allzulange dauern, um rechtzeitig Bethel-Beitin zu erreichen. Nach etwa einer Stunde schon trafen wir im Lager vor Bethel ein.

Ein höchst merkwürdiger Ort, dieses Bethel, er wird vielfach in der Bibel genannt; schon Abraham baute hier einen Altar, eine 4000 jährige

Vergangenheit liegt hinter ihm. Jakob sah hier die Himmelsleiter, als er vor seinem Bruder Esau floh. Josua theilte diese Stadt als Grenzstadt gegen Ephraim dem Stamme Benjamin zu. Das goldene Kalb wurde hier von Jerobeam aufgestellt, welches dann Josias zertrümmerte. Zur Zeit Samuels versammelten sich zu Bethel die Richter und die Bundeslade stand längere Zeit hier. Der König Nebukadnezar schleppte die Einwohner Bethels nach Babylon mit.

Die jetzigen Bewohner dieses Nestes sind diebisch verschmizte Menschen und unser Dragoman äußerte sich am Abend, daß es heute Nacht wohl auf der Hut sein heiße, da den Einwohnern Bethels alles zuzutrauen sei. Etwa 400 Muhamedaner bewohnen diesen gottverlassenen Ort.

Ich wanderte in das Dorf hinein, um dasselbe zu besehen und ob nicht von einer alten Veste, welche aus der Zeit der Makkabäer stammt, etwas übrig sei, auch Ruinen einer Kirche, welche zur Engelstreppe hieß, sollen vorhanden sein. Auf die unverschämteste Weise wurde ich von Männern und Weibern fixirt, Kinder kamen in Masse und in fast nacktem Zustande herbei und schrieen mir ununterbrochen „Backschisch" zu. Für eine solche Menge aber hatte ich nicht genug Paras und Piaster und da welche leer ausgingen, waren dieselben versucht, mir einen Schabernack zu spielen. Da sie immer zudringlicher wurden und ich von diesen bösen Rangen buchstäblich umringt war, nahm ich zur Gewalt meine Zuflucht. Die in Händen habende Reitpeische sauste wiederholt auf die schmutzigbraunen Schädel nieder und unter großem Geschrei stoben die Bengel nach allen Richtungen auseinander. Nun war es auch Zeit, daß ich für mein Fortkommen sorgte; aus den Hütten grinsten mir die verwegensten Gesichter entgegen. Es fiel mir ein, daß ich zu Bethel sei, wo seinerzeit die bösen Buben den Propheten Elisäus zuriefen: „Kahlkopf komm herauf." Zwei Bären kamen dortmals aus dem Walde hervor und zerrissen 42 dieser boshaften Schlingel. Jetzt ist dort weder ein Wald noch sind Bären vorhanden und jeder „Nichtprophet" ist zu Bethel auf Selbsthilfe angewiesen. Das Dorf ist voll Schmutz, und die Wohnstätten sind elende Hütten; von der Veste der Makkabäer und der Kirche zur Engelstreppe sind nur noch Trümmer übrig.

An der Westseite von Bethel liegt ein ausgemauerter Teich von ca. 90 Meter Länge und 60 Meter Breite; Wasser enthielt er außer einem im Osten aufsteigenden Flüßchen nicht. An diesem Teiche, welcher theilweise mit hohem Gras bewachsen war, waren bei unserer Ankunft die Zelte aufgeschlagen. Der Platz war übel gewählt; viel Gras wucherte am Boden und da in Palästina am Abend stets starker Thau fällt, so war dieser bei Sonnenuntergang vollständig naß. Während der darauf folgenden Nacht zog der Wind scharf durch unsere Zelte und bei Manchem stand die Gesundheit etwas auf dem Spiele. Wer mit Rheumatismus belästigt war, frischte sich selbst sicherlich auf; ich trug einen solchen in der ausgeprägtesten Weise am Oberarm davon.

Schon ehe der Tag anbrach, weckte man mich in meinem Zelte mit der Mittheilung, daß mein Landsmann Schlichtinger aus Rosenheim schwer krank sei. Eiligst stand ich auf und begab mich in sein Zelt; er saß auf einem Feldstuhle und auf mein Befragen, wie es ihm gehe, erklärte er mir mit mühsam herausgepreßten Worten; daß er an einem furchtbaren Kopfschmerze und an gewaltigem Stechen in der Lungengegend zu leiden habe und zwar so, daß ihm das Athemholen unendlich erschwert sei und es ihm selbst unmöglich erscheine, weiter zu reisen. Unter solchen unerquicklichen Verhältnissen kam man überein, daß Herr Schlichtinger unter Begleitung eines Pilgers mit einem Mucker und den nöthigen Reitthieren, Matrazen und Feldstühlen nach Jerusalem zurückkehren solle. Er erklärte sich hiemit einverstanden, da nach Jerusalem in einem Tage zu kommen sei, während Nazareth vor 3 Tagen nicht erreicht werden kann. Ich machte mich bereits gefaßt, mit meinem lieben Nachbarn in die heil. Stadt zurückzukehren, als Herr Cl. Müller, Buchdruckereibesitzer aus Eberswalde in der Provinz Brandenburg, in's Zelt trat und erklärte, daß ihm der gestrige Ritt gewaltig zugesetzt habe. Er fühle sich nicht kräftig genug, nach Nazareth zu reiten und gehe demnach aus freien Stücken nach Jerusalem zurück. Nun war für Herrn Schlichtinger ein liebenswürdiger Begleiter gefunden und ich dieses Samariterdienstes, dem ich mich auch meinem Mitpilger zu lieb gerne unterzogen hätte, enthoben.

Ich nahm Abschied von ihm und wir sagten uns, daß wir uns am 18. Mai zu Joppe wieder treffen.

Es sollte aber anders kommen. Ich war der Letzte aus dem Lager, die Sonne vergoldete die Bergspitzen von Ephraim, als ich die Anhöhe, das Dorf Bethel rechts lassend, hinanritt. Oben angekommen, hielt ich an. Mittlerweile hatte sich Herr Schlichtinger auf einen Feldstuhl vor dem Zelte gesetzt, um unsere Abreise anzusehen; ich winkte ihm mit meinem Hute, um welchen der großen Hitze wegen ein weißer Schleier gebunden

war, einen Abschiedsgruß zu, er that das gleiche; noch einen Augenblick
hielt ich still und hätte es sicherlich länger gethan, wenn ich geahnt
hätte, daß wir uns dießmal in diesem Leben zum letztemale sehen so Alten.
Ich wendete mein Reitthiere um und trabte der Karawane nach, welche
den Weg nach Ain Haramjeh eingeschlagen hatte.

XLVII.
Nach Sichem (Nablus.)

Niedergeschlagen über die Krankheit meines Nachbarn ritt ich den
Weg, welcher schlechter war, als das ausgetrocknete Bett eines Wildbaches,
in eine Thalsenkung hinunter. Viele Oliven= und Feigenbäume standen
herum. Links auf einem hohen Punkte steht das große Dorf Jabrud und
nicht weit davon Burdsch; letzteres war zur Zeit der Kreuzritter eine Veste
und führte den Namen Balduinsburg.

Nach einem 1½ stündigen Ritte erreichten wir bei einem Felsen,
an welchem sich antikes Mauerwerk befand, Ain Haramjeh oder die Räuber-
quelle. Zur Rechten auf einer Anhöhe liegt ein äußerst interessanter Ort,
es ist Seilun oder das Schilo der Bibel. Der Tradition nach lebte zu
Schilo der Hohepriester Heli mit seinen beiden ungerathenen Söhnen Ophni
und Phinees, hieher wurde Samuel von Gilgal herauf zum Tempeldienste
berufen, die Bundeslade stand längere Zeit zu Schilo und vor der Stifts-
hütte theilte Josua und Eleazar das Land Kanaan unter die 12 Stämme
durch das Loos. Von ehemaligen Bauten sind nur mehr Ruinen übrig.

Von einem hohen Berge geht es auf halsbrecherischem Wege hinunter. Unten liegt der Chan Lubban und nicht weit davon entfernt der
Ort Lubban jetzt Lebona. Eine Araberkarawane hatte sich dort gelagert
und wir hofften unsern brennenden Durst löschen zu können. Dieses sollte
uns aber in Chan Lubban nicht gelingen, denn die Feuchtigkeit, die hier
aus dem Berge hervorbricht, ist für Europäer ungenießbar.. Nach kurzer
Rast, die eigentlich nicht unseren Mägen, sondern unseren steifen Beinen
galt, schwang ich mich wieder unter gewaltigem Raisoniren über die
schlechten Quellen Palästinas auf den Rücken meines Kleppers. Zur
Linderung des höllischen Durstes nahm ich ein Stück Zitrone in den
Mund und wir zogen dem noch wenigstens 4 Kilometer entfernten Chan
es Sawjeh zu.

Der Weg bis dorthin ist gut, auf ebenem Terrain geht es weiter, endlich bogen wir rechts ab und ritten über ein Getreidefeld, — was dort nichts seltenes ist, ohne Rücksicht auf die Frucht — und ließen uns unter einer Terebinthe nieder. Nach vollbrachter Mittagsruhe unter dem wenig Schatten spendenden Baume erklommen wir wieder einen Berg, von welchem aus sich eine herrliche Aussicht bot. Die langgestreckte Ebene von Mukhna lag vor uns, darüber hinaus das Thal von Sichem, über welches sich der Ebal und Garizim erhob und im Hintergrund stieg der mit Schnee bedeckte große Hermon, der König des Libanon, in die blaue Luft empor.

Fast drei Stunden sind nöthig, um die Ebene von Mukhna zu durchreiten. Es ist fruchtbares Gelände, worauf vor langer Zeit die Hirten Abrahams und Loths ihre Heerden weideten. Bekanntlich kamen sie über die Benützung der saftigeren Weideplätze und der Brunnen in Differenzen, welche der friedfertige Abraham dadurch schlichtete, daß er sagte: „Bruder, lasse keinen Streit sein unter uns, ziehe Du zur Linken, so ziehe ich zur Rechten!" und Loth zog hinunter in die reichen Gefilde von Sodom.

An einigen Dörfern, wie Hauara, Awerta, zogen wir vorbei. Die Bibel kennt diese Namen nicht.

Mitten im Felde, vor dem Eingange in das Thal von Sichem, trafen wir auf Ruinen, wir standen vor dem Jakobsbrunnen. Der Nomade und Patriarch Jakob hat diesen Schacht vor fast 4000 Jahren ausheben lassen. Vor Alters war über diesen Brunnen eine Kirche in Kreuzform erbaut, von welcher aber kaum mehr als die Grundmauern übrig sind. Durch eine Gewölböffnung steigt man in eine Art Brunnenkammer hinunter, von welcher aus dann nach Wegwälzung eines großen Steines der Brunnenschacht sich zeigt. Ehedem soll er 36 Meter tief gewesen sein, die jetzige Tiefe beträgt noch 24 Meter. Wir warfen Steine hinunter, dieselben schlugen unmittelbar auf Kies auf, ein Zeichen, daß er wasserlos war. Der Heiland führte hier mit der Samariterin das denkwürdige Gespräch über das Wasser des ewigen Lebens, während die Jünger hinein gingen in die Stadt Sychar, um Brod zu kaufen. Unweit dieses Brunnens befindet sich ein unansehnliches Grabmal, es soll das Grab des ägyptischen Josephs sein. Seine Nachkommen sollen 300 Jahre nach seinem Tode seine Gebeine aus Aegypten hieher gebracht und dieses Grabmal errichtet haben.

Unter schattigen Bäumen und bei einer großen wohlbesetzten türkischen Kaserne vorbei ritten wir nach Sychem hinein. Bei dem Stadtthor mußten wir wieder in Gänsemarsch fallen, da die Straßen sehr enge und überdieß noch die Handwerker im Freien arbeiteten; man hat Mühe, so durchzukommen, ohne einen Schuster von seinem Stuhl geritten oder einem Küchelbäcker seine Teigschüssel umgeworfen zu haben. Die Gassen sind der Hitze wegen gedeckt und zwar mit Matten, welche aber häufig so zerrissen sind, daß die Fetzen wie Stränge herniederhängen; es heißt obacht geben, um daran nicht hängen zu bleiben, wie etwa Absalon. Durch die ganze Stadt mußte durchgeritten werden, am Westende waren unsere Zelte aufgeschlagen. In der mehr als 12,000 Einwohner zählenden Patriarchenstadt stund uns keine Herberge zu Gebote. Die Straßen waren mit Menschen gefüllt, lauter verbissene Muhamedaner; eine wahre Bande bewohnt der Mehrzahl nach diese ehemalige Königsstadt. Die Bevölkerung ist verhältnißmäßig eine starke. Kopf an Kopf schoben sie ihre braunen Gesichter aus allen Löchern hervor.

Die Bauart der Stadt ist im großen Ganzen eine bessere als die zu Jerusalem. Die Häuser sind aus weißgelbem Tufstein aufgeführt und haben mitunter ein nicht unfreundliches Aussehen. Manche Scheikfamilie wohnt in einer Ar Villa im mittelalterlichen Stil. Türkische Moscheen sind fünf hier, die meisten waren zur Kreuzritterzeit christliche Kirchen, besonders gilt dieses von der großen Moschee Dschämea el Kebir, der ehemaligen Johanneskirche. Die jüdische Synagoge enthält das älteste Manuskript, welches wohl auf Erden existirt; ich hatte nicht das Vergnügen, dasselbe zu sehen. Es soll eine Schrift der 5 Bücher Moses sein, welche bald nach dem Tode dieses großen Heerführers von einem Leviten abgeschrieben wurden und als Gesetzesrolle des samaritanischen Pentateuchs gelten.

Sichem ist älter als Jerusalem. Abraham und Jakob lebten zeitweise hier und letzterer schickte seinen Sohn Joseph von Hebron hieher, um die Brüder mit ihren Heerden aufzusuchen, welche aber inzwischen schon bis Dothain vorgerückt waren. Der König Abimelech residirte zu Sichem. Joatham sprach von Garizim herunter. Sychar war die Hauptstadt des von Juda getrennten Reiches Israel unter Jerobeam, ehe Samaria erbaut wurde. Im Jahre 721 v. Chr. schleppte der assyrische König Salamanasser die Einwohner in die Gefangenschaft. Inzwischen hatten sich hier Kolonisten vom Euphrat niedergelassen, welche sich nach der Zurückkunft der Juden mit denselben vermischten und eine eigene Sekte bildeten, welche den Namen Samariter führten und von den Juden als unrein bezeichnet und bitter gehaßt wurden. Von der Mitwirkung bei dem Wiederaufbau des Tempels zu Jerusalem schloßen die Juden die Samariter aus. Die Letzteren darüber furchtbar erbost, bauten sich selbst auf dem Garizim einen Tempel, welcher dem auf Moriah Conkurrenz machen sollte. Immer weiter öffnete sich die Kluft; das Mischvolk der Samaritaner trieb sogar Götzendienst und ob dieser Handlung war die Verachtung von Seite der Juden eine so große, daß sie, wenn sie zum Osterfeste nach Jerusalem hinaufwanderten, einen Umweg einschlugen, um nur nicht durch Samaria kommen zu müssen. Der Heiland, wie wir wissen, machte eine Ausnahme; er wanderte mit seinen Jüngern durch Samaria über Sychar und sprach sogar mit der Samariterin am Jakobs= brunnen. Dem römischen Kaiser Vespasian zu Ehren wurde Sichem Neapolis genannt, aus welchem Namen nach und nach Nablus gemacht wurde, welchen sie heute noch besitzt. Tancred, der edle Kreuzritter, rückte ohne Schwertstreich in die Stadt ein.

Während der Dauer des Königreichs Jerusalem war Sichem ein Bischofssitz und hier wurde eine große Kirchenversammlung abgehalten. Die Sarazenen spielten der Stadt schlimm mit, noch übler aber erging es ihr bei einem Erdbeben anfangs des 13. Jahrhunderts. Die Soldaten des Aegypters Ibrahim Pascha züchtigten die Einwohner Sichems im Jahre 1834 tüchtig und 3 Jahre später rüttelte ein Erdbeben an seinen Grundfesten.

Die Lage der Stadt ist eine sehr schöne; sie liegt am Nordabhang des Garizim und am Südabhang des Ebal auf einer Anhöhe oder einem Rücken, welcher die vorgenannten zwei Berge unter sich verbindet. Im Osten und Westen fällt das Terrain sanft ab. Die Höhenlage ist 500 Meter über dem Mittelmeere. Ein Stadttheil reicht bis zur Thalsohle am Fuße des Ebal hinunter. Drei umliegende Dörfer rechnet man noch zum Weich= bilde der Stadt. Der Sattel oder die Schultern, über welchen Sichems Häuser gebaut sind, bildet die Wasserscheide: was im Osten entspringt, fließt dem Jordan zu, während die westlichen Quellen ihren Weg zum Mittelmeer suchen. Die Quellen, die hier am Fuße des Ebal und Garizims entspringen, sind die besten und reichsten in ganz Palästina und bringen um die Stadt eine wundervolle Vegetation hervor. Fruchtbäume aller

Gattungen umrahmen die Stadt, die Kaktushecke wuchert mit seltener Ueppigkeit empor.

Der Handel Sichems ist nicht unbedeutend. Die Wege nach Beth=
sean und Tiberias einerseits, sowie Jezrel und Cäsarea anderseits, zweigen hier von dem Jerusalemer Wege ab. Die Waaren von Beirut und Joppe werden mittelst Kameelkarawanen über Sichem in die transjordanischen Länder befördert.

Auf einem ebenen Platze im Westen der Stadt waren unsere Zelte er=
richtet. Auf einer Seite stand ein Wald von Feigenbäumen, auf der andern gegen den Garizim hin thürmten sich Aschenhügel haushoch auf. Dieselben stammen von den Seifensiedereien, welche zu Sichem schwunghaft betrieben werden. Viele tausend Zentner werden alljährlich nach Aegypten und Kleinasien verschickt. Eine Menge Einwohner kamen aus der Stadt her=
aus, um uns und unser Lager zu besehen, darunter auch auch viele Buben, welche alle auf ein Haar bezüglich der Bosheit denen von Bethel ähnlich waren. Mit aller Energie mußten diese Gauner oft zu Paaren getrieben werden. Der Dragoman prophezeite uns auch hier eine unruhige Nacht. Um was sie weniger diebisch seien, als die zu Bethel, um das sind sie mehr fanatischer und jeder Christ ist ihnen ein Dorn im Auge. Wachen wurden um das Zeltlager ausgestellt und dieselben von Zeit zu Zeit von dem Dragoman kontrollirt. Bin herzlich froh, sagte derselbe, daß diese Nacht vorüber ist, bald wäre es schief gegangen. Wiederholt krochen Kerls auf allen Vieren zu unseren Zelten, wahrscheinlich mit den schlimmsten Ab=
sichten und fast sah es aus, als komme es zu einem Handgemenge. Die Lumpen wollten sich die günstige Gelegenheit nicht enschlüpfen lassen und ließen es fast aufs Aeußerste kommen, bis sie das Feld räumten. Was hätten wir thun können, wenn es ein paar Hunderten in den Sinn ge=
kommen wäre, uns zu überfallen? Man müßte ja der Uebermacht unter=
liegen und kein Hahn würde darnach gekräht haben. Der Arm der türkischen Gerechtigkeit ist nicht lange, zumal wenn es sich darum handelt, einen Muhamedaner für ein an einem Christen begangenes Unrecht zu bestrafen.

Ein höherer türkischer Beamter hat in dieser alten Patriarchenstadt seinen Sitz und übt nach moslemitischen Gesetzen Gerechtigkeit; er nennt sich Pascha, wenn gleich Sichem dem Pascha mit sieben Roßschweifen von Jerusalem untergeordnet ist.

XLVIII.

Nach Samaria (Sebaste.)

Rechtzeitig saßen wir anderen Morgens wieder auf unseren Roffen, um die schöne Gegend und die nicht unschöne Stadt im Stamme Ephra·m mit seinen diebischen Einwohnern zu verlassen, um nach Samaria im Stamme Manaffes hinüber zu gelangen.

Etwa 54 Kilometer hatten wir seit Jerufalem zurückgelegt und noch blieben bis Nazareth über Naim 64 zu durchreiten übrig. In einer sanften Thalsenkung, welche ungemein fruchtbar war, ging es weiter. Ein Bächlein murmelte neben uns und die Vögel fangen auf den Feigen= und Olivenbäumen ihre munteren Morgenlieder. Es war ein wunder= voller Ritt im Thale von Urfuf. Nach etwa einer halben Stunde fetzten wir über den Bach und bald kamen mehrere Dörfer zum Vorschein.

Das intereffantefte und das beftgebaute Dorf ift Zawate mit dem Kaftell Dschuneid am Bergabhang hingebaut. Die Einwohner diefes Fleckchens wurden von dem ägyptischen Pascha Ibrahim im Jahre 1834 für ihre Unbotmäßigkeit blutig gezüchtigt.

Das Thal wurde nach einiger Zeit verlaffen und eine Anhöhe hinan geritten. Weg war keiner mehr vorhanden und ohne alle Umftände ging es über die ftehenden Feldfrüchte hin. Da diefes Zusammenreiten der Saaten unfererfeits nicht das erftemal war, fo ritt ich auch dießmal, ohne mir viel Skrupel zu machen, über diefelben hinweg. In unferer Heimath käme man bei einem ähnlichen Verfahren mit den Flurwächtern in Konflikt und durch den Staatsanwalt würde man gerechter Weife mittelft einer empfindlichen Strafe auf die Beftimmungen des Flurgefetzes hingewiefen werden.

Oben liegt das Dorf Nakura und von jenfeits des Thales grüßen die Ruinen der alten Königsftadt Samaria herüber. Man paffirt einen Olivenhain und im Thal einen in Spitzbogenftil ausgeführten und theil= weife eingeftürzten Aquädukt und bald darauf ritten wir die Anhöhe gegen Sebafte hinan. Von Sichem bis hieher rechnet man etwas mehr als 2 Stunden.

Er hat gut gewählt, der israelitische König Omri, Vater des Königs Achabs, als er diefen Platz von einem Manne mit Namen Semer um 2 Talente Gold (9300 Mark) erkaufte, um hierauf eine Königsftadt zu

erbauen. Er residirte dort, auch später sein Sohn Achab, der hier seiner
Frau Jezabel zu lieb, welche eine heidnische Sidonierin war, einen Götzen=
tempel errichtete. Die Propheten, besonders Elias, eiferten gewaltig da=
gegen, weshalb er sich flüchten mußte. Der Assyrier Salamanasser ging
schlimm mit der Stadt um, und die Makkabäer unter Johann Hyrkanus,
welche auch gleichzeitig den Tempel der Samariter auf dem Garizim zer=
störten, machten aus der Stadt fast einen Trümmerhaufen. Sie blieb zum
größten Theil im Schutte liegen, bis die Römer heran rückten. Kaiser
Augustus schenkte sie Herodes dem Großen, welcher gleich daran ging, die
Stadt wieder aufzubauen und nannte sie zu Ehren des Kaisers „Augusta
Sebaste." Prachtbauten, Amphitheater wurden erbaut, Säulenhallen er=
richtet, unter andern soll eine herrliche Doppelsäulen=Allee von 800 Meter
Länge vorhanden gewesen sein. Von all dieser Herrlichkeit und diesem
Pomp sind nur mehr Trümmerreste übrig. Am Fuße der Anhöhe in
einem Gerstenfelde zählte man 62 Säulen von Kalkmarmor, theils noch
stehend und theils zum Falle geneigt. Nach meiner Schätzung mögen sie
6 Meter hoch sein und 0,70 Meter Durchmesser haben. Die Gartenbeete
im Dorfe sind theilweise mit solchen Säulen aufgebaut und umfriedet,
ebenso dienen dem Wege, welcher auf die westliche Anhöhe führt, Säulen=
schäfte und Ornamente auf der Bergseite zur Stütze. Es muß schön ge=
wesen sein vor 1900 Jahren zu Samaria! Die jetzigen Häuser sind
menschlicher Wohnstätten unwürdig. Die Einwohner, etwa 300 Muhamedaner,
sind gutmüthige Leute und stehen nicht in dem schlimmen Geruch, wie
ihre Nachbarn zu Sichem. Kinder postirten sich am Wege und boten uns
Münzen und Figuren aus Kupfer und Blech als Antiken an, nur selten
riefen sie uns das Bettelwort „Bakschisch" zu.

Nicht uninteressant sind die Ruinen einer großen Kirche. Dieser
Tempel stammt sicherlich aus der Zeit der Kreuzritter und gilt als eine
Johanneskirche, da das Grab des hl. Johannes des Täufers, welcher zu
Macherus, einer herodianischen Festung an der Ostseite des todten Meeres,
enthauptet wurde, sich hier befinden soll. Die Gräber der Propheten
Elisäus und Abdias sucht man ebenfalls hier.

Unter einer unansehnlichen Kuppel, welche sich inmitten der weit=
läufigen Kirchenruinen erhebt, steigt man auf einer engen Treppe, welche
man gebückt passiren muß, zu einer Kryppta nieder. Diese Stätte gilt
als Grab dieses großen Heiligen, dessen Leib die Jünger Jesu von Macherus

hieher brachten und da begruben. Bei dem Aufruhr unter Julian dem Apostaten, im Jahre 361 n. Chr., ließ dieser Despot das Grab öffnen, die Gebeine verbrennen und die Asche hievon in alle Winde zerstreuen. Diese Kirchenruinen haben ein Länge von 50 und eine Breite von 25 Meter und gehören dem gothischen Stile an, sind jedoch theilweise noch gut erhalten. Das Material ist gelber Kalkstein und schön bearbeitet. Dieser Bau war dreischiffig und sind die Gewölbe über das nördliche Seitenschiff noch theilweise vorhanden. Wie ich sehen konnte, hatten die Samaritaner in diesen Räumen sich Rumpelkammern eingerichtet. Zur Zeit des fränkischen Königreichs Jerusalem war Samaria ein Bischofssitz. Die herrliche Dom-kirche muß von dieser Hochwarte aus weit hinaus geleuchtet haben in das Land der Samariter.

XLIX.

Ueber Bethulia nach Djenin (Ginäa).

Nach etwa zweistündigem Aufenthalte in den Ruinen Samarias wurde aufgebrochen und gen Djenin weiter geritten. Nachdem eine Thal-senkung überschritten war, ging es bei dem Dorfe Burka auf schlechtem Wege einen unendlich steilen Berg hinan. Hier hieß es vorsichtig reiten, um ja nicht zu stürzen.

Die Kinder dieses Dorfes riefen uns von den Lehmdächern der Wohnhäuser „Bakschisch" zu. Die Gassen waren so schmal und die Häuser so niedrig, daß wir über dieselben hinwegsehen und die Kleinen vom Reit-thier aus befriedigen konnten.

Auf der Bergkuppe angekommen, zeigte uns der Dragoman das Bergstädtchen Nazareth in blauer Ferne. Westlich lag das Mittelmeer, vor uns breitete sich die Ebene von Dothain und weiter hinaus die Ebene von Jezrael oder Estrelon aus. Der kleine Hermon trat scharf hervor, etwas links erhob sich ein langgestreckter Bergrücken, welcher sich bis zum Meere hinzieht. Es ist der Karmel. Hinter uns lagen die Berge Samarias, die wir soeben durchreist hatten.

Am Fuße dieses Berges trafen wir ein Dorf, welches Djeba heißt. Etwa 5 Minuten außerhalb demselben wurde abgestiegen und unter einem großen Feigenbaum, der wirklich prächtigen Schatten warf, die Mittags-ruhe eingebracht. Daß die Araber sich hier häufig niederließen, war sofort klar. Schwer war ein Plätzchen zu finden, wo man sich ohne sich zu blessiren, hinstrecken konnte. Nach Vertilgung des Gerstenbrodes ritten wir über die Ebene von Dothain hin. Zur Linken schob sich ein Bergvorsprung herein, auf welchem die Stadt Sanur mit einer mittelalterlichen Festung liegt. Etwa 2000 Einwohner, fast lauter Moslems, finden da ihr Fortkommen. Nur auf einer Seite hängt dieser Rücken mit dem in Westen vorbeiziehenden Gebirge zusammen, während die Stadt auf drei Seiten ganz frei liegt. Sanur ist das Bethulia des alten Bundes. Hier in dieser Ebene lagerte 654 v. Chr. der Feldherr Holofernes mit anderthalbhunderttausend Mann, als er nach Jerusalem hinaufziehen wollte. Judith, die heldenmüthige jüdische Jungfrau, schnitt dem lüsternen Bezwinger, ehe die Stadt in seine Hände fiel, den Kopf ab.

Wir bogen links um dieses Felsennest und befanden uns bald auf dem Platze, wo Joseph seine Brüder fand, als ihn sein Vater Jakob von Hebron heraufschickte, um sie zu suchen. Links liegt das Dorf Dothain und da ist die Zisterne zu suchen, in welche Joseph geworfen wurde, ehe seine Brüder ihn an midianitische Kaufleute, welche Waaren nach Aegypten brachten, verkauften.

Seit Mittag war der Weg besser; nun ging es aber wieder bergan und bei dem Dorfe Kabathieh kann man vom Glück sagen, wenn der Weg ohne Halsbrechen passirt ist. Wir waren alle froh, als das Thal sich erweiterte und die Berge anfingen, zurückzutreten. Auf vielen Windungen arbeiteten wir uns durch.

Die Grenze von Samaria hatten wir überschritten und befanden uns nun in Galiläa im Stamme Isaschar. Der letzte Berg war umritten und um 5 Uhr Abends lag das Städtchen Djenin vor uns. Unsere Zelte waren im Süden der Stadt unter Palmen in der Nähe des muhamedanischen Begräbnißplatzes aufgeschlagen, und eine reiche Quelle floß in der Nähe vorüber.

Djenin oder Ginäa liegt am Fuße der Berge von Samaria und am südlichen Ende der Ebene von Estrelon in einer fruchtbaren Lage. Es zählt etwa 3000 Einwohner, fast lauter Moslemen, nur 2 katholische Familien befinden sich darunter. Der Heiland kam öfters nach Ginäa, wenn er von Galiläa nach Jerusalem hinaufzog und die Legende verlegt hieher das Wunder der Heilung der zehn Aussätzigen, wovon neun derselben sich undankbar erwiesen und nur einer diese große Wohlthat zu

würdigen wußte und dankend zurückkam. Dieser Eine war ein Samariter.
Die Palme, welche fast seit Joppe verschwunden war, taucht hier wieder
auf und trägt stolz ihre Wedel. Zu Jerusalem sah ich ein einziges,
mageres Exemplar, welches im Garten des Paschas ihr kümerliches Dasein
fristet. Das Städtchen ist nicht am besten gebaut und hat ziemlich enge
und schmutzige Gassen. Nur ein Minaret erhebt sich über die niederen
Wohnstätten. Bei dem öffentlichen Brunnen vor der Moschee ging es
lebhaft zu. Die Einwohner sind nicht gerade gehässig, aber es hängt ihnen
eine wahre Sucht zum Stehlen an, nicht so sehr um Geld und Effekten,
als um weit edlere Dinge, nämlich Frauen und Rosse. Da der Dragoman von dem Begehr der Ginäer unterrichtet war, so wurden für diese
Nacht die genannten werthvollen Gegenstände wohl bewacht, um sie vor
den mit so gutem Geschmack ausgerüsteten Einwohnern Djenins zu schützen.

In unserem Lager wurde ruchbar, daß im Norden der Stadt die
französische Karawane, sechshundert Köpfe stark, soeben von Nazareth her
angekommen sei. Wir waren neugierig, diese Angehörigen der „Grand
Nation" zu sehen, in welcher Verfassung sie sich wohl befinden, da schon
so vieles über diese Massen-Karawane erzählt worden sei und daß es ihr nicht
am besten gehen solle. Mehrere von uns wanderten daher durch das Städtchen
dorthin. Mehr als 80 Zelte waren aufgeschlagen, es glich einem großen
Heerlager. Inmitten erhob sich eines von bedeutender Größe. Dasselbe diente
als Speisesaal In mehreren Feldkesseln wurde gekocht und der Rothwein
in steinernen Krügen herumgereicht. Einer, es schien mir der Präsident
der Gesellschaft zu sein, hielt, auf einem Haufen Koffer stehend, eine lange
Rede, worin er den Leuten auseinandersetzte, zu welch wichtigen biblischen Orten sie morgen kommen werden. Die Zuhörer machten lange
Gesichter und alles, was der Redner sagte, schien ihnen neu zu sein. Die
guten Leute waren nicht mit übermäßigen geographischen Kenntnissen aus-
gerüstet; vielen sah man an, daß sie auf 100 Meilen nicht wußten, wo
sie sich befinden. Nachzügler kamen noch immer von der Ebene von
Estrelon herein und es war ergötzlich zu sehen, wie die Leute beritten
waren. Auf Pferden ohne Satteln, auf Eseln ohne Zaum, auf Kameelen
und Dromedaren, welche auf beiden Seiten eine Art geschlossenen Stuhl
trugen, in welchen je eine in schwarze Seide gekleidete, übermäßig fette
Dame saß, trafen sie im Lager ein. Bei den Letzteren bedurfte das Absteigen einiger Vortheile, um mit dem Gesetz des Gleichgewichtes nicht in
Konflikt zu kommen.

Die heitersten Vorkommnisse wickelten sich für die Zuschauer ab. Der Unternehmer oder Führer der Karawane, ein Engländer mit Namens Cook, war, wie es schien, mit den Transportmitteln nicht wählerisch, allerdings werden in diesem Lande erforderlichen Reitthiere schwer aufzubringen gewesen sein. Man erzählte uns, daß Beirut, Hasbeijeh und Damaskus Pferde zum Transport dieser Karawane lieferten. Die uns begegnenden 600 Pilger waren nur die eine Hälfte, die andere Hälfte traf 2 Tage nach unserem Abgange in Jerusalem ein. Die ersteren schifften sich zu Kaifa aus, die letzteren zu Joppe und damit sie nicht auf der Landreise alle beisammen sein mußten, machten sie dieselbe in entgegengesetzten Richtungen. Zu Nazareth war während ihrer Anwesenheit kaum mehr ein Stück Brod um schweres Geld aufzutreiben. Unser Dragoman hatte schon vor unserer Abreise zum todten Meere Wind von den Franzosen. Dieser kluge Araber nützte bei dem Handel mit uns diese für ihn so günstige Situation mit Recht sehr vortheilhaft aus.

Auf dem Rückwege zu unseren Zelten veranlaßte ich einen Reisekollegen den Weg nicht durch das Städtchen, sondern der Kürze wegen durch die westlich desselben gelegenen Gärten zu nehmen. Bald verirrten wir uns aber in den weitläufigen Anlagen und wir hätten meine Naseweisheit fast theuer büßen müssen. Alle Richtung war verloren und nach halbstündigem Hin- und Herrennen wußten wir erst recht nicht mehr, wo wir seien. Von Zeit zu Zeit stießen wir auf Araber, die unsere Verlegenheit merken mochten und uns verdächtig fixirten. Es war uns auch nicht am wohlsten zu Muthe, da wir keine Waffen hatten und zum Ueberfluße auch noch die Nacht herniedersank. Fast sah es aus, als sollten wir aus diesem Labyrinth nicht mehr entrinnen. Nun galt es einen Entschluß zu faßen und rasch zu handeln. Nach der Himmelsgegend wurde orientirt und dann im raschen Tempo, geht es wohin es will, geradeaus marschirt. Nach einiger Zeit sahen wir den weißen Minaret der türkischen Moschee in ziemlicher Entfernung zwischen Palmen gegen den gestirnten Himmel sich erheben. Nun waren wir geborgen, der Fixpunkt wurde nicht mehr aus dem Auge gelassen und gleich den Seeleuten steuerten wir auf diesen wie auf einen Leuchtthurm zu.

Die Lichter im Speisezelt waren längst angezündet und die Karawane saß zu Tische, als wir ankamen. Man wunderte sich allenthalben über unser langes Ausbleiben und wollte wissen, wo wir diese Zeit zugebracht haben. Um nicht auch noch ausgelacht zu werden, gestanden wir von unserer Irrfahrt nichts.

L.

Ueber Jezrael und Naim nach Nazareth.

Im Städtchen Djenin lag anderen Tages früh noch Alles im tiefen Schlafe, als wir durch dasselbe ritten. Auch im Lager unserer westlichen Nachbarn rührte sich noch nichts, als wir dasselbe passirten. Ein wundervoller orientalischer Morgen brach an, als wir in die Ebene von Esrelon hinein galoppirten. Die Sonne stieg über den Berg Gilboa empor und zertheilte die durchsichtigen Nebelschleier, die sich während der Nacht auf die fruchtbaren Felder gelagert hatten. Ein unbeschreiblich schöner Morgenritt auf dieser so außerordentlich gesegneten Ebene, welche auch unter dem Namen die Ebene von Jezrael bekannt ist. Das Getreide wogte in aller Pracht, besonders Weizen und Gerste. Die letztere, als erste Ernte, befand sich bereits unter der Sichel. Diese Ebene wird als die Kornkammer Palästinas bezeichnet. Hier gibt Alles im wahren Sinne des Wortes hundertfältige Früchte, gleich dem Nildelta in Aegypten. Regelmäßig hat man zwei reiche Ernten, zuerst Weizen, Gerste ꝛc., welche schon Anfangs Mai abgenommen werden, hierauf wird dann Mais (türkischer Weizen), Sesam, Linsen ꝛc. gebaut, welche ebenfalls wieder in kurzer Zeit gute und vielfältige Früchte liefern. Erstaunlich ist bei einem solchen Bodenreichthum der elende Zustand der Häuser, besser gesagt Hütten, der dortigen Dörfer. Auf kleinen Hügeln, welche durch Anhäufung von Unrath entstanden sind, erbaut, sehen sie Kothhaufen vollständig ähnlich; von einem Hause oder einer Scheune, nach unseren Begriffen, keine Spur. Auch die Bewohner sind verkommen und man kann es sich nicht erklären, daß ein solcher Zustand da möglich sei, wo ein so überaus gesegneter Boden das Brod in solcher Hülle und Fülle ohne besondere Anstrengung liefert. Man denke aber nur, daß auf dem Thurme Hyppicus zu Jerusalem die Flagge des Halbmondes flattert, und man wird hierüber im Klaren sein.

Der Bach Kison durchfließt die Ebene von Esrelon in ihrer ganzen Länge und führt die Wasser, welche vom Berg Karmel, dem Tabor und dem kleinen Hermon herunterkommen, dem Mittelmeere zu. In seinem unteren Laufe, insbesondere durch die Ebene von Akkre wimmelt er von

Fiſchen und Schildkröten. Auch Krokodile ſoll er beherbergen, welche der engliſche Reiſende Mac Gregor im Jahre 1868 geſehen haben will.

Auf den Feldern ziehen Rinder, zu welchen in der Regel noch ein Kameel geſpannt iſt, den 2000jährigen Pflug. Mit ſtacheligen Stöcken werden dieſe Thiere vorwärts getrieben. Die meiſt bunten Kleider der Fellah mit ihren rothen Mützen (Tarbuſch) vervollſtändigen das ächt arabiſche Bild. Bunt ſind die Kleider und ebenſo die Felder, der Farben= reichthum der ganzen Landſchaft iſt ein entzückender.

Wenn man von Djenin herunter kommt, liegt links die langgeſtreckte Karmelkette mit mehreren Dörfern an deren Fuße, rechts die letzten Berg= ausläufer von Samaria, von welchen aus ſich das Gebirg Gilboa in die Ebene hereinſchiebt. Der kleine Hermon, welcher auf ſeiner Spitze eine türkiſche, weiß getünchte Moſchee trägt, liegt gerade vor uns und verdeckt den Tabor; nördlich ſchließt ein Höhenzug ab, auf welchem Na= zareth liegt.

Nach zweiſtündigem Ritt ging es eine ſanfte Anhöhe hinan, den Ausläufer des Gilboa; oben liegt Zerin (Jezrael). Gazellen hüpften munter über den Weg und verbargen ſich im wogenden Getreide. Die Hunde ſchlugen an, als wir durch Jezrael ritten; es werden dies die Nach= kommen von denen ſein, welche ſeinerzeit Jezabels Blut aufleckten. Nichts läßt errathen, daß dieſer Ort einſt eine Königsſtadt war. Die Wohnungen ſind elend, enge zuſammengebaut und niedrig, wie Aſchenhügel.

Unſcheinbare Thurmüberreſte ſind vorhanden und die Tradition will wiſſen, daß von dieſem Thurme König Jehu die geſchmückte Jezabel herab= ſtürzen ließ, worauf die Hunde ihr Blut von der Straße aufleckten. König Achab reſidirte bekanntlich zeitweiſe zu Jezrael und hier ſpielte ſich die tragiſche Geſchichte mit dem Weinbergbeſitzer Naboth ab. Die Bibel er= zählt uns, daß Achab ſich wie ein Kind geberdete, als er den Weinberg nicht erhielt; er legte ſich zu Bette, kehrte das Geſicht gegen die Wand und aß nichts. Die böſe Jezabel aber wußte Rath zu ſchaffen, ſie be= ſtellte falſche Zeugen und Naboth wurde, weil er Gott und den König geläſtert haben ſollte, geſteinigt. Hierauf anexirte der königliche Dieb den Weinberg. Der Prophet Elias aber trat ihm entgegen und warf ihm mit aller Schärfe ſeine diebiſche und mörderiſche Handlungsweiſe vor. Er ſagte ihm und ſeinem Weibe ihr baldiges ſchreckliche Ende voraus. Für dieſe hingeſchleuderte Wahrheit aber mußte der Prophet ſich augen=

blicklich flüchten. Wo dieser Weinberg gelegen, läßt sich nicht ermitteln. So unscheinbar Jezrael ist, so schön ist seine Lage.

Von Djenin bis Besara, 8 Stunden lang und von Sunem bis Megiddo, 4 Stunden breit, liegt die Ebene von Esrelon vor uns.

Außerhalb des Ortes geht es ein wenig bergab, am Fuße sprudelt eine ausgiebige Quelle, aus welcher die Töchter von Zerin Wasser schöpften und selbes in Krügen mit geschickter Balance auf dem Kopfe nach Hause trugen. Man überreitet eine kleine Thalmulde, welche den kleinen Hermon von dem Gebirg Gilboa trennt. Das Thal heißt Wady Dschalüb und senkt sich in östlicher Richtung über Bethsean zum Jordan hinunter.

Bald erreichten wir jenseits ein großes, hinter Kaktushecken und Feigenbäumen verstecktes Dorf. Es heißt Sunem. Elias kehrte hier des öfteren zu und hat wiederholt bei einer Sunamitin, deren Sohn er vom Tode erweckte, gastliche Aufnahme gefunden. Das Dorf hat, wie alle anderen, ein ärmliches Aussehen.

Anstatt von hier gerade aus nach Nazareth zu reiten, machten wir rechts um und zogen den Bergabhang hin. Nach Kurzem stieg vor unseren Blicken der Tabor aus der Ebene empor. Etwa um 9 Uhr Vormittags verließen wir bei der Kapelle zu Naim die Rücken unserer Reitthiere. Am Nordabhange des kleinen Hermon ist Naim hingeklebt, etwa aus 10 armseligen Hütten bestehend und wenn man sich nach Maßgabe der anderen Dörfer auch nicht viel erwartet, so elend als Naim in Wirklichkeit ist, kann man sich schwerlich vorstellen. Wäre nicht vor 2 Jahren an der Stelle, wo der Herr vor dem Städtchen den Trägern, welche den Jüngling und einzigen Sohn einer Wittwe zum Thore heraustrugen, gebot, stille zu halten und wo er sagte: „Jüngling, ich sage dir, stehe auf," eine Kapelle gebaut worden, ganz sicherlich würde man Naim übersehen. Wie idyllisch stellte ich mir in meiner Jugend, wenn ich die Bibel las, dieses Städtchen vor und wie ist man dagegen enttäuscht, wenn man vor den grauen Hütten Naims steht! Die Einwohner sind Muhamedaner, nur eine einzige katholische Person befindet sich dort. Der Herr Pfarrer von Nazareth, ein Oesterreicher, war, um uns zu empfangen, bis hieher uns entgegen geeilt und hieß uns willkommen.

Naim liegt in seinem Pfarrsprengel und ist eine Filiale von Nazareth. Einer der Herren las in der Kapelle eine hl. Messe und nach

derselben legten wir uns an der Nordseite des Kirchleins in den Schatten, um das Mittagsbrod einzubringen, welches allen vorhergehenden so gleich war, wie ein Ei dem andern.

Das Kirchlein ist aus zugerichteten Kalksteinen erbaut und mit gleichem Material überwölbt, nur schade, daß es kein Dach hat. Die nachtheiligen Folgen hievon sind bei den Widerlagern schon recht bemerkbar.

Etwa eine Stunde östlich von Naim liegt Endor, ein galiläisches Dorf, bekannt wegen seiner vielen Hexen und Wahrsagerinen im alten Bunde. Auch König Saul eilte vor der bevorstehenden Schlacht nach Endor, um von den Hexen den Ausgang zu erfahren, der für ihn bekanntlich schlimm genug ausfiel.

Nach etwa 2 Stunden wurde wieder aufgebrochen. An der Kapelle lehnend hatte mich der Schlaf überfallen und die meisten Karawanen-Mitglieder waren bereits die kleine Anhöhe hinuntergeritten als Achmed, der Mucker, mich aus dem Taumel rüttelte. Signore, „Bakschisch"! sagte der Schlingel, als er das Reitthier mir vorführte. Nach einer Viertelstunde ritt ich auf der Ebene dahin, welche zwischen dem Tabor, dem kleinen Hermon und dem Höhenzuge, worauf Nazareth liegt, sich hinzieht. Dieses Territorium heißt die Ebene von Mageddon, bei den Eingeborenen „Wady Mukkatto" oder Würgethal genannt. Wir befanden uns nun auf dieser schauerlichen Ebene, desgleichen es wohl auf dem ganzen Erdenrunde nicht mehr gibt. Durch die furchtbaren Kämpfe ist so zu sagen jeder Quadratzoll mit Blut getränkt. Da stritt Gideon gegen die Amalekiter und Midianiten, Saul gegen die Philister, Achab gegen die Syrier, Josias gegen die Aegypter, Vespasian gegen die Juden, Napoleon I. gegen die Muhamedaner und Ibrahim Pascha gegen die Türken. Krieger aller Nationen kämpften hier die furchtbarsten Schlachten und schlugen sich gegenseitig todt. Asiaten, Afrikaner und Europäer balgten sich grimmig auf dieser merkwürdigen Ebene herum.

Auf den Feldern schnitten Araber Gerste, und da wir den Weg nach Nazareth verloren hatten, frugen wir die Leute um die Richtung dorthin. Wir konnten uns lange nicht verständigen, da den Eingebornen der Name Nazareth fremd ist, erst als uns einfiel, daß Nazareth auf arabisch el Nasirah heiße, wiesen sie uns durch Zeichen auf die freundlichste Weise den richtigen Weg.

13

Einen steilen Berg ging es im Zickzack hinan; von jenseits des Thales, in einer Entfernung von einer Viertelstunde, schaut die jähe Felswand herüber, welche unter den Namen „der Berg des Absturzes" bekannt ist. Es ist mittlerweile Mittag geworden, und brennend fielen die Sonnenstrahlen auf das weiße Gestein hernieder. Mein Thermometer zeigte 36° Reaumur.

Bei einer grellen abschüssigen Wegeskurve, wo auf dem platten Stein mein Reitthier schwer Fuß fassen konnte, setzte ich rasch hinüber, trat aber zu fest in den Steigbügel, (derselbe war aber nicht genügend befestigt,) die Schließfeder versagte den Dienst und er flog mir vom Fuße weg hinunter in den Abgrund. Um nicht hinunter zu fallen, mußte ich sofort abspringen, was gut gelang. Achmed, der Gauner, hatte mir zu Naim, aus Aerger darüber, daß ich ihm keinen Bakschisch gab, den Steigbügel zu wenig fest geschnallt. Seine Rache ist ihm gelungen. Das Thier vor mir her treibend, keuchte ich triefend vor Schweiß den Berg hinan. Erst auf der Hochebene angelangt, konnte ich es riskiren, das Maulthier wieder zwischen die Beine zu nehmen und zu versuchen, so gut es eben gehen mag, wie ich ohne den so wichtigen Bestandtheil des Reitzeuges vom Flecke komme. Zum Glück war der Mucker weit voraus, den ersten Augenblick hätte ich mich sicher an dem Schurken vergriffen. Als ich ihn einholte, war der meiste Aerger verraucht. Dessen ungeachtet aber faßte ich ihn nicht mit Glacéhandschuhen an. Ich bin überzeugt, er lachte sich doch in die Faust, weil ihm nur der Schabernack, den er mir spielen wollte, gelungen war. Die verschmitzten halbwilden Kerls müssen immer mit allem Ernste behandelt werden, sonst gehen sie mit einem um wie mit einem Fußlappen.

Alle waren herzlich froh, als der Name „el Nasirah" erscholl. Etwa um 2 Uhr Nachmittags, Mittwoch, den 10. Mai, zogen wir unter Zusammenlauf vieler Neugieriger in dem lieblichen Städtchen, wo der Herr seine Jugend zubrachte, ein.

LI.
Nazareth.

Nazareth (el Nasirah), die Blumenstadt genannt, liegt im Stamme Zabulon und ist erst seit dem „Nazarener" bekannt; im alten Testamente kommt der Name dieses Ortes nie vor. Auf 3 Seiten, von nicht allzu hohen Bergen eingeschlossen, ist es gegen Süden offen und verläuft die

Hochebene, welche bei dem Städtchen beginnt, ein wenig sich neigend, gegen die Ebene von Esdrelon hin. Die Einwohner Nazareths werden auf 6000 angenommen und gehören dieselben zum größtentheil der christlichen Religion an und sind als sehr gutmüthige Leute bekannt.

Vor dem neuen Pilgerhause la Forestiera waren wir abgestiegen und hatten hierauf sofort unsere Zimmer bezogen, welche zwar höchst einfach eingerichtet, aber reinlich gehalten waren. Limonade und Süßholzwasser mit Syrup gemischt, wurde uns zur Kühlung gereicht; von einem Essen, obwohl wir ziemlich hungrig waren, war keine Spur. Erst als es bereits Nacht war und wir 6 Stunden lang mit hungrigen Mägen die ersten Eindrücke Nazareths in uns aufgenommen hatten, kam eine mittelmäßige Reissuppe mit Schöpsenfleisch auf den Tisch. Nicht zufrieden mit der Bewirthung suchte ich mein Lager auf. Es ist doch ein erhebender Gedanke, dachte ich, wenn du auch körperlich nicht befriedigt bist, in dem Orte sich zu befinden, wo die Menschwerdung des Herrn durch einen Engel der Jungfrau verkündet wurde und wo der Heiland als Zimmermann seinen Nährvater bei der Ausführung verschiedener Arbeiten unterstützte. Ich nahm mir vor, Nazareth die Tage während unseres Aufenthaltes genau zu besichtigen und mit diesem Vorsatze schlief ich beim hungrigen Magen und mit trockener Kehle ein.

Des andern Tages ging ich rechtzeitig daran, der Andacht in der Verkündigungskirche anzuwohnen. Diese Kirche ist fast neu und aus Hausteinquadern erbaut mit einem hübschen Thurme. Sie ist dreischiffig und ruht das Gewölbe auf schön geformten Pfeilern und starken Wiederlagsmauern. Die Hauptfaçade, gegen Süden gerichtet, präsentirt sich im Rundbogenstil recht gut. Die teppichartige Wandmalerei harmonirt mit dem zarten Lichte der Kirche vollkommen. Der Hochaltar erhebt sich über der Verkündigungsgrotte; man wandert zu demselben auf einer Doppelmarmortreppe mit je 12 Stufen hinan, während man auf einer breiten Stiege von gleichem Material auf 15 Stufen zu der Grotte niedersteigt. Ein Altar von Marmor ist errichtet und unter der Mensa liest man die Inschrift: „Hier ist das Wort Fleisch geworden." Hinter dem Altare führt noch ein Gang in einen finsteren Raum, welcher sicherlich auch zu den Räumen, welche einst die hl. Familie bewohnte, gehört haben wird. In der Grotte zur Linken steht ein Säulenstumpf von etwa 1 Meter Höhe und 0,46 Meter Durchmesser; ein ähnliches Stück von gleicher Größe hängt vom Gewölbe hernieder, es schien mir Granitstein zu sein. Viele betrachten das Herniederhängen des Säulenstückes vom Gewölbe als etwas außerordentliches und können nicht begreifen, wie das Festhalten möglich ist. Wer in der Gewölbkonstruktion einen Einblick hat, dem erscheint es als etwas ganz natürliches. Der Säulenrest bezeichnet die Stelle, wo der Engel stund, als er der gebenedeiten Jungfrau den göttlichen Gruß überbrachte. Mit großer Gewalt wurde die Säule vor etwa 250 Jahren von Afrikanern zertrümmert; die aberwitzigen Vandalen glaubten Gold darin zu finden.

Zwei weitere Altäre stehen noch hinter der Verkündigungsstätte, welche Geschenke frommer Frauen sind.

Auf halber Treppenhöhe sind schwarze Steine vertikal eingemauert; sie markiren die Linie, wie weit ehedem das hl. Haus reichte, bevor es von Engeln nach Loretto getragen wurde. Gar oft besuchte ich diese liebliche Grotte und mit weit mehr Andacht als sonst betet man an dieser so heiligen Stätte den englischen Gruß.

In der Kirche sind zwei weitere schöne Altäre aufgestellt; einer ist ein Geschenk des Königs von Bayern, der andere vom Kaiser von Oesterreich. Drei Tage zuvor, ehe wir nach Nazareth kamen, war die französische Karawane dort. Sie überbrachte als Geschenk aus Paris eine Figur von Holz, den hl. Joseph vorstellend, prachtvoll und gelungen ausgeführt. Nur schade, daß sie für den Altar, für welchen sie bestimmt und aufgestellt war, zu groß ausgefallen ist. Auf dem Thurme hängt eine Glocke, 24 Zentner schwer; sie ist ein Geschenk der ersten bayerischen Karawane und von dem Glockengießer Bachmaier in Freising gegossen. Im Hafen von Kaipha wurde sie ausgeschifft und dann zu Land auf schlechten Wegen und über die Berge unter großen Schwierigkeiten nach Nazareth gebracht. Sie heißt die „Ave Glocke" und trägt die Umschrift: „Gestiftet von der ersten bayerischen Karawane." Ihr Ton ist herrlich und man hört sie weit umher in Galiläa, wenn sie die Katholiken erinnert, den englischen Gruß und das Gebet des Herrn zu verrichten.

Während meines dreitägigen Aufenthaltes besuchte ich gerne und wiederholt die Verkündigungskirche, besonders am Abend, da dort die Maiandachten gehalten wurden. Die lauretanische Litanei wurde von den Galiläern ungemein lebhaft und unter sonderbaren Modulationen gesungen und immer dreimal repetirt; mir gefiel dieser Gesang ungemein gut. Der

Rosenkranz wurde wechselseitig in arabischer Sprache gebetet, ich verstand natürlicher Weise hievon kein Wort. Ich machte die Bemerkung, daß die Kirche von den Nazarenern fleißig besucht wird, besonders von der Frauenwelt und den Kindern. Die Frauen sitzen mit gekreuzten Beinen auf dem Boden und die Kinder lagern sich in ähnlicher Stellung um sie herum; es gibt oft die herrlichste Gruppe. Die Männer verrichten die Andacht meistens stehend, da Betstühle nicht vorhanden sind. An der Südseite der Kirche ist ein ziemlich großer Platz mit Quadern abgepflastert; auf demselben stehen die Männer Nazareths vor und nach dem Gottesdienste in eifrigem Gespräch begriffen herum, analog wie solches auf unseren Kirchplätzen in den Pfarreien auf dem Lande der Brauch ist.

Im Norden der Stadt findet man eine kleine Kapelle, welche auf dem Platze steht, wo der hl. Joseph vor mehr als 1800 Jahren sein Zimmerhandwerk betrieb; sie ist unter dem Namen „die Werkstätte des hl. Josephs" bekannt. Diese Kapelle ist nett und reinlich und mit einem schönen Altar geschmückt. Die Umfassungsmauern stehen auf uralten Fundamenten, welche noch von der ehemaligen Zimmerwerkstätte des Nährvaters Christi herrühren. Es wird als sicher angenommen, daß dieses alte Gemäuer zur Umfassung der Arbeitsstube des Zimmermann Josephs aus Bethlehem gehörte und daß hier der Erlöser als gewöhnlicher Arbeiter sich oft beschäftigt haben wird. Diese Werkstätte war etwa 10 Minuten von dem Wohnhause der hl. Familie entfernt, und da das letztere ziemlich beschränkt war, so läßt sich denken, daß Joseph der Zimmermann, wenn er sein Geschäft betreiben wollte, eines größeren Raumes als Werkstätte bedurfte. Dachstühle aufzusetzen, Balken und Böden zu legen, Brücken zu schlagen, gab es zu Nazareth wohl nie. Dafür aber wird er zu Genesareth Boote gebaut und Ruder gezimmert haben, Gerüste waren herzustellen und Zelte für die Nomaden zu errichten.

Westlich, nicht weit von dieser Kapelle zeigt man ein uraltes Gebäude, es ist die griechische Kirche und gilt mit Bestimmtheit als die ehemalige Synagoge, in welcher der Knabe Jesus Unterricht erhielt und wo er auch sein Lehramt antrat. „Ist das nicht der Zimmermann und der Sohn eines Zimmermanns?" fragten seine Nachbarn, als er das erste Mal in dieser Synagoge öffentlich auftrat und das Evangelium der Brüderlichkeit und Liebe verkündete. „Das ist ja Josephs des Bethlehemiten und Marias Sohn," schrieen sie und gibt sich für den Gesalbten aus!" Sie fielen ob dieser vermeintlichen Gotteslästerung über ihn her, stießen ihn aus der Synagoge als einen Menschen, der den augenblicklichen Tod verdient, schleppten ihn auf eine Anhöhe außerhalb des Städtchens, um ihn dort hinunter zu stürzen. Als aber seine ehemaligen Nachbarn und guten Bekannten am meisten tobten, da geschah das erste und letzte Wunder, welches der Meister **zu Nazareth** wirkte; er machte sich ihren Augen unsichtbar und ging mitten durch sie hinweg. Er zog fort aus Nazareth — fort für immer.

Von dieser Synagoge aus, etwas den Berg hinan, trifft man eine kleine fast neue Kapelle, über einen weißen, großen Stein erbaut. Man nennt diesen Stein die Mensa Christi. Der auferstandene Heiland soll hier mit seinen Jüngern zusammengekommen sein und diesen Stein als Tisch benützend, da das Brod gebrochen haben. Dieser Felsen hat unregelmäßige Formen, ist einen Meter hoch und sein ovaler Umfang beträgt 15 Meter.

Außerhalb des Städtchens, in östlicher Richtung etwa 10 Minuten entfernt, liegt der Marienbrunnen. Es ist dieses die einzige Quelle für Nazareth und hat wohl auch hier die Mutter Jesu das Wasser zum Hausbedarf geholt, da kein anderes vorhanden war. Dieser Brunnen ist auf drei Seiten mit einer Mauer umgeben und der so geschaffene Raum überwölbt. Auf einer Seite ist freier Zugang. Das Wasser sprudelt aus mehreren Röhren hervor und ergießt sich in einen großen Marmortrog. Mehrmals kam ich zu diesem interessanten Brunnen und jedesmal fand ich eine Menge Frauen und Mädchen aus der Stadt, die mit Waschen, Füllen der Krüge und Schwätzen vollauf beschäftigt waren. Ihre geschickte Weise, mit welcher sie die großen bauchigen Krüge, deren kleiner Hals zugestopselt war, in liegender Stellung auf dem Kopfe trugen, mußte ich wiederholt bewundern. Ohne mit der Hand das Gleichgewicht zu unterstützen, eilen sie dem Städtchen zu. Dieses Quellwasser ist ziemlich gut, was schon sehr viel sagen will. In Palästina ist Wasser — Leben.

Südlich der Stadt, etwa 3 Kilometer entfernt, erhebt sich der schon erwähnte hohe Felsen, Berg des Absturzes genannt. Er bildet eine Art Kap in die Ebene von Esdrelon hinein. Hieher schleppten die Nazarener den Heiland bei seinem ersten Auftreten in der Synagoge.

Auf halbem Wege steht eine kleine Kapelle, welche den Namen „Kapelle des Schreckens" führt. Bis zu dieser Stelle ist die Mutter Jesu geeilt, als sie die furchtbare Kunde erhielt, daß die Männer von Nazareth im Begriffe stehen, ihren Sohn über den Felsen hinunter zu stürzen.

Besonders zu erwähnen ist eine weibliche Erziehungsanstalt der „Schwestern von Nazareth". Eine Menge junger Mädchen werden da in allen häuslichen Arbeiten unterrichtet, damit sie seinerzeit tüchtige Hausfrauen werden können. Sie sind reinlich gekleidet und auf's beste versorgt. Kasernenartig sind ihre Bettladen und Waschtische aufgestellt und jedem ist des Tages über die geeignete Arbeit zugewiesen. Die größeren dieser Mädchen, sagte uns die Oberin, sind 12 bis 15 Jahre alt, $2/3$ von allen sind schon verlobt und in einigen Monaten wird bei den meisten die Vermählung sein. Es kann nur ein günstiges Urtheil über diese Anstalt gefällt werden. Alle Kosten werden von europäischem Gelde bestritten. Die Frauen und Jungfrauen Nazareths sind stolz darauf, daß einstens Eine unter ihnen zu der unendlich hohen Würde berufen wurde, die Mutter des Herrn zu werden. Gleich wie zu Bethlehem, so ist auch hier der Fall einer Jungfrau fast etwas unerhörtes.

Die Protestanten, obwohl ihre Zahl nicht groß ist, haben eine neue Kirche auf einem schönen hohen Platze; sie ist in Kreuzform im gothischen Stil ganz aus Hausteinen erbaut und bis zur Aufsetzung der Thurmpyramide fertig. Der Erbauer war ein schweizerischer Ingenieur.

Das englische Waisenhaus liegt im Norden der Stadt auf einer schönen Anhöhe und ist geradezu gemäß seiner Ausdehnung und Bauart ein Palast zu nennen.

Die Straßen und Häuser Nazareths sind denen von Bethlehem nicht unähnlich, im großen Ganzen aber etwas weniger reinlich und gut. Das Baumaterial ist in der Regel weißgrauer Tuffstein, häufig aber kam mir auch jene ziegelartige Steingattung, welche ich zu Loretto bei dem „hl. Hause" beobachtete, zu Gesichte.

Da wir uns länger als eigentlich nothwendig war, zu Nazareth aufhielten, so kamen wir auf den Gedanken, das Leben der Nazarener, ihre Wohnungen und Verhältnisse näher kennen zu lernen. Den eigentlichen Anlaß hiezu gab uns ein gewißer Herr Othmar aus Augsburg. Derselbe ist ein gelernter Apotheker und in dieser Sparte und als Arzt seit ein paar Jahren in Nazareth thätig. Da kein zweiter Arzt vorhanden ist, so hat er eine gewaltige Praxis, und dies umsomehr, da er in Folge seiner Geschicklichkeit schon die gelungensten Kuren vollbrachte und überdieß bei allen nicht besonders bemittelten Leuten auf jede Bezahlung der Arznei und Deserviten verzichtet. Er bringt den Nazarenern alles zum Opfer und wo seine Mittel nicht mehr ausreichen, unterstützt ihn das Kloster. Als eine äußerst liebenswürdige Persönlichkeit bekannt, ist er, wie ich mich überzeugte, in jedem Hause ein gern gesehener Mann. Dieser Herr bot sich an, uns bei verschiedenen Familien einzuführen, was wir selbstverständlich dankbarst annahmen.

Unser erster Gang galt einer Familie, die so nach unseren Begriffen in geregelten Verhältnissen lebt. Im unteren Theile des Städtchens betraten wir ein Haus, dessen Räumlichkeiten aus zwei Kammern bestanden. Anstatt des Daches waren sie, wie die Häuser Jerusalems, überwölbt. Zwei Oeffnungen galten als Eingangsthüren, nebenan befanden sich Mauerschlitze in Form von Schießscharten, welche die Aufgabe hatten, das nothwendige Licht einzulassen. Der Boden ist die natürliche Erde, festgeknetet wie Estrich, der größere Theil hievon ist mit Matten bedeckt. An den Wänden herum lagen Polster, anderweitige Einrichtung oder Mobiliar war nicht vorhanden, nur die Wiege hing an Stricken zwischen zwei Säulen, ähnlich unserem Turnerreck. Eine freistehende Zwischenwand aus Schilf theilte diesen Raum in zwei Gelasse. Hinter diese Wand flüchtete sich bei unserem Eintritt die Hausfrau, um ihre oberflächliche Kleidung so zu ordnen und zu vervollständigen, daß es für Europäer anständig sei. Bald trat sie wieder hervor in einem saubern arabischen Anzug, eine Menge Münzen in die Haarzöpfe eingeflochten. Dem Aussehen nach waren sie von Gold, vielleicht war es aber auch ein etwas unedleres Metall. Die guten Leute äußerten über unser Kommen eine große Freude und es schien, als ob sie es als eine besondere Ehre betrachteten, daß die bayerische Karawane bei ihnen Besuch mache. Wir wurden freundlichst eingeladen, uns auf die Polster und Matten nieder zu lassen, was wir auch sofort thaten. Alsbald wurden Zigarretten herum gereicht und kurz darauf kredenzte die Hausfrau einem jeden eine kleine Tasse schwarzen Kaffee. Der Hausherr hatte mittlerweile das Nargileh (Wasserpfeife) gestopft und stellte es in unserer Mitte auf. Er brachte ein glühende Kohle herbei und legte sie auf den Tabak. Nun konnte es losgehen. Das wenigstens 3 Meter lange schlangenartige Rohr wurde herumgereicht, wie solches dort Sitte ist und jeder machte sich das Vergnügen, einige Züge zu thun. Die Geschichte ergötzte uns aber höchlich, als es keinem gelang,

selbst bei aller Anstrengung und Grimassenschneiden nur das kleinste Rauch=
wölkchen der Wasserpfeife zu entlocken. Wir verzichteten auf dieses Ver=
gnügen und reichten dem Hausherrn das Rohr. Er konnte herzlich lachen,
wie ich glaube über unsere Ungeschicklichkeit und bald stieg bei ihm der
Rauch gleich einer Schmidesse empor. Das Nargileh ist im Orient ein
allgemein beliebtes Rauchinstrument; man findet es überall, in Kaffee=
häusern, in den Bazars, in den Wohnungen, auf Dampfschiffen und in
den Spelunken, sogar die Tempelwache zu Jerusalem verkürzt sich die
Zeit in der hl. Grabeskirche damit. Die Form ist folgende. Man denke
sich einen gläsernen Krug von mittlerer Größe, welcher halb mit Wasser
gefüllt ist; er hat einen sehr engen langen Hals und oben ist ein kleines
Schüsselchen befestigt, in welches der Tabak gelegt wird. Auf den Tabak
legt man eine glühende Kohle. Der Krug ist luftdicht geschlossen, nur
führen zwei Rohre von geringer Weite in denselben, eines geht vom Tabak
aus, während das andere als Pfeifenrohr dient.

Die Polster, auf welche wir uns niedergelassen hatten, dienen den
Bewohnern als Betten, wozu nur noch eine leichte Decke kommt. Sie bleiben
bei Nacht im gleichen Raume liegen, während sie des Tages über auf
einen Haufen in einer Ecke zusammen geworfen werden. In der freund=
lichsten Weise, wenn wir uns auch nicht verständlich machen konnten, ver=
abschiedeten wir uns von dieser Familie.

In einem abgelegenen Winkel der Stadt machten wir sodann bei
einer armen Familie Besuch. In einem viereckigen Raume, welcher ein
unreinliches Aussehen hatte, war Alles zusammengepfercht, Großeltern,
Eltern und Kinder. Die Frau war krank, ebenso ein Kind, die älteste
Tochter war bereits verheirathet, sie lag in einem Winkel auf schmutzigem
Polster im Kindbette, die Großmutter drehte die Handmühle und mahlte
Hirse. Der eigentliche Nährvater, sagte man uns, sei ein Schmid, er
weiß aber jetzt keine Arbeit zu bekommen, selbst um den schlechten
Verdienst von täglich 1 Francs nicht. Wie soll man damit eine Familie
ernähren? Die Noth grinste aus jeder Ecke entgegen. Aehnliche Ver=
hältnisse, sagte uns Herr Othmar, findet man hier noch mehr. Wir be=
schenkten die armen Leute und zogen weiter.

Nachdem wir uns allenthalben umgesehen hatten, theilte uns Herr
Othmar mit, daß er nun bei dem Oberschech Besuch zu machen habe.
(Schech oder Scheikh ist der Vorsteher eines Ortes und eines Gaues, so

etwa in der Stellung eines Bezirksamtmanns.) Es wäre wohl interessant,
meinte er, wenn wir Zutritt erhielten, allein es wird kaum angehen, da
der Scheikh ein Muselmann von reinstem Wasser und besonders gegen die
Europäer sehr zurückhaltend sei. Doch den Versuch wollten wir machen
und für die bayerische Karawane bei dem Obersten von Nazareth um
eine Audienz nachsuchen. In der bereitwilligsten Weise wurde uns dieselbe
gewährt; ein Nubier überbrachte uns diese Botschaft. Der Scheik wohnt in
einem palastähnlichen Gebäude und wir schritten eine mächtige Marmor=
treppe hinan, dann durch einen großen Glaspavillon, von wo aus sich die
Pforte des Audienzsaales öffnete. Es ist ein prächtiger Raum von etwa
12 Meter im Gevierte und wenigstens 6 Meter hoch, mit hohen Bogen=
fenstern und nicht unschöner Deckenmalerei. Auf drei Seiten stehen an
den Wänden prachtvolle Divans mit gelber Seide überzogen. Das Ganze
macht einen noblen Eindruck. Bald schritt der Scheikh herein, eine inte=
ressante Türkengestalt, groß, mit einem schneeweißen Vollbart, ganz in gelbe
Seide gekleidet, in der Hand den muhamedanischen Rosenkranz. Er setzte
sich uns gegenüber auf einen an der Wand aufgestellten prächtigen Lehn=
stuhl. Neben ihn auf einer Seite stellte sich der Dolmetsch auf, während
auf der anderen sich Herr Othmar postirte. Wir wurden durch einen Eunuchen
eingeladen, uns auf die Divans niederzulassen. Zuerst wurde Limonade
und Syrup herum gereicht, hierauf aber rother Wein kredenzt. Da der
Muhamedaner nach dem Koran keinen Wein trinken darf, so wunderte es
mich, daß dieser würdige Nachfolger des großen Propheten doch dieses
verbotene Getränk im Keller haben mochte. Ich möchte fast glauben, daß
der Alte im Geheimen sich hie und da gegen diese Koranstelle verfehlt.
Othmar hatte vor kurzem den 15jährigen Sohn des Scheikh von einer
schweren Krankheit geheilt, demnach derselbe ihm zu großem Danke ver=
pflichtet war. Während des Gespräches, welches der Dolmetsch zwischen
deutsch und arabisch vermittelte, äußerte sich der Scheikh, er fühle sich aus
Dankbarkeit verpflichtet, Sorge zu tragen, daß Herr Othmar bald zu
einem eigenen Hause komme, da er so viel Gutes wirke, damit er dann
seine Praxis noch wirksamer ausdehnen könne. Wir wollten den Alten
so zu sagen beim Worte nehmen und beschloßen, ihm sofort ein dreifaches
Hoch entgegenzubringen. Der Dolmetsch, von unserm Vorhaben unter=
richtet, glaubte, es gehe nicht an, so zu brüllen, ehe der Scheikh hievon
in Kenntniß gesetzt sei. In diesem Lande seien derartige Ovationen un=
bekannt und der Alte könnte meinen, wir hätten es auf einen Ueberfall

abgesehen. Er instruirte daher den Scheikh sachgemäß und derselbe erklärte, unsere Ovation mit Vergnügen entgegen zu nehmen. Einer aus der Karawane hielt eine kurze Rede, — was er sagte, war gleichgiltig, der Scheikh verstand es ja doch nicht — dann erhoben wir unsere Gläser, welche mit dem für die Türken verbotenen Getränke gefüllt waren und schrieen, so unser zwanzig, ein so furchtbares, dreifaches Hoch, daß die Wände erzitterten. Der Scheikh grinste uns an, spielte mit dem 99 Kügelchen haltenden moslemitischen Rosenkranz und erklärte, daß ihm dieser Höllenlärm ungemein gefallen habe, es sei nur schade, daß er nicht wisse, was er zu sagen habe, er würde es sonst akurat so machen wie wir. Der Scheikh stellte uns hierauf seinen Sohn und seine Tochter vor, ersterer ist 15 Jahre und letztere 14 Jahre alt. Beide sind schon verheirathet und haben Familie. Der Alte zählt siebzig Jahre, dessen ungeachtet aber besitzt er einen Harem, welcher mit 10 Favoritinen bevölkert ist.

Wie Damen immer etwas neugierig sind, so waren sie es auch hier. Sie stellten beim Scheikh das Ansuchen, den Harem besuchen zu dürfen, was ihnen auch bereitwilligst gewährt wurde. Bei unserem Abgange begleitete uns der Scheikh bis zur Ausgangspforte und drückte jedem zum Abschied kräftigst die Hand. Als aber die Damen an die Reihen kamen und dieselben nach der Hand des Alten langten, fuhr er eiligst mit der seinigen unter den Kaftan hinein. Wir lachten recht herzlich darüber. Die Damen durften den Harem besichtigen und wir Männer dem alten Scheikh die Hand drücken, die Sache glich sich aus.

Einen Tag vor unserer Abreise von Nazareth hatten wir Gelegenheit, eine arabische Hochzeit mitanzusehen. Im Hause der Braut machten wir zuerst Besuch. Dieselbe empfing uns ungemein freundlich und es schien, daß es ihr Vergnügen machte, daß wir bei ihr eintraten. Vom Gesichte konnte man ihr herunter lesen, daß sie als Braut sich überglücklich fühle. Im Brautgemach, welches zwar reinlich gehalten und frisch ausgeweißt war, konnte man nichts sehen, was man bei uns Einrichtung nennt, nur ein paar Tafeln hingen an der Wand, wovon eine das Conterfei des Propheten Muhamed vorstellte. Auf einem Brette lag ein Haufen gesottener Reis mit Hirse gemischt, von welchem uns die Braut anbot zu essen. Da wir dieses als Höflichkeitsakt betrachteten, so gehorchten wir der freundlichen Einladung und probirten ein wenig von dem orientalischen Brautschmauß. In einem Kessel wurden die zerhackten Theile eines

Hammels gesotten. Eine Menge Kinder umstanden das Haus, hüpften auf und nieder, klatschten in die Hände und leierten einen arabischen Gesang herunter. Für diese Leistung wird den Kleinen ein Theil des Reis- und Hirsebreies überlassen worden sein.

Drunten in einer Wiese befand sich der Hochzeitszug mit dem Bräutigam hoch zu Rosse in der Mitte. Sie stellten sich im Kreise und führten einen Tanz auf, bei welchem neben gewaltigen Springen und Gliederverrenken ein martialisches Schreien die Hauptsache war. Zur Erhöhung der Feier wurde mitunter aus langen Flinten geschossen. Nach einiger Zeit zog der ganze Rudel wieder weiter, um auf einem andern Platze den gleichen Spektakel wieder losgehen zu lassen. Drei Tage lang wird so der Bräutigam willenlos, zu Pferd und mit allen möglichen Firlefanz behangen, herumgeführt. Erst zuletzt darf er die Braut finden. Es wird noch einmal durch den Flecken gezogen, der Bräutigam beritten, die Braut zu Fuß, das Pferd des Zukünftigen am Zügel führend, ein Beweis und ein Zeichen, daß sie nun die Dienerin und Untergebene des Mannes geworden sei. Bei unserer Herberge zogen sie zuletzt vorüber, einen Höllenlärm machend, wobei sich besonders einige Tambourinschläger rühmlichst hervorthaten.

Es ist in Palästina nicht wie bei uns, daß eine Braut etwas in die Ehe bringen soll, wie Heirathgut, Ausfertigung rc., im Gegentheil, der heirathslustige Araber muß sich seine Zukünftige kaufen und zwar je nach dem Stand der Eltern, oft um schweres Geld; 10,000 Francs (40,000 Piaster) kann eine noble gleich kosten, um 1000 oder 2000 Frcs. kriegt man nichts besonders. Ein Araber erzählte uns durch den Dolmetsch, daß ihn seine Frau 3000 Francs gekostet habe und er hatte sie nur deßwegen so billig bekommen, weil sie einige Schrammen im Gesichte habe. (Bei uns sind sie bekanntlich etwas billiger, zumal wenn sie Schrammen im Gesichte haben.) Den ganzen Heirathshandel machen in der Regel die Eltern, das Geld, das der Schwiegersohn zahlen muß, gehört den etwa vorhandenen Brüdern, damit sich dieselben hiemit auch Ehegesponsinen kaufen können. Wenngleich bei den Arabern Vielweiberei erlaubt ist, so kann sich doch nicht jeder, wenn er nicht paschamäßiges Einkommen hat, in Anbetracht dieses hohen Kaufschillings, den Luxus, mehrere Weiber zu halten, erlauben. Oft in der Kindheit schon werden solche Ehepakten abgemacht; näheres Bekanntsein derjenigen, die bestimmt sind, sich später zu heirathen, findet in der Regel nicht statt. Der intimere Umgang mit dem anderen Geschlechte im ledigen Stande wird für als etwas Ungeziemendes und Taktloses angesehen.

LII.

Ritt auf den Tabor.

Der Tag war noch nicht angebrochen, als wir die Pferde bestiegen, welche uns auf den Berg der Verklärung Christi tragen sollten.

Wir verließen Nazareth in nördlicher Richtung, wendeten uns aber draußen bei dem Marienbrunnen östlich und ritten eine sanfte Anhöhe hinan. Der Weg, welcher anfangs passabel war, ging bald in einen schlechten über und ehe wir das Thal überritten hatten, welches uns vom Fuße des Tabors trennte, purzelte so mancher vom Pferde. Im Thal= grunde setzten wir über einen Bach, welcher ein Zufluß zum Kison sein soll und der Ebene von Esrelon zueilte. Ein italienischer Priester, nicht mehr jung, ritt hinter mir, sein Pferd stolperte und er stürzte rückwärts hinunter zwischen große umherliegende Steine. Ich fürchtete, er stehe wohl nicht mehr auf, doch war es nicht so schlimm ausgefallen, als es anfangs aussah. Er erholte sich nach kurzem wieder und mit Unterstützung bestieg er, allerdings mit größter Anstrengung, wieder sein Pferd. Ein barfüßiger Maronit vom Libanon, welcher diese Reise zu Fuß mit uns machte, hielt mir während dieser Prozedur meinen Klepper. Nach ca. 2½ Stunden waren wir am Fuße des Tabors angelangt. Um die zum Aufritt noth= wendige Kraft zu sammeln, wurde unter einer knorpeligen Steineiche Halt gemacht und ein wenig ausgeruht. Nach kurzer Rast wurde aufgestiegen und den Berg im Zickzack hinan geritten. Es kamen abschüssige gefähr= liche Stellen, man muß auf der Hut sein und dieselben mit aller Vorsicht passiren, was allerdings nur mit diesen gut geschulten Pferden möglich ist. Von etwa halber Höhe sieht man einmal fast senkrecht bis zum Berg= fuße hinunter. Dort liegt ein Dorf, welches Deburieh heißt, es ist das Dabereth der Bibel. Hier heilte der Heiland den mondsüchtigen Jungen, was die Apostel nicht zuwege brachten, als er nach seiner Verklärung vom Tabor hernieder gestiegen war. Bei diesem Anlaß sprach er von der Macht des Glaubens und vom Bergeversetzen.

In manchem Reisewerke kann man lesen, daß der Tabor mit

prächtigen Eichen und Ulmen bewachsen sei. Das ist zu idyllisch beschrieben; bewachsen ist er schon mit den beiden Baumgattungen, allein die Eiche ist gegen den prächtigen Baum, wie er bei uns vorkommt, nichts weiter als ein Krüppel und auch die Ulme ist verhältnißmäßig unbedeutend. Gestrüpp ist in Menge vorhanden, unter welchem hohes Gras empor wuchert, ab und zu kommt die Terebinthe vor. Von der Ferne gesehen gleicht der Tabor einem gestümmelten Kegel und sieht wundervoll grün aus. Mit keinem anderen Berge zusammenhängend, erhebt er sich 650 Meter hoch von der Ebene aus in die reine Luft. Vögel hört man im Gesträuche singen, ebenso die Taube girren und im dichten Untergras sollen viele Gazellen, wilde Schweine und Panther Unterschlupf finden. Nach etwa 1½ Stunden waren wir oben angelangt und ritten auf der mit dichtem Gras bewachsenen und mit Gerstenfeldern bebauten Hochebene hin. Dieses Bergplateau hat etwa 3 Kilometer Umfang und es stehen zwei Klöster darauf. Eines und zwar das ungleich größere gehört den Griechen, während das kleinere Eigenthum der Lateiner ist. Von den Franziskanern von Nazareth wird es versorgt. Eine anständige Pilgerherberge ist neben dem Kirchlein erbaut und wie ich gesehen habe, ließe sich da oben, wie schon Petrus meinte, gut wohnen. Das Zisternenwasser ist eines der besseren, wie ich solches je gefunden habe. Auf der südöstlichen Bergkuppe, auf dem Platze, wo Christi Verklärung stattgefunden hat, befinden sich mächtige Ueberreste von früheren Kirchenbauten und gewaltige Mauertrümmer, welche an eine ehemalige Befestigung des Berges denken lassen. Kolossale Hausteine mit Fugenrändern liegen wirr durcheinander. Ich bestieg diese Trümmerreste und man hat dort eine Rundsicht, wie kaum eine zweite ähnliche mehr in ganz Galiläa. Auf der Grenze zwischen den Stämmen Isaschar und Zabulon stehend, sieht man östlich einen Theil des Sees Genesareth bei Kaphernaum und darüber hinaus die rothbraunen Berge von Gaulanitis, Ituräa, Trachonitis und den Hauran. Gegen Süden liegt der kleine Hermon, das Gilboagebirge, sowie die Berge Samarias, welche bis hinauf nach Judäa einer über den andern sich erheben. Die Ebene von Estrelon mit ihren vielen Dörfern lag zu unseren Füßen. Westlich liegt der lange Gebirgszug Karmel und zwischen Kaifa und Acre blitzte ein längerer Streifen des Mittelmeeres durch. Nördlich steigt der mächtige Gebirgsstock Libanon mit dem mit Schnee bedeckten großen Hermon, 2860 Meter (9700 Fuß) hoch, in den blauen Aether empor und Safed, die Stadt auf dem Berge, glänzt mit seinen weißen Mauern herüber.

Es ist so entzückend, daß man füglich sagen könnte, lasset uns drei Hütten bauen!

In den Ruinen der ehemaligen Benediktinerkirche bezeichnet ein aus Hausteinquadern zusammengefügtes Kreuz den Platz, wo Christus vor den Augen seiner 3 Jünger in himmlischer Herrlichkeit verklärt wurde.

Schon in der frühesten Zeit soll auf dem Tabor eine Stadt gestanden haben, welche 218 vor Christus der syrische König Antiochus erstürmte und hernach befestigte. Es scheint aber das Machwerk dieses heidnischen Königs nicht allzu fest gewesen zu sein, denn der jüdische General und Geschichtschreiber Josephus fand nach nicht einmal 300 Jahren schon nichts mehr als Trümmer. Josephus befestigte den Berg aufs neue gegen die Römer, was er, wahrscheinlich mit dem vorhandenen Material, in 40 Tagen zuwege brachte. Tancred, der unerschrockene Kreuzritter und Fürst von Galiläa erbaute aus den früheren Bauüberresten eine Kirche und ein Kloster. Saladins Horden hausten wiederholt schlimm auf dem Tabor und Sultan Bibars gab den Gebäulichkeiten den letzten Stoß. Aus dieser Zeit datiren die vorhandenen Ruinen. In dem neben den Ruinen fast neu erbauten kleinen Kirchlein las einer unserer Mitpilger die hl. Messe, welcher wir andächtig anwohnten. Nach dieser Andacht sahen wir uns in der Pilgerherberge um trinkbares Wasser um und ruhten ein wenig aus. Schwer konnte ich mich von diesem Platze trennen, als das Zeichen zum Aufbruch gegeben wurde. Es ging aber nicht an, viel Zeit noch hier oben zu verbringen, da für heute noch ein gewaltiger Weg zurückzulegen war. So etwa um 10 Uhr Vormittags wurde der Abstieg angetreten.

LIII.

Ueber Chan el Tuck nach Tiberias und dem See Genezareth.

Das Reiten vom Tabor herunter ist wegen stellenweise abschüssiger Partien nicht rathsam; man überläßt das Thier den Muckern und steigt ruhig zum Thale nieder. Nach etwa einer Stunde waren wir unten angelangt. Unter einer Eiche wurde Halt gemacht und zugewartet, bis sämmtliche Karawanenmitglieder angekommen seien. Wir schnellten uns in die Sättel und schlugen die nördliche Richtung ein. Zuerst unter

Zwergeichen und dann über Felder hinreitend langten wir nach einer Stunde bei einer riesigen Burgruine an, welche den Namen „Chan el Suck" oder „Chan el Tudschar" (Herberge der Kaufleute) führt. Alle Montage, wie man uns mittheilte, wird hier Viehmarkt gehalten und insbesonders bringen die Beduinen prachtvolle Exemplare von arabischen Pferden hieher; auch das Kameel, das Schiff der Wüste, wird hier zum Kaufe vielfach ange= boten. Wir stiegen vor dem großen Eingangsthor ab, ließen die Pferde weiden und gingen in die inneren verfallenen Räume hinein. Hier sollte Mittagsruhe gehalten werden, da es auch bereits Zeit hiezu war. In einem theilweise eingefallenen Gewölbe suchten wir zu diesem Behufe Unterkunft. Wie es überall ist, wo ein Araber seinen Fuß hinsetzt, so war auch hier schwer ein unbeschmutztes Plätzchen zu finden, wo man sich niederlassen konnte. Wohl oder übel mußten wir uns mit dem stinkenden Raum begnügen, da außen nicht der mindeste Schatten zu finden war und das Thermometer schon bereits gegen 36° stieg. Das Mittags= brod wurde in gewöhnlicher Weise verzehrt und hiezu das denkbar schlechteste Wasser getrunken. Der Dragoman hatte solches, wie ich bemerken konnte, aus den Pferdehuftritten geschöpft. Mit Rothwein gemischt würgten wir dieses Getränk sammt dem Ungeziefer, ohne es anzusehen, hinunter.

Nach einer Pause von etwa 2 Stunden, in welcher Zeit von Aus= ruhen keine Rede war, wurde aufgebrochen, um rechtzeitig an den See Genezareth zu gelangen; denn die tropische Hitze, das Ungeziefer und noch viel Ungenanntes ließen keine eigentliche Ruhe zu. Der Tabor und Tiberias liegen 6 Stunden weit auseinander und wir waren dem ersteren noch ziemlich nahe.

Sorglos schritten wir durch langes Gras über den Hof dieser großen Ruinen hin. Auf einmal war ein Mitglied der Karawane in die Tiefe verschwunden und während wir uns umsahen, folgte ein zweites nach, sie versanken neben uns, als hätte sie die Erde verschlungen. Nun wurde uns bange. Wir sondirten genau und fanden, daß wir auf halb verfallenen Gewölben herum marschirten und daß die beiden Herren an eingebrochenen Stellen, die mit langem Grase überwuchert waren, durch= gefallen seien und zwar in eine Art Keller von 4 Meter Tiefe, welcher auf der entgegengesetzten Seite einen Ausgang in das Freie bot. Es war ein großes Glück, daß dieses Hinunterstürzen so über die Maßen günstig ablief und keine schlimmen Folgen nach sich zog. Es blieben keine

Tiberias am See Genezareth.

anderen Spuren, als aufgeritzte Finger und zerrissene Hosen zurück. Auf einer sanft ansteigenden Landschaft zogen wir nun hin, welche aber, wenn gleich Humus und schwarze fruchtbare Erde in Menge vorhanden ist, schwach bebaut war. Dörfer oder menschliche Wohnungen findet man auf diesem fruchtbaren Boden wenige, nur hie und da sind von den nomadi= sirenden Beduinen schwarze zerlumpte Zelte aufgeschlagen, und Ziegen Kameele 2c. weiden um dieselben herum. Es soll hier mit der Sicherheit schlecht bestellt sein. Bei einiger Aussicht auf ein gesegnetes Jahr kommen die räuberischen Beduinen von jenseits des Jordans und des Sees Ge= nezareth herüber, stehlen und vernichten die Ernte. Dieser so frucht= bare Landstrich führt den Namen die „kleine Sarona" im Gegenhalt zu der großen Sarona, welche von Joppe gegen Cäsarea hin sich erstreckt.

Wir stießen auf ein Dorf, welches Kefr Sabt hieß. (Nur zwei Dörfer findet man auf diesen so gesegneten Fluren: Kefr Sabt und Lubie.) Dasselbe ist ganz aus Basaltsteinen erbaut und sieht ganz schwarz aus. Eine kleine Anhöhe hinunter reitend, kamen wir unten zu einem schmutzigen Teiche, an welchem Weiber aus Kefr Sabt blaue Hemden wuschen. Der Dragoman ersuchte uns, unsere Thiere nicht trinken zu lassen, Da dieselben aber bei der großen Hitze ungemein durstig sein mochten, so bedurfte es allen Ernstes, um vorbeizukommen. Ein Reise= mitglied aber war mitleidiger gestimmt und konnte seinem Gaul den Ge= nuß des Wassers nicht vorenthalten. Er ritt denselben zum Tränken hin. Der Fuchs, einigermaßen sich selbst überlassen, stieg mit den Vorderfüßen ganz in den Teich hinein. Das Wasser aber war so tief, daß das Pferd keinen Grund fand. (Der schmutzigen Farbe wegen konnte man den Boden nicht sehen.) Um nicht kopfüber unterzusinken, sprang das Thier mit einem Satze vollends hinein und schwamm ganz gemüthlich der entgegen= gesetzten Seite des Teiches zu. Dem Reiter wurde schwul bei der Ge= schichte; er machte sich vom Klepper los und schwamm seinerseits aus allen Kräften rudernd, dem nächstgelegenen Ufer zu. Nachdem wir sahen, daß dieses Intermezzo sich ganz gefahrlos abwickle, ritten wir unter allgemeiner Heiterkeit, manch' schlechten Witz einflechtend, weiter. Die tätowirten Weiber aus Kefr Sabt lachten recht herzlich mit.

Etwa um 5 Uhr Abends hatten wir die Grenze des Hochplateau erreicht und ein wundervolles Panorama öffnete sich unseren Blicken, das seines gleichen sucht. Unten, wenigstens 300 Meter tief, lag der See

14

Genezareth (Cinnereth heißt er bei den Eingebornen) fast in seiner ganzen Ausdehnung, 6 Stunden lang und 3 Stunden breit. Nur die südliche Spitze bei Hippos und Kerack ist hinter den Bergen verborgen. Etwa nochmal so groß wie der Chiemsee, ist er zwischen Bergen eingeengt; seine glatte Fläche glänzte herauf wie ein Spiegel.

Das Städtchen Tiberias, so elend selbes in Wirklichkeit ist, liegt wundervoll hingestreckt am westlichen Ufer. Rechts von Tiberias sieht man ein paar größere Gebäude, es sind dieses die warmen Quellen oder Thermen am See Genezareth. Jenseits des Sees fallen die braunen Berge von Gamala und Geresa steil in die Fluthen des galiläischen Meeres ab. Zur Linken thut sich eine kleine Ebene längs den Ufern auf, sie heißt Genesareth, und hier lag einst der Ort gleichen Namens. Auch Magdala, das Schloß der Büsserin Magdalena, ist da zu suchen. Links unten, am Nordende des Sees, ist ein Hügelland zu sehen; es ist die Ufergegend, in welcher seinerzeit Kapharnaum, Chorazaim und Bethseida lagen. Der Jordan mündet dort, vom Libanon herunterkommend, in den See.

Zwischen Tiberias und den Thermen, fast ganz am Ufer, waren unsere Zelte aufgeschlagen. Die bayerische Flagge auf dem Speisezelte aufgehißt, grüßte mit ihren schönen blauweißen Farben zu ihren Landsleuten herauf.

In vielen Schlangenwindungen führt ein schlechter Weg den Berg hinunter. Wir stiegen von den Pferden und trieben dieselben vor uns her. Auf etwa halber Höhe sprudelte eine Quelle aus dem Felsen; alle lechzten darnach, sich endlich einmal den brennenden Durst löschen zu können. Wir hatten uns aber wieder einmal verrechnet; das Wasser war nicht nur abscheulich warm, sondern hatte dazu auch noch einen unendlich widrigen Geschmack.

Eilends zog ich weiter; bei den Zelten angekommen, wurde alles Entbehrliche abgeworfen und kaum 3 Minuten später lag ich in den 22° warmen Fluthen des Sees Genezareth.

LIV.

Tiberias, Abd el Kadr, das galiläische Meer, Kapharnaum.

An der Westseite des Sees Cinnereth und theilweise in denselben hinein, baute Herodes Antipas, der Mörder des hl. Johannes, im Jahre

22 nach Chrifti Geburt eine Stadt, welche herrlicher sein sollte, als das von seinem Bruder Philippus erbaute Julias am oberen Jordan. Zu Ehren des römischen Kaisers Tiberias nannte er diese neu erbaute Stadt „Tiberias" und erhob sie zu seiner Residenz, da die Stadt Sephoris bei ihm in Ungnade gefallen war. Ein Despot und Speichellecker zugleich, wie alle Herodianer waren, glaubte er mit der Benennung dieser Stadt seinem hohen römischen Gebieter zu schmeicheln, damit derselbe ihn nicht ins Exil schicke, d.h. in ein fremdes Land und dort sterben lasse, welchem Schicksal er aber doch nicht entging.

Die neue Stadt erhob sich schnell. Die Stadtmauern liefen dortmals, wie heute noch, die Anhöhe hinan und schloßen auf dem höchsten Punkte eine Burg ein. An zwei Seiten sind diese Stadtmauern in den See hinein fortgesetzt und enden dort mit je einem massiven aus Hausteinen erbauten runden Thurme. Diese Thürme befinden sich, abzüglich einiger Sprünge und Risse, in nicht schlechtem Zustande. Sie sind so tief in den See fundirt, daß ich bei meinem Vorbeifahren selbst bei großer Klarheit des Wassers nicht wahrnehmen konnte, wie tief an der Thurmmauer wohl der See sein könnte.

In dem so ummauerten Raum ließ Herodes Antipas Häuser und Paläste nach römischem Geschmack errichten. Unter andern einen Palast, welcher hoch über alle emporragte und mit einem goldenen Dache versehen war und deßhalb den Namen „das goldene Haus" führte, welcher ihm als Residenz diente. Hier lebte der Tetrarch von Galiläa, Antipas Herodes, mit seines Bruders Philippus Weib, der bekannten Herodias zusammen, und hier verstieß dieser fürstliche Ehebrecher und Mörder seine rechtmäßige Gattin. die Tochter des Königs Aretas von Petra, was ihm letzterer schlimm vermerkte und ihn hiefür in einer Schlacht bei Macherus auf das Haupt schlug,

Der Heiland, wie wir wissen, lebte nach der Vertreibung aus der Synagoge zu Nazareth gerne in der Seegegend, besonders zu Kaphernaum, Bethseida, Geresa 2c. Daß er aber einmal durch die Thore dieser neuen Stadt hineingewandert wäre, ist nicht bekannt. Der Schwelger Herodes ließ ihn zwar einmal zu sich in das goldene Haus rufen, allein der Herr folgte dem Rufe dieses Despoten nicht.

Nach der Zerstörung Jerusalems flüchteten sich eine Menge Juden nach Tiberias und gründeten dort eine gelehrte Schule. Seit dieser Zeit ist die Stadt immer zum größten Theile mit Juden bevölkert. Sie haben auch eine nicht unschöne

14*

Synagoge dort und warten immer noch die Ankunft des Messias ab, der ja nach dem Talmud am See Genezareth erscheinen wird. Zur Zeit der Kreuzritter hielt sich Tancred als Fürst von Galiläa öfters zu Tiberias auf. Er ließ die Stadtmauern theilweise erneuern und an der Burg am Nordwestende der Stadt eine durchgreifende Reparatur und Umbauung vornehmen.

Von den ehemaligen Herrlichkeiten ist jetzt nichts mehr übrig. Eroberungen und Erdbeben haben diese Stadt zu ihrem jetzigen armseligen Zustand herabgedrückt, besonders hat ihr das letzte Erdbeben vom 1. Januar 1837 furchtbar zugesetzt. Dasselbe hauste überhaupt in der ganzen Seegegend und insbesondere auch zu Safed; selbst Nazareth blieb nicht davon verschont. Ein großer Theil der Häuser von Tiberias stürzte bei dieser Erschütterung zusammen und wurden selbe bis heute nicht wieder aufgebaut. Auch ein Theil der südlichen Stadtmauer fiel in Trümmer. Man glaubt jetzt noch, wenn man durch Tiberias wandert, an den wackeligen Häusern diese gewaltige Erschütterung zu erkennen; im Uebrigen würde zur Zeit nicht viel dazu gehören, diese Stadt nicht etwa in einen Steinhaufen, sondern in einen Kothhaufen zu verwandeln.

Von unserem Lager aus wanderte ich ein paarmal hinein in die Stadt. Bei der eingefallenen Stadtmauer steigt man über einen Wall von Koth und Unrath. Die Häuser befinden sich in einem unbeschreiblich schlechten Zustande. Die Wände sind größtentheils von aufgestelltem verkrüppelten Holz hergestellt, mit Stauden ausgeflochten und mit Lehm überschmiert. Das Dach, wenn doch ein solches vorhanden ist. ist von gleichem Material, von Thüren und Fenstern zum größten Theil keine Rede. Die Straßen sind enge und krumm. Fuhrwerke können sich hier nicht bewegen. Straßenpflaster ist keines vorhanden; alle denkbaren Abfälle liegen herum, und man steigt auch hier über Schmutz und Gräben
Im Innern der Häuser sieht es, soviel ich beobachten konnte, fast noch schlimmer aus. Die schmutzigen Einwohner, größtentheils Juden, ersticken fast, wenn sie gleich den See zum Baden in nächster Nähe hätten, im Koth. Der Semit geht nicht ins Wasser. In Folge dieser kolossalen Unreinlichkeit und der großen Hitze, die zu Tiberias herrscht, ist das Ungeziefer in den Wohnungen so massenhaft vorhanden, daß ein Aufenthalt in diesen Löchern für einen halbwegs anständigen Menschen zur reinen Unmöglichkeit wird. Wer doch zur Nachtszeit schlafen will, aber nicht

hieb= und stichfest ist, der soll es ja nicht versuchen, in einem Wohn=
hause von Tiberias Unterkunft zu finden. Es ist schon ein altes Sprich=
wort, daß der König der Flöhe sammt dem großen Hof= und Generalstab
zu Tiberias residiert.

Die Einwohnerzahl dieses Städtchens wird auf 3500 angegeben,
wovon weitaus der größere Theil, nämlich 2500, Juden sind; die Mos=
limen zählen ungefähr 700 Köpfe und Griechen werden es ungefähr 250
sein. Es bleibt demnach für die Lateiner oder Katholiken ein verschwindend
kleiner Theil übrig.

Das bestgebaute Gebäude ist wohl das kleine Franziskanerhospiz
mit dem nebenangebauten Peterskirchlein. Die fromme Tradition sagt: daß
diese Kirche auf dem Platze stehe, wo der Heiland nach seiner Auferstehung
den Apostel Petrus zum Oberhaupt der katholischen Kirche berief mit den
Worten: „Weide meine Lämmer." Am Tage des hl. Petrus, also am 29. Juni,
geht es in diesem Kirchlein hochfesttäglich zu. Von Nazareth kommen
lateinische Mönche soviel wie möglich herunter, um auf diesem so denk=
würdigen Platze das Fest des ersten Bischofs gebührend zu feiern. Sie
sind nicht zu beneiden, die dort stationierten guten Franziskaner; in Folge
der Tieflage und des Eingeschlossenseins zwischen den Bergen, ist die
Hitze im Sommer eine schreckliche, das Klima ein ungesundes, die Nach=
barschaft eine widrige. Mehrmals schon hat die orientalische Pest in
kurzer Zeit die Hälfte der Einwohner von Tiberias dahin gerafft.

Südlich von der Stadt, etwa 2 Kilometer entfernt, fast am See=
gestade, sprudeln die vier heißen Quellen, welche unter dem Namen „die
Bäder von Tiberias" bekannt sind, in einer Wärme von 50° Reaumur
aus dem Berge hervor. Wir interessirten uns für diese Thermen, und an
einem Nachmittage wanderten wir dem Seegestade entlang dorthin. Längs
dem Ufer stößt man wiederholt auf altes Mauerwerk, welches sich bis=
weilen weit in den See hinein erstreckt, auch Säulentrümmer und andere
Baureste sind zu finden. Diese Ruinen lassen sich wahrscheinlich auf den
ehemaligen Bestand mehrerer Landhäuser den Ufern entlang zurückführen.

Zwei größere Badeanstalten sind über die warmen Quellen errichtet.
Eine erbaute Ibrahim Pascha im Jahre 1833 und diese soll mit großem
Luxus und Comfort ausgestattet sein. Von außen gesehen imponirt dieser
Kasten nicht sonderlich; er sieht mehr einem größeren muhamedanischen
Wely gleich. Die Kuppel, welche zu klein und zu wenig erhaben ist, sitzt

dem Mauerwerk wie ein Zerrbild auf dem Nacken. Diese Badeanstalt
ist für Despoten, Paschas mit Roßschweifen und dominirenden Schechs
bestimmt. Für den Plebs und die halbwilden Bewohner Galiläas und
Trachonitis ist ein anderes Badehaus, welches zur Zeit aber halb in
Ruinen liegt, errichtet. Es ist ein Rundbau mit einem großen runden
Bassin in der Mitte von etwa 10 Meter Durchmesser. Außen im Kreise
herum führt ein $1^1/_2$ Meter breiter, mit Steinplatten belegter Gang und
außerhalb diesem sind einige elende Badekammern angebaut. Durch einen
Vorbau traten wir ein und sofort qualmte uns ein Dunst und eine Hitze
entgegen, daß ich versucht war, gleich wieder umzukehren, wenn nicht die
Neugierde es gewesen wäre, welche mich dessenungeachtet vorwärts trieb.
In dem schon erwähnten Bassin, welches etwa 5 Fuß tief ist, schwammen
circa 2 Dutzend Menschen verschiedener Gestalt und Farbe herum. Auf
einer Seite fließen die heißen Quellen herein und auf der anderen Seite,
nachdem sie den Schmutz von den Arabern, der nicht wenig ist, abgespült
haben, als Ueberwasser hinaus in den See Genezareth. Sie lassen in den
Abzugsrinnen weißen und rothgelben Niederschlag in Menge zurück. Schwefel,
Salz und Eisen sind die Hauptbestandtheile dieser Heilquellen und werden
sowohl von Kranken als auch von Gesunden massenhaft besucht. Der
Gehalt und die Wirkung soll den Thermen von Aachen ähnlich sein. Auf
die Länge ist es in diesem stinkenden Schwitzkasten für einen Europäer
nicht zum Aushalten, selbst wenn die Temperatur zu bewältigen wäre, so
treiben einen alsbald die vielen eckelhaften Geschöpfe von dannen. Wie
Schweine, die zum Brühen bestimmt sind, wälzen sich diese Beduinen und
Nubier im heißen Wasser herum, und wenn ihnen die Temperatur zu hoch
wird oder das Ausruhen von nöthen ist, hüpfen sie, Affen auffallend
ähnlich, heraus auf den schlüpfrigen Gang, kühlen sich ab und entledigen
sich bei dieser Gelegenheit auf unbeschreibliche Weise ihres massenhaften
Ungeziefers. Auf Absonderung der Geschlechter wird wenig Rücksicht genommen.

Der Zufall führte uns hier mit einem höchst interessanten Manne
zusammen, der vor 36 Jahren viel von sich reden machte. Als ich am
Seegestade hinschlenderte, kam mir ein anständig gekleideter Herr entgegen,
welchem man den Europäer sofort ansah. Er grüßte freundlichst auf
deutsch und stellte sich als Dr. N. N. aus Tiberias vor. Er sei ein
geborner Pole, erzählte er, und mußte bei dem fürchterlichen Aufstand im
Jahre 1864 sein Vaterland verlassen, um nicht an einem russischen Galgen

gehangen oder nach Sibirien deportirt zu werden. Seit 18 Jahren übe
er die Praxis in Tiberias aus und er könne sagen, es gehe ihm nicht schlecht,
da er vielfach von reichen Paschas und Schechs, welche die warmen Quellen
benützen, als ärztlicher Rathgeber angerufen werde. „Sehen Sie," sagte
er, „ich komme soeben von einem höchst merkwürdigen Manne, der mich
hat holen lassen und mich um meinen ärztlichen Rath ersuchte. Wer
glauben Sie," fragte er, „daß da oben in den grünseidenen Zelten, die
soeben aufgeschlagen wurden, wohne? Abd el Kadr, der Emir aus Ma=
rokko ist heute von Damaskus herüber gekommen und will einige Zeit
die warmen Bäder von Tiberias benützen. Haben Sie vielleicht ein
Interesse an dem Emir und wollen Sie ihn sehen? wenn ja, so brauchen
Sie nichts weiters zu thun, als sich anmelden lassen. Ich bin überzeugt,
daß er Sie sofort empfängt. Er hält große Stücke auf die Deutschen, weil
dieselben seinem Erbfeinde im Jahre 1870/71 so furchtbare Schläge gaben."

Ich bedankte und verabschiedete mich von dem liebenswürdigen Doktor
und suchte eiligen Schrittes die Karawane auf, um derselben über die
Anwesenheit Abd el Kadrs Mittheilung zu machen. Die meisten hielten
meine Erzählung für einen schlechten Witz, einige behaupteten steif und
fest, Abd el Kadr sei längst gestorben und das mir Erzählte sei purer
Spaß u. s. w. Erst nach wiederholter Behauptung wurde der Entschluß
gefaßt, dem Emir einen Besuch abzustatten.

Mit dem der arabischen Sprache mächtigen Dragoman Lorenzo an
der Spitze wanderten wir dem Lager Abd el Kadrs zu. Etwa ein halbes
Dutzend der prachtvollsten Zelte waren aufgeschlagen, alle von grüner
Seide, mit schönen bunten Farben bemalt. Wachtposten waren ausgestellt
und arabische Pferde der edelsten Race grasten um die Zelte herum. Auf
die Anfrage des Dragomans bei dem dienstthuenden Offizier, ob der Emir
für die bayerische Karawane zu sprechen sei, da dieselbe großes Verlangen
habe, ihn zu sehen, wurde uns zur Antwort, daß unserm Ansuchen nichts
im Wege stehe und Abd el Kadr, sobald er vom Bade zurückkomme, uns
empfangen werde. Schon einige Minuten später stand der gewaltige
Kabylenfürst mit noch weiteren 5 orientalischen Paschas und fürstlichen
Personen in unserer Mitte. Er war ein kleiner Mann mit schneeweißem
Vollbart und stechenden Augen. Er trug einen seidenen Kaftan mit
grünseidenem Turban. Letzteren zu tragen ist er vollständig berechtigt;
fürs erste war er nicht nur einmal, sondern wiederholt schon in Mekka

und fürs zweite gilt er als Nachkomme des Propheten. Durch den Dragoman ließ er uns wissen, daß es ihn sehr freue, einmal Germanen von Angesicht zu Angesicht sehen und sprechen zu können. Er bewundere uns als Angehörige der großen Nation, die im Stande war, die unüberwind= lichen Franzosen, seine Erbfeinde, niederzuwerfen. Er erkundigte sich weiter, wohin unsere Reise gehe und was uns denn eigentlich an den See Genezareth führe. Wir unserseits ließen ihm durch den Dragoman sagen, daß wir ihm viele Hochachtung entgegenbringen, da er bei dem Christen= morde zu Damaskus vielen Tausenden das Leben rettete. Er habe dabei nur seine Pflicht gethan, meinte er, und wäre es in seiner Macht gelegen, so wäre sicherlich nicht einer umgekommen. Ehe wir uns entfernten, sprach er den Wunsch aus, daß er jedem Deutschen speziell die Hand drücken möchte. Der Reihe nach traten wir vor den Emir hin und schüttelten die Rechte des alten Haudegen auf die kräftigste Weise. Im Orient ist so etwas nicht Sitte. Vor einem Großen kniet man dort nieder und küßt, wenn es erlaubt ist, auf die unterwürfigste Weise die Hand. Wir Deutsche können unmöglich zu solcher Nichtigkeit herniedersteigen und so machten die umstehenden Paschas ob unserer ungeschliffenen Handlungsweise ein ver= blüfftes Gesicht.

Abd el Kadr, der Kabylenfürst, ist geboren 1807 zu Maskara in Algerien und war der Sprößling einer muhamedanischen Priesterfamilie. Er folgte im Jahre 1838 seinem Vater Sidi Mahidan, als Kabylen= häuptling über mehrere Araberstämme und machte in dieser Eigenschaft als Führer und Kriegsoberster in den vierziger Jahren den Franzosen in Algerien viel zu schaffen. Nach langen furchtbaren Kämpfen jedoch mußte er der Uebermacht unterliegen. Er ergab sich auf Ehrenwort am 22. Dezember 1847 zu Tagtempt den Generälen Lamoriçiere und Herzog von Aumale. Als Gefangener wurde er nach Frankreich gebracht und unter dem Versprechen, nie wieder gegen die Franzosen zu kämpfen, in Paris internirt. Ein Jahresgehalt von 100,000 Francs wurde ihm aus= gesetzt. Er konnte jedoch das europäische Klima nicht vortragen; vor der Zeit schien es, gehe er zu seinen Vätern. Als Napoleon III. ans Ruder kam, erlaubte er dem Emir, im Orient leben zu dürfen. Er ging zuerst nach Brussa in Kleinasien, bald darauf aber nach Konstantinopel. Auch hier behagte es ihm nicht auf die Länge und mit Erlaubniß der fran= zösischen Regierung schlug er seinen ständigen Wohnsitz zu Damaskus in

Syrien auf. Trotz der vielen Aufforderungen gegen die Franzosen ins Feld zu ziehen, hielt er sein gegebenes Wort. Bei der furchtbaren Christenverfolgung, welche am 9. Juli 1860 zu Damaskus begann und sich über Hasbrieh und den Libanon nach Beirut fortsetzte, gingen mehr wie 45,000 Christen zu Grunde. Auf die furchtbarste Weise wurden sie hingemordet; Haufen von Leichen, Männer, Frauen und Kinder auf unbeschreibliche Weise verstümmelt, lagen in den Straßen von Damaskus herum. Mehr wie 3000 Christenhäuser wurden von den fanatischen Muhamedanern niedergebrannt, eine Unzahl Menschen kamen in den Flammen um. Bei dieser so schauderhaften Metzelei, rettete der Emir Abd el Kadr bei 15,000 Christen das Leben, indem er dieselben theils in seinem Palast aufnahm und theils in ihren Versammlungsorten, wie den barmherzigen Schwestern mit den Schulkindern in ihrer Kirche, allen möglichen Schutz angedeihen ließ. Für diese unerhörte Blutthat wurden auf besonderes Drängen der europäischen Großmächte, insbesonders Frankreichs, circa 300 Muhamedaner, darunter mehrere Paschas, durch Hängen und Enthaupten hingerichtet und etwa 600 zur lebenslänglichen Galeerenstrafe verurtheilt.

Auch Kapharnaum, wo der Heiland nach seiner Vertreibung aus Nazareth so gerne weilte, sollte besucht werden. Zu diesem Behufe wurden 4 Barken mit je 4 Bootsknechten bestellt und dem Uebereinkommen gemäß für jede Barke 20 Francs bezahlt.

Die Fahrzeuge legten ganz nahe bei unseren Zelten an und um 8 Uhr Vormittags stiegen wir in die Schiffe. Das Wetter war klar und schön wie immer und da hiezu auch noch vollständige Windstille herrschte, so läßt sich das Wundervolle einer solchen Fahrt einigermaßen vorstellen. Die Segel konnten bei der spiegelglatten See nicht benützt werden und so mußten die unpraktisch gebauten Boote mit ihrer starken Befrachtung — es waren in jedem Fahrzeuge 11 Personen — mittelst kräftigen Ruderschlägen vorwärts getrieben werden. An Tiberias fuhren wir vorüber und hinaus ging es auf die offene See. Nun befanden wir uns auf den blauen Fluthen, die der Heiland bekanntlich so oft durchfuhr. Hier gebot er dem Winde und den Wellen, hier war der reiche Fischzug, auf diesem See wandelte Er, vom Schiff aus redete Er hier öfters zum Volke. An diesem Meere wohnten und fischten die Fischer Petrus, Andreas, Jakobus und Johannes.

Im vollsten Glanze lag nun die ganze Wasserfläche vor uns. Am Ostufer erhebt sich ein Kalkstein= und Basaltgebirg fast senkrecht 300 Meter hoch aus den klaren Fluthen empor, hie und da mit Furchen durchzogen, welche sich die Wildbäche zur Regenzeit zu graben wußten. Oben breitet das Tafelland Gaulanitis sich aus. Dort in den Einschnitten liegen Geresa und Gamale. In die dortige Gegend zog sich der Heiland zurück, als das Volk ihn zum Könige machen wollte. — Gegen Westen treten die Berge ein wenig zurück. Die Niederung heißt die Ebene von Cinnereth (Genezareth). Im Frühjahr, ehe die Hitze ins tropische übergeht, herrscht hier prachtvolle Vegetation. Palmen, Oelbäume, Feigen, Wein und Melonen reifen hier um einen ganzen Monat früher als zu Damaskus oder Acre. Es erklärt sich die Hitze durch die tiefe Lage des Sees, dessen Spiegel 190 Meter unter dem des Mittelmeeres liegt. Wie schon angegeben, ist das galiläische Meer 6 Stunden lang und 3 Stunden breit, seine größte Tiefe wird zu 60 Meter angegeben. Das Wasser ist ungemein klar und durchsichtig und abzüglich seiner Wärme, gut trinkbar. Im nördlichen Theile beherbergt er eine große Menge Fische der besten Sorte, wovon der bekannte Petersfisch der vorzüglichste ist. Im südlichen Theile dagegen ist der Fischfang nie ergiebig. Die Ursache erklärt sich vielleicht dahin, daß iu diesen Theil des Sees die heißen Quellen von Tiberias fließen, deren Wasser den Fischen nicht zusagen dürfte.

Während der Fahrt änderte sich wiederholt die Scenerie. Coulissenartig schieben sich die Berge in einander und es ist ein herrlicher Genuß, vom Schiffe aus die Umgebung und die vielen Ortschaften mit einem guten Glase zu mustern.

Nach dreistündiger höchst angenehmer Fahrt stiegen wir am Nordende des Sees im Stamme Nephthali auf dem Platze, wo Kapharnaum gestanden hat, aus Land.

Ein Wald von blühendem Oleandern, durch welchen erst durchgearbeitet werden mußte, säumte die Ufer ein. Einer blutrothen Decke gleich zogen sich diese Gewächse, welche bei uns in Treibhäusern mühsam gezogen werden müssen, längs dem Gestade hin. Da der See an dieser Stelle Untiefen hat, so liefen unsere Fahrzeuge auf den Strand. Bei dem Tiefgang der Barken aber konnte nicht jeder, der nicht Stiefel trug, ans Land waten. Die kräftigen Bootsknechte in ihrem fast adamitischen Kostüme halfen aber sofort dieser Kalamität ab; sie sprangen in den See und trugen die

Unbehilflicheren, insbesonders die Damen, nach Art wie man kleine Kinder auf dem Arm trägt, ans Land.

Dornen, Disteln und wilder Hafer überwuchern den Platz, wo die Ruinen von Kapharnaum zu suchen sind. Ueberreste eines Thurmes, etwa noch ein Stockwerk hoch, aus Basalt und Lavasteinen errichtet, schauen über das Gesträpp herüber. Einige Beduinenhütten, die zur Hälfte in die Erde vergraben sind, ragen kaum über das Unkraut empor. Das Ruinenfeld selbst ist erst nach genauer Sondirung zu finden. Ich gab mir viele Mühe und erst, nachdem ich mir die Kleider recht ausgiebig zerkratzt hatte, fand ich die kolossalen Ueberreste eines Tempels. Säulenstücke von gewaltigen Dimensionen lagen, halb in den Boden versunken, herum. Prachtvoll gearbeitete korintische Kapitäler, sowie Architrave mit den feinsten Vergliederungen, waren unter Gesträpp verborgen. Gesimsornamente, sowie Sparrenköpfe von einer Reinheit, wie man solche zu Rom nicht schöner findet, liegen übereinander und vervollständigen in dieser gottverlaßenen Gegend den Gräuel der Verwüstung. Unter mannshohen Disteln und Dornen herumsuchend, fand ich die Fundamente und Sockel, auf welchen seinerzeit die Säulen standen. In Abständen von etwa 10 Meter stehen die Säulenfüße im herrlichsten Ebenmaße mit korintischer Gliederung, alles von weißem Kalkmarmor hergestellt und eines tüchtigen Architekten würdig, auf einer Länge von 110 Fuß und Breite von 80 Fuß, herum. Die Reste einer alten jüdischen Synagoge liegen vor uns und zwar von einer, deren Herrlichkeit ihresgleichen sucht. Diese Trümmer gehörten einst der sogenannten weißen Synagoge zu Kapharnaum an, in welcher der Heiland während seines Aufenthaltes in der Seegegend wiederholt predigte und Wunder wirkte. Er verließ Nazareth, heißt es, und wohnte zu Kapharnaum. Hier that er viele Wunder; er heilte den Knecht des Hauptmanns, den Gichtbrüchigen, die Schwiegermutter des Petrus, den Besessenen, das kranke Weib und erweckte die Tochter des Synagogenvorstehers Jairus zum Leben. Den Mathäus hat er hier vom Zollamt zum Apostelamt berufen. Ueber Kapharnaum, Chorazaim und Bethsaida sprach Christus das „Wehe" aus und nichts ging mehr in Erfüllung als dieser Fluch. Alle drei Städte sucht man umsonst, sie sind vom Erdboden verschwunden. Traurig und öde ist die Umgebung der einst so blühenden Stadt. Auf Meilen in der Runde trifft man kein menschliches Wesen, selbst die stinkenden Hütten waren von den Beduinen verlaßen. Diese

Nomaden kehren auch nur von Zeit zu Zeit in Tell Hum (so heißt jetzt Kapharnaum) zu. Wir bestiegen noch die etwa 5 Meter hohen Thurm= überreste, um ein wenig im Stamme Nephthali Umschau zu halten. Der Libanon steigt schon hinter dem Meromsee an, der große Hermon mit seinem weißen Haupte grüßte hernieder. Dort rechts unten in Syrien, kaum 10 Meilen von uns entfernt, liegt die drittgrößte Stadt des weiten türkischen Reiches, Damaskus. Zunächst läuft die große Karawanenstraße von Aegypten durch Palästina und Syrien nach Armenien und Persien hin und ich bedauerte groß, diese Völkerstraße nicht passiren zu können. In anderthalb Tagritten wäre Damaskus erreicht, gewiß keine Leistung und kein großes Opfer für die interessante orientalische Stadt „Dimeschk el Schäm." Zu Nazareth war der Aufenthalt zu lange, man könnte ehevor den Karmel besuchen. Zeit, nach Damaskus zu kommen, wäre ge= nügend vorhanden, wenn diese Stadt nur im Reiseplan aufgenommen ge= wesen wäre. Von Damaskus aus ist die Hafenstadt Beirut mittelst regel= mäßig verkehrenden Omnibussen spielend zu erreichen und hier kann der österreichische Lloyddampfer, welcher allwöchentlich zu Beirut anlegt, zur Weiterfahrt nach Alexandrien bestiegen werden. Zu meinem Bedauern kehrten wir, so zu sagen vor den Thoren von Damaskus, um.

Nachdem die Ruinen Kapharnaums sattsam gemustert waren, wurde aufgebrochen und zu Fuß längs des Seegestades weiter marschirt. Es galt die Ueberreste oder vielmehr die Gegend von Bethsaida und Magdala zu besuchen.

Die Bootsknechte wurden mit den Barken mit der Weisung abgeschickt, $1\frac{1}{2}$ Stunden südwärts beim Chan Minieh anzulegen und dort die Kara= wane zu erwarten. Es war schon wieder empfindlich warm, als wir am Ufer hinschritten; Fische spielten im See, der Weg war nicht schlecht, bei einem Bergvorsprung sogar in den Felsen gehauen, aber nicht Ein mensch= liches Wesen kam des Weges. Ein reicher Fluß tritt aus dem Berge hervor, er wäre im Stande, eine Mühle zu treiben; wir wadeten durch denselben und versuchten sein warmes, saueres, untrinkbares Wasser.

Nach etwa $1\frac{1}{2}$ Stunden war Chan Minieh erreicht. Unter einem wenig Schatten gebenden Baum streckten wir uns der Länge nach auf den Boden hin und brachten unser frugales Mittagsmahl, welches wir mit rothem Wein und schlechtem Wasser hinunter spülten, ein.

Bauüberreste bezeichneten die Stelle, wo ehedem Bethsaida gestanden hat, welcher Ort in der Bibel wiederholt genannt wird, und als Heimaths= ort der drei Fischer und späteren Apostel Petrus, Andreas und Philippus bekannt ist.

Unweit davon liegt das Dorf Medschel, wo einige Ruinen als das ehemalige Schloß Magdala bezeichnet werden, welches als Geburts= und Aufenthaltsort der Büsserin Maria Magdalena bekannt ist.

Durch Auen schritten wir nach eingenommenem Mittagessen unseren Barken am See zu. Es rührte sich nichts im Gebüsche, von einem Wild keine Spur, nur über unseren Köpfen kreisten ein paar Dutzend mächtige Adler hoch oben in der blauen Luft.

Mittlerweile war von Norden her ein günstiger Wind aufgesprungen, und als wir die offene See erreicht hatten, zogen die Schiffsknechte die Segel auf. Mit rasender Geschwindigkeit glitten wir an der Ebene von Genezareth vorüber und eilten Tiberias zu. Nach kaum einer Stunde sausten wir am Städtchen vorbei und bald darauf stiegen wir bei unseren Zelten an's Land.

Es wandelte mich die Lust an, mich zum dritten und letzten Male in meinem Leben in die Fluthen des Sees Genezareth zu stürzen. Dem Vorhaben folgte sofort die That und fast eine halbe Stunde versuchte ich meine Kunst im Schwimmen und Tauchen, mußte aber die Ueberzeugung gewinnen, daß ich mit manchem Vortheil, welchen ich in meinen jungen Jahren besaß, aus der Uebung gekommen sei.

Der Dragoman, ein äußerst aufmerksamer Mensch, setzte uns beim Abendtisch unter Anderem auch den berühmten Petersfisch aus dem See Genezareth vor. Ich vermied grundsätzlich, Fische in Palästina zu ge= nießen, für diesmal aber wollte ich eine Ausnahme machen, ich griff ein wenig zu, um nur sagen zu können, Petersfische gegessen zu haben.

Lange schlenderte ich am Seegestade herum. Eine klare Nacht am galiläischen Meere ist etwas wunderbares, und da ich voraussah, daß dieser Genuß mir nie mehr zu Theil werden würde, suchte ich erst spät in der Nacht mein Lager im Zelte auf.

LV.
Ueber Hittin nach Kanna und zurück nach Nazareth.

Lange ehe die Sonne ihre Strahlen auf den See Genezareth nieder=

senkte, saßen wir am andern Morgen schon zu Pferde und ritten westlich von der Stadt die Anhöhe hinan. Die Palmenkronen wiegten sich sanft in der kühlen Morgenluft und der See schimmerte durch den leichten Morgennebel, welcher denselben wie mit einem durchsichtigen Kleide von feinstem Gaze überzog. Tiberias lag noch tief im Schlafe. Nach etwa einer Stunde war die Anhöhe erstiegen. Mittlerweile war die Sonne über die Berge von Gaulanitis empor gestiegen und vergoldete die Spitzen des Libanon. Das galiläische Meer glänzte nun wie ein Spiegel herauf und fast mit einem wehmüthigen Blicke auf dasselbe nahm ich für alle Zeiten von ihm Abschied.

Zur Rechten liegt ein größeres Dorf, welches Mansura heißt. Eine reich bewachsene Grasfläche breitete sich vor uns aus. Dieselbe wird der Tisch des Herrn genannt, da hier der Heiland seine aufmerksamen Zuhörer, 5000 an der Zahl, mit einigen Gerstenbroden und wenigen Fischen speiste.

Drunten im Thale zog eine unendlich lange Kameelkarawane auf der Straße nach Damaskus dahin.

Zunächst erhebt sich der Berg der acht Seligkeiten, wo der Herr die Bergpredigt hielt. Dieser Berg hat die Sattelform mit zwei Spitzen und wird bei den Eingeborenen die Hörner von Hittin, auch Kurum Hittin, genannt. Am nördlichen Fuße dieses Berges liegt das gleichnamige Dorf Hittin. Nun ritten wir über einen denkwürdigen Platz, nämlich über die Ebene von Hittin, auf welcher am 5. Juli 1187 die furchtbare Schlacht geschlagen wurde, bei welcher das Königreich Jerusalem verloren ging. König Guido von Jerusalem stand mit einer edlen Schaar europäischer Ritter, fast 30,000 an der Zahl, dem Kurdenfürsten und Beherrscher aller Gläubiger, dem Khalifen Saladin gegenüber. Die Zahl der türkischen Krieger war aber eine weit größere und hatten dieselben überdieß noch den Vortheil, daß ihnen die tropische Hitze weniger beschwerlich fiel, da der Araber ohnedieß leicht gekleidet ist, während die Kreuzritter in eisernen Panzerhemden und Harnischen steckten. Fast den ganzen Tag über dauerte die furchtbare Schlacht. Alle Tapferkeit der Europäer war umsonst; sie unterlagen der Uebermacht und selbst der König wurde auf dem Berge der 8 Seligkeiten gefangen genommen. Saladin schenkte ihm jedoch das Leben, dafür aber wurden fast sämmtliche Ritter Angesichts des Königs enthauptet. Der Khalife selbst griff zum Schwert und eine solche Menge

Kreuzfahrer wurde hingerichtet, daß das Blut den Berg herabfloß. Kaum 1000 Mann vom christlichen Heere kamen davon. Die Köpfe der Christen trug man, auf Stangen gesteckt, in den Straßen von Damaskus herum.

Der Bischof von Lydda, welcher in der Schlacht einen großen Theil vom hl. Kreuze Christi vorantrug, fiel, und diese Kreuzreliquie ging für immer verloren. Auf so furchtbare Weise ging das christliche Königreich Jerusalem, nachdem es 88 Jahre gedauert hatte, an diesem Tage zu Grunde. Der Reihe nach fielen die Citadellen von Tiberias, Acre, Cesarea, Joppe und Ascalon, selbst Jerusalem öffnete am 3. Oktober desselben Jahres den Muhamedanern die Thore.

In Erinnerungen vertieft, ritt ich schweigend über diesen ewig denk-würdigen Platz hin.

Inzwischen erreichten wir eine anmuthige Thalsenkung mit frucht-baren Aeckern. Die Tradition verlegt hieher das Aehrenfeld, welches der Heiland mit seinen Jüngern einst durchschritten, auf welchem die letzteren zwischen den Händen Aehren ausrieben, was ihnen die Pharisäer groß verübelten.

Einige Dörfer, wie Turan, El Haḍua, Rimon rc. liegen auf den Anhöhen herum. Dieselben sind ohne Bedeutung und werden in der Bibel nie genannt.

Nach fünfstündigem Ritt bogen wir links um einen kleinen Berg-vorsprung und standen vor dem Dorf Kanna in Galiläa. Dieses Dorf, wo der Herr das erste Wunder wirkte, indem er aus Mitleid für das arme Brautpaar Wasser in Wein verwandelte, hat etwa 300 Einwohner und ca. 30 christliche und 30 muhamedanische Wohnstätten; nunmehr ist es zu einem armen Fellahdorfe herabgesunken. Die Wohnhäuser sind größtentheils aus Findlingssteinen errichtet, wobei der Straßenkoth die Stelle des Mörtels vertritt. Das Dach ist Gestrüpp und getrockneter Schlamm. Auf dem Platze, wo das Haus gestanden hat, in welchem die Hochzeit gehalten wurde, bei welcher Jesus das erste Wunder wirkte, erhebt sich jetzt eine kleine Kirche. In diese hat die bayerische Pilger-karawane vom Jahr 1880 einen sehr schönen Altar aus Marmor, welcher in München angefertigt wurde, zum Geschenke gemacht. Das Kirchlein selbst ist reinlich und im guten Stande.

Wir besuchten die katholisch-arabische Schule. Dieselbe wird von einem alten, graubärtigen Lehrer und einer Lehrerin von etwas jüngerem

Datum geleitet. Das Schulhaus besteht nur aus vier Wänden und beim Eintritt geht es abwärts, wie bei uns in die Hammerschmieden. Schul-Geräthe, als Bänke, Tafeln ꝛc., waren nicht vorhanden. Die Kinder empfingen stehend den Unterricht. Bei unserer Ankunft wurden sie der Reihe nach aufgestellt und dann von ihren Vorgesetzten ausgefragt, um uns Proben ihrer Kunstfertigkeit in den nützlichen Kenntnissen, Lesen, Schreiben und Rechnen abzulegen. Auch ihre Schultafeln aus Pappendeckeln wurden uns gereicht, worauf wir wohl die arabischen Schriftzüge und Ziffern sahen, die nur aus Hacken und Schnörkeln bestehen, von welchen aber im Grunde keiner von uns allen das mindeste verstand. Selbstverständlich prüften wir die Arbeiten mit Kennerblicken und gaben uns den Schein, als wenn wir gar hierüber ein Urtheil hätten. Beifällig nickend gaben wir hierauf die Tafeln wieder den Kindern zurück. Man konnte es an ihren glänzenden Gesichtern sehen, daß sie hoch erfreut waren, weil wir ihre Arbeiten als gut gefunden hatten. Richtig ist, daß sie auf die Fragen ihrer Vorgesetzten rasch antworteten und in keine Verlegenheit geriethen, was auf einige Festigkeit schließen ließ; von dem aber, was sie antworteten, verstunden wir kein Wort. Es sind aber nicht ausschließlich Kinder, die diese Schule besuchen, sondern auch Erwachsene machen sich noch daran, Lesen und Schreiben zu lernen. So sah ich drei Frauen, welche Kinder auf den Armen trugen und nebenbei mit Griffel und Schreibtafel hantirten. Da wir die ärmlichen Verhältnisse dieser Schule einsahen und den guten Willen der Einwohner Kannas zu würdigen wußten, so schenkten wir aus der Karawanenkassa, zur Anschaffung für Schulbänke, dem Pfarrer von Kanna 440 Francs.

Im Hause des Herrn Pfarrer waren Sitze für uns bereit gestellt, um die Mittagsruhe einzubringen. Der aufmerksame P. Aegidius hatte ohne unser Wissen von Nazareth ein Anzahl Flaschen deutsches Bier herüber bringen lassen. Wir waren hierüber höchst angenehm, überrascht. Das war eine Abwechslung in unserer eintönigen Lebensweise. Auch die letzte Flasche leerten wir bis auf den Grund.

In der Nähe des Dorfes zeigt man den steinernen antiken Brunnentrog, aus welchem das Wasser geschöpft wurde, welches der Herr in Wein verwandelt hat. Auch steinerne Krüge werden gezeigt (ich sah sie aber nicht), in welchen die Wandlung des Wassers in Wein vor sich ging. Daß Jesus das Wunder wirkte, wissen wir, daß aber von den 6 steinernen

Krügen noch welche vorhanden sein sollen, das ist mehr als unwahrscheinlich.

Bald nach 12 Uhr Mittags wurde wieder zu Pferde gestiegen und dem von hier noch etwa 6 Kilometer entfernten Nazareth zugeritten. Die Gegend herum ist ziemlich fruchtbar.

Man reitet eine kleine Anhöhe hinan; rechts oben liegen die Trümmer der alten Königsstadt Sephoris, welche seinerzeit auch noch der Sitz der jüdischen Gelehrten war. Herodes Antipas residirte hier, ehe er nach Tiberias zog. Sie heißt jetzt Sefurieh und ist nicht viel mehr als ein Trümmerhaufen. Für uns aber ist sie deßwegen von Interesse, weil sie ganz sicher als der Wohnort der beiden Eheleute Joachim und Anna, der Eltern der Mutter des Erlösers, angegeben wird.

Nahe bei Sephoris, nur 2 Millien davon entfernt, liegt el Mesched, welches früher Geth Hopfer hieß und als Heimath des Propheten Jonas gilt. (Dr. Sepp.)

Der Gebirgsrücken war erreicht, drunten liegt das liebliche Nazareth ausgebreitet. Zum zweitenmal zogen wir nach 3tägiger Abwesenheit bei dem Marienbrunnen vorbei in das Städtchen el Nasirah ein.

Während unseres zweiten Aufenthaltes in der Stadt der Kindheit Jesu, traf die Nachricht ein, daß ein russischer Pilger am Tabor ermordet worden sei. Als Thäter bezeichnete man streifende Beduinen. Ich interessirte mich um den Gang der Justiz, was denn wohl geschehen werde. Von diesem Morde hieß es, wird nach einiger Zeit der russische Konsul in Jerusalem Kenntniß bekommen. Derselbe klagt hierüber bei dem Pascha, dieser schickt hierauf, da es eine Gensdarmerie und andere Polizeiorgane in diesem Lande nicht gibt, ein paar Soldaten dahin ab, welchen die Aufgabe zufällt, die Mörder ausfindig zu machen. Mittlerweile ist längst mehr als eine Woche verstrichen und die Beduinen, wenn es solche waren, befinden sich wohlbehalten in den wilden Bergen des Hauran. Ist der Räuber aber dumm genug und läßt sich aufgreifen, so kommt er, wenn er an die Soldaten erklecklichen Bakschisch bezahlt, bald wieder los. Selbst in Jerusalem eingebracht, hat noch lange nicht für ihn das letzte Stündlein geschlagen. Ein ausgiebiger Bakschisch öffnet ihm auch dort noch das Kerkerthor; allerdings muß er Muselmann sein. Bezahlen wird er wohl können, umsonst hat er ja den Europäer doch nicht umgebracht, und daß der Mord in räuberischer Absicht geschah, wird Niemand bezweifeln. Am schlimmsten

15

gestaltet sich die Sache allerdings, wenn ihm der Todtschlag nichts einge=
tragen hat und er demnach nicht genügend Bakschisch geben kann, oder wenn
er kein Muhamedaner ist. In einem solchen Falle schickt man den Kerl,
ohne viele Umstände zu machen, auf die Festung Acre am Mittelmeer
und überläßt ihn dort seinem Schicksale.

LVI.
Ueber Simonias und Kaipha auf den Berg Karmel.

Am 16. Mai früh vier Uhr ging es vor der Pilgerherberge zu
Nazareth ungemein lebhaft zu. Der Dragoman hatte bei den deutschen
Kolonisten zu Kaipha Pferde und Fuhrwerke bestellt, welche uns als
Transportmittel dienen sollten. Die von uns bisher benützten Reitthiere
schickte er gleich nach unserer Ankunft vom See Genezareth herauf nach
Jerusalem zurück, da wir uns noch einige Zeit in Nazareth aufhielten,
und er die Thiere nicht so lange konnte stehen lassen. Ein Theil der
Karawane benützte von hier ab noch die Pferde und Maulthiere, während
der andere die Wägen bestieg.

Der Tag war im Anbrechen, als wir das liebliche Städtchen unter
vielen Segenswünschen seitens der Zurückbleibenden verließen. Auf fürchterlich
felsiger und holperiger Straße, welche sich die Kolonisten von Kaipha selbst
erhalten müssen, (denn die türkische Regierung thut nichts,) ging es über
niedrige Bergrücken hin. Nach etwa $^3/_4$ Stunden wurde bei einem Brun=
nen, welcher sehr in Anspruch genommen war, ein wenig Halt gemacht.
Frauen aus dem nahe gelegenen Dorfe waren schon am frühen Morgen
mit Wasserschöpfen beschäftigt. Das zur Linken liegende Dörflein heißt
Japhia und ist insofern von Interesse, als es der Heimathsort der Apostel
Jakobus und Johannes war.

Nach kurzem ging es bergab und wir stiegen zu den letzten Aus=
läufern der Ebene von Esdrelon nieder. Am Fuße liegt ein großes Dorf
in fruchtbarer Gegend, es führt den Namen Simonias. Hier haben sich
vor nicht langer Zeit Deutsche angesiedelt.

Die nun zu durchreisende Ebene ist ungemein naß und sumpfig und
stellenweise von überwachsenen Gräben durchzogen. Eines von unseren
Fuhrwerken hatte das Mißgeschick und gerieth sammt seinen Insassen in

eine solche unsichtbare Versumpfung und blieb dort im Koth bis' zum Wagenkasten eingesenkt stecken. Nun wurde die Lehre von der schiefen Ebene, von dem ein- und zweiarmigen Hebel praktisch zur Anwendung gebracht und erst nach Verlauf einer Stunde, nachdem man sich wiederholt das Verhältniß der Kraft zur Last hatte klar legen können, ward das Vehikel flott und aus seiner schwierigen Lage gebracht.

Nach kurzem erreichten wir den Höhenzug, welcher die Ebene von Esdrelon von der Ebene von Ptolomais oder Acre trennt. Dieser Gebirgszug reicht bei dem Orte Besara fast bis an das Karmelgebirg; nur so viel ist übrig, daß der Fluß Kison sich durchwinden kann.

Bei Anlage einer mächtigen Thalsperre müßte die Ebene von Esdrelon bis Djenin und bis zum Berg Tabor hin ein großer Binnensee werden.

Zur Rechten von uns lag, theilweise unter Hecken versteckt, das Dorf Beit-Lahm — Bethlehem — im Stame Zabulon, (nicht zu verwechseln mit dem Bethlehem dem Geburtsort des Herrn.)

Da wir die Anhöhe hinan von Pferden und Wägen gestiegen waren, machte uns der Dragoman aufmerksam, daß wir fleißig beisammen zu bleiben hätten, denn hier durch diesen Eichenwald sei es gefährlicher, wie fast überall in Palästina. Räuberische Beduinen treiben sich beständig in Menge herum und würden sicherlich jeden einzeln marschirenden überfallen. Ohne Bedeckung komm hier Niemand durch, und so manchem ist schon das Felleisen oder der Mantelsack leichter gemacht worden.

Wir gehorchten selbstverständlich dem Rathe des Dragomans und kamen unangefochten durch. Die uns begegnenden Tagediebe mit ihren langen vorsündfluthlichen Büchsen über den Schultern und den Dolchmessern im Gürtel, waren der Zahl nach zu gering, als daß sie einen Ueberfall hätten riskiren können, und da der Araber ein feiger Kerl ist und nicht leicht angreift, wenn er nicht ganz sicher den Vortheil auf seiner Seite sieht, so blieben wir in diesem berüchtigten Walde ungeschoren.

Von der Herrlichkeit des Eichenhains auf dieser Anhöhe konnte ich nicht so entzückt sein, wie viele andere Reisende; es sind nur Zwergeichen mit niederem Stamme, ähnliche werden bei uns von Oekonomen als nicht viel taugender Baum umgehauen und ausgerottet. Von einer Eiche, wie solche wir hier zu Lande kennen, ist keine Spur.

Als wir den westlichen Waldsaum erreicht hatten, bot sich uns ein überraschender Anblick dar. Etwa 3 Stunden von uns entfernt lag das blaue Mittelmeer, die Bucht von Acre, links die Stadt Kaipha und darüber hinaus auf der in's Meer vorspringenden Bergkuppe das herrliche schloßähnliche Kloster Karmel, zur Rechten die während der Kreuzzüge so berühmte Stadt Ptolomais oder Acre und zu unseren Füßen breitete sich die so fruchtbare Ebene von Acre bis zum Meere hin aus.

Am Fuße des Karmelgebirges liegen mehrere Dörfer. Der Fluß Kison durchzieht die Ebene in vielen Windungen und vom Meeresstrande winken Palmen herüber.

Unter einer knorpeligen Eiche, unweit des Dorfes Hartjeh wurde Halt gemacht, um auf der letzten Landreise in Palästina das letzte Mittagsmahl unter Gottes freier Natur einzubringen.

Die Sonne stand fast senkrecht über unsern Köpfen und es war ziemlich warm, wenn gleich vom Meere her eine angenehme Luft wehte, als die Karawane so auf der Ebene dahinzog. Nach einer Stunde war der Kison erreicht und derselbe auf einer schlechten Brücke passirt, was nicht immer möglich ist, da im Frühjahr häufig alle Uebergänge weggeschwemmt sind und dann in Furthen übergesetzt werden muß. Ich habe schon früher des Kisonflußes erwähnt, er heißt bei den Arabern auch der Würgebach, weil der Prophet Elias einige hundert Baalspfaffen dort abschlachten ließ. Er ist unendlich fischreich; auch kommt die Schildkröte darin massenhaft vor und zwar in allen Größen, von der kleinsten bis zur Riesenschildkröte; selbst das Krokodil soll dort kein Fremdling sein.

Zur Linken lag das große Drusendorf Jadschur. Etwas später trifft man ein Dorf, welches ziemlich gut gebaut ist und den Namen Belat-Schech führt.

Um 2 Uhr Nachmittags zogen wir durch die Gärten und in die Stadt Kaipha ein und kehrten im Hotel Karmel, welches im Nordende der Stadt liegt, zu. Der Eigenthümer dieses Hotels, ein Deutscher, braut Bier nach bayerischem System, welches uns bei der großen Hitze und da man jenseits des Mittelmeeres mit diesem Getränke auch nicht so feinfühlend und heikel sein darf, wie in der Heimath, prächtig mundete.

Während wir so im besten Zuge und in der fröhlichsten Stimmung waren, fuhr eine niederschlagende Nachricht wie ein Blitz aus heiterem Himmel in unsere Mitte. Von Jerusalem war ein Brief eingelaufen, welcher die höchst betrübende Mittheilung enthielt, daß ein Pilger aus der bayerischen Karawane am 13. Mai in Jerusalem gestorben sei. Diese

Schreckenskunde drückte unsere fröhliche Stimmung auf den Gefrierpunkt herab; besonders ging sie mir nahe, da ich mit Recht befürchtete, der mit Tod Abgegangene könnte mein Landsmann Schlichtinger sein. Zwei Pilger waren in Jerusalem zurückgeblieben, Müller aus Eberswalde und Schlichtinger aus Rosenheim und da der letztere uns schwer krank verließ, so durfte mein Bangen für ihn gerechtfertigt sein.

Die Stadt Kaipha — häufig auch Haifa genannt — liegt am nördlichen Fuße des Berges Karmel und 1 Stunde von dem gleichnamigen Kloster entfernt. Sie ist der Länge nach an das Mittelmeer hingebaut, welches dort eine große Einbuchtung macht und unter dem Namen „die Bucht von Acre" bekannt ist. Seehafen ist in Kaipha keiner vorhanden, dafür aber eine gute Rhede, ungleich besser als die zu Joppe und von Süd= und Ostwinden größtentheils geschützt.

Die Einwohnerzahl dieser Küstenstadt beträgt ungefähr 6000 und sie gehören zum weitaus größeren Theil dem muhamedanischen Glaubens= bekenntniß an. Die Straßen der Stadt sind reinlicher als die in den meisten Städten Palästinas. Die Bauart der Häuser ist eine solidere und theilweise den europäischen Verhältnissen angepaßt. Mehrere Bauten waren im Werden und soviel ich bemerken konnte, hatten die Maurer von Kaipha schon etwas zu thun.

An der Westseite des Städtchens einerseits vom Meere und anderer= seits vom Berg Karmel begrenzt, liegt die deutsche Kolonie, „die württem= bergische Templergemeinde." Sie haben schon viel gethan während ihres 15jährigen Dortseins, diese rührigen Leute. Nette Häuser, ganz nach unserer Art, etwa 50 an der Zahl, sind erbaut und wohnlich eingerichtet, es heimelt einem fast an. Hübsche Gärten sind angelegt und wohl gepflegt, auch durchschneiden gut erhaltene Straßen und Wege die Kolonie. Die Ebene ist mit Weizen, Gerste, Sesam 2c. bebaut, während den Karmel hinan schöne Weinberge angepflanzt sind. Ein württembergischer Kolonist erzählte mir, daß in Kaipha das gleiche Verhältniß ist wie in Joppe. Dort wie hier ist einiges Land Eigenthum, der größere Theil jedoch sind Pacht= gründe und sie bekommen diese von den Arabern billig, weil derselbe mit der Arbeit, insbesondere mit der landwirthschaftlichen, nichts zu thun haben will. Auch noch andere Ursachen, als riesige Abgaben an den Pascha 2c. wirken mächtig mit, und so bestellen die Deutschen die Felder weit in die Ebene von Esrelon hinein und erzielen oft die reichsten Ernten. —

Die Stadt Kaipha ist ziemlich alt. Ihren Namen verdankt sie dem Hohenpriester Kaiphas, da sie dessen Vaterstadt sein soll.

Tancred eroberte diese Stadt im Jahr 1100 nach zähem Widerstande mit Sturm. Saladin verproviantirte von hier aus Acre während der zweijährigen Belagerung. Der englische König Richard Löwenherz blieb nach dem Friedensschluße mit Saladin im Jahre 1193 noch längere Zeit in Kaipha, um seine etwas zerrüttete Gesundheit wieder herzustellen. —

Nach kurzer Restaurirung im Hotel zu Kaipha machten wir uns auf und stiegen zu Fuß den Karmel hinan. Anfangs geht es durch die Gärten und Weinberge der Kolonisten, dann in sanfter Steigung an der Nordseite des Berges zu dem 250 Meter hoch liegenden Kloster, welches auf der äußersten Kuppe erbaut ist, hinauf.

„Dschebel Mar Elias" nennt der Araber den Karmel. Der Bergrücken zieht sich vom Mittelmeere landeinwärts bis gegen Djenin hin. Der Kamm ist fast 8 Stunden lang und der höchste Punkt wird zu 600 Meter (2000 Fuß) angegeben. Die Aussicht von der Klosterterrasse ist eine entzückende. Mehr als den Halbkreis nimmt das Mittelmeer ein; gegen Süden bemerkt man Cäsarea, nördlich jenseits der Meeresbucht schimmerten die weißen Mauern von Acre herüber und mit einem guten Glase glaubt man hinunter zu sehen bis Thrus, Sarepta und Sidon. Der Libanon steigt scheinbar aus den blauen Fluthen des Mittelmeeres empor. Das Karmelgebirge mag ehedem bewaldet gewesen sein, zur Zeit aber findet man auf demselben nur Zwergeichen und massenhaftes Gebüsch, unter welchem sich verschiedenes Gethier aufhält. Die Schakale hört man zur Nachtszeit bis ins Kloster heulen, Stachel= und Wildschweine, sowie die Gazelle geben eine gute Jagdbeute. Selbst der Leopard und die Hyäne sollen dort nicht selten sein. Die Richtung des Gebirgsrückens ist von Nordost nach Südwest; sein nordöstliches Ende schiebt sich als Kap Karmel ins Meer hinaus vor und trägt auf seinem äußersten Ende das prächtige Kloster. —

Wir wissen, daß die beiden Propheten Elias und Elisäus sich auf dem Karmel aufhielten, und daß auch in späteren Zeiten fromme Männer, Anachoreten, in den Höhlen am Karmel ihr beschauliches Leben beschloßen. Mehrere hundert solcher Höhlen sind am Westabhange in den Felsen eingegraben und zwar an den Stellen, wo der Berg fast steil ins Meer ab-

fällt. Eine von diesen ausgeschrotteten Kammern ist von größeren Dimensionen als die übrigen; sie ist 13 Meter lang, 7 Meter breit und 6 Meter
hoch und ist unter dem Namen „die Prophetenschule" bekannt.

Schon im 7. Jahrhundert hat auf dem Karmel ein Kloster gestanden, welches aber bei Ankunft der Kreuzfahrer nicht mehr existirte.
Der hl. Berthold errichtete auf den Trümmern des alten Klosters im
12. Jahrhundert ein Kirchlein und eine Wohnung für Mönche. Diese
neue Ansiedelung wurde aber von den Sarazenen zerstört, wahrscheinlich
nach dem Falle Jerusalems. Erst im 17. Jahrhundert wurde wieder ein
Kloster erbaut. In der Zwischenzeit aber wurde der Berg nie von den
Mönchen verlassen, sie lebten in den bereits beschriebenen Höhlen. Vieles
hatten die braven Männer zu erdulden, besonders im Jahre 1776, als
die Araber das Kloster plünderten und mehrere Mönche hingerichtet wurden.

Der Korse, genannt Napoleon I., der sich vor Acre 1799 Lorbeeren
holen wollte, was ihm aber nicht gelang, brachte seine kranken und ver-
wundeten Soldaten auf den Karmel und richtete das Kloster zu einem
Spital ein. Bei seinem Rückzuge aber konnte er auch das Spital nicht
mehr schützen und er mußte die kranken Krieger ihrem Schicksale überlassen. Sämmtliche wurden von den Türken ermordet; ihr Grab ist durch
eine kleine Pyramide bezeichnet. Für die aufgezwungene Gastfreundschaft
aber mußten auch die Mönche büssen. Das Kloster wurde geplündert und
die guten Männer nach allen Richtungen zerstreut.

Im Jahre 1821 ließ Abdallah Pascha von Acre bei Gelegenheit
des griechischen Aufstandes das Convent und die Kirche in die Luft
sprengen, weil er fürchtete, es könnten sich dort die Feinde der Türken
festsetzen und mit den Piraten durch verabredete Zeichen sich verständigen.

Einem unermüdeten Mönche mit Namen Johann Frascati gelang
es durch Sammlungen in zwei Welttheilen, soviel zusammen zu bringen, daß
dieses imposante Gebäude, wie es jetzt besteht, errichtet werden konnte.
Die Form des Gebäudes ist ein gewaltiges Quadrat, in dessen Mitte die
Kirche sich erhebt. Wie eine große Kaserne dehnt sich dieses Gebäude
nach vier Seiten aus und enthält in seinen zwei Stockwerken eine Unmasse von
Wohnungen. Das Baumaterial ist weißgrauer Haustein, sachkundig bearbeitet. Die Westfaçade macht einen noblen Eindruck. Die Klosterkirche
ist im italienischen Styl erbaut, mit einer mächtigen Kuppel und reich mit

Ornamenten ausgestattet. Der Hochaltar, zu welchem man auf Doppel=
treppen hinan steigt, trägt die Statue unserer lieben Frau vom Berge
Karmel. Unter diesem Altare befindet sich eine Gruft, welche als die
Grotte des Propheten Elias bezeichnet wird. Hier ist auch ein Altar und
auf demselben steht die Statue des großen Propheten, der sich nicht scheute
dem Könige Achab und seinem bösen Weibe Jezabel die bittere Wahrheit
ins Gesicht zu schleudern. Die ganze Statue ist mit Weihegeschenken be=
hangen. Da Elias auch bei den Türken und Arabern in hohem Ansehen
steht, so ist es nicht selten, daß muhamedanische Wallfahrer auf den Karmel
pilgern und vor dieser Heiligenstatue ihre Andacht verrichten und Geschenke
niederlegen.

Bei meinen Excursionen kam ich auch zu dem nordwestlich vom
Kloster liegenden Gebäude, welches sich Abdallah Pascha, nachdem er das
Convent und die Kirche zerstört hatte, als Sommerwohnung erbauen ließ.
Jetzt dient dieses Gebäude als Herberge für einheimische Pilger. In der
Mitte erhebt sich der Leuchtthurm von Kap Karmel in die Luft. Ich
interessirte mich für die Einrichtung der für die Seefahrt so unentbehr=
lichen Vorrichtung, und betrat, um meine Neugierde zu befriedigen, das
Gebäude. Die Beschreibung der optischen Vorrichtung will ich unterlassen,
da man solche in sachgemäßen Werken findet. Der äußerst freund=
liche Leuchtthurmwächter, ein alter Phönizier, gab sich alle Mühe, das
Ganze mir begreiflich zu machen; allein wir verständigten uns schwer, da
sein schlechtes Deutsch, welches er sprach, mit so viel arabischen Wörtern
gespickt war, daß fürs Deutsche fast nichts mehr übrig blieb. Zum Ueber=
fluß war der gute Alte noch so stocktaub, daß selbst ein Kanonenschlag
an ihm spurlos vorübergangen sein würde. Ich kannte den guten Willen
des Wächters und begriff auch gleichzeitig, was die Triebfeder dieser
außerordentlichen Dienstfertigkeit sei. Ein paar Piaster machten den Mann
noch geschmeidiger. Er krümmte sich wie ein Wurm und da mir dieser
Dank zu überschwenglich wurde, zog ich von dannen.

Die gastfreundlichen Mönche hatten recht nachhaltig für unsere
leiblichen Bedürfnisse gesorgt. Der Tisch war reich bestellt und auch der
Wein in guter Qualität und im Ueberflusse vorhanden. Ich stelle hier gerne
das Zeugniß aus, daß ich mich recht behaglich fand auf dieser Hochwarte,
und daß ich auf den mit Maisstroh — Blätter von den Türkenweizzapfen —
gefüllten Strohsäcken recht gut schlief.

Für die Pilger, welche Palästina in der Richtung von Jerusalem nach Nazareth bereisen, ist in der Regel Karmel Endstation. Man nimmt da Abschied vom hl. Lande. Es ist die letzte Rast und ich bin überzeugt, daß jeder in freudiger Stimmung ist, wenn er zurückdenkt, was er alles gesehen und welche Strapazen durchzumachen waren und nun alles so glücklich vorüber ist. Bald wird der Dampfer einlaufen, welcher uns nach Alexandrien bringen soll, von wo aus dann in nicht langer Zeit die Seereise nach Europa angetreten wird. Alles muß ein Ende nehmen, und wenn man auch noch so gerne reist, es kommt die Zeit, wo man sich sehnt, zu den Seinigen zurückzukehren, zumal, wenn man eine Familie daheim gelassen hat, welche die Minuten berechnet, wie lange es noch dauert, bis endlich einmal der Vater zurückkommen wird.

LVII.
Auf der Rhede von Kaipha. — Fahrt nach Joppe.

Erst um 4 Uhr Nachmittags sollte der österreichische Lloyd kommen, welcher uns an Bord nehmen wird.

Am Morgen ging ich auf der Klosterterrasse spazieren um bei der so reinen Luft Umschau zu halten. Mit meinem guten Feldstecher konnte ich bemerken, daß ein österreichischer Dampfer auf der Rhede von Kaipha Anker geworfen hatte. Wenn es der unserige ist, dachte ich, so wird es in kurzem heißen, fertig machen! Bald leuchte auch schon ein Eilbote den Karmel herauf mit der Meldung, der Lloyd sei schon in der Nacht von Beirut her angekommen, habe bereits seine Ladung gelöscht, die Post bereinigt und wird um 10 Uhr die Anker lichten; die Karawane möchte sich beeilen, so viel wie möglich, um die Abfahrt nicht zu verzögern.

Natürlich wurde alles eiligst zusammengerafft und es ging so zu sagen über Hals und Kopf den Berg hinunter. Rechtzeitig stunden wir vor der Douane und da ich sicher erwartete, daß dieser Dampfer mir einen Brief von meiner Familie mitbringen werde, ging ich sofort in das Posthaus und erkundigte mich, ob unter meiner Adresse nichts angekommen sei. Der dienstthuende Beamte, ein Oesterreicher, ein äußerst gefälliger Mann, theilte mir mit, daß unter dieser Adresse der Lloyd 2 Briefe mitbrachte. Da dieselben aber nicht hieher, sondern nach Nazareth adressirt waren, so wurden sie dahin abgeschickt. Die reitende Briefpost nach Nazareth jedoch sei bereits vor ½ Stunde abgereist. Also waren die Nachrichten aus der Heimath mir durch die Finger geschlüpft. Mehr als ein Vierteljahr schon war ich zu Hause als die beiden Briefe unversehrt aus Nazareth zurück-kamen. —

Eine Menge Bettler verschiedenen Alters und Geschlechtes belästigten uns, als die Dampfschiffbilleten gelöst wurden und die Einschiffung begann. Es war gerade Ebbe und an den seichten Ufern ragten Ankertheile, Säulentrümmer, Ornamente ꝛc. aus dem Meere hervor. Die Boote konnten nicht zum Landungssteg, sondern stunden weit draußen und so mußten wir, von den Schiffsknechten auf den Rücken getragen, hinaus geschleppt werden. Daß es bei dieser Prozedur oft recht komisch zuging, läßt sich denken und Mancher hatte, wenn er unfreiwillig in den Schlamm nieder-gestellt wurde, zum Schaden auch noch den Spott.

Die Sonne verfinsterte sich, als die Ankerwinde sich drehte. Es war am 17. Mai Vormittags 10 Uhr und die gerade stattfindende totale Sonnenfinsterniß hatte ihren Höhepunkt erreicht. Die Spitzen des Libanon waren durch optische Täuschung so nahe gerückt, als stiegen sie gleich hinter Acre empor.

Es war ein stattliches Schiff, unsere Selene (so hieß nämlich der Dampfer); ein Schraubenschiff von 95 Meter Länge und 10 Meter Breite, die Maschine hatte 280 Pferdekräfte. Die Ausstattung der Kabinen war eine noble. Der Eigenthümer dieses Fahrzeuges war der österreichisch-ungarische Lloyd. Unser Bug flog jetzt schnell herum und in einem großen Bogen verließen wir die Bucht von Kaipha. Zuerst wurde die Richtung genommen, als steuerten wir Cypern zu, als aber das Kap Karmel hinter uns lag, machte der Dampfer eine große Schwenkung nach links, und wir fuhren bei glatter See und herrlichem Wetter, auf kaum drei Kilometer entfernt, längs der Küste von Palästina hin. Beim Verlassen der Bucht gesellten sich 5 große Haifische zu unserem Schiffe; wenigstens 6 Kilometer weit blieben sie bei uns. Ganz vorne am Bug wälzten sie sich über-einander und sie schwammen so hoch, daß hie und da die graue Masse ihres Körpers über dem Wasser zum Vorschein kam. So geschwind auch unser Dampfer fuhr, so schien es doch, daß sie mit Leichtigkeit am Bug voraus schwammen; sie hatten nebenbei auch noch Zeit, unter sich die interessantesten Manöver zu machen.

Noch war das Kloster Karmel nicht aus dem Gesichte, als an der Küste gewaltige Ruinen auftauchten. Es waren die Ueberreste der einst so mächtigen Kaiserstadt Cäsarea, wovon besonders die Trümmer des berühmten Stratonsthurmes hervortraten. Cäsarea war im Alterthum eine berühmte Stadt; es wird auch öfter in der Bibel genannt. Petrus taufte da den Hauptmann Cornelius, römische Soldaten schleppten den Apostel Paulus von Bethoron herunter, um ihn in Cäsarea ins Gefängniß zu werfen. Der hl. Philippus war der erste, welcher zu Cäsarea den katholischen Glauben predigte. Diese so schön gelegene Stadt am Mittelmeere schwang sich besonders unter Herodes dem Großen zu hohem Glanz empor, welcher ihr auch zur Ehre des römischen Kaisers, den Namen Cäsarea gab; früher hieß sie Stratonsthurm. Er baute prächtige Paläste und Tempel und wendete besonders viele Sorgfalt und Geld den herabgekommenen Hafenbauten zu. Auch Herodes Agryppa veranstaltete zu Cäsarea großartige Feste und starb bei einem solchen, wo er sich als Gott begrüßen ließ, eines schnellen Todes. Die auf diese Weise ausgezeichnete Stadt wurde der Sammelplatz der Großen Palästinas und der römischen Machthaber. Alle denkbaren Festspiele wurden aufgeführt, gleich denen im Kolosseum in Rom, bei welchem einmal unter dem Landpfleger Festus 2000 Juden zu Grunde gingen. Weit gesünder gelegen als Jerusalem war Cäsarea, Sitz der römischen Landpfleger und nur bei gewissen Anlässen und hohen Festen reisten diese Diktatoren hinauf in die hl. Stadt und residirten in der Burg Antonie. Auch Pontius Pilatus zog im Jahre 33 nach Christi Geburt zum Osterfest hinauf nach Jerusalem und der Schwächling verurtheilte dort, wie wir wissen, auf ungestümes Andringen der Hohenpriester den Erlöser zum Tode.

Manch wuchtigen Schlag hat diese einst so prachtvolle Stadt erlitten, bis sie zu ihrem jetzigen Nichts herabgesunken ist. Die Horden des Islams setzten ihr gewaltig zu und die Kreuzfahrer unter der Führung Balduin I. nahmen sie im Jahr 1099 mit Sturm. Im Jahre 1187, bald nach der unglücklichen Schlacht bei Hittin, nahm sie der Khalife Saladin, allerdings ohne besonderen Widerstand, wieder. Im Jahre 1265 gab ihr der grausame Sultan Bibars von Aegypten den letzten Stoß, indem er sie fast gänzlich zerstörte. Jetzt ist die ehedem so blühende Stadt nur mehr ein armes Fischerdorf.

Stolz schwamm unsere Selene den Ufern entlang, Ortschaften ver-

schwanden und andere tauchten auf. Unter andern kam auch die Küstenstadt Arsuf (früher Apollonia) in Sicht. Auch dieser Ort ist gewaltig
herabgekommen und hat ebenfalls, gleich Cäsarea, dem wilden Bibars sein
Unglück zu verdanken. Zu Arsuf schlug der englische König Richard
Löwenherz mit seinen Truppen Lager und in der Nähe dieser Stadt lieferte
er den arabischen Horden unter Saladin im Jahre 1191 eine fast vollständige Niederlage.

Nach nicht allzulanger Zeit tauchte das Ziel unserer heutigen Seereise, Joppe mit seinen weißen Mauern, aus dem Meere auf. Bald sah
man auch die prachtvollen Gärten und um 3 Uhr Nachmittags fiel der
Anker auf den Grund. Dieser Tag war ein schöner und angenehmer zu
nennen.

Die Karawanenmitglieder, welche auf dem Dampfer III. Klasse
fuhren, gingen an das Land, da sie auf dem Schiffe weder Kost noch
Betten hatten; die Passagiere II. Klasse aber, wozu auch ich mich zählte,
blieben für diese Nacht auf dem Schiffe, weil die Verpflegung da eine
bessere war, als im Franziskanerkloster zu Joppe. Tags zuvor waren
die in Jerusalem zurückgebliebenen Karawanenmitglieder in Jaffa angekommen und brachten positive Nachrichten von Herrn Schlichtinger. Der
Präsident der Gesellschaft schickte mir einen Extraboten in der Person eines
arabischen Bootsknechtes mit der schriftlichen Mittheilung auf das Schiff,
daß mein Landsmann Schlichtinger am 13. Mai früh 3 Uhr in Jerusalem
am Sonnenstich gestorben sei und am selben Tag Nachmittag 3 Uhr unter
Betheiligung einer riesigen Volksmenge auf Sion beerdigt wurde. Ich
erinnerte mich sofort seines Ausspruches vom 6. Mai, als wir zusammen
unter den Gräbern des christlichen Friedhofes auf Sion standen.

Mit Spazierengehen auf Deck und Besehen der Stadt und der Küste
mit dem Feldstecher vertrieb ich mir die Zeit und am Abend blieb ich
lange, da derselbe wundervoll war, auf der Bank beim Steuerrad sitzen,
um den Leuchtthurm, welcher bei dem Hause Simons des Gerbers steht
und abwechslungsweise sein rothes und weißes Licht herüber warf, zu
beobachten.

Andern Tages früh sechs Uhr schifften bei ruhiger See auch wir uns
aus, um diesen Festtag — es war der Tag der Himmelfahrt Christi —
in Joppe zu feiern. Nach dem Gottesdienste und dem Morgenkaffee

bestieg ich wieder die hochgelegene Klosterterrasse, um nochmal den herrlichen Ausblick zu genießen.

LVIII.
Nach Port Said und Alexandrien.

Um 3 Uhr Nachmittags desselben Tages trat der Augenblick heran, wo ich die Wiege der Menschheit und des Christenthums, das gelobte Land auf Nimmerwiedersehen, für alle Zeiten — ich sage für alle Zeiten —, da es ja mit meiner Zahl an Jahren (ich habe bereits mehr als ein halbes Jahrhundert hinter mir) nicht so leicht denkbar ist, noch einmal nach dem Orient zu reisen, da außer dem Kostenpunkt auch die riesigen Strapazen, welche eine solche Reise mit sich bringt, schwer in die Wagschale fallen.

Noch stand ich in Asien, die meisten der Karawanenmitglieder waren bereits eingestiegen und unser Boot zur Abfahrt bereit. Ich vergegenwärtigte mir noch, wie wohl mich der liebe Gott in allen schwierigen Touren behütet hat und unter Dankessprüchen, welche mächtig in mir aufstiegen, sprang ich mit einem gewaltigen Satz in das Boot.

Eine halbe Stunde später ging ich auf dem Hinterdeck unseres Dampfers spazieren und beobachtete die Matrosen, wie sie vollauf damit beschäftigt waren, unsere Selene seefertig zu machen. Es war aber noch viel zu thun. Hunderte von Kisten mit Orangen und Zitronen gefüllt, welche die Gärten von Joppe lieferten, hob der Dampfkrahnen aus den Booten empor und versenkte sie dann in den Riesenbauch des Schiffes. Sehr fadenscheinig waren sie verpackt diese herrlichen Früchte und es machte mir Spaß zu sehen, mit welcher Fertigkeit es die Matrosen zuwege brachten, einzelne Stücke zwischen den Fugen heraus zu winden.

Die Schiffsglocke ertönte, und wir verließen die Rhede von Joppe.

Von meinem Standorte im Hinterdeck des Schiffes aus, konnte ich die Küste von Palästina mit dem Glase noch einige Zeit beobachten. Immer tiefer aber sank dieselbe, die Häuser von Joppe sammt dem Leuchtthurm fingen an zu verschwinden, nur die Berge von Judäa blieben kurze Zeit in blauer Ferne in Sicht, endlich senkten auch diese sich unter den Horizont und Palästina war mir für immer entrückt.

Unser Fahrzeug hatte eine Menge Passagiere aufgenommen, lauter Leute, welche in der IV. Klasse reisten, also Deckpassagiere. Meist waren es arme Juden verschiedenen Alters und Geschlechtes, welche die russische Regierung vertrieben und die nun in Afrika eine neue Heimath sich gründen wollten. Zu diesem Behufe wurden sie von ihren Glaubensgenossen der „alliance israelite" unterstützt und mit den nothwendigen Reisebedürfnissen versehen. Dem Anscheine nach waren die Leute furchtbar niedergeschlagen, was leicht begreiflich ist. Muhamedaner waren in großer Zahl auf dem Schiffe; sie blieben bis Port Said bei uns. Ihr Reiseziel war Mekka, eine Wallfahrt zum Grabe des großen Propheten. Bei Sonnenuntergang breiteten diese Leute Matten oder Teppiche aus, knieten darauf nieder — das Gesicht gegen Mekka gewendet — und beteten mit ausgebreiteten Armen, während sie unzählige Male den Boden küßten, mehr als eine halbe Stunde lang, ohne sich im mindesten durch etwas beirren zu lassen, auf unbeschreiblich andächtige Weise. An diesen Ungläubigen könnte man sich wohl ein Beispiel nehmen.

Die Nacht hatte sich herniedergesenkt und da weiter nichts mehr zu sehen war, als das Firmament und das Meer, so verkroch ich mich bald in meine Kabine.

Als der Tag anbrach, hatten wir bereits die verlängerte Linie der Grenzscheide zwischen Afrika und Asien passirt, das afrikanische Ufer bei el Arisch und Pelusium kam in Sicht, und bald darauf auch der Leuchtthurm von Port Said. Um halb 8 Uhr früh warf unser Dampfer zum zweiten Male im Suezkanal die Anker.

Nach unserem Reiseprogramm war bestimmt, mit dem Kanal=dampfer nach Suez hinauf zu reisen und von dort aus ein Stück weit das rothe Meer zu befahren und zwar bis Ain=Musa, (den Quellen des Moses) unweit des Berges Sinai. Es trat aber ein Umstand ein, der unser Vorhaben zu nichte machte.

Von unseren Bekannten in Alexandria waren Briefe eingelaufen, in welchen uns die unerquickliche Mittheilung gemacht wurde, daß in Aegypten ein Aufstand ausgebrochen sei, welcher täglich mehr um sich greife und dessen Spitze besonders gegen die Europäer gerichtet sei. (Wir hörten in Palästina hievon keine Silbe; es könnte überhaupt die halbe Welt zu Grunde gehen, denn wenn man im gelobten Lande ist, erfährt man nichts davon.)

Weiters hieß es, der Karawane wird dringend gerathen, Suez nicht zu besuchen; insbesondere sei zu befürchten, daß auf dem Rückwege, welcher per Eisenbahn über Ismailia, Zagazick und Tanta nach Alexandria gemacht werden müsse, uns Uebles wiederfahren könne. Kein Mensch sei bei dem jetzigen Wirrwarr im Stande, Sicherheit zu garantieren. Bei solchen Verhältnissen fiel uns in Aegypten das deutsche Herz in die Hosen, sintenmalen wir alle sammt und sonders von nicht großer Kampfbegierde beseelt waren. Sofort leisteten wir auf Suez, das rothe Meer und den Berg Sinai Verzicht.

Da wir aber bereits zum zweiten Male in Port Said waren und vom Suezkanal ein größeres Stück sehen wollten, so mietheten wir uns Fuhrwerke und fuhren eine Strecke weit hinauf, stiegen dann aus und marschirten auf dem Damme weiter.

Zur Rechten lag der Menzaleh=See, zur Linken jenseits des Kanales breitete sich die Ebene oder Wüste von Pelusiumo aus. Nach einiger Zeit machte uns der Führer aufmerksam, daß es rathsam sei, nunmehr umzukehren, denn räuberische Beduinen treiben sich massenhaft in hiesiger Gegend herum, und ein etwaiger Ueberfall von Seite dieser Banditen, wenn man zu weit in ihr Territorium vordringen würde, könnte nicht unmöglich sein.

Unser Aufenthalt in Port Said sollte bis fünf Uhr Abends dauern und da ich mir auf der Herreise diese moderne Stadt genügend besehen und auch einiges darüber geschrieben habe, so brachte ich für diesmal den Tag mit der Besichtigung der kolossalen Hafenbauten, des Leuchtthurmes und des Häuserbauens am Strande zu. Auch für die Baggerschiffe hatte ich viel Interesse, insbesonders für deren sonderbare Maschinen. Nebenbei gewährten mir auch die Fischer von Port Said mit ihrer einfachen, aber vortheilhaften Vorrichtung zum Fischfang viel Unterhaltung.

Vor der Einschiffung besuchte ich ein griechisches Hotel, dessen Besitzer der Abstammung nach ein Bayer war. Sein Vater nämlich ging mit den Truppen des Königs Otto nach Griechenland, nach seinem Abschiede verheirathete er sich und blieb dort. Der Sohn etablirte sich zuerst als Gastwirth in Athen, ging aber bei Anfang des Suezkanalbaues nach Port Said und errichtete eine schwunghafte Wirthschaft, welche sich jetzt zu einem recht anständigen Hotel ausgewachsen hat. Dieser Gasthofbesitzer erzählte uns, daß, wenn wir auch trotz dieser Unruhen es hätten unternehmen wollen, nach Suez zu reisen, wir eines anderen Zufalls wegen doch nicht hinauf gekommen wären. Oben bei el Kantara sei ein holländischer Australienfahrer auf den Grund gerathen und sperre den ganzen Kanal ab,

Seit 24 Stunden sei kein Fahrzeug mehr herunter gekommen und der Verkehr sei so lange gehemmt bis der Holländer wieder flott gemacht ist. Da ich nun sah, daß auch eine unvorhergesehene Ursache uns gehindert hätte, das rothe Meer zu sehen, so war ich auf den Rebellen Arabi Pascha und seine Banditen bei weitem nicht mehr so böse.

Um 5 Uhr Abends verließen wir Port Said, um das Nildelta zu umfahren und nach Alexandria zu gelangen. Wir waren neugierig, wie es dort wohl aussehen möge, da dem Vernehmen nach schon eine größere Anzahl Kriegsschiffe vor Anker liegen soll. Während der Nachtfahrt, die höchst angenehm war, warfen die Leuchtthürme von Damiette und Rosette ihre Strahlen herüber, was unserem Midshipmann als Wegweiser diente.

Als das wundervolle Tagesgestirn sich aus dem unendlichen Meere erhob, durchfurchte unser Dampfer die Bucht von Abukir und kurz darauf kam der Pharus von Alexandrien in Sicht. Der Lotse, welcher uns eine weite Strecke entgegengekommen war, führte uns zum zweiten Mal in einer großen Curve in den Hafen Alexandriens ein. Als wir im Innen= hafen einliefen, passirten wir eine Reihe der mächtigsten Kriegsschiffe, dar= unter die gewaltige Panzerfregatte Inflexible mit ihren furchtbaren Ge= schützen. In der Nähe dieses fast unüberwindlichen Kolosses warf unsere Selene Anker.

Noch befanden wir uns auf dem Schiffe, als ein unbeschreiblicher Kanonendonner die Luft erzitternd machte und uns in Rauchwolken hüllte. Ein neu ankommendes Kriegsschiff war in Sicht und lief bereits im Außen= hafen ein, deshalb ließ der Admiral Salutschüsse erdröhnen.

Die Ausschiffung war diesmal langweiliger als das erste mal, da die Anzahl der Passagiere auch eine weit größere war. Kaum hatte der ägyptische Beamte das Schiff verlassen, so ging auch das Geheul wieder los. Das Ausraufen des Gepäckes von Seite der Araber und Nubier war wieder an der Tagesordnung. Schon kamen unsere Landsleute mit schönen Booten und kräftigen Schiffsknechten heraus und winkten uns zum Zeichen des Erkennens zu. Um 8 Uhr Vormittags stiegen wir bei der Douane von Alexandrien ans Land.

Der österreichische Dampfer, welcher uns von Kaipha hieher brachte ging nach dreitägigem Aufenthalte wieder nach Beirut und Smyrna zurück und konnte also von uns nicht mehr benützt werden. Dafür aber lag ein

Dampfer der französischen Messagerie vor Anker, welcher Dienstag, den 23. Mai in die See stechen sollte. Für dieses Dampfschiff wurden für uns die Billeten gelöst, und dieses Fahrzeug sollte uns nach Europa resp. nach Neapel bringen. Wir mußten uns also wohl oder übel vier Tage in Alexandria aufhalten, wenngleich die Situation dort für Europäer sehr ernst zu werden schien.

Die Fuhrwerke, welche uns in's Hotel bringen sollten, standen bereit, und sofort ging es in die Stadt hinein. Da aber das britische Hotel, wo wir einquartirt werden sollten, mittlerweile verkauft worden war, so fuhren wir im Hotel „Abbat", dessen Eigenthümer ein ächter Muselmann war und den Halbmond auf dem Dachgiebel führte, vor.

Eine Unmasse von Flüchtlingen aus den besseren Ständen waren vom Innern Aegyptens, insbesonders aus Kairo, angekommen, um theils in Alexandria zu bleiben und theils mit den nächsten Dampfern nach Europa weiter zu reisen. Die Hotels waren bei unserer Ankunft buchstäblich überfüllt und hätte nicht der frühere Eigenthümer des britischen Hotels bei seinem Verkauf im Hotel Abbat für uns Quartier gemacht, es hätte schlimm gehen können. Es kostete uns die Verpflegung nur per Tag 10 Francs, während andere Gäste unter ganz gleichen Verhältnissen 20 bis 30 Francs bezahlen mußten. Der Tisch war reich und gut, ebenso war guter Wein in Fülle vorhanden, die Zimmer elegant, die Betten vorzüglich, die letzteren waren dicht mit feinem Gaze verhängt, so daß man von den Angriffen der blutdürstigen Mosquitos verschont blieb. Vom anderweitigem schleichendem und hüpfendem Ungeziefer, das jenseits des Mittelmeeres so massenhaft vorhanden und oft so kräftig gebaut ist, daß es, wie Dr. Sepp sagt, im Stande ist, einen nieder zu springen, ist keine Spur. Das Dienstpersonal war ungemein aufmerksam, die geschäftigen Nubier, als Zimmerwärter, Kleider- und Stiefelputzer, in einer Weise zuvorkommend, wie solches in Europa vollständig fremd ist. Um einen ganz geringen Bakschisch rennt so einer meilenweit, wie ein Windhund. Er ist schon zufrieden, wenn er nur nicht die Karbatsche bekommt.

Wir waren während unseres ganzen Aufenthaltes guter Dinge, besichtigten alles eingehend, machten Ausflüge und hatten nicht die mindeste Furcht. „Liegen ja europäische Kriegsschiffe in großer Zahl im Hafen," sagten wir uns, „was kann da fehlen?" Von Zeit zu Zeit wurden wir auch daran erinnert, daß draußen im Hafen europäische Großmächte das

16

Wort führen; es donnerte herein in die Stadt, daß die Häuser erbebten. Man konnte glauben, das Bombardement habe bereits seinen Anfang genommen. Alle Tage um die Mittagszeit und wenn ein weiteres Kriegsschiff einlief, erdröhnte dieser gewaltige Geschützdonner, so daß man meinte, Alexandria werde in seinen Grundfesten erschüttert.

Wer hätte dortmals glauben können, daß nach zwanzig Tagen von Seite der fanatischen Aegypter ein so furchtbares Blutbad heraufbeschworen würde, wobei auf die scheußlichste Weise eine Menge Europäer erwürgt und hingeschlachtet wurden. Selbst die schon viele Jahre dort lebenden Deutschen, welche sich schon vollkommen eingebürgert und acclimatisirt hatten, hatten keine Ahnung von der Gefährlichkeit der Situation und von der so bald ausbrechenden Metzelei. Niemand dachte, daß wir auf einem Vulkan wandeln, der in so kurzer Zeit schon so furchtbar zum Ausbruch kommen werde.

Am 11. Juni, also genau zwanzig Tage nach unserer Abreise, brach die entsetzliche Katastrophe herein. Viele Europäer wurden auf die gräßlichste Weise ermordet und theilweise ins Meer geworfen. Häuser wurden geplündert und hierauf in Brand gesteckt, ein großer Theil des Frankenviertels und insbesonders der so schöne Konsulat- oder Mehemed Ali-Platz war bald nur mehr ein rauchender Trümmerhaufen. Einen Monat nach diesem grauenhaften Ereignisse, am 11. Juli, eröffneten die Engländer unter Admiral Seymour das Bombardement auf Alexandria. Was die ägyptischen Mordbrenner übrig gelassen, schossen die Engländer nieder.

Herr Stumpfegger aus Alexandria, welcher mich im vorigen Jahre besuchte und der während des Aufstandes in dieser Hafenstadt war, erzählte mir, welch furchtbare Augenblicke er erlebte und welch barbarische Mordscenen in der Nähe des Tribunals aufgeführt wurden. Ich erhalte von Zeit zu Zeit immer noch Briefe von meinen dortigen Bekannten, aus welchen ersichtlich ist, daß diese Stadt sich noch lange nicht von diesem Schlage erholt hat, und bisher wenig wieder aufgebaut wurde, da die Entschädigung unverzeihlich lang auf sich warten läßt und daher noch lange nicht alles geordnet sei.

Den Urheber dieses nationalen Unglückes, den Rebellen Arabi Pascha, nahmen die Engländer, nachdem er bei Tel el Kebir so jämmerlich unterlag, in Schutz. Anstatt diesen Mordbrenner aufzuhängen, wurde er auf die schöne Insel Ceylon im indischen Meere verbannt, wo es ihm kaum allzu schlecht ergehen wird. Da man aber doch einen Sündenbock haben mußte, so wurde der frühere Gardeoberst Soliman Daut, eine Kreatur Arabi Pascha's, auf dem Konsulatplatz, an der Stelle, wo er die Befehle zum Morden und Brennen gegeben, hingerichtet.

Ehe wir Alexandria verließen, wurde in der schönen und geräumigen Katharinenkirche für das zu Jerusalem verstorbene Karawanenmitglied, Herrn J. Schlichtinger aus Rosenheim, ein feierliches levitirtes Requiem gehalten, wobei sich außer uns Pilgern noch eine Menge andächtiger Katholiken aus Alexandrien einfanden.

Am Abend des 22. Mai fanden wir uns im Gasthause der Frau Fix ein, wohin auch die in Alexandria lebenden Landsleute kamen. Nach längerer Unterhaltung, über diesseits und jenseits des Meeres, wurde feierlichst Abschied genommen.

LIX.
Seereise nach Europa.

Auf Dienstag den 23. Mai Vormittags 9 Uhr war es festgesetzt, daß der Dampfer auslaufe, welcher uns nach Europa, und zwar nach Neapel bringen soll. Früh genug fanden wir uns am Landungsplatz, unweit des vizeköniglichen Palastes Ras=etin, ein.

So ist der Mensch. Wenngleich ich mich einerseits zurücksehnte zu meiner Familie, so nahm ich anderseits doch wieder ungerne Abschied von diesem fremden Erdtheile, dem Lande der Pharaonen. Mit einem Fuße auf der Landungstreppe, mit dem andern im schwimmenden Fahrzeug stehend, sagte ich Afrika, dem schwarzen Erdtheile, „Adieu".

Durch eine Menge Fahrzeuge uns durchwindend, erreichten wir bald unser Schiff, welches für fünf Tage unsere Heimstätte sein sollte. Es war ein französisches Schraubenschiff, ein Dreimaster mit einer 320 pferde-kräftigen Maschine, Eigenthum der Gesellschaft „Messagerie"; sein Name war „Erymanthe". Um wenig größer, als der „Le Tage" mit welchem wir die Hinreise gemacht hatten, war es diesem gleich ausgestattet und bemannt.

Bei unserer Ankunft auf dem Schiffe waren schon eine Menge Menschen an Bord, Europäer, welche für den Sommer in die Heimath gingen, um ein milderes Klima aufzusuchen, reiche flüchtige Aegypter, die vorsichtig genug waren, der schlimmen Zukunft auszuweichen, Marinesoldaten, die wegen Gesundheitsrücksichten in ihre Heimath geschickt wurden, ein paar englische Familien, den besseren Ständen angehörend mit rabenschwarzen Bedienten und detto schwarzen Säugammen, die von Indien in ihr Vaterland reisten, eine zahlreiche Schauspielertruppe, Seiltänzer, Gaukler, welche von Port Said nach Marseille gingen, um dort ihr Glück zu versuchen, ein Rudel Araber, deren Reiseziel mir fremd blieb, eine bunte, malerische Gesellschaft. Das Schiff war gut besetzt, aber nicht überfüllt, so daß man auf dem Deck noch hin und her wandeln konnte.

Wie schon bemerkt, hätten wir um neun Uhr auslaufen sollen, allein es ging nicht. Schon bei Nacht hörte ich den Wind heulen, wie er über die Stadt hinfegte und der des Tages über an Heftigkeit noch mehr zunahm. Draußen am Hafendamm, wo die Wogen mit aller Wucht anprallten, flog der Gischt immer haushoch empor. Jeden Augenblick glaubte man, der Steindamm müßte zertrümmert werden und in die Tiefe des Meeres versinken.

Wir lagen innerhalb des Halbkreises, den die Kriegsschiffe bildeten, welche nunmehr zu der Zahl 16 angewachsen waren, und zwar so nahe, daß unser Dampfer mit einem schwarzen Panzercoloß verkuppelt war. Sogar im Hafen, welcher allerdings eine Stunde lang und eine halbe Stunde breit ist, schwankten die Fahrzeuge tüchtig auf und nieder.

Es wurde Mittag und noch immer war des Sturmes wegen von Auslaufen keine Rede. Der Lotse ging auf das Ansuchen des Kapitäns nicht ein, da es unmöglich sei, wie er sich äußerte, bei so unruhiger See das Schiff gefahrlos aus dem Hafen zu bringen.

Wir suchten uns die Zeit, so gut es ging, zu vertreiben, insbesonders wendeten wir den Kriegsschiffen große Aufmerksamkeit zu. Auf einem derselben hatte die Bemannung große Wäsche, die ganze Takelage hing voll Hemden. Ein französisches Panzerschiff, welches zum Unterschied von den anderen schneeweiß angestrichen war und in einem Drehthurm zwei kolossale Geschütze führte, gab zur Mittagszeit 12 Kanonenschüsse ab. Wie es schien, drehte sich mit Leichtigkeit der massive Thurm und die Mündung gegen uns gewendet, donnerte es über Alexandria hin, daß die Luft erbebte.

Nachmittag, so gegen vier Uhr, ließ der Sturm ein wenig nach und der Kapitän, ein baumlanger Franzose mit rothen Augen und detto Gesicht, drang bei dem Lotsen darauf, daß ausgelaufen werden müsse. Dieses Verlangen lag natürlich im Interesse der Schiffseigenthümer; denn wenn die Passagiere einmal auf dem Schiffe sind, so müssen diejenigen von der I. und II. Klasse vollständig verpflegt werden, und es wird um keinen Pfennig mehr bezahlt, wenn man auch anstatt fünf zehn Tage brauchen würde, bis man an den Ort der Bestimmung, für welchen man eingezahlt hat, angelangt ist. Bei zwei- oder dreihundert Köpfen ist diese Mehrausgabe schon zu berücksichtigen; daher das immerwährende Drängen des Franzosen. Der Lotse war ein intelligenter Araber mit braunem Gesicht, gekleidet mit Pumphosen, seidener Jacke mit Burnus, dann Lackstiefeletten und auf dem Kopfe das unvermeidliche Fez. Er ging endlich mit Widerstreben und Bangen daran, den Willen des Schiffskapitäns zu vollziehen. Den Passagieren und Versicherungsgesellschaften ist der Lotse verantwortlich; er muß den Sturm und das Fahrwasser genau kennen, darum ist er auch aufgestellt, die Schiffe in den Hafen ein- und auszuführen, was dem Kapitän nicht erlaubt und auch nicht möglich ist. Die Gefährlichkeit des Hafens von Alexandria ist wegen seiner Untiefen, Sandbänken und unterseeischen Klippen bekannt; er ist, wenngleich die gefährlichen Stellen mit Schwimmbojen und Leuchtschiffen bezeichnet sind, schwer zu passiren, zumal bei so hoch gehender See.

Unser Dampfer wurde losgekuppelt der Lotse bestieg die Kapitänsbrücke, die Maschine fing an zu keuchen und in Schlangenwindungen arbeiteten wir uns bei den Kriegsschiffen durch und aus dem Hafen hinaus. Ein prachtvoller italienischer Dampfer, Eigenthum der Gesellschaft Rubartino, kam soeben vom offenen Meere herein; ein stattliches Fahrzeug, welchem aber kein langes Leben beschieden sein sollte, denn ein halbes Jahr später schon ging er an der Küste von Tunis unter. Bald nach uns schickte sich auch ein Dampfer des österreichischen Lloyd an, den Hafen zu verlassen, sein Reiseziel war Triest. Nach einer bangen Fahrt von 1½ Stunden hatten wir den Hafen Alexandriens glücklich hinter uns. Der Lotse verließ die Befehlshaberbrücke und der Kapitän nahm seinen Platz wieder ein. Das kleine Pilotenschiff, das unser Dampfer im Schlepptau führte, mit welchem der Lotse hätte zurückkehren sollen, mußte schon auf halbem Wege abgelassen werden, da die Wellen buchstäblich über demselben zusammenschlugen und die beiden Insassen nahe am Ertrinken waren. Nun war auch dem Lotsen der Rückweg abgeschnitten und er mußte mit uns und zwar wie wir glaubten, bis Neapel. Da wir aber auch dort das korrespondirende Schiff versäumten, so war Marseille seine Endstation. Anstatt, daß seine Abwesenheit hätte drei Stunden dauern sollen, kam er erst nach 3 Wochen wieder in seine Heimat zurück. Der Gesellschaft Messagerie kostete diese Geschichte aber viel Geld. Der Lotse war während seiner ganzen Abwesenheit täglich mit 25 Francs zu bezahlen und hatte überdieß noch freie Verpflegung in der II. Klasse.

Nachdem wir das offene Meer erreicht hatten, fing es an, sehr ernst zu werden. Da wir genau Contrewind hatten — er blies von Nord=westen — so kamen die Wellen gleich gewaltigen Wasserbergen uns ent=gegen, brachen sich mit furchtbarer Gewalt an den Schiffswänden und stürzten sich theils schäumend zurück und theils in ganzen Seen über das Vorderdeck herein. Vom Gehen auf Deck war keine Rede mehr, bei dem geringsten Versuch warf es einen der Länge nach hin. Alle Güter, Fässer und Kisten mußten mit Seilen an den Schiffswänden festgebunden werden, um nicht herum zu kollern und Unheil anzurichten. Der Schiffsbefehls=haber selbst stand auf der Brücke in der Nähe des mittleren Kompaßes beim großen Steuerrad und gab von da aus seine gemessenen Befehle, die pünktlich vollzogen wurden. Der Obersteuermann mit zwei handfesten Matrosen stand im Steuerhaus und trieben die letzteren, wenn nothwendig, mit großer Anstrengung mit ihren nervigen Armen das knarrende Steuerrad, dessen Leitungsketten zum Steuerruder an den Schiffswänden klirrten. Die Maschine arbeitete mit 320 Pferdekräften und wenn ein Wellenberg das Hintertheil des Schiffes verließ und die Schraube theilweise über Wasser zu arbeiten kam, so flog dieselbe mit so rasender Geschwindigkeit herum und peitschte die Wasser des Meeres mit solcher Wucht, daß der Gischt in Strömen auf das 5 Meter hohe Hinterdeck flog. Jeden Augen=blick stieg das Schiff einen Wasserberg hinan, um dann sofort wieder, wie es schien, Kopf über in ein gähnendes schwarzes Thal hinunter zu stürzen. Ohne Rast kämpfte unsere „Erymanthe" einen verzweifelten Kampf, aus welchem sie, wie man befürchtete, kaum als Siegerin hervorgehen wird.

Wie eine Nußschale tanzte das mächtige Fahrzeug auf den Wellen herum. Die kleine französische Flagge auf den Fockmast beschrieb in Folge der mächtigen Schwankungen des Schiffes einen so gewaltigen Segment=

bogen, daß die Länge der Sehne desselben wenigstens 100 Meter betrug. Von Zeit zu Zeit wurde das Fahrzeug von dem wuchtigen Wogenprall vom Kiel bis zum Deck erschüttert. Wenn ich auch in der Sache ganz Laie war und mir kein Urtheil zustand, soviel bemerkte ich, daß die Schiffsbemannung diesem Sturme gegenüber durchaus nicht gleichgiltig und daß man für die kommende Nacht nicht ohne große Sorge war.

Schon waren wir drei Stunden zu See und noch hatten wir die afrikanische Küste keine 12 Seemeilen hinter uns. Am Abende sah ich noch die Pompejussäule und den Pharus von Alexandrien. Zu dem tosenden Meere gesellte sich nun, um die Sache noch schrecklicher zu machen, auch das Dunkel der Nacht. Eine wahre ägyptische Finsterniß trat ein.

Den Passagieren war nicht am wohlsten zu Muthe. Bei vielen stellte sich die Seekrankheit ein, insbesonders hatten die Frauen darunter zu leiden; viele heulten und jammerten die ganze Nacht durch. Es blieb nichts anderes übrig, als mit Resignation der Dinge warten, die da kommen sollen.

Die Signallaternen wurden an den Masten aufgezogen, die Schiffswache verdoppelt und zwei Offiziere versahen auf der Kommandobrücke den Dienst. Der Hochbootsmann vollführte die ihm aufgetragenen Befehle. Der Sturm heulte furchtbar in den Masten und im Takelwerk und nahm an Heftigkeit immer mehr zu. Ganze Wasserberge stürzten über die Laufplanke herein und setzten das Deck unter Wasser, selbst das hochgelegene Hinterdeck wurde von Zeit zu Zeit überspült.

Unter diesen Umständen war natürlich auf Deck keines Bleibens mehr. Ich suchte die Kajütentreppe zue rreichen; aber bei dem ersten Schritt schon schleuderte es mich der Länge nach auf den Boden hin, daß mir die Rippen krachten. Ich wollte ein zweites Mal einen solchen Wurf nicht riskiren und kroch daher auf allen Vieren dem Eingange zu, rutschte rücklings die Treppe hinunter und kroch in meine Kabine.

Die Nacht war keine angenehme, ich werde noch lange denken an die Nacht vom 23. auf den 24. Mai, leicht hätte sie die letzte sein können. Wenngleich alle Aufgänge und Schiffsluken geschlossen waren, so kam doch bei jedem Wellensturz auf Deck das Wasser in Strömen die Treppe herab und in die Kabinen. Während der Nacht versuchte ich einmal aufzustehen, da es mich ja im Bette auch von einer Seite auf die andere warf, allein es verging mir hiezu die Luft, da ich gleich knietief ins Wasser stieg. Es war dies ein schauerliches Gefühl. Die Dampf= pumpe arbeitete die ganze Nacht, um das Wasser aus dem Schiffsraume zu bringen, was ihr auch gegen Morgen gelang.

Bei Tagesgrauen tappte ich im Wasser watend aus meiner Kabine heraus und stieg auf Deck. Dort angekommen, merkte ich, daß der Sturm etwas von seiner Wuth und Wildheit verloren hatte und daß man auf dem Verdeck sich halten könne wenn man den rechten Platz zu suchen weiß. Nach und nach krochen mehrere hervor. Der Himmel war klar, die Sonne stieg in einer mächtigen Scheibe blutroth aus dem Meere empor. Die Seeleute, insbesonders der Lotse, prophezeiten, daß der Wind nach allen Anzeichen sich bald legen werde, und sie hatten Recht; nach 24 Stunden brachen sich nur mehr die sogenannten todten Wellen am Bug. Um die Mittagszeit ließ der Kapitän von dem ersten Offizier die Höhe messen, auf welcher wir uns befanden und siehe da, Alexandria lag noch keine 60 Seemeilen hinter uns.

Der Mittwoch ging unter den Nachwehen des ausgestandenen Sturmes in monotoner Weise vorüber. Am Donnerstag früh war das Meer voll= ständig glatt, heitere Stimmung stellte sich bei den Passagieren wieder ein und als gegen 7 Uhr früh die Insel Kreta in Sicht kam, gab es zur Abwechslung auch wieder prächtigen Ausblick. Den ganzen Tag über fuhren wir längs dieser 275 Kilometer langen Insel hin, erst gegen Abend verloren wir sie aus dem Gesichte.

Es lag von hier aus bis zur Küste Calabriens wenigstens eine Meeresfläche von 500 Seemeilen Länge zwischen uns und um diese Ent= fernung zu durchfahren, sind gut 50 Stunden nothwendig. Es gab nichts mehr zu sehen als unser Schiff. Nur hie und da kam ein Dampfer oder Segler in Sicht und sofort wurde derselbe mit sämmtlichen an Bord be= findlichen Gläsern fixirt und Erkundigung bei der Schiffsmannschaft ein= gezogen, welches Fahrzeug es wohl sei und wohin sich sein Curs richte. Es ist ganz eigenthümlich, wir wurden wie die Kinder; es packte uns die Langweile und alle denkbaren Versuche wurden gemacht, um die Zeit todtzuschlagen. Auch zum Tarockspiel nahmen wir Zuflucht und da zum Zahlen das nöthige Kleingeld fehlte, so substituirten wir hiefür kleine Muscheln, welche wir aus dem See Genesareth mitgenommen hatten und legten jeder einen Werth von 5 Pfennige bei. Zwanzig Muscheln eine

Mark, hieß es bei der definitiven Abrechnung, da aber auch keine Mark
vorhanden war, so mußte für je 16 Muscheln 1 Francs erlegt resp. ein-
gelöst werden.

Am Freitag Nachmittags blieb die Maschine des Schiffes stehen
und da gleichzeitig der Schiffszimmermann mit dem Senkblei lothete, ob
nicht im Kiel des Schiffes sich Wasser befinde, machte die Sache einigen
Rumor. Der Kapitän theilte aber den Passagieren zur Beruhigung mit,
daß die Maschine eine kleine Reparatur bedürfe, welche jetzt bei der gänzlichen Windstille am leichtesten vorgenommen werden könne. Diese Mittheilung war richtig. Nach etwa einer Stunde drehte sich die Schraube
wieder in gewohnter Geschwindigkeit herum.

Mit dem Beobachten der Araber, welche sich auf dem Schiffe be-
fanden, vertrieb ich mir manchmal die Zeit. Diese Leute kampirten auf
Deck unter einem großen Zelt und standen die ganze Woche nicht von
ihrem Lager auf. Ihr Essen bestand in den mitgebrachten Orangen,
Datteln, Zuckerrohr re. und ununterbrochen spielten sie Domino oder
Schach, worin sie viel Geschick zu haben schienen.

Am Samstag früh war ich schon um 2 Uhr auf Deck, da ja doch
die Küste Calabriens bald in Sicht kommen mußte. Alles war grau in
grau, die Matrosen standen an den Schiffsplanken Wache und die Maschine
arbeitete langsam. Der erste Offizier ging bedächtig auf der Kommandobrücke auf und nieder. Mit einem Male stand der Dampfer still.
Der arge Feind der Seefahrer, ein dicker Nebel, war eingefallen und da
wir uns höchst wahrscheinlich vor dem Eingange der viel befahrenen
Straße von Messina befanden, so schien diese Vorsicht geboten, um einen
Zusammenstoß zu vermeiden. Die Wachen wurden verdoppelt; sowohl
mit der Dampfpfeife, wie mit der Schiffsglocke wurden in kurzen Zwischen-
räumen lang anhaltende Signale gegeben und alle Vorsicht wurde an-
gewandt, um eine Carambolage zu vermeiden. Daß diese Umsicht keine
leere Form war, bewiesen die Signale, die von anderen Schiffen zu uns
herüber tönten. Fast 4 Stunden lang blieben wir unthätig liegen.

Endlich hob sich der Nebel und ein wundervoller Anblick bot sich
uns dar. Rechts die Berge von Calabrien, links die Berge Siciliens,
ganz im Vordergrund erhob sich der alte Cyklop Aetna 10,200 Fuß hoch
in die blaue Luft. Auf der Hinreise waren die höheren Partien verschleiert, jetzt lagen sie aber in aller Klarheit vor uns.

Aus der höchsten Spitze des Monte Gibello (so nennt der Italiener den Aetna) brach eine mächtige Rauchsäule hervor. Die Städte Catania und Taormina lagen nicht fern und mit bewaffnetem Auge sah man hinauf bis Syrakus. Die Meerenge mit den schon früher erwähnten Städten Reggia, Messina wurde passirt und bald lag auch der Leuchtthurm von Cap Fare hinter uns. Wie prachtvolle Eilande erhoben sich die sieben legarischen Inseln aus den blauen Fluthen des Thyrrhenischen Meeres, wovon Stromboli uns am nächsten lag. Der gleichnamige Vulkan auf dieser Insel war in voller Thätigkeit und zwar so, daß die Lava den Berg herunter quoll.

Am Abend ging ich noch spät auf dem Verdeck spazieren. Die Nacht war schön und sternenhell. Auf der Steuerbordseite bemerkte ich in kurzer Entfernung einen mächtigen, großen, schwarzen Koloß. Als er uns näher kam, stiegen von demselben mehrere farbige Raketen auf. Gleich darauf schickten sich Matrosen auf unserem Dampfer ebenfalls an, Raketen steigen zu lassen und etwa ein Dutzend flogen in die Luft. Auf Umfrage, was das zu bedeuten habe, theilte man uns mit, daß dieß ein correspondirender Dampfer sei, welcher der gleichen Gesellschaft angehöre und nach Alexandrien gehe. Mittags habe dieses Schiff den Hafen von Neapel verlassen und mit diesem hätte der Lotse, wenn wir rechtzeitig in Neapel eingetroffen wären, in seine Heimath zurückkehren sollen. Der Lotse, wie es mir schien, kam darüber in gar keine Verlegenheit, denn er rauchte mit aller Gemüthsruhe seinen Tschibuk weiter.

Noch ehe wir Sorrent erreichten, stieg die Sonne über die Berge von Unteritalien empor und vergoldete die Bergspitzen von Capri und Ischia. Der Vesuv trat in scharfen Umrissen hervor. Neapel tauchte aus dem Meere auf, zuerst das Fort Eleno und St. Martino, dann die Kuppeln und Thürme der Stadt, und bald darauf lag das unbegrenzte Häusermeer in der klaren Morgenluft vor uns.

Um 7 Uhr früh sauste zum letzten Male der schwere Anker der „Erymanthe" im Hafen von Neapel auf den Grund. Gleichwie bei unserer Abreise umschwärmten unseren Dampfer auch jetzt wieder Sänger und Taucher und produzirten sich in ihrer Kunst. Wir hatten Zeit genug, uns an diesen Leuten vom Deck aus zu amüsieren, da ein italienischer Hafenbeamter auf das Schiff gekommen war, um die Controle vorzunehmen über die Schiffsbücher, und ob wir nicht etwa eine asiatische Krankheit über das Mittelmeer mit uns herüber geschleppt haben. In diesem Falle würde es geheißen haben: „Quarantäne".

Wiederholt warf ich einige Meter vom Taucher weg einen Sous in's Meer. Im Nu war der Mann verschwunden und kam nach kurzer Zeit, das Geldstück zwischen den Zähnen haltend, wieder zum Vorschein. Da er ganz nackt war und folglich auch keine Taschen hatte, so warf er die Münze den ihn begleitenden Gondelier zu und die Geschichte ging wieder von vorne an. Einer dieser Wagehälse trieb es soweit, daß er unter unserm Dampfer durchschwamm, wenngleich derselbe mindestens 5 Meter Tiefgang hatte.

Nach etwa einer halben Stunde wurde die Ausschiffung erlaubt. Unsere Herbergsmutter hatte ihren Hoteldiener geschickt, welcher für uns die Barken und Bootsknechte besorgte und das Gepäck ausschiffen half. Kurz darauf sprang ich beim Zollhaus auf den Steindamm von Neapel mit einem aus tiefster Seele kommenden: „Gott sei Dank!" auf europäischem Boden an's Land. Es war am Pfingstsonntag 7 Uhr früh.

Unendlich genau wurde die Visitation des Gepäckes vorgenommen, und ein Fisch mit einem Schnabel, welchen ich der Rarität wegen vom Suezkanal mitgenommen, wäre mir bei einem Haar confiscirt worden.

Im Hotel Globe angekommen, putzten wir uns menschenwürdig heraus und suchten dann jeder, da ja ein hoher Festtag war, eine ihm beliebige Kirche auf.

Da ich überzeugt war, daß man in meiner Heimath bereits wisse, daß Herr Schlichtinger gestorben sei und darum noch mehr ängstlicher sein werde, ließ ich sofort ein Telegramm an meine Familie abgehen, des Inhalts, daß ich soeben vollkommen gesund zu Neapel angekommen sei.

LX.
Neapel.

„Neapel sehen und dann sterben". Diese Phrase hört man bisweilen von überschwenglichen Menschen aussprechen. Es gibt wohl kaum einen größeren Unsinn als diesen Spruch. In einem Orte, wo die Herrlichkeiten der Natur in solcher Fülle ausgestreut sind, hat man ja doch, anstatt sterben zu wollen, weit eher das Verlangen, recht lange zu leben, um diese Pracht genießen zu können.

Neapel ist weitaus die größte und lebendigste Stadt ganz Italiens. Es liegt am gleichnamigen Golf und hat eine Ausdehnung, wie es für eine halbe Millionenstadt nothwendig ist. Was soll ich sagen, wo die Worte entlehnen, um all' die Pracht nur annähernd zu schildern? Ich nehme nur das Recht in Anspruch, da recht kurz zu sein, wo die Natur so überaus groß ist.

Im Westen der Stadt erhebt sich der Posilippo, an dessen Fuß fast beginnt Neapel und zieht sich im Halbkreis mit den anschließenden Städten Portici und Torre del Greco bis zum Fuße des Vesuvs hin. In der Mitte schiebt sich der Molo weit in's Meer hinaus, auf der äußersten Spitze erhebt sich der Leuchtthurm.

Die schönste Straße ist unstreitig die Straba Toledo (Toledostraße.) Dieselbe durchzieht fast die ganze Stadt von Osten nach Westen und führt alles Leben wie eine gewaltige Pulsader von der neapolitanischen Campagne herein, hinunter zum schönsten Meerbusen der Welt. Die ganze Straße ist mit himmelhohen Palästen eingerahmt und da sie nicht besonders breit ist, so wird das aus Lavablöcken hergestellte Straßenpflaster von der Sonne nur selten beschienen.

Eine Unmasse von Fußgängern und Fuhrwerken passiren fort und fort diese mächtige Verkehrsader, von der schönsten Equipage herunter bis zu dem zweirädrigen Karren des Landmanns aus den Abruzzen. Maccaroni-Verkäufer belagern die Trottoirs. Lazzaronis lehnen in der denkbarst faulen Stellung an der Wand. Ausrufer mit mächtigen Plakaten auf dem Rücken und der Brust erfüllen mit ihrem Geschrei: „Museo Napoli", „Galerie Nationale Napoli", „Monte Vesuvio", „Aquario Napoli" die Luft.

Am interessantesten aber ist es jedenfalls am Kai. Hier der Hafen, der Molo, die Schiffe! Mast an Mast liegt sie vor Anker, die Handelsflotte von Neapel, etwas weiter draußen eine Menge schwarzer Kolosse, die sich theilweise schon wieder seefertig machen, um nach allen Richtungen abzugehen.

In den Bureaus der französischen Messagerie geht es lebhaft zu, einer ihrer Dampfer ist soeben aus Aegypten angekommen, und nimmt Passagiere und Ladung ein, um bald über Livorno nach Marseille abgehen zu können. Große Plakate an den Wänden besagen: „Hier

Konstantinopel, hier Suez, hier Algier, dort Liverpool, dort Lissabon, dort London u. s. w."

Das Gedränge vom Zollhause her zu den Bureaus der Schiffs-rheder ist überaus groß. Seeoffiziere und Matrosen, welche vor der Ab-fahrt noch eiligst etwas am Lande zu thun haben, arbeiten sich durch. Der nichtsthuende Lazzaroni, welcher sich am liebsten am Kai aufhält, macht Platz und lehnt sich in einem ruhigeren Winkel an das große Eisen-gitter am Hafendamm. Der Barkenführer ist ungemein thätig, er will Geschäfte machen; er beschwadronirt jeden, und unter großem Geschrei und heftig gestikulirend preist er die Vorzüge seines Fahrzeuges an, er will um jeden Preis jemanden einschiffen.

Auf dieses Treiben schauen die gleich nebenan sich erhebenden Mauern des Kastello Nuovo finster hernieder.

Ungemein fein ist es im westlichen Stadttheil, welcher den Namen S. Luzia führt. Zur Linken liegen die Gebäude des ehemaligen könig-lichen Schlosses (Palais Royal), zur Rechten erhebt sich das Fort Pizza-falcano, den Golf entlang ist ein prachtvoller Garten, welcher besonders Abends von der feinen Welt Neapels besucht wird. Mitten in diesen herrlichen Anlagen steht unter Bäumen versteckt das so berühmte See-aquarium, dessen Besuch jedermann, wenn er auch noch so viel ähnliches gesehen hätte, höchlich befriedigen wird.

In S. Luzia ist gleichzeitig auch der Sammelpunkt oder Markt aller dem Meere entnommenen Geschöpfe. Hier ist es darum für den Naturforscher oder Bewunderer der Meereserzeugnisse ungemein interessant. Man findet da alle denkbaren Muscheln, einige von gewaltiger Größe, dann die Auster, den Seestern, die Meerkoralle, den Hummer, den See-igel, den Papierenantilius, die Seefeder, den Tintenfisch das Seepferdchen, die Quallen, überhaupt ein Gewimmel von im Meer lebenden Thieren, das unbeschreiblich ist.

Merkwürdig ist das Straßenleben Neapels. Kaum tritt man aus einem Gasthof, so wird man von Sängern, Zitherspielern, Mandolinen-geigern, Gauklern und Bettlern umringt. Zwei- und vierräderige Fuhr-werke kommen in den Weg und bieten ihre Dienste an. Sie verlangen zuerst viel, bedarf man aber ihrer Dienste und bietet von dem Verlangten den fünften Theil, so ist der Handel sofort perfekt. Sie sind ungemein zudringlich und um sehr geringen Preis wird man in den schönsten Fuhrwerken ungemein weit gefahren. Die 3000 Fiaker Neapels wollen eben auch etwas verdienen. Wenn man zu zweien ein Fuhrwerk benützt, so kann man sicher sein, daß beim Absteigen das doppelte verlangt wird, von dem wie man übereingekommen ist. Macht man so einen Menschen auf das ungeeignete seiner Forderung aufmerksam, so gibt er durch Zeichen zu verstehen, daß der festgesetzte Fahrpreis für eine Person zu verstehen gewesen sei. Man steigt aber ganz einfach aus, bezahlt wie festgesetzt und läßt den Rosselenker raisonnieren, so lange es ihm beliebt.

Eine große Unvorsichtigkeit begeht man, wenn man einem Bettel= buben etwas gibt. Man wird häufig dazu versucht, wenn man einen Sous in der Tasche hat, um sich den zudringlichen Bengel vom Halse zu schaffen. Aber wie irrt man sich! Kaum hat man in die Tasche gegriffen, so kommt auch schon eine ganze Schaar dieser Wegelagerer herbei, sogar der Lazzoroni gibt seine bequeme Lage auf, und ehe man es denkt, ist man buchstäblich umringt und kommt kaum mehr vorwärts. Es gibt aber doch ein Mittel, von diesen Gaunern los zu werden. Man greift in die Tasche und wirft einige Sous weit von sich weg. Die ganze Meute stürzt sofort darauf los und balgt sich auf dem Boden um die Geldstücke herum, mittlerweile eilt man von dannen. Diese Bettelei gilt nur den leicht er= kennbaren Fremden. Angebettelt wird der Einheimische nicht, denn dieß wäre eine vergebliche Mühe. Ein Blumenmädchen springt herbei und steckt ein Sträußchen in das Knopfloch, ein paar Sous für diese Auf= merksamkeit zu geben, fordert der Anstand.

Große zweirädrige Karren mit schweren Lavablöcken beladen, welche zum Pflastern und als Baumaterial benützt werden, kamen oft mit 4 Pferden bespannt vom Vesuv herein, alles unter ihren Rädern zermalmend. Die Pferdebahn vom Bahnhof her will Platz haben, Omnibusse vom größten Kaliber arbeiten sich durch, Verkäufer von Antiken aus Pompeji und von Vesuvlava gefertigte Artikel, als Ringe, Armbänder, Brochen ꝛc. wollen ihre Waaren an den Mann bringen. Hirten treiben ihre Heerden durch die Stadt und ein Landmann kommt mit seiner Familie herein, Kind und Kegel auf einem zweiräderigen Wagen verpackt, vor welchem ein Langohr gespannt ist. Mit merkwürdiger Balance wissen sich diese Leute auf dem Wagen zu halten, auf der Deichsel sowohl wie auf Brettern weit über die Räder hinaus, so daß man die letzteren kaum umlaufen sieht, tummeln sie sich herum; ein großes Geschrei tönt von diesen Wägen herunter. Es ist ein unglaubliches Durcheinander und doch passirt nicht leicht ein Unglück.

An monumentalen Bauten hat Neapel nicht viel aufzuweisen. Alle größeren Städte Italiens, wie Rom, Florenz, Mailand, Pisa, Palermo Messina haben ihre herrlichen Dome, der Dom zu Neapel aber bleibt allen vorgenannten weit zurück. Die ehemalige k. Residenz ist zwar ein großer und sogar schöner Bau, aber ohne besondere architektonische Zier.

Was Neapel an Thürmen, Kuppeln 2c. fehlt, das wird durch die Schönheit seiner Lage hundertfach ersetzt!

LXI.
Ausflug nach Pompeji.

Am 24. August 79 n. Chr., also vor 1804 Jahren, während der Regierung des römischen Kaisers Titus, verschwanden drei Städte in Folge eines furchtbaren Ausbruches des Vesuves. Gewaltige Massen von Bimsenstein, Asche und heißem Wasser fielen über Pompeji nieder, während Lavamassen sich den Berg herunter wälzten und Herkulanum und Stabiä verschütteten. Fast 1700 Jahre lang wußte Niemand mit Bestimmtheit den Platz anzugeben, wo diese Städte gestanden; über Herkulanum und Stabiä erhoben sich sogar andere Städte mit anderen Namen, wie Portici und Resina.

Im Jahre 1711 stieß man bei Grabung eines Brunnens in Portici auf die Ruinen von Herkulanum und aus Zufall entdeckte ein Landmann bei seinen Arbeiten im Jahre 1748 das große Theater von Pompeji. Bis zu diesen Zeiten hatte man nur eine dunkle Ahnung über das Verschwinden dieser blühenden Orte.

Mit dem Zuge, welcher um halb 7 Uhr früh von Neapel abgeht, fuhren wir hinaus, um uns Pompeji anzusehen. Durch die Vorstädte Neapels und zwischen reich bebaute Gemüse- und fruchtbare Weingärten hindurch, gelangt man bald nach Portici. Die Bahn wendet sich dem Meeresstrande zu und zwischen hier und Torre del Grece sieht man wiederholt kleine Einschnitte, welche bei der Erbauung der Eisenbahn in die aufgestauten Lavahügel gemacht werden mußten. Unter diesen Lavahügeln liegen die verschütteten Städte Herkulanum und Stabiä.

Von hier ab bis Torre del Annunziata läuft die Bahn auf Lava-
boden. Trotzdem, daß diese Orte, besonders Torre del Grece, seit zwei-
tausend Jahren neunmal verschüttet und theilweise durch Erdbeben bei den
Vesuvausbrüchen zerstört wurden, ist alles fruchtbarer Boden und die
Felder gut bebaut. Die Einwohner kehrten immer wieder zu der ihnen lieb ge-
wordenen Scholle zurück. Es muß jedesmal riesige Anstrengungen gekostet
haben, diesen überschütteten und überschwemmten Boden wieder fruchtbar
zu machen.

Noch geht es ein wenig dem Meere entlang; der wundervolle Blick
auf Neapel ist frei, jetzt aber biegt die Bahn links landeinwärts ab und
bald hörten wir die Bahnbediensteten „Statione Pompeji" rufen.

Wir verließen die Wägen, schritten eine kurze Allee entlang und
standen bald vor dem eisernen Gitterthore der vor mehr als 1800 Jahren
verschütteten Römerstadt Pompeji. In der Regel macht man sich von
Pompeji eine falsche Vorstellung. Man weiß, daß diese Stadt verschüttet
wurde und so bildet man sich ein, man müsse zu den Ausgrabungen nieder-
steigen. Dem ist aber nicht so; im Gegentheile, man steigt noch ein wenig
aufwärts. Die Stadt lag auf einer hügelartigen Anschwellung mit ziemlich ausgedehntem Rücken, die ganze Umgebung liegt mindestens um 20 Fuß
tiefer.

Wir bezahlten per Mann zwei Francs Eintritts- und Führergeld
und traten durch die Drehkreuze ein. Der Führer empfing uns; es war
ein Bayer, aus Bamberg gebürtig. Derselbe ging, nachdem er der Mili-
tärpflicht in seiner Heimath Genüge geleistet hatte, nach Italien, machte
dort Kriegsdienste und ist nun als Halbinvalide zum Führer in Pompeji
aufgestellt.

Gleich beim Eingang rechts ist ein kleines Museum angelegt, in welchem
unter Glaskästen die in neuester Zeit aufgefundenen Gegenstände aufbewahrt sind. Menschen wie Thiere liegen mumienartig, wie überkalkt, in
verschiedenen Stellungen, wie sie vom Aschenregen überrascht wurden, herum;
andere Gegenstände, verschiedene Werkzeuge, Schlösser, Riegel, sind gut
erhalten und bieten viel des Interessanten.

Wir wanderten in die erste Straße der aus ihrem achtzehnhundert-
jährigen Grabe erstandenen Stadt hinein. Bei dem ersten Anblicke kann
man sich eines gewissen Grauens nicht erwehren, wenn man bedenkt, daß
bei dem schauderhaften Vesuvausbruch diese schöne Provinzialstadt nur

mehr ein großes Grab gewesen ist. Das, was von Pompeji bis jetzt bloßgelegt ist, mögen zwei Dritttheile der ganzen Stadt sein. Das Straßenpflaster ist, wie natürlich, vollständig gut. Dasselbe ist, wie die jetzigen Pflaster zu Neapel, aus Lavastücken hergestellt. Ganz gut sieht man die Spuren der Wagenräder in den engeren Straßen; sie haben sich Geleise, besser gesagt, Spuren oder Furchen ausgeschlagen. Die Trottoirs sind häufig sehr schmal, so daß zwei Personen schwer für einander kommen konnten; etwa 0,40 Meter sind sie über das Straßenpflaster erhaben und daß man nicht niederzusteigen brauchte, waren quer über die Straße in gewissen Abständen Steine aufgestellt, welche oben eine breite Fläche hatten, so daß man über sie hinweg schreiten konnte. Inzwischen laufen die Räderspuren durch. Auch an den Gebäuden sieht man häufig Lava verwendet. Der Vesuv lieferte aber auch das Material, um die Stadt zu verschütten. Die Wohnhäuser haben eine durchschnittliche Höhe von zwei Stockwerken und sind an denselben von der Straße aus keine Fenster angebracht nur die Thüre, ähnlich wie in der Türkei. Ist man eingetreten, so befindet man sich in einem Hof, um welchen dann der Reihe nach die Zimmer herum liegen. Der äußere Verputz der Häuser, mit größtentheils rothgelbem oder weißem Anstrich, ist gut erhalten, ebenso ist es im Innern der Gebäude. Man sieht dort außer dem Verputz wohlerhaltene Gewölbe, Wandmalereien, Mosaikböden ꝛc.

Wir traten in ein Haus ein, wo die Damen ersucht wurden, zurückzubleiben. Mit aller Deutlichkeit sah man da die unanständigsten Bilder als Fresken an der Wand. Der Hausherr, welcher vor 1804 Jahren hier zu gebieten hatte, muß ein unmoralischer Mensch gewesen sein. Asche und Bimsenstein mit heißem Wasser gemischt, haben die 18 Jahrhunderte hindurch diese Schweinereien nicht zu verwischen vermocht. Wir gelangten auf einen großen Platz, welcher ein längliches Viereck bildet, das Forum genannt. Von hier aus hat man einen weiten Ueberblick und führen die Straßen nach allen Richtungen auseinander. Gedeckte Säulengänge umgeben diesen Platz und es müssen seinerzeit in diesen Hallen eine Menge Statuen aufgestellt gewesen sein, — die Fußgestelle hiezu sind noch vorhanden. Die korinthischen und jonischen Säulenstellungen sind wundervoll gearbeitet, schade, daß mehrere in Trümmern liegen.

Auf diesem Platze werden Versammlungen und Volksbelustigungen abgehalten worden sein; auch wird hier eine militärische Wache aufgestellt

17

gewesen sein, da bei der Ausgrabung Skelette mit Helmen, Waffen und musikalischen Instrumenten aufgefunden wurden. Die herumstehenden Säulen sind roth und gelb angestrichen. Hinter dieser Säulenhalle waren Verkaufsläden angebracht, wo jedesmal zwei Räume unter sich verbunden sind. Aeußerst interessant ist das ausgegrabene Amphitheater, welches noch ziemlich gut erhalten ist. Durch ein mächtiges Portal tritt man ein, die für 20,000 Zuschauer bestimmten Sitzreihen sind größtentheils mit Marmor belegt und laufen im Kreise herum. Viele Inschriften sind in den Wänden eingegraben. In der Nähe dieser Arena waren bei meinem Dortsein etwa 50 Arbeiter mit Ausgrabung beschäftigt. Mit Rollwägen wird das Land in die Niederung um Pompeji herum hinausbefördert. Draußen bildet dieses Material eine Art Wall, welcher die neu erstandene Stadt umgibt. So im Durchschnitte kann die Stadt von der Masse, welche der Vesuv ausgeworfen hatte, 5 Meter tief begraben gewesen sein. Ich besichtigte mir genau das Material; es sind theils Bimssteine, meistens in der Größe von einer Haselnuß, theils Asche. Die ersteren liegen locker übereinander, man könnte sie mit der Hand aufheben. Die Asche jedoch liegt schichtenweise etwas fest, ein Beweis, daß sie vermengt mit heißen Wasserströmen über Pompeji niedergestürzt ist. Lava, wie zu Herkulanum und Stabiä, gibt es zu Pompeji nicht. Im großen Ganzen ist die Ausgrabung nicht schwierig, das Material ist nicht schwer und läßt sich fast mit der Schaufel stechen. Ich nahm mir eine Hand voll mit.

Die Bewohner Pompejis mußten soviel Zeit gehabt haben, um die Stadt bei Anfang des Aschenregens größtentheils zu verlassen, denn so viel Skelette, als man erwartete, auszugraben, fand man bei weitem nicht. Im Theater jedoch hat man über 300 Menschengerippe gefunden. Zwischen theils stehenden, theils zerbrochenen Säulengängen und Façaden wanderten wir dem Herkulanumthore zu. Auf einem Platze trafen wir einen Brunnen, der Führer schöpfte uns hieraus Wasser, welches gut trinkbar war. Das vorgenannte Thor ist ganz bloß gelegt und wohl erhalten; es hat drei Oeffnungen, eine für Wägen und zwei für Fußgänger bestimmt. Prachtvoll gearbeitete Ornamente liegen und stehen bei den Tempeln, öffentlichen Bädern und Theatern umher.

Das Mauerwerk sämmtlicher Gebäude war solid hergestellt, wo schon längst alle Holztheile verschwunden sind, da stehen die Mauern noch stolz in vertikaler Richtung.

Häufig findet man bei Privathäusern Säulen und Bogenstellung angewendet, was eine gewisse Wohlhabenheit bekundet. Von den größeren Privathäusern ist das unter dem Namen „das Wohnhaus des Diomedes" das bekannteste. Im Parterre dieses Hauses sind sämmtliche Räume gewölbt und theilweise mit Malerei versehen, der Boden ist Mosaik.

Bei der Ausgrabung wurden hier interessante Funde gemacht. Skelette an dem Thore, nebenan lagen Ringe und Schlüssel, auch einige Broncemünzen; in den Innenräumen fand man 28 Skelette beiderlei Geschlechts, dann 2 Kinder und im Hofe ein Hundegerippe.

Oefters findet man die Insignien des Gewerbes außen am Hause angebracht. Am Hause eines Bildhauers zwei Marmorköpfe, am Hause eines Apothekers eine Schlange rc. In dem Hause eines Arztes wurden chirurgische Instrumente gefunden. In einem größeren Hause grub man mehrere Skelette aus, auch Pferdegerippe und Wagentheile wurden gefunden; man schloß daraus, daß dieses ein Wirthshaus gewesen sei.

Mit der Ueberwachung, daß nichts von den ausgegrabenen Funden fortgeschleppt werde, wird es sehr genau genommen. Alles wird in das Museum nach Neapel gebracht. Mehrere Wächter stehen in den Gassen herum und bei dem Wegräumen und Fortschaffen der Erde und Aschenmassen sind Aufseher angestellt, welche jeden Schubkarren voll mit Argusaugen untersuchen.

Alle bereits bloßgelegten Plätze und Straßen, sowohl wie die Gebäude sind ungemein sauber gehalten und nirgends ist Schmutz oder Unreinlichkeit zu finden.

Nachdem ich mich sattsam in dieser merkwürdigen Ruinenwelt Pompejis umgesehen hatte, lohnte ich den Führer mit einem Extra-Trinkgeld als Bayer ab und trat zum eisernen Gitterthor heraus.

Nordwärts gewendet, sah ich in der Entfernung von etwa 2 Stunden den Vesuv stoßweise eine mächtige Rauchsäule auswerfen, und fiel mir der so wahre Spruch, welchen König Ludwig I. von Bayern über Pompeji machte, ein: „Städte verschwanden und mit ihnen auch die blühendsten Völker, aber der alte Cyklop schmiedet beständig noch fort.

17*

LXII.
Die Besteigung des Vesuvs.

Um dem Vesuv einen Besuch abstatten zu dürfen, muß man einer englischen Gesellschaft, welche die Straße und die Drahtseilbahn da hinauf angelegt hat, 25 Francs bezahlen. Um diesen Preis wird man theils zu Wagen, theils per Bahn hinauf und herunter befördert. Zu 18 Personen bezahlten wir 450 Francs und Mittags stunden die Wägen für uns bereit. Ich sprang auf den Bock und im scharfen Trabe fuhren wir den Vesuv, welcher gleichzeitig der Stolz der Neapolitaner, aber auch ihr Quälgeist ist, zu.

Das Wetter war herrlich, die Wärme normal. Vorerst ging es den Golf entlang, dann durch Portici hinauf, die große Fahrstraße führt mitten durch die k. Sommerresidenz dieser Stadt. In Torre del Grece biegt die Straße links ab und etwa einen Kilometer außerhalb dieses Ortes schon stießen wir auf die ersten Lavamassen, von den Vesuvsausbrüchen in den Jahren 1861 und 1872. Wie die Eingeweide eines gewaltigen Giganten hat sich die Lava übereinander gewälzt und ist dann erstarrt. Ganze Ortschaften begrub sie auf ihrer alles vernichtenden Bahn. Von den oberen Häusern Resinas sind viele von der Lava überfluthet, die höheren Stockwerke überschüttet und verbrannt, die unteren theilweise noch wohnbar; ein merkwürdiger Anblick! Scharf ist die Grenze zwischen herrlichster Vegetation und der rothbraunen Lava; hier saftige Weinberge, deren Traube den guten Lacrimae Christi gibt, dort die ewig todte Schlacke die alles unter sich begrub.

In einer Menge von Windungen führt die Straße den Berg hinan. Fußhoch lag der Staub, welcher bei dem Darüberfahren gleich einer schwarzen Wolke emporwirbelte, für die hinterher fahrenden Fuhrwerke eine schwere Belästigung. Nach dreistündiger Fahrt kamen wir bei dem Observatorium des Professors Palmieri vorbei, welches auf einer vorspringenden Bergkuppe erbaut ist. Der Platz ist sehr gut gewählt, die den Berg herunter fließende Lava wird von der sattelförmigen Gestalt des Berges getheilt und strömt auf beiden Seiten den Abgrund hinunter; die weiter vorgeschobenen Gebäude bleiben hievon ganz unberührt. Alles rings herum ist erstorben, nur in dieser winzigen Oase erfreut das Auge einige Vegetation. Von hier erreichten wir in etwa einer halben Stunde das Maschinenhaus der Drahtseilbahn mit dem Restaurationsgebäude. Ohne irgend welchen Aufenthalt bestieg die eine Hälfte der Reisenden, da alle auf einmal nicht transportirt werden konnten, den Wagen der Draht= seilbahn und das große, schief liegende Rad, um welches das Seil gelegt war, fing an, sich zu drehen. In der Geschwindigkeit von 1 zu 2 etwa, stieg der auf einer Schiene laufende Wagen unter einem Winkel von 45 Grad den Berg hinan. Auf halber Höhe begegnete uns der Wagen, welcher den Weg herunter nahm; um nämlich das Gleichgewicht leichter zu halten, steigt ein Wagen auf und der andere ab. Die zu überwindende Höhe kann etwas mehr als 1000 Fuß sein und nach einer Fahrt von 7 Minuten waren wir oben angelangt. Wer schwindlich ist, kann diese Bahn nur befahren, wenn er immer aufwärts sieht; wenn man die so gewaltige schiefe Ebene abwärts überschaut, ist es grauenhaft. Der Gedanke, daß etwas brechen, das Seil reißen könnte, macht die Haare zu Berge stehend.

Von dem oberen Ende der Drahtseilbahn aus führt ein sandiger Weg, etwa noch 100 Fuß hoch, bis zum Gipfel des Berges empor.

Ha! da lag der ganze Schwefelpfuhl vor uns! Es ist der Haupt= krater, welcher wenigstens 25 Tagwerk groß ist. Wie mächtige Meeres= wogen mit gelben Kämmen sieht sich der furchtbare Krater an. Schwefel= dünste stiegen empor, welche das Athmen erschwerten und gewaltig zum Husten reizten. Bald hier, bald dort öffneten sich Schlünde und unter furchtbarem Donner im Innern des Berges, welcher oft so gewaltig er= dröhnte, daß der Boden unter unseren Füssen erbebte, warf der Schlund schwarzgelbe Schlacken mehr als fünfzig Fuß hoch empor, welche hierauf sausend, nicht allzuweit von uns niederfielen. Das Herunterzischen der Steine und Schlacken, sowie Sand und Asche, füllte die Zwischenzeit bis zu einer weiteren Eruption aus. Im nächsten Augenblicke pfiffen schon wieder die Steine in der Luft und die mit denselben ausströmenden feurigen Gase und gewaltigen Dampf= und Rauchsäulen verursachten ein Sausen und Zischen, daß eine 1000=pferdekräftige Dampfmaschine hie= gegen ein Kinderspiel wäre. Ohne Unterlaß arbeitete dieser riesige Thrann fort.

Mehrere von der englischen Gesellschaft angestellte Führer waren uns auf die Spitze des Berges nachgezogen und boten zudringlich ihre Dienste an.

Das Hinunterführen in den Krater kostete 5 Francs, ohne Führer jedoch sei es strengstens verboten, den Abstieg zu wagen. Mehrere unternahmen den Gang und schließlich wandelte auch mich eine gewaltige Lust an, den Ausbruch der Höhle in der nächsten Nähe zu schauen. Ich griff, wie man sagt, durchs Herz in die Taschen und schob dem geschmeidigen Sohn der Abruzzen eine Fünffrancsnote zu. Nun konnte es losgehen!

Zuerst in dem Lavasand bis in die Knie steckend, rutschten wir mehr als wir gingen, den steilen Abhang hinunter. Unten war schwarzgelber wulstenartig aufgetriebener Lava- und Schwefelboden, in welchem sich furchtbare Risse zeigten, über welche mit großen Schritten hinweggegangen werden mußte. Tief sieht man in das Berginnere hinunter und da unten kocht, brodelt und arbeitet es, wie in einem glühenden Schmelzofen. Auf jedem Schritt, wo man hinzutreten hat oder muß, wird man von dem Führer aufmerksam gemacht, — eine Nichtbeachtung seiner Anweisung oder Vorschrift könnte einem das Leben kosten. Aus einem Schlunde floß die Lava heraus, gleich der Schlacke aus einem Hochofen, und quoll den Berg hinunter, gegen Pompeji zu. Der aus den Springen und Rissen aufsteigende Dampf- und Schwefelgeruch schien unerträglich zu sein. Knarrend unter den Füßen und die Stiefel verbrennend, schritten wir über einen Theil des Kraters hinweg. Ich muß gestehen, daß es mir unheimlich wurde, ich fürchtete mich vor dem schlimmen Gesellen. Wenn jeder Schritt, dachte ich mir, so genau gesucht werden muß, wie leicht ist es möglich, daß man einmal einen Fehltritt macht, dann ist man verloren. Wie ich bemerken konnte, wandelten wir ja ohnedieß nur auf einer ganz dünnen Kruste; wenn die brechen würde — oder wenn es dem Vulkan einfallen würde, sein Ventil einmal weiter zu öffnen, was dann? Ich drang in meinem Führer, den Rückweg anzutreten. Das war eine Leistung, vom Krater herauf zu kommen! Der Führer legte sich einen Strick um die Schultern, an welchem rückwärts, auf zwei Meter Abstand, ein Querholz befestigt war. Hieran konnte man sich mit den Händen festhalten und wie ein Zugthier kletterte der kräftige und wohlgeschulte Mensch, mich im Schlepptau habend, die steile Anhöhe hinan. Halb gehend und halb mich ziehen lassend und bis in die Knie im heißen Sande watend, keuchte ich schweißtriefend und vollständig ermattet hinten nach. Die Hitze des Berges, der Schwefeldampf, die übergroße Anstrengung und hiezu noch die Sonnenwärme von 25° brachten mich in einen Zustand, der nicht beschrieben werden kann. In meinem Leben war ich nie so erhitzt, so aufgeregt und so abgehetzt und war unendlich froh, als ich den Krater hinter mir hatte. Jedermann rathe ich dringend, wenn er nach Neapel kommt, ja den Vesuv zu besuchen, aber Niemanden würde ich veranlassen, in den Krater nieder zu steigen.

Um mich nicht allzuschnell abzukühlen, ging ich, oben angekommen, anhaltend spazieren und erst nach halbstündigem Hin- und Hergehen trat der natürliche körperliche Zustand wieder ein.

Ein Hauptgenuß auf dem Vesuv ist auch die herrliche Rundsicht. 3900 Fuß hoch erhebt sich dieser Berg vom Mittelmeere aus in schöner Kegelform in die Luft. Es rollt sich da oben ein Bild auf, welches nahezu unbeschreiblich ist. Ein Kranz von Städten liegt herum, vor allem das herrliche Neapel, auch Pompeji ist leicht zu finden. Schlösser, Villen, Klöster glänzen herauf. Die ganze Umgebung ist ein üppiger Garten, welchen die Eisenbahn nach mehreren Richtungen durchschneidet. Draußen im blauen Golfe kreuzen sich Segel- und Dampfschiffe und die schönen Inseln Capri, Ischia und Procida liegen im Halbkreis herum.

Landeinwärts reicht über Campanien der Blick bis zu den schnee-bedeckten Apeninnen, nur einen kleinen Theil verdeckt uns der ganz vergessene Zwillingsbruder des Vesuv, der schöne Berg Somma, Monte Somma genannt. Dieser Berg, so hübsch er auch ist, wird vom Vesuv fast ganz verdrängt; man nennt ihn fast nie. Gleich dem Vesuv erhebt er sich frei aus der Campania und seine höchste Spitze, „Punta Nasona" genannt, beträgt 3540 Fuß.

Unten in der Ebene ist ewiger Frühling, um uns herum aber ist alles schwarz, braun und gelb. Schauerlich versteinerte Lavawogen stauen sich übereinander und brachten in mehreren Ausbrüchen das Werk der Zerstörung vollständig zuwege. Die schwarzen Ströme wälzten sich den Berg hinunter, gleich geharnischten Schaaren und begruben das Land und die blühenden Städte. Alles was ihnen in den Wege kam, ging zu Grunde. Er droht beständig, dieser schwarze Riese und dem Besteiger zwingt er gleichzeitig Furcht und Bewunderung ab. Wie lange mag es ihm noch gefallen, daß man mittelst Drahtseilbahn seinen Gipfel besteigt? Ein Ruck, eine größere Oeffnung des gewaltigen Sicherheitsventiles, welches mit der glühenden Masse des Erdinnern in Verbindung steht, und die jetzt so gut angelegte Eisenbahn liegt, unter Lavablöcken begraben, in Trümmern!

Wir verließen den Gipfel des Vesuvs und stiegen zu dem oberen
Wartehaus der Drahtseilbahn nieder. Auf ein telegraphisch gegebenes
Zeichen zum Maschinenhaus hinunter, setzte sich der Wagen mit der einen
Hälfte der Reisenden abwärts rollend in Bewegung und nach kurzer, höchst
interessanter Fahrt waren wir am unteren Ende der Bahn angelangt. Ich
wollte in der theueren Restauration nicht so lange warten, bis die andere
Hälfte der Karawane nachkomme, sondern wanderte auf der guten Straße
mit noch einem Collegen den Berg hinunter. Der Weg ist kurzweilig, da
man sich kaum satt sehen kann, an all der Herrlichkeit. Mit dem festen,
bestimmten Vorsatz, mir in der Schenke bei dem Observatorium des Professors Palmieri eine Flasche „Lacrimae Christi" zukommen zu lassen,
schritten wir wohlgemuth abwärts. Es war ein Abstieg, der seines
gleichen sucht.

Wiederholt hatte ich die Nase schon in das Weinglas gesteckt und
das köstliche Getränk fing an bis auf den letzten Tropfen zu verschwinden,
als die Fuhrwerke heranrasselten.

Die Sonne neigte sich über dem Golf zum Untergange, als wir
über den vom Vesuv unterminirten Boden von Resina fuhren. Es war
bereits 10 Uhr Nachts, als wir uns im Hotel Globe zum Abendtisch
niedersetzten.

LXIII.
Auf nach Rom.

Nach Bezahlung der Hotelrechnung und Abschiednehmen von unserer
freundlichen Wirthin suchten wir bald nach Mitternacht den Bahnhof in
Neapel auf, um mit dem Expreßzug der ewigen Stadt zuzueilen. Wir
sausten bei einer herrlichen Mondnacht hinaus zwischen Gärten und Wein-
bergen und schon ehe wir Caserta erreicht hatten, fiel ich in einen Taumel.
Capu verschlief ich, wie Hannibals Krieger und erst als der Tag anbrach,
war ich wieder Herr meiner selbst.

Bereits eingetreten in die römische Campagna, hielt der Eilzug bei
dem Städtchen Frosinone.

Zur Linken übersah man die so ausgebreiteten und langweiligen
pontinischen Sümpfe.

Die Bahn macht eine große Curve nach links und Velletri war erreicht. Von hier bis Albano war zur linken das Mittelmeer sichtbar. Bei Frascati, welches zur Rechten liegen bleibt, begannen die riesigen Ueberreste des gewaltigen Aquäduktes (Wasserleitung) von den Apeninnen her nach Rom. Kurz darauf tauchte die mächtige Kuppel von S. Peter auf und um halb sieben früh hielt unser Zug im Bahnhof zu Rom.

Vom Hotel Minerva, in welchem der größere Theil unserer Karawanenmitglieder einlogiert war, stunden die Wägen bereit und wir fuhren durch die Straßen Viminale und Nationale der Mitte der Stadt zu. Nach kurzer Frist saß ich im großen Speisesaal bei einem ausgiebigen Frühstück.

Wie billig und recht und wie es sich geziemt, galt unser erster Gang der größten Kirche der Welt, dem Dome S. Peter.

Auf dem Wege dorthin kommt man zum Tiberfluß. Es ist ein gelbschmutziges Wasser von nicht großer Mächtigkeit mit wenig Verkehr. In letzterer Beziehung kann er sich auf Meilen weit nicht messen mit der Seine zu Paris oder gar der Themse zu London. Da die Peterskirche zu dem transtiberianischen Gebiete gehört, so ist der Fluß zu passiren. Eine mächtige Brücke mit 5 Bogen aus Hausteinen überspannt ihn auf diesem Platze. Auf den Pfeilern stehen über dem steinernen Geländer koloffale Engelsgestalten. Diese Brücke wurde im Jahre 130 n. Ch. von Kaiser Hadrian erbaut und führte den Namen die Aelische Brücke. Papst Gregor der Große gab ihr den Namen „die Engelsbrücke" im Jahre 590 n. Ch.

Am jenseitigen Ufer, gerade der Brücke gegenüber, erhebt sich eine mächtige runde Burg. Es ist dieses die Citadelle von Rom, welche jetzt den Namen „die Engelsburg" führt. Dieser Bau allein hätte für sich schon eine Geschichte. Vom Kaiser Hadrian gleichzeitig mit der vorgenannten Brücke im Jahre 130 n. Ch. erbaut, war es als Mausoleum (Grabmal) für den genannten Kaiser bestimmt. Später diente es als Festung und hierauf war es längere Zeit Wohnung der Päpste. Bis in die letztere Zeit herauf war es theils Staatsgefängniß und theils Kaserne für Artillerie und gar oft donnerten die Kanonen dieser Veste bei besonderen Anlässen und Festlichkeiten über die ewige Stadt hin. Zur Zeit dient sie als Citadelle für piemontesische Truppen. Es ist ein gewaltiger Bau. Der vorgenannte Papst gab ihr den Namen „die Engelsburg". Der Erzengel

Michael steht als Marmorstatue, das Schwert empor hebend, auf einem Piedestal hoch oben auf dieser Burg.

Die Straße biegt jenseits der Brücke und vor der Engelsburg unter einem rechten Winkel nach links um, gegen den Vatikan hinauf. Der schöne Petersplatz bleibt aber noch verborgen, da er leider durch den leoninischen Stadttheil verbaut ist. Erst wenn man eine Häuserreihe hinter sich hat, tritt die prachtvolle Colonnade Berninis zu Gesicht. Dieser mit Säulengängen umrahmte Platz, welcher den Namen „Piazza S. Pietro" führt, umschließt einen elliptischen Raum, wovon die lange Axe 275 und die kürzere 230 Meter mißt. Vier Säulenreihen stehen herum und es erheben sich 284 Säulen und 88 Pfeiler 15 Meter hoch empor. Eine schöne Balustrade von Marmor läuft als große Zierde herum und auf dieser sind 162 Standbilder aus Stein aufgestellt.

Inmitten dieses elliptischen Platzes, welcher mit einem höchst sinn= reichen Pflaster belegt ist, erhebt sich ein hoher Obelisk, welcher seinerzeit den Eingang zum Sonnentempel in Heliopolis in Aegypten zierte und später auf der Rennbahn Neros aufgestellt war. Zu beiden Seiten rauschen zwei mächtige Springbrunnen und werfen ihre Wasser sieben Meter hoch empor.

Gegenüber dem Eingange in diesen Platz führt eine mächtige Treppe in der ganzen Breite der Peterskirche zu dem erhabenen Dome empor. Die Hauptfaçade der Peterskirche gleicht, wenn man so nahe steht, daß man die Kuppel nicht mehr sehen kann, einem großartigen Palaste. Es erheben sich Pilaster und Säulen und die angebrachten Fenster haben viel von einem reichen römischen Wohnhause.

Anstatt der Giebelfront ist eine schöne horizontale Balustrade an= gebracht, auf deren Pfeilern wahre Riesenstatuen aus Stein gehauen stehen, welche den Erlöser, die hl. Jungfrau und die Apostel darstellen.

In der Mitte befindet sich hoch oben die Loggia, von welcher aus der hl. Vater bei festlichen Anlässen den Gläubigen den Segen ertheilt, welche sich oft in zahllosen Schaaren auf dem Petersplatze versammeln.

Zuerst tritt man in eine mächtige Vorhalle, welche für sich schon ein Meisterwerk der Baukunst ist. Fünf eherne Pforten von gewaltiger Größe führen in den Dom. Schieben wir uns den großen Ledervorhang bei der mittleren Pforte weg und treten ein! Welch' großartiger Anblick!

Man ist wohl auf Ueberraschung gefaßt, allein die Einbildungskraft wird weit übertroffen. Wenn man alle Verhältnisse näher betrachtet, so glaubt man, alles gehe über das Maß des möglichen hinaus. Die Länge dieses Tempels beträgt 177 Meter (600 Fuß) und die Breite 115 Meter (390 Fuß). Das Kreuz der gewaltigen Kuppel thront auf einer Höhe von 124 Meter (420 Fuß).

So groß auch die Dimensionen sind, so ist doch überall das schönste Ebenmaß hergestellt. Inmitten unter der großen Kuppel befindet sich das Grab des ersten Papstes, des hl. Petrus. Auf Doppelmarmortreppen steigt man zu dieser ehrwürdigen Stätte nieder, welche beständig mit 90 Lampen vom edelsten Metall beleuchtet wird.

In einer Abtheilung des rechten Seitenschiffes wurde das letzte ökumenische Concil gehalten.

Denkmäler der schönsten Art von mehreren Päpsten befinden sich dort. Wenn man die Spannweite des gewaltigen Tonnengewölbes betrachtet, so möchte man glauben, es sei nicht möglich, um diesem furchtbaren Schub widerstehen zu können, genügend starke Widerlagsmauern auf diese Höhe aufführen zu können. Aber welche Mauer, welche Pfeiler! Erst die Stärke der vier Pfeiler, worauf die unübertreffliche 420 Fuß hohe Kuppel ruht!

Eine Unmasse der prachtvollsten Mosaiken findet man in dieser Kirche und der korinthische Styl ist bis zum kleinsten Detail in aller Reinheit und Schönheit durchgeführt.

Die optische Täuschung, welche die Kunst erst vervollständigt, ist groß. Wenn man sich in Einzelnheiten einläßt, kann man sich hievon überzeugen. Die vier Evangelisten, welche als Mosaikbilder in den Feldern der Kuppel prangen, haben eine ganz übermenschliche Größe, so ist z. B. die Schreibfeder des hl. Lukas mehr als sieben Fuß lang. Von unten angesehen, ist alles normal. Die ganze Peterskirche ist unterwölbt.

Unser tüchtiger Führer, der Alterthumskundige Msgr. de Waal, erklärte uns dort die massenhaft aufgestellten Denkmäler, Sarkophagen und Skulpturen. In der umfangreichen Sakristei zeigte man uns die prachtvollen kirchlichen Ornate, Gefäße rc. Ihre Zahl ist Legion, der Werth unschätzbar.

Um über S. Peter, wie über den angebauten angeblich 11,000 Zimmer haltenden Vatikan und über Rom einen Ueberblick zu bekommen,

thut man gut, wenn man die Kuppel von S. Peter besteigt. Ein Trinkgeld von einem Francs öffnete uns zum Treppenhaus die Thür.

Gleich wie beim Markusthurm zu Venedig steigt man im Kreise
herum auf einer schiefen Ebene zur Plattform des Daches empor. Oben
sind mehrere Häuschen erbaut, fast ein kleines Dörflein, welches die in
der Kirche angestellten Personen bewohnen. Um begreiflich zu finden,
daß Häuser auf dem Dache erbaut sein können, ist voraus zu schicken,
daß die Peterskirche keinen Dachstuhl hat und auch nicht mit Dachmaterial
eingedeckt ist, sondern die massiven Gewölbe sind aufgefüllt und hierauf
mit Marmorplatten abgepflastert. Auf diese Weise ist eine Ebene hergestellt, welche sich gegen die Umfassungsmauer hin ein wenig neigt, damit
das Regenwasser ablaufen kann. Um auf den Dachplatten vor dem Ab-
fallen sicher zu sein, ist um den ganzen Bau herum eine aus Hausteinen
gefertigte Balustrade aufgestellt, welche mit steinernen Figuren verziert ist.

Daß auf dieser Plattform genügend Raum für mehrere Gebäude
vorhanden ist, wird man erklärlich finden, wenn man weiß, daß die Grundfläche des Petersdom 21,939 Quadratmeter groß ist, was einem Flächen-
raum von 5 Tagwerken entspricht. Daß S. Peter die weitaus größte
Kirche der Welt ist, geht daraus hervor, daß die zweitgrößte eine Grundfläche von nicht ganz 14,000 Quadratmeter hat. Es ist dieses die von
dem Baumeister Christoph Wreen erbaute Paulskirche zu London, welche
im eigentlichen Sinne eine Bastardnachahmung der S. Peterskirche ist.

Mit bewunderndem Staunen betrachtete ich die von der Dachplattform aus himmelanstrebende Kuppel. Das Mauerwerk dieses Rundbaues
ist so massiv, daß innerhalb desselben die Treppe angebracht werden konnte.
Man wird fast müde, bis man die Laterne erreicht hat. Da oben sind
aber sowohl innen wie außen Bänke angebracht, damit die Besteiger ausruhen können.

Um die ganze Laterne herum führt ein breiter Gang, welcher mit
einem steinernen Geländer wohl versichert ist. Von hier aus eröffnet sich
für den Beschauer ein Rundblick, der unbezahlbar ist.

Vierhundert Fuß hoch stehend schaut man herab auf das Häusermeer
und die Kirchen und Paläste Roms. Den Lauf der Tiber kann man bis zum
Meere hin verfolgen. Sieh' da, dort liegen die Aquädukte und die Ruinen

des alten Rom! Bis zu den schneebedeckten Apenninen reicht der Blick. Im Westen rauscht das Meer. Wahrlich ein überaus schönes Bild!

Der senkrechte Blick von der Laterne im Innern der Kirche, zum Grabe des hl. Petrus nieder, ist gleichfalls interessant.

Noch ist eine eiserne Leiter von etwa zwanzig Sprossen zu besteigen. Dieselbe führt durch den kupfernen Stiefel des Kuppelknopfes hinauf. Der Knopf selbst hat eine Größe, daß wir zu fünf Mann darin Platz finden konnten.

Im Jahre 1506 wurde zu diesem Dom unter Papst Leo X. der Grundstein gelegt, und im Jahre 1626 am 18. November wurde derselbe von Papst Innocenz X. eingeweiht. Die 120 Jahre hindurch haben neun Baumeister daran gebaut, von welchen Michael Angelo der größte und rühmlichste Antheil zufällt.

Der Glanzpunkt und das Denkwürdigste in Rom bleibt immerhin der Besuch bei dem hl. Vater im Vatikan. Auf den 31. Mai Nachmittags 4 Uhr war der Empfang für uns Karawanenmitglieder bei dem Statthalter Christi auf Erden festgesetzt. Zur anberaumten Stunde fuhren wir bei den Colonnaden Berninis vor.

Unter Begleitung eines Palastdieners stiegen wir die mächtige Marmortreppe hinan. Auf den Stiegenplätzen und in den Corridors hielten Schweizer-Leibgardisten mit ihrer hübschen mittelalterlichen Uniform Wache. In schwarz-roth-gold-gestreiften Beinkleidern und Wämsen und spiegelglatten Hellebarden standen sie wie Bildsäulen da. Vor den Empfangssälen wurden diese Gardisten von Pagen abgelöst, welche mit wundervoll dunkelrothen Damastgewändern angethan waren.

Wir schritten durch eine Menge der prächtigsten Gemächer bis vor den Empfangssaal, wo alle überflüssigen Kleidungsstücke abgelegt werden mußten. Nur in schwarzer Kleidung ist zu erscheinen und da mir ein dunkler Rock mangelte, so entlehnte ich mir von einem Reisegefährten einen solchen. Handschuhe dürfen nicht getragen werden.

In Hufeisenform wurden wir im Audienzsaale aufgestellt, und gar nicht lange brauchten wir zu warten, so trat auch schon der heil. Vater Leo XIII. durch eine große Flügelthüre von seinen Privatgemächern kommend ein. Nachdem er uns den päpstlichen Segen ertheilt hatte, sprach er über das große Glück, welches uns zu theil geworden sei, indem es uns gegönnt war, die gnadenreichen Stätten des heil. Landes zu besuchen, woraus viel Segen zu erhoffen sei.

Hierauf hatten wir die Ehre, jeder einzeln von Msgr. Jänning dem heil. Vater vorgestellt zu werden. Für jeden hatte er liebenswürdige, freundliche Worte; er erkundigte sich um die Heimath und ob es uns in Palästina gefallen und wie es gegangen habe. Jedem gab er einen Segens= wunsch in die Heimat mit. Vor dem Abtreten reichte er jedem die Hand mit dem Fischerring zum Kusse hin. Msgr. Jänning vertrat bei dieser Vorstellung die Rolle des Dollmetsch. Zwei Palast=Offiziere, ähnlich unseren ehemaligen Kürassieren, gingen dem heil. Vater voraus, zwei hohe Würdenträger der Kirche folgten ihm nach.

Als er zur entgegengesetzten Flügelthüre hinausschritt, folgten wir ihm. Französische Klosterfrauen hatten sich hier aufgestellt; er richtete einige Worte an sie und ging dann segnend vorüber. Zwei Pagen hatten sich mit einem rothseidenen Tragsessel aufgestellt, der heil. Vater stieg ein und unter beständigem Segengeben trugen ihn die Pagen durch eine hohe Flügelthüre in andere Gemächer.

Der heil. Vater ist von mittlerer Größe und ziemlich schmächtig. Sein Antlitz trägt den Stempel übermäßiger Arbeit und Sorgen. Die Züge sind unendlich freundlich und wohlwollend. Ein heiliger Ernst mit großer Würde gepaart läßt sich aber nicht verkennen. Die ganze Gestalt war in ein schneeweißes Gewand gehüllt, sie glich im wahren Sinne des Wortes einem Friedensengel. Von dieser edlen, überaus würdevollen Er= scheinung waren wir Alle, sammt und sonders, hoch entzückt. Es ist sicherlich ein Hochgenuß, vor Leo XIII. erscheinen und mit ihm sprechen zu dürfen. Hocherfreut über den so außerordentlich freundlichen Empfang verließen wir den Vatikan. —

Das jetzige oder neue Rom liegt auf beiden Seiten des Tiber, und zwar der weitaus größere Theil auf dem linken und der kleinere auf dem rechten Ufer. Das alte Rom lag südlich von der jetzigen Stadt auf sieben Hügeln, das neue liegt auf zwölf.

Die Stadt ist für ihre 230,000 Einwohner viel zu groß, daher es auch in vielen Straßen ziemlich ruhig ist. Sie ist schön gebaut und reinlich gehalten, hat aber nicht die unendlich langen, Geist und Beine ermüdenden Straßen wie die Städte des Nordens. Zwischen dem Corso und dem Tiber aber findet man viele enge Gassen, in denen es schwer ist, sich zu orientieren. Ich fand beispielsweise von der „Amina" weggehend meinen Gasthof „Minerva" nicht, wenn beide Gebäude gleich kaum eine Viertelstunde von einander entfernt liegen. Ich wollte Niemanden, da es zur Nachtzeit war, fragen, und so irrte ich, bis ich mich zurecht fand, ein paar Stunden herum.

Zu den interessantesten Plätzen und Straßen Roms gehören zur Zeit die Piazza S. Pietro, del Popolo, Termini, di Monte Cavallo, Navona, Farnese, Barberino, Trajano, Colonna, Laterano und S. Carlo.

Weltberühmt ist der ³/₄ Stunden lange Corso, auf welchen allabendlich eine Menge Carossen der schönsten Art ihre Spazierfahrten machen. Interessant sind auch die Straßen Viminale und Nationale, dann draußen beim Bahnhof Umberto und Marguerite ꝛc.

Als Aussichtspunkte gelten besonders S. Pietro in Montorio und der Monte Pincio. Besonders wird der letztere viel besucht. Alle Abende dehnen sich die Corsofahrten bis auf den Monte Pincio aus, eine prachtvolle Straße ist auf denselben angelegt, und durchschneidet oben die herrlichen Parkanlagen nach allen Richtungen. Täglich spielen zwei Militär-Musikbanden zur Unterhaltung des Publikums. Als besonderer Aussichtspunkt von Monte Pincio aus gilt die vordere Terrasse. Eine Unzahl von Kuppeln erheben sich, von da aus gesehen, in die Luft.

An großartigen Palästen ist Rom überreich. Hier nur die wichtigsten: der Vatikan, der Quirinal, jetzt die Residenz des Königs von Italien, das Kapitol, der Palast von Bramante, die Paläste Borghese und Farnese, die Ministerien ꝛc.

Unter den 365 Kirchen Roms sind nachstehende die wichtigsten: vor allen die schon beschriebene Peterskirche, S. Paul, fast eine Stunde außerhalb der Stadt, die zweitgrößte Kirche um und in Rom, das Pantheon mit dem Grabmal Raphaels und König Viktor Emanuels, S. Johann von Lateran, S. Sebastian am Ende der Via Appia, hier wird ein Pfeil vom hl. Sebastian gezeigt, die Jerusalemerkirche, da zeigt man einen Nagel, mit welchen Christus ans Kreuz geheftet wurde, ebenso die heil. Stiege, welche Jesus in der Burg Antonie herunter schritt, als ihn Pilatus zum Kreuztodt verurtheilt hatte, S. Laurentius mit dem Grabmal des unver-

geßlichen Papstes Pius IX., Maria Maggiore, Minerva, Dreifaltigkeits-
kirche, S. Pietro auf Montorio, mit der kleinen Kapelle, in welcher der
Platz bezeichnet ist, wo der hl. Petrus gekreuzigt wurde, S. Bartholomeo,
S. Maria in Trastevere ꝛc.

An Obelisken und Säulen ist in Rom kein Mangel, z. B.: der
Obelisk auf dem Petersplatze, der Obelisk vor der Minerva, (ein Elephant
trägt ihn auf seinem Rücken) der Obelisk auf der Piazza del Popolo, der
vor der Trinitikirche, der auf Monte Cavallo, der auf Navona, die
Trojanssäule, die auf Piazza Colonna, die vor Maria Maggiore, die
beiden bei der Auffahrt auf dem Monte Pincio, die vor dem Pantheon ꝛc.
Auch eine Pyramide hat Rom aufzuweisen und zwar die von Cajo Cestio
vor dem Paulsthor, die allerdings gegen ihre Colleginen von Gizeh ein
recht netter Zwerg ist.

Zweitausendjährige Bauten aus der Kaiserzeit findet man mehrere.
Da liegen einmal innerhalb der aurelianischen Stadtmauer, also im heutigen
Rom, folgende: die früher beschriebene Engelsburg, das Pantheon, ein
kolossaler Rundbau mit mächtigem korinthischen Portikus. Das Ziegel-
material bei der Umfassung besteht aus so dünnen Steinen, daß die Mörtel-
fuge stärker ist, als die Steinschichte. Das Colosseum, theils von Hausteinen, theils von Ziegeln erbaut, liegt theilweise in Ruinen; es faßte
80,000 Zuschauer. Die gewaltigen Ruinen auf dem Palatin, der Palast
der Cäsaren, der Palast Neros, das Forum, die Thermen Diocletians.
Der Thurm Neros, von welchem aus dieser Tyrann den Brand Roms,
welchen er selbst gelegt hatte, mit teuflischer Bosheit beobachtete. Die riesigen
Thermen Caracallas, das Theatro Marcello, Templo Fortuna, Templo
Vesta, die Triumphbögen des Titus, Severus, Konstantins und Septimius,
die Basilika Konstantins, die kolossalen Stadtmauern, welche mit dem
gleichem Material, wie das Pantheon aufgeführt sind, die Porta Paula
und die Porta Furba, die riesigen, außer den Mauern liegenden aurelianischen Aquädukte u. s. w. Das Aufzählen der fast 2000jährigen Bauten
würde kein Ende nehmen, zumal wenn man erst ihre ehemalige Bestimmung und ihren jetzigen baulichen Zustand näher beschreiben wollte.

Von unbeschreiblichem Werth und Interesse ist ein Gang zur Besichtigung der überaus reichen Sammlungen durch den Vatikan. Die
Bibliothek, in welcher ganze Berge der werthvollsten Werke aufgestellt
sind, ist sicherlich einen Kilometer lang.

In einem Seitenfaale sind die Andenken und Adressen aufbewahrt, welche dem hl. Vater, Papst Pius IX., bei seinen 25jährigen Jubiläen zugekommen sind. Fast von den meisten Potentaten sieht man hier prachtvolle Geschenke und aus allen Enden der Welt sind in Gold und Silber gebundene Folianten mit Millionen von Unterschriften versehen, aufgestellt. Ein unschätzbarer Werth!

Ungemein reichhaltig, wie solches nirgends zu finden ist, sind die Museen und Gallerien des Vatikans. Wochen würden nicht ausreichen, wollte man alles näher besichtigen.

Hochinteressant sind auch die Ateliers und Werkstätten für Mosaikarbeit. Mit einer Geduld wie Job, suchen die Künstler unter tausend Steinchen das geeignete heraus, welches ihnen zum anzufertigenden Bilde passen möge.

Wie merkwürdig sind nicht die Säle, welche unter dem Namen „die Stanzen Raphaels" bekannt sind!

Mit neugierigen Blicken betrachtet man die Räume, in welche die Kardinäle während einer vorzunehmenden Papstwahl eingesperrt sind und den Kamin, in welchem die Wahlzettel verbrannt werden.

Zu einem besonderen Hochgenuß gehört es, die berühmte Sixtinische Kapelle zu besichtigen und die Loggien des Vatikans zu durchwandern. Für Künstler, welche für diese Prachtgemälde das nöthige Verständniß haben, müßte ein solcher Gang unbezahlbar sein, machen sie doch schon auf den Laien einen so gewaltigen Eindruck!

Was müßte ich erst sagen über den so gewaltigen Palast in baulicher Beziehung! Räumlich glaubt man, wenn man den Vatikan durchwandert, er sei grenzenlos.

Ganz erschöpft von dem vielen Sehen und Gehen, zogen wir uns am Abend zum Ausruhen in die im Westen des Palastes gelegenen vatikanischen Gärten zurück.

Vor unserer Abreise sprachen wir den Wunsch aus, unserm Landsmann, dem Kardinal Herrn Joseph Hergenröther, die Aufwartung machen zu dürfen. Mit Vergnügen wurde uns die Audienz gewährt und die Stunde bekannt gegeben, wann wir im Palast erscheinen sollten.

Freudig empfing uns dieser Kirchenfürst. Auf dem Divan sitzend entschuldigte er sich, daß es ihm leider nicht möglich sei, aufzustehen, da

18

er sich noch nicht soweit von seinem Schlaganfall erholt habe, aber es gehe, sagte er, gottlob immer besser; er gebe sich der Hoffnung hin, wieder ganz zu genesen, was ihm auch seine Aerzte versichern. Er interessirte sich sehr dafür, wie es uns in Palästina gegangen und gefallen habe und bedauerte, daß wir einen Landsmann dort zurücklassen mußten. Nach längerer Unterhaltung verabschiedeten wir uns. Vor unserem Abtreten ging auf seinem speziellen Wunsch jeder zu ihm hin und drückte er jedem freundlichst die Hand.

Wenn man in Rom ist, muß man auch das Judenquartier, „den Ghetto" besuchen. Zusammengedrängt in einem traurigen, dumpfen Winkel Roms, welchen der Tiberfluß von Trastevere trennt, wohnt hier seit alten Zeiten, gleichsam von der übrigen Menschheit ausgeschlossen, das römische Judenvolk, etwa 4000 an der Zahl.

Neben dem Theater Marcelus und an der Halle Oktavian, also auf einem Theil der Ruinen Roms, lebt das Judenvolk, diese Ruine des alten Bundes. Es ist ein historisch merkwürdiger Ort. Da sitzen sie, die Töchter Israels, zwischen aufgespeichertem Trödelkram und nähen emsig, was noch zu nähen ist.

Auf einen kleinen Raum zusammengedrängt, liegt dieses Quartier fast unter den Wellen des Tiber. Wenn der Schnee in den Apenninen schmilzt, liegt der Ghetto unter Wasser. Was den Beschauer noch am meisten schreckt, ist der colossale Schmutz, welcher hier auf der Straße sowohl wie in den Kramläden aufgespeichert ist.

Eigenthümlich ist, daß hier nicht nur gehandelt wird, wie es sonst bei Juden Brauch ist, sondern daß auch alles arbeitet. Mit abgehärmten Gesichtern, tief liegenden Augen und in Lumpen gekleidet sitzen sie da. Wie hat der Herr die Töchter Zions mit seinem Zorne überschüttet!

Der Geruch in diesem Quartier ist ein unausstehlicher. Einem halbwegs anständigen Menschen ist es nicht klar, wie man in einem solchen Schmutz und Unrath leben kann. Wiederholt griff ich in meine Dose und nahm eine recht ausgiebige Priese. Ich war froh, als diese Stätte der Armuth und des Elendes hinter uns lag, und wir in die menschenwürdige Straße Savelli einbogen.

Höchst merkwürdig und ergreifend ist der Besuch der Katakomben. Wir fuhren der Via Appia entlang und stiegen bei der Kirche S. Sebastian

aus. In der Nähe, in einem kleinen Häuschen, wurden Lichter ange=
zündet und wir stiegen in die Katakomben hinunter. Msgr. de Waal, der
ausgezeichnete Alterthumskundige, war unser Führer in dieser Stadt der
Todten.

Es waren die berühmten Katakomben von Calixtus, in welchen wir
umher wanderten. Es sind meistens enge Gänge von 1½ bis 3 Meter
breit und von 2 bis 5 Meter hoch, an den Wänden sind Grabnischen,
oft 3 bis 4 übereinander, eingehauen, ähnlich wie die Schlafstätten auf
den Dampfschiffen. In diese Nischen wurden die Leichname der Martyrer
und Christen gelegt und dann von Außen mit Backsteinen zugemauert.

Diese unzähligen unterirdischen Gänge sind in einen braunen, nicht
schwer zu bearbeitenden Sandstein gegraben, und bedurften, da dieses
Material fast keinem Temperaturwechsel ausgesetzt ist, weder der Aus=
mauerung noch der Ueberwölbung. Gleich den Bergwerksstollen laufen
diese Gänge nach rechts und links, neben= und übereinander und bilden
ein wahres Labyrinth. Wer sich allein hineinwagt, ist verloren und schon
mancher Wagehals kam hier um. Die Gesammtlänge dieser Gänge be=
trägt nicht weniger als 1400 Kilometer (400 Stunden). Das ganze
Territorium im Süden Roms ist unterminiert. Die alten Römer be=
dienten sich zu ihren Bauten dieses Gesteines und das meiste Material ist
aus diesen Gängen und Gruben gebrochen. Durch Jahrhunderte hindurch
nahmen sie so gewaltig in ihrer Ausdehnung zu.

Als die Christen während der furchtbaren Verfolgungen in den
ersten drei Jahrhunderten das Tageslicht scheuen mußten, flüchteten sie
sich in diese unterirdischen Gänge, um daselbst ihre Versammlungen und
Gottesdienste zu halten. Die Katakomben waren gleichzeitig Wohnung
und Friedhof. 46 Päpste, 140,000 Martyrer und 5 Millionen Christen
wurden hier begraben.

Beim Eingang trifft man auf einen größeren Raum, es ist dieses
die Kapelle, wo die Christen zu den Gottesdiensten sich versammelten.
Der Bischof oder Priester, welcher vielleicht mit genauer Noth gerade dem
Schwerte des Henkers entwischt war, las hier die hl. Messe und ermahnte
die Gläubigen zum Ausharren im Gebete und im hl. Glauben. Wieder=
holt wurden diese Gottesdienste unterbrochen, theils von herbeieilenden
Christen, welche einen neuen Mordanschlag ankündigten, oder die Ueber=

refte eines Märtyrers herbeischleppten, um selben zu beerdigen, oder von Häschern und Spionen, welche von den Tyrannen ausgeschickt waren, um die so verhaßten Christen auszukundschaften.

Lange wanderten wir in den Katakomben umher und mit heiliger Scheu und ehrerbietiger Hochachtung betrachtete ich mir diesen unterirdischen Boden, auf welchem das Christenthum so feste Wurzel geschlagen hat, daß in Folge der Zeit ein Baum erwachsen konnte, welcher allen kommenden Stürmen Trotz zu bieten vermag. Die Erklärungen unseres Führers waren so klar und erschöpfend, daß man sich in die schweren Zeiten des Christenthums hinein denken konnte. Ein umfangreiches Wissen steht diesem Manne zu Gebote.

Unsere Kerzen fingen an, bis ganz nahe zu den Fingern nieder zu brennen und gemahnten uns, daß es Zeit sei, zum Tageslichte zurückzukehren. Auf einer mittelmäßigen Treppe stiegen wir zur Oberfläche der Erde empor.

Die Abreise von Rom schob ich mit noch einem Collegen ein bischen weiter hinaus, als die übrigen Karawanenmitglieder. Wir setzten dieselbe auf Nachts halb 12 Uhr fest, da um diese Stunde der Eilzug nach Florenz abging.

Nach dem Abendtische bezahlten wir die Hotelrechnung, welche gleich denen zu Kairo und Alexandrien per Tag zehn Francs betrug, nur mit dem Unterschiede, daß in der Minerva zu Rom der Tisch ungleich weniger reich und gut war, als in den beiden vorgenannten ägyptischen Städten.

Herr Dr. Pick begleitete uns zum Bahnhof, wo wir zeitig genug anlangten. Um die Zeit bis zum Abgange des Zuges zu vertreiben, gingen wir in der Restauration auf und nieder. Ich trug den Tarbusch auf dem Kopfe und einen weiten, burnusähnlichen Ueberzieher. Mit dem weißen Vollbart und dem braunen Gesichte war ich einem Araber zum verwechseln ähnlich. Auch mein Collega war herausgeputzt wie ein Aegypter. Die Italiener nahmen uns scharf aufs Korn und zerbrachen sich über unseren Stammbaum die Köpfe. Dr. Pick theilte uns mit, daß hier, im Bahnhofe zu Rom, unter den Anwesenden die Meinung Platz gegriffen habe, daß ich ein ägyptischer Pascha sei, der seinen Adjutanten bei sich habe. In Aegypten fange es an nicht mehr recht geheuer zu sein und so hätte ich mich, um den Unruhen auszuweichen, sammt dem Harem nach Europa geflüchtet.

LXIV.

Nach Florenz.

Ein schriller Pfiff und das eilfertige Dampfroß entführte uns im Nu aus den Mauern der ewigen Stadt. Leb wohl Roma, wann werde ich dich wiedersehen?

Man versäumt nicht viel, wenn man die römische Campagne verträumt. Die Städte Terni, Spaleto, Foligno zogen bei Mondschein an uns vorüber, bei Perugia aber stieg die Sonne schon wieder in ihrem vollen Glanze über die toskanischen Apenninen empor. Außerhalb Arezzo biegt die Bahn in das reizende Arnothal ein, und kurz vor Florenz passirten wir zum letzten Male diesen Fluß. Jetzt sahen wir eine mächtige Kuppel emporsteigen, Thürme erhoben sich in die blaue Luft, Schlösser und Villen sausten vorüber und um 8 Uhr Vormittags stiegen wir in der Bahnhofhalle zu Florenz aus den Wägen.

Ein Zweispänner brachte uns sammt dem Gepäcke zu dem nahegelegenen Gasthof „Locanda Bonciani", wo für uns Quartier gemacht worden war.

Florenz (la bella Firenze, die schöne, sagt der Italiener) war die Hauptstadt des ehemaligen Großherzogthums Toskana oder Hetrurien. Es liegt am Fuße der Berge Fiesole und an beiden Ufern des Arno in einer herrlichen Gegend. Die Einwohnerzahl beträgt 167,000. Es wird in seiner Schönheit nur von Neapel übertroffen, sagt man, daß ist eben Geschmackssache. Mir gefiel Rom ungleich besser und mit Messina wird es sich auch nicht messen können. Daß Florenz aber immerhin eine reizend schöne Stadt ist, kann nicht bestritten werden.

Das Innere, oder der ältere Theil, kann auf die Bezeichnung „la bella" wenig Anspruch machen, nur einige Straßen und Plätze ausgenommen, trifft man dort viele enge Gassen und winkelichte Höfe. Zu den schöneren zählen vor allen der Grand Ducaplatz, der Annuziata=, der Maria Novello=, der Santa Cruce=, der Lungo am Arno=, der Domplatz.

Der erste Gang, den wir in Florenz machten, galt natürlich dem Dome. Schon von Weitem glänzt die Kuppel herüber. Eine Eigenthümlichkeit bei diesem Baue ist nicht seine gewaltige Größe, sondern sein interessantes Farbenspiel. Die ganze Façade, ausschließlich der Westseite, besteht aus weißen und schwarzen Marmorplatten, welche in verschiedenen Zeichnungen und geometrischen Figuren eingelegt sind. Die westliche Haupt= oder Giebel=Façade entbehrte bisher dieses Schmuckes. Nun waren aber auch hier die Gerüste aufgestellt und die Steinhauer und Versetzer vollauf beschäftigt, auch diese Façade in gleicher Schönheit herzustellen, wie die übrigen.

Der Dom hat gewaltige Dimensionen und die über demselben sich erhebende Kuppel ist mit großer Kühnheit aufgebaut. Sie bleibt zwar an Schönheit und Größe gegen die von S. Peter in Rom zurück, allein schwer ist wieder eine ihresgleichen zu finden. 340 Fuß hoch, höher als die Frauenthürme in München, erhebt sie sich in die Luft.

Das Innere der Kirche ist düster und erhaben zugleich; auf wenigen schmalen Pfeilern ruhen die himmelanstrebenden Gewölbe. Die fast sämmt= lich gemalten Fenster der Kirche und der Kuppel lassen nur ein magisches Licht durch. Der 24,000 Menschen fassende Innenraum des Domes macht einen imposanten Eindruck.

Schon ehe die Peterskirche zu Rom begonnen wurde, war der Dom zu Florenz fertig. Im Jahre 1456 wurde der Schlußstein an diesem Bau gelegt. Die Baumeister Arnolfo und Brunellesco hatten den rühm= lichsten Antheil bei Ausführung dieses Baues, insbesonders der schwung= vollen Kuppel.

Es schlug gerade auf die gewaltigen Glocken des Campanila 12 Uhr, als wir auf der Südseite durch ein großes Portal aus dem Dom traten.

Zur rechten Hand erhob sich wie ein gewaltiges Prisma der isolirt stehende herrliche Glockenthurm. Merkwürdig steht er da, dieser Campanila, seinen Collegen zu Venedig übertrifft er wohl an Schönheit, aber nicht an Höhe. Ungemein vornehm ist dieser Bau. Das Ganze ist mosaik= artig, mit Marmor verkleidet, gleich den Façaden der Kirche, und mit prächtigen Fenstern durchbrochen, wobei besonders die großen Bogenfenster, welche als Schallöffnungen dienen, prachtvoll ausgeführt sind. Eine Menge gothische Säulen und Reliefbilder stehen an den Außenseiten herum. Anstatt eines hohen Pyramidendaches ist er mit einem schönen zierlichen Hauptgesimse abgeschlossen. Die ganze Höhe beträgt 300 Fuß.

An der Westseite des Domes erhebt sich in geringer Entfernung ein achteckiger Bau, welcher den Namen das „Baptisterium oder Tauf=

kapelle" führt. Es ist ein ziemlich großes Gebäude mit zierlichen Formen. Nur ist es schade, daß es zu nahe an der Domkirche steht; für die seiner= zeit fertig werdende Hauptfaçade des Domes wird kein Punkt zu finden sein, von wo aus dessen Pracht und Schönheit zur Geltung kommen könnte.

Unter den 200 Kirchen, welche Florenz besitzt, gibt es noch viele von großer Schönheit. So die Lorenzokirche, die Kapelle der Medicäer, S. Maria, S. Croce 2c. Die meisten sind aber in die Straßen eingebaut oder mit Häusern umgeben, so daß eine Totalansicht fast nirgends mög= lich ist.

Das Gleiche wie bei den Kirchen ist auch bei den Palästen der Fall. Sogar über den Palast Pitti, der ehemaligen großherzoglichen Residenz, dessen Unterbau aus gewaltigem Cyklopenmauerwerk hergestellt ist, ist wegen theilweiser Verbauung kein Gesammt=Ueberblick möglich. Höchst sonderbar sieht sich der Thurm des Palastes Vechia an. Auf ziemlicher Höhe ist ein schweres Gesims ausgelegt, von welchem aus dann die Mauern senkrecht noch auf bedeutende Höhe sich erheben, also der dickere Theil des Thurmes sich oben befindet. Die ganze Höhe dieses sonder= baren Bauwerkes beträgt fast 300 Fuß.

Die Kunstsammlungen von Florenz sind außer Rom die merk= würdigsten, die man finden kann. Museo Nationale, Gallerie de belle arte, Gallerie der Mosaiken, Gallerie de Uffici, die Sammlungen im Palast Pitti 2c. Von dem Palast Pitti aus setzen sich über die Arnobrücke hin= weg die Gallerien bis zu den Sälen der Uffici fort. Gewiß merkwürdig und einzig dastehend wird es sein, daß zwei Paläste mit Kunstgallerien über einen Fluß hin unter sich verbunden sind, fast eine halbe Stunde lang ist durch die Corridore und Säle dieser Weg.

Auch ungemein schöne öffentliche Brunnen zieren die Plätze zu Florenz, wozu in erster Linie der Neptunsbrunnen bei dem Palaste Vechio gehört.

Die unweit von diesem Brunnen sich erhebende offene „Loggia de Lanci", im Jahre 1350 im prachtvoll gothischen Styl erbaut, ist mit ihren künstlerischen Gruppen und Statuen aus Marmor vom höchsten Interesse.

Um über Florenz einen Ueberblick zu gewinnen, muß man hinauf= wandern auf die am linken Arnoufer gelegene Anhöhe S. Miniato. Von da aus präsentirt sich die Stadt am schönsten. Malerisch liegt sie an beiden Ufern des Arno, jenseits erhebt sich der Berg Fiesole, fast bis zu seiner Spitze bebaut. Schlösser, Villen und Kirchen stehen, wie dicht gesät, herum. Prachtvolle Gartenanlagen breiten sich nach allen Richtungen, sowohl über die Ebene hin, wie den Berg hinan, aus. Es ist schwer zu unterscheiden, wo die Stadt ihren Anfang nimmt. Aus der Häuserfluth steigt die Kuppel des Domes stolz in den blauen Aether empor. Lange genoß ich von diesem Standpunkte aus den herrlichen Blick.

Als wir von S. Miniato zurückkamen, bemerkten wir, daß eine gewaltige Aufregung in der Stadt herrsche. Bald sahen wir mächtige Plakate mit ellenlangen Buchstaben, in der Mitte einen martialischen Holzschnitt. Die Wägen der Pferdebahn waren mit ähnlichen Dingen behangen, Ausrufer boten sie auf den Straßen zum Kaufe an. Ueberall konnte man lesen: „Giuseppe Garibaldi e morte." Also der Alte von Caprera war vor ein paar Stunden in die Ewigkeit hinübergegangen, um dort über sein Thun und Lassen Rechenschaft abzulegen. Sofort wurden alle öffentlichen Gebäude geschlossen, ebenso die Verkaufsläden und auf dem Thurme des Palastes Vechio erschien eine mächtige schwarze Flagge. Die ganze Stadt zog ihr Trauerkleid an. Einem säumigen Bürger am Domplatz, welcher nicht genügend von Patriotismus beseelt war und seinen Laden nicht früh genug schloß, wurden sofort die Fenster eingeworfen.

Nun gab es auch für uns nicht viel mehr zu sehen. Wir zogen uns, um uns zu restauriren, in eine Gartenwirthschaft zurück.

Bei Bezahlung unseres Führers fanden wir, daß derselbe genau so sei, wie die anderen dienstbaren Italiener, er forderte mehr als festgesetzt war und als wir uns mit Recht weigerten, seinem Ansinnen entgegen zu kommen, fing der Mensch an, unartig zu werden. Da wir einen Auftritt vermeiden wollten, so warfen wir ihm das Verlangte zu. Der Hallunke bückte sich, hob es auf und schlich von dannen, wie ein Hund, den man mit Fleischbrocken wirft.

Wir bezahlten in unserem sehr guten Gasthof „Bonciani" die nicht theuere Zeche. Der Gasthofbesitzer ließ unser Gepäck besorgen, und wir schritten dem nahegelegenen Bahnhofe zu.

LXV.

Ueber Pistoja und die toskanischen Apenninen nach Bologna.

Bald nach vier Uhr rollte unser Zug aus der weiten Halle des Bahnhofes von Florenz hinaus. Eine herrliche fruchtbare Landschaft trifft man hier im Weichbilde der Stadt und bis Pistoja hin. Zur Rechten erheben sich die Apenninen, Ortschaften mit Weingeländen in Fülle, man kann diesen Theil Italiens den Garten von Toskana nennen.

Als wir Pistoja hinter uns hatten, fing unser Zug an langsam zu laufen, keuchend stieg die Maschine die ersten Ausläufer der Apenninen hinan. Nur mit großem Kraftaufwand war der Train vorwärts zu bringen. Fast die Hälfte der Zeit fuhren wir durch Tunnele unter der Erde. Die Stationen blieben oft lange aus. Bei Pitechia öffnete sich einmal ein wundervoller Ausblick. Das schon längst von uns verlassene Pistoja lag unten am Fuße des Berges, weit hinaus in die toskanische Ebene reichte der Blick. Bald ging es aber wieder unter die Erde hinein. Nun konnte ich begreifen, warum zu Pistoja um 5 Uhr Abends schon, bei sommerlangem Tag, die Lichter in den Wägen angezündet wurden. Nicht weniger als 46 Tunnele waren zu passiren, mitunter einige von ganz bedeutender Länge.

Als wir den Culminationspunkt erreicht hatten, ging es in raschem Tempo die Nordseite der Apenninen hinunter und um halb 10 Uhr Nachts stieg ich zum zweiten Male aus in der Bahnhofhalle zu Bologna.

Mit bereit stehenden Fuhrwerken fuhren wir dem Gasthof „Aquila nero" zu.

Bologna, die alte Etruskerstadt, liegt in einer fruchtbaren Ebene, welche die Campagna genannt wird. Die Einwohnerzahl beträgt 115,000. Es ist ein Eisenbahnknotenpunkt, die Hauptlinien Venedig=Florenz und Mailand=Ankona kreuzen sich hier. Die Stadt hat breite Straßen, ist reinlich gehalten und ist recht schön.

Großartige Architektur findet man hier allerdings nicht, aber immer= hin entsprechende Bauten. Durch alle Straßen ziehen längs den Häusern Arkaden hin. Die guten Bologneser können, wenn es ihnen beliebt, durch die ganze große Stadt wandern, ohne bei Regen auch nur einen Tropfen naß zu werden. Auch außerhalb der Stadt setzen sich diese Arkaden noch fort. Eine Stunde südlich von Bologna, auf einem Hügel, steht eine Wallfahrtskirche, welche den Namen „Madonna di San Luca" führt. Bis dahinauf wurden von einem päpstlichen Legaten Arkaden gebaut und man kann stundenweit im kühlen Schatten wandeln.

Auch mehrere große Kirchen hat Bologna aufzuweisen. Vor allen die umfangreiche Dominico Petronio, die Kathedrale, die Katharinenkirche 2c. 2c. Aeußerst merkwürdig ist ein Besuch in der „Korpus Domini", wo in einer Nebenkapelle der noch biegsame Leichnam der hl. Katharina von Bologna, mit würdigen Kleidern angethan, auf einen Sessel sitzt. Im 15. Jahrhundert ist diese große Heilige gestorben und jetzt noch ist ihr Leichnam fast unversehrt.

Unendlich weitläufig sind die Gebäudlichkeiten der ehedem so bedeutenden Universität. Während ihrer Glanzperiode zählte sie 40,000 Studierende. Sie nimmt in der Mitte der Stadt ein ganzes Quartier ein.

Gewaltig interessirten mich die beiden schiefen Thürme des Asinelli und Garisenda. Kaum hatten wir unser Hotel verlassen, so sah ich den Ersteren schon über die Häusermassen herüber schauen. Wir hielten vor diesen zwei Riesen, aber nicht unter ihrem Steigungswinkel, denn man fürchtet, wenn man das erste Mal vor Ihnen steht, jeden Augenblick ihr Niederstürzen. Diese Furcht ist aber fast kindisch zu nennen, sie stehen ja schon mit ganz gleichen Bücklingen seit dem zwölften Jahrhundert auf diesem Platze. Doch möchte ich nicht in der Richtung, wohin sie sich neigen wohnen. Die geringste Erschütterung würde sie zum Falle bringen. Bei einem Orkan muß es in ihrer Nähe fürchterlich unheimlich sein. Sie erheben sich frei aus der Mitte der Straße, nur ein paar Verkaufsläden wurden später hingeklebt.

Die Häuser, wohin sie sich neigen, sind aber nicht soweit entfernt, daß sie nicht bei einem etwaigen Einsturze erreicht werden würden, im Gegentheil, mehr als die Hälfte des Asinelli würde über sie niederdonnern und alles unter sich zermalmen.

Die Thürme sind aus Ziegelsteinen erbaut, mit denkbarst solidester Verbindung aufgeführt. Ihr Bestehen beruht auf der richtigen Berechnung des Schwerpunktes.

Der Thurm Afinelli ist schmal, gleich einem Obelisk, sein Mauerwerk ist 307 Fuß hoch. Eine schwindelnde Höhe für eine so schmale Basis, und noch dazu weit aus der Lothlinie.

Der Garisenda hat eine ungleich größere Grundfläche, dafür aber steht er unter einem Neigungswinkel der furchtbar ist. Sein Mauerwerk ist 144 Fuß hoch und die Lothlinie fällt mehr als sieben Fuß über die Grundfläche hinaus. Eine merkwürdige Architektur! Der Anblick dieser halb stürzenden Riesen ist ein schauerlicher, angstvoll geht man um dieselben herum.

Zu dreien hatten wir uns entschlossen, von Bologna ab die Karawane zu verlassen, da dieselbe direkt über Mantua und Verona nach München reiste, wir aber noch einen Abstecher nach Mailand machen wollten. Wir verabschiedeten uns recht herzlich von unseren bisherigen lieben Reisegefährten und fuhren unter anhaltendem gegenseitigen Tücher- und Hüteschwenken dem Bahnhofe zu.

LXVI.

Ueber Modena, Reggio, Parma und Piacenza nach Mailand.

Wir verließen Bologna in nordwestlicher Richtung, über herrliche Fluren hin.

Bald war das nahgelegene Modena erreicht. Von dieser 56,000 Einwohner haltenden ehemaligen Hauptstadt des Herzogthums Modena, sah ich nicht viel mehr als die Thürme und höheren Paläste über Anlagen herüber schauen. Soviel konnte ich aus der Umgebung entnehmen, daß es buchstäblich in einem Garten liegt.

Von den Städten Reggio und Parma, die erstere 50,000, die letztere 46,000 Einwohner zählend, sah ich ebenfalls nicht viel mehr als die Thurmspitzen.

Das Völkchen dort herum muß sehr rührig und fleißig sein, die Felder waren sehr gut bestellt, der Wachsthum üppig.

Zu Piacenza hatten wir einigen Aufenthalt, ich konnte mich ein wenig umsehen. Die Stadt hat 35,000 Einwohner und ist gut gebaut. Hier zweigt die Bahn nach Genua und Turin ab.

Kurz außerhalb Piacenza setzt die Bahn auf einer gewaltigen eisernen Gitterbrücke über einen mächtig daher sausenden Strom, es ist der größte Fluß Italiens, der „Po", welcher der Adria zueilt.

Durch prächtige Fluren und Reisfelder eilend, welche mit Maulbeerbäumen eingefaßt sind, erreichten wir um 5 Uhr Abends die 200,000 Einwohner zählende ehemalige lombardische Hauptstadt Mailand. Ein dienstfertiger Cicerone führte uns zu dem Hotel „Duomo", inmitten der Stadt

Mailand (Milano sagt der Italiener) liegt mitten in der gesegneten Ebene der Lombardei. Wenn man in die Stadt eintritt, möchte man fast glauben, man sei nicht mehr in Italien. Sie sieht ganz anders aus, als die übrigen Städte jenseits der Alpen, auch die Physiognomie der Einwohner paßt nicht nach Liguria, sondern nach Rätia.

Nicht wegen der Stadt fuhr ich nach Mailand, sondern fast ausschließlich wegen seines berühmten Domes. Er ist es auch werth, daß man seinetwegen einen Umweg von 60 Stunden macht. Unsere ersten Schritte waren denn auch, nachdem wir unser Gepäck abgelegt hatten, dieser Kathedrale zu gerichtet.

Bald stand er vor uns, dieser herrliche Dom mit seinen edlen, germanischen Formen. Aus Marmor erbaut, glänzte er wie Alabaster in der Sonne. Hunderte von schlanken Thürmen zieren die Façaden und die Dachbrüstung und tausende von aus Stein gehauene Statuen stehen in sichtbaren und unsichtbaren Nischen und Pfeilern herum. Man sagte uns, es seien der Figuren 10,000, was wohl etwas übertrieben sein mag.

Man beklagt sich häufig, daß der Dom kein großartiges, fesselndes Kunstwerk besitzt; das ist gar nicht nothwendig, ist ja dieser Bau selbst schon ein so großes, vollendetes Kunstwerk, daß er von keinem anderen erreicht, viel weniger übertroffen werden kann. Wie aus weißem Marmor gegossen, steht er da und blendet das Auge. Ganze Bündel architektonischer Gliederungen in den feinsten und edelsten Formen steigen bei den Portalen, den Fenstern und den Pfeilern empor. Von einer Mauerfläche ist kaum die Rede, alles ist wundervolle Zier. Die eigentliche Haupt- oder Giebelfaçade, die man in größerer Entfernung beobachten kann, da der Domplatz ziemlich groß ist, erscheint der gewaltigen Breite und dem hohen Giebelfelde des Domes gegenüber etwas zu niedrig. Das könnte das einzige sein, was an diesem Prachtbau auszustellen wäre.

Durch eines der gewaltigen fünf Portale traten wir in diesen Tempel ein. Ein magisches Licht, welches durch die gemalten Fenster fällt, beleuchtet ergreifend das Innere. Der Grundriß ist die Kreuzform und fünfschiffig; auf schlanke Pfeiler und kräftige Widerlagsmauern stützt sich das schön geformte gothische Gewölbe. Bei der Kreuzung des Lang= und Querschiffes erhebt sich eine gothische Kuppel, auf welche dann ein schlanker Thurm aufgesetzt ist. Unter dem Presbyterium befindet sich eine Krypta mit der Kapelle des hl. Karl Borromäus. Eine Menge von in Gold und Silber getriebenen Arbeiten, sowie der wunderbare, aus Bergkrystal hergestellte Sarkophag dieses Heiligen, sind dort zu sehen. Nur schade, daß man diese schönen Arbeiten nur im Halbdunkel beobachten kann.

Am gleichen Tage Abends wollten wir noch den Dom besteigen, allein man rieth uns ab, dieses zu thun, denn der Tag, hieß es, sei sehr heiß und die Steine hätten so viel Wärme eingesogen, daß es belästigend sei, auf denselben herum zu gehen und überdies sei es am Morgen schon wegen der klaren Luft viel interessanter. Wir würden daher gut thun, den Aufstieg zu verschieben. Wir hörten auf diesen hochweisen Rath und wanderten des anderen Tages bei Zeiten dem Dome zu.

Der Wächter beim Treppenhaus gewährte uns um einen Lira Einlaß und wir stiegen zuerst zur Plattform des Daches empor. Gleich der Peterskirche in Rom ist der Dom zu Mailand anstatt eines Daches mit Marmorplatten abgepflastert, nur mit einem etwas größeren Steigungswinkel. Dessen ungeachtet kann man ohne Gefahr darauf herum marschiren. Ein Wald von steinernen Thürmen und Verzierungen stehen da auf dem Giebel der Brüstung und dem Dachgrat herum. Die Zahl der steinernen Figuren ist Legion. Auf guten Treppen stiegen wir durch durchbrochene Thürme zur obersten Gallerie empor. Nun standen wir 335 Fuß hoch und schauten auf die Stadt und deren Umgebung nieder. Zu unseren Füßen glichen die unzähligen Spitzen der Dachverzierung einem weißen versteinerten Walde. Neben uns erhob sich noch auf einem Piedestal stehend, die vergoldete Colossalstatue der hl. Jungfrau, welcher diese Kirche geweiht ist. Gleich nebenan flatterte eine riesige schwarze Flagge, welche vor 3 Tagen aufgehißt wurde und den Tod Garibaldis bekundete. Ein sonderbares Beisammenstehen, die sel. Jungfrau neben dem Trauerzeichen des hinüber gegangenen Atheisten. Ich war über den Hingang dieses Revolutionärs auch nicht von besonderer Trauer beseelt.

Was ging es dem Alten an, im Jahre 1870 nach Frankreich zu kommen und gegen die Deutschen zu fechten. Diese gaben ihm allerdings bei Dijon eine wohlverdiente wuchtige Ohrfeige und schickten ihn heim auf seine Ziegeninsel, um dort Kartoffel zu bauen.

Rund herum lag die schöne Stadt, deren Straßen zumeist dem Domplatz zulaufen. Thürme und Kuppeln stiegen empor und glänzten in der Morgensonne. In nordwestlicher Richtung ist ein großer freier Platz, es ist das Marsfeld. Außerhalb diesem erhebt sich ein mächtiger Tryumphbogen in schönem korinthischen Styl. Er heißt „Arce della pace.“ Viele Sieger zogen schon durch denselben herein. Napoleon I, Radezky, Victor Emanuel, Napoleon III.

In westlicher Richtung an der Straße nach Novara erblickt man zwei Kirchthürme, es sind die von S. Pietro und Magenta. Die Spitzen und Kuppeln der Stadt Monza sind gerade in nördlicher Richtung sichtbar. Das Flüßchen Ticino fließt südlich dem Strome Po zu und glänzt wie ein Silberstreifen herüber. Von Pavia sieht man als schwarze Masse die Kathedrale und das Schloß. Die ligurischen Alpen heben sich als Silhouetten vom Horizont ab. Im Osten erblickt man Bergamo und selbst das hoch gelegene Kastell von Brescia kann man sehen. In einem großen Kreise zieht sich die fruchtbare lombardische Ebene herum, mit vielen Schlößern und Städten übersät, die über Baumgruppen herübersehen. Blickt man in nordwestlicher Richtung mit einem guten Glase weiter hinaus, so sieht man gewaltige Gebirgszacken auf eine riesige Höhe sich erheben. Scheinbar sind sie bis zur Hälfte nieder mit Schnee und Eis bedeckt. Es ist der „Monte Rosa“; etwas mehr gegen Westen steigt noch einer, wie man meinen möchte, bis an den Himmel empor. Sein riesiger, mit Gletschereis bedeckter Gipfel glänzt wie von Silber in der Morgensonne zu uns herüber. Was ist wohl das für ein Bergriese? Es ist der höchste Berg Europas, der 14,800 Fuß hohe „Montblank.“ Nördlich sieht man die Schweizer und Tyroler Alpen mit ihren weißen Häuptern bis gegen Friaul hin.

An schönen Plätzen, Kirchen und Palästen hat Mailand so manches aufzuweisen. Der Domplatz mit dem Eingang zur herrlichen Gallerie Victor Emanuels. Letztere ist ein Meisterstück der Baukunst und Architektur. Der Baumeister sollte die Vollendung nicht mehr erleben. Vor Einlegung des Schlußsteines machte er einen Fehltritt und stürzte von gewaltiger Höher herunter, sofort war er todt.

Sehr schön ist der Garten Nationale mit dem Monument Cavours, das Hospital Maggiore, die großartige korinthische Säulenreihe aus der Römerzeit „Colonne Romano San Lorenzo", die Kirche Amorosio, die Kirche de la Grazie 2c.

Es ging gegen Mittag, als wir dem Bahnhof zurollten; der Zug in der Richtung Verona wird in kurzer Frist abgelassen werden.

LXVII.

Ueber Brescia, Verona und den Brenner zurück in die Heimath.

Kaum hat man Mailand verlassen, so durchläuft die Bahn jene Strecke Italiens, welche wegen des bedeutenden Reisbaues bekannt ist. Nur der Bahndamm, Straßen und Ortschaften bleiben über Wasser, während die Felder durch Flüsse und Stauung der Kanäle unter Wasser gesetzt sind. Ein solches Verfahren ist allerdings nur bei einer so horizontalen Ebene, wie die lombardische ist, möglich. Schon von Piacenza her hatte ich das gleiche Bestellen der Felder bemerkt.

Nach statistischen Zusammenstellungen sind nicht weniger als eine Million Tagwerk behufs Reisbau auf diese Art unter Wasser gesetzt. Da die Arbeiten in den Reisfeldern während der Ueberschwemmung gemacht werden müssen, so stehen die Landleute immer bis an die Kniee im Wasser. Der Einfluß der beständigen Feuchtigkeit ist aber für die Bewohner keineswegs ohne Nachtheil. Krankheiten sind häufig, besonders die sogenannte Pellagrina, die oft den schlimmsten Ausgang nimmt.

Bei Chiari ändert sich das Bild, und wenn man Brescia erreicht, tritt die Bahn in eine Hügellandschaft ein. Letztere Stadt ist malerisch an den Berg hingebaut. Bei Desenzano kommt der langgestreckte Gardasee in Sicht. Zu Peschiere passirt die Bahn die Vorwerke dieser Festung. In einiger Entfernung erhebt sich zur Rechten ein Mausoleum. Dort ruhen die Gebeine von 11,000 Kriegern, welche am 24. Juni 1859 in der Schlacht von Solferino für das Vaterland den Heldentod starben. Franzosen, Piemontesen und Oesterreicher liegen in gemeinsame Gruft gebettet nun friedlich beisammen. Das Schlachtfeld von Solferino breitet sich hier aus und nicht weit entfernt findet man das Schloß Villafranca, wo Napoleon III. und Kaiser Franz Joseph von Oesterreich Frieden schlossen und Letzterer auf die Lombardei verzichtete.

Vor den Vorwerken Veronas, bei dem kleinen Bahnhofe „Porta Nuova" verließen wir den Zug. Es war drei Uhr Nachmittags, und da der Zug nach Trient und Brenner erst um sechs Uhr Abends abging, so blieben ein paar Stunden Zeit, uns zur Nachtfahrt zu restaurieren.

In einem Gasthof der Stadt legten wir uns soviel zu, als der Mensch zum Lebensunterhalt für 16 Stunden nothwendig hat. Hierauf stöberten wir ein wenig nach Sehenswürdigkeiten in der Stadt herum, wobei uns die Arena am meisten Zeit wegnahm.

Ich hatte dieses römische Amphietheater schon wiederholt gesehen und jedesmal interessirte es mich wieder. Von Kaiser Trajan vor fast 1800 Jahren erbaut ist dieser Bau mit seinen schwarzen Mauern noch eines der besterhaltenen Werke aus der Zeit der Römer.

Diese elliptische Arena hat einen Umfang von 1340 Fuß und konnte bequem 25,000 Zuschauer fassen. Ein mächtiger Bau, aber doch mit dem Colosseum in Rom, in welchem oft den wüsten Spielen 80,000 Menschen zusahen, nicht zu vergleichen.

Die noch stehenden Mauern der Veroneser Arena erreichen eine Höhe von 100 Fuß. Gewaltige Quader, die mittelst Verankerung fest= gehalten werden, liegen mit oft schmaler Basis auf dieser bedeutenden Höhe. 72 Arkaden, in toskanischer Ordnung errichtet, führen außen herum, und 45 Sitzreihen laufen bis nach ganz oben in einer Ellipse herum.

Von zudringlichen Führern drangsalirt schlugen wir uns in die Flucht. Und da auch die Zeit herangerückt war, wo bald der Zug ins Tirol abgelassen wird, gingen wir eilenden Schrittes dem Bahnhofe „Porta Nuova" zu. Die hochgehende Etsch mit ihrem schmutzigen Wasser bespülte den Bahndamm bei Domegliera und brausend arbeitete sie sich bei der Veroneserklause (die wir diesmal noch bei Tag passirten) durch.

Die Nacht brach herein, als wir uns der Grenzstation Ala näherten. Hier muß Zug gewechselt werden; der Italiener geht wieder nach Verona zurück. In dem bereit stehenden Tiroler Zug waren bereits die Lichter angezündet.

Dießmal ging es bei der hochnothpeinlichen Zollrevision gnädiger zu. Der revidierende österreichische Beamte fragte, ob ich etwas Zoll=

pflichtiges habe; ich verneinte es und öffnete sofort meinen Reisekoffer. Nur oberflächlich sah er hinein; als er aber die schmutzige Wäsche und die abgetragenen Kleider sah, gab er mir einen freundlichen Wink, ich möchte wieder schließen. Er hatte sich genug gesehen. Kein Wunder, mein Tournister roch überdieß auch noch recht deutlich nach Kajütengeruch.

Unter dem Eisenbahnbillet ließ ich einen österreichischen Guldenschein hervorblitzen, als ich den Conducteur auf die freundlichste Weise ersuchte, er möchte uns zu dreien ein eigenes Coupe geben, wir kämen heute von Mailand her und seien ganz abgehetzt, möchten demnach die Nacht über einige Ruhe genießen. Der liebenswürdige Bahnbedienstete willfahrte meinem greifbaren Ansuchen in der freundlichsten Weise und schob uns in ein Coupe, in welchem wir es uns so bequem wie möglich machten und bis Innsbruck Alleinbesitzer desselben blieben. Sofort legten wir uns der Länge nach hin, zwei auf die gepolsterten Bänke und der dritte in Reisedecken gehüllt, auf den Boden. Roveredo hörten wir schon nicht mehr rufen. Weder von Trient noch von Bozen kam uns etwas zu Gesichte. Dank der aufopfernden Thätigkeit und Umsicht der Tiroler Bahnbeamten kann man sich auf dieser nicht ungefährlichen Linie sorglos dem Schlafe hingeben.

Rechtzeitig erwachte ich kurz vor Brixen und da ein Reisegefährte aus dieser Stadt war, so war es an der Zeit, ihn zu wecken. Eiligst raffte der Mann seine Siebensachen zusammen und stolperte schlaftrunken zur Wagenthüre hinaus. Der Zug war schon wieder im Gehen, als wir uns ein recht herzliches Lebewohl sagten und zum Abschied fest die Hand drückten; es war Nachts 1 Uhr.

Unaufhaltsam rollte unser Zug weiter. Bei Sterzing brach der Tag an. Das Wetter war schön und ein tiefblauer Himmel sah auf die Thyroler Berge hernieder.

Die Fahrt über den Brenner war, wenn auch langsam, doch eine sehr angenehme. Um 8 Uhr Vormittags rasselten wir durch den Tunnel des Berges Isel und bald darauf war der Bahnhof Innsbruck erreicht.

Von Florenz aus hatte ich meiner Familie geschrieben, (da ich mich dort erst zur Reise nach Mailand entschloß,) daß ich am 7. Juni Nachmittags nach Kufstein kommen werde, bis wohin sie mir entgegen reisen könne. Ich hatte demnach genug Zeit, mir in Innsbruck um ein tüchtiges

19

Frühstück, welches ich dringend bedurfte, und um ein gutes Glas Wein umzusehen. Die guten Einwohner der tyroler Hauptstadt waren vollauf beschäftigt, ihre Häuser und Straßen zu der morgigen Frohnleichnamsprozession festlich heraus zu putzen. Wir schlenderten demnach, um die Stadt in ihrem Festkleid zu sehen und nebenbei auch, um die Zeit zu vertreiben, in den Straßen herum.

Mein noch einziger Reisegefährte, welcher mit einem direkten Zuge via Giselabahn nach Salzburg reiste, nahm hier Abschied von mir.

Von der ganzen Karawane war ich nunmehr allein. Mittags 12 Uhr stieg ich in den Zug, welcher bereit stand, nach Kufstein abzugehen. Gegen 3 Uhr Nachmittags traf ich in diesem Grenzstädtchen ein. Am Bahnhofe erwartete mich meine Familie. Einige Stunden brachten wir hier be eifrigem Gespräche und unter immerwährenden Fragen und Antworten zu. Gegend Abend fuhren wir weiter und um 10 Uhr Nachts den 7. Juni traf ich nach einer Abwesenheit von 58 Tagen wohlbehalten in meinem Wohnhaus zu Prien ein.

Während der ganzen Reise, welche, wie der freundliche Leser gesehen hat, unendlich viel des Schönen, Großartigen und Ergreifenden bot, aber auch übergenug an Strapazen, Beschwerden und Gefahren, war ich nicht eine Stunde unwohl, viel weniger krank; der gütige Vater im Himmel hatte mich gnädig behütet!

Gott sei die Ehre! ihm der Dank aus tiefstem Herzen!

Inhalts-Verzeichniß.

Druckfehler-Berichtigungen.

Seite 5 Zeile 17 von unten soll heißen stinkende statt stickende.
„ 6 „ 14 „ „ „ „ Campanila statt Camparile.
„ 13 „ 9 „ „ „ „ anfingen statt anfangen.
„ 14 „ 12 von oben „ „ über 1000 Meter statt fast 1000 Meter
„ 18 „ 7 von unten „ „ herüber statt her über.
„ 24 „ 4 „ oben „ „ Kapitäl statt Kapitol.
„ 24 „ 5 „ „ „ „   „ „ „
„ 24 „ 8 „ „ „ „ ich bemerkte statt ich schon bemerke.
„ 30 „ 3 „ unten „ „ Kalyub statt Kalzüb.
„ 36 „ 14 „ oben „ „ Tewfick statt Jewfits.
„ 39 „ 4 „ „ „ „ Stein und Lehm statt Steinlehm.
„ 40 „ 15 „ „ „ „ und bei Wiederkehrung statt nicht um bei
                           Wiederkehrung.
„ 24 „ 16 „ unten „ „ Sesurtesen statt Sesuvtesen.
„ 43 „ 10 „ oben „ „ Nach etwa einer statt Nach einer etwa.
„ 44 „ 18 „ unten „ „ aber hoben statt aber haben.
„ 45 „ 12 „ oben „ „ Dom zu Köln statt dann zu Köln.
„ 45 „ 6 „ unten „ „ 4,500,000 statt 45,000,001.
„ 50 „ 4 „ „ „ „ ganz sicher statt ganz sich.
„ 51 „ 8 „ „ „ „ üppigster Weise statt ägyptischer Weise.
„ 58 „ 6 „ oben „ „ Douane statt Douawe.
„ 70 „ 3 „ „ „ „ bequem sitzen statt bequem fassen.
„ 93 „ 11 „ unten „ „ Achteck statt Rechteck.
„ 111 „ 10 „ „ „ „ brütten statt brüllten.
„ 132 „ 15 „ oben „ „ Moloch Tempel statt Motochtempel.
„ 160 „ 1 „ „ „ „ analoger statt analogischer.
„ 262 „ 4 „ „ „ „ Hölle statt Höhle.
„ 268 „ 12 „ „ „ „ Marmorplatten statt Dachplatten.
„ 271 „ 3 „ „ „ „ Anima statt Amina.

Photozinkographie und Druck von Karl Werkmeister in Traunstein.

Photozinkographie und Druck von Karl Werbautter in Leuerheim.

CPSIA information can be obtained at www.ICGtesting.com
Printed in the USA
BVOW10s1450141113

336295BV00011B/443/P